XIANDAI SHIYONG LIYI JIAOCHENG

现代实用礼仪教程

（第2版）

主　编　张建宏
副主编　姜申心　傅琴琴

河南大学出版社
·郑州·

内 容 简 介

礼仪是一种修养,也是一种能力;礼仪是和谐人际关系的润滑剂,也是社会文明的标签。本书结合现实需要,融外在时尚与内在素养于一体,立足于实用和便利,通过大量精炼的要点、贴近生活的事例,以及较为丰富的表格资料,对大中专学生必了解、常用的文明礼仪细节进行了清晰的说明。本书从细节入手,以实用为目的,克服当前礼仪类著作内容繁、散的通病,通俗易懂但不落俗套,形式简洁直观,突出了可读性与可操作性,便于大中专学生轻松掌握。在每一个学习任务后都附有练习题,可随时检验学习效果。

图书在版编目(CIP)数据

现代实用礼仪教程/张建宏主编.—2 版.—郑州:河南大学出版社,2018.5(2020.9 重印)

ISBN 978-7-5649-3342-5

Ⅰ.①现… Ⅱ.①张… Ⅲ.①礼仪—教材 Ⅳ.①K891.26

中国版本图书馆 CIP 数据核字(2018)第 114123 号

责任编辑　韩　璐
责任校对　林方丽　王耿灏
封面设计　陈盛杰

出版发行　河南大学出版社
地　址　郑州市郑东新区商务外环中华大厦 2401 号　　邮编:450046
电　话　0371-86059750(高等教育与职业教育出版分社)
　　　　　0371-86059701(营销部)　　　　　　网址:hupress.henu.edu.cn
排　版　郑州市今日文教印制有限公司
印　刷　河南育翼鑫印务有限公司
版　次　2018 年 8 月第 2 版　　　　　　　　　印　次　2020 年 9 月第 2 次印刷
开　本　787mm×1092mm　1/16　　　　　　　印　张　17.25
字　数　409 千字　　　　　　　　　　　　　　定　价　45.00 元

(本书如有印装质量问题,请与河南大学出版社营销部联系调换)

前　言

在五千年的历史长河中，中华民族创造了灿烂的文化，形成了高尚的道德准则、完整的礼仪规范和优秀的传统美德，被世人称为"文明古国，礼仪之邦"。鲁迅先生说："中国欲存争于天下，其首在立人，人立而后凡事举。"而礼仪就是一个人立足社会、获取成功的第一资本。清代思想家颜元说："国尚礼则国昌，家尚礼则家大，身尚礼则身修，心有礼则心泰。"礼仪直接体现一个人的思想道德水平、文化修养和处世交际能力，对个人工作和生活的顺利与否有着至关重要的影响，人们往往凭礼仪方面的某一印象来判断一个人是否值得交往。而在当今体验经济时代，礼仪不仅仅是文明素养的表现，同时也创造着价值和利润，成为现代生产力的重要组成部分。拥有更强的礼仪意识和掌握更多的礼仪知识，从某种程度上说已经作为一种无形资产，成为参与激烈竞争的附加值。

按理说，"知书达礼"应当是大中专学生的一个基本素养。但在当前高等教育正从大众化快速迈向普及化的大背景下，相当一部分大中专院校没有随之加强文明素质教育，导致越来越多的青年学生连基本的接人待物都不懂。在竞争激烈的现代社会，如何借助礼仪道德的力量，完善自我形象以及加强职业道德修养和公德意识，进而成为德才兼备的栋梁之材，对青年学生来说是十分必要的。当然，礼仪教育不单是学校的事，也非某个阶段的事，而是整个社会系统需要持之以恒的事。全社会都应重视、普及、推广礼仪文化，这样才能让社会更和谐，人民更幸福；从而大力推进中华文化复兴的步伐，重塑中华"礼仪之邦"应有的世界形象。

目前，市面上关于礼仪方面的著作很多，但令人遗憾的是，这些书大都介绍西方礼仪，基本不提及中华传统礼仪；也没有把礼仪规则与道德修养较好地融合起来。我们认为，中国传统礼仪意蕴非常深厚，任何一本礼仪书都应当对中、外礼仪常识作一个较为详尽而正确的介绍；此外，一本好的礼仪书应该远超于此，要使读者不仅仅把礼仪规则理解为一种表演的形式，而且把它作为自我修养的载体。在这样的思考之下，这本书应运而生。

本书编者秉持"传承与发展、中西方结合"的礼仪文化传播理念，针对大中专学生的特点，通过对职场进行深入调研及邀请部分职场专家论证的基础上，根据现今职场对从业人员的要求，主打"给身心充电"这一概念，既讲礼仪规范，又述文化起源，全面系统地阐述了大中专学生应掌握的各种礼仪修养知识与人际交往技巧。本书采用"以工作过程为对象""以学生操作为中心"的教学原则进行设计，关注学生实践能力的培养，贯彻实用为主、够用为度的原则，对技能实训也着重笔墨。

本书不仅是礼仪条例和技能方面的教科书，更是唤醒人们礼仪意识的培训用书。本书有三大特色：一是对中国传统礼仪文化进行现代诠释、引经据典的同时，对传统礼仪文化的现代价值进行了充分的挖掘。二是对各种礼仪规则进行了更为生动的演绎和诠释，又辅以相关知识链接,内容新颖,能满足"悦读"时代的要求,便于读者在快乐的氛围里学习礼仪知识。三是本着与时俱进的精神,吸收并借鉴了许多最新的礼仪研究成果。

全书整体结构脉络清晰,循序渐进,内容丰富,分成礼仪概述、中国传统习俗、涉外礼仪与习俗、中西餐礼仪、个人形象礼仪、言语沟通礼仪、日常生活礼仪、公共礼仪、交际礼仪、职场礼仪、商务礼仪、公关礼仪、服务礼仪13大模块;在此基础上,又细分为43个主题。

本书由义乌工商职业技术学院张建宏拟定大纲、总纂、修改并定稿。各章节的编写人员分别是:第一、二、四、九讲及附录,张建宏;第三、七、八讲,傅琴琴(义乌工商职业技术学院);第五讲,商英(义乌工商职业技术学院);第六、十、十一讲,姜申心(义乌工商职业技术学院);第十二讲,金萍(义乌工商职业技术学院);第十三讲,赵乐园(浙江横店影视职业学院)、金虹(河南职业技术学院)、赵艳芬(义乌市商都旅行社)。另本书配有电子课件、习题、案例、视频等辅助教学资源(张建宏、金虹、赵乐园等收集并制作),可向责任编辑索取。

本书是义乌工商职业技术学院与乌镇旅游股份有限公司、浙江横店影视城有限公司、义乌市商都旅行社共同编写的一部校企合作教材,是2017年义乌工商职业技术学院校企合作教材建设项目(编号:2017jc24)成果。在本书的编写过程中,上述三个企业的领导与骨干员工对我们在企业内的调研与资料采集工作提供了大力支持;正在这三个企业内顶岗实习的义乌工商职业技术学院旅游管理、导游专业学生也为我们提供了不少实习案例。此外,我们还参阅并吸收了国内外学者的许多研究成果。在此,特向大家表示衷心感谢!同时,由于编写时间仓促以及编者水平的局限,书中若有不当之处,恳请广大读者批评指正。

张建宏
2018年3月

目　录

第一讲　礼仪概述 …………………………………………………………（1）
　　学习任务1　礼仪的内涵与特征 ………………………………………（1）
　　学习任务2　礼仪的起源与流变 ………………………………………（7）
　　学习任务3　学习礼仪的意义 …………………………………………（12）
　　学习任务4　礼仪的基本原则 …………………………………………（16）
第二讲　中国传统习俗 ……………………………………………………（24）
　　学习任务1　日常生活中的传统习俗 …………………………………（24）
　　学习任务2　人生礼俗 …………………………………………………（28）
　　学习任务3　传统节日习俗 ……………………………………………（35）
第三讲　涉外礼仪与习俗 …………………………………………………（47）
　　学习任务1　涉外礼仪基本知识 ………………………………………（47）
　　学习任务2　旅游客源国与目的地国习俗 ……………………………（53）
第四讲　中西餐礼仪 ………………………………………………………（58）
　　学习任务1　中餐用餐礼仪 ……………………………………………（58）
　　学习任务2　西餐用餐礼仪 ……………………………………………（64）
第五讲　个人形象礼仪 ……………………………………………………（69）
　　学习任务1　个人形象美概述 …………………………………………（69）
　　学习任务2　妆容礼仪 …………………………………………………（73）
　　学习任务3　服饰礼仪 …………………………………………………（77）
　　学习任务4　仪态礼仪 …………………………………………………（84）
第六讲　言语沟通礼仪 ……………………………………………………（92）
　　学习任务1　言语交谈礼仪 ……………………………………………（92）
　　学习任务2　言语沟通技巧 ……………………………………………（98）
　　学习任务3　演讲的礼仪要求 …………………………………………（103）
第七讲　日常生活礼仪 ……………………………………………………（110）
　　学习任务1　家庭生活礼仪 ……………………………………………（110）
　　学习任务2　校园生活礼仪 ……………………………………………（120）
　　学习任务3　手机及网络沟通礼仪 ……………………………………（125）
第八讲　公共礼仪 …………………………………………………………（131）
　　学习任务1　使用公共设施的礼仪 ……………………………………（131）
　　学习任务2　交通与住宿礼仪 …………………………………………（135）

学习任务3　休闲活动礼仪……………………………………………（140）
　　学习任务4　旅游观光礼仪……………………………………………（145）
　　学习任务5　国旗、国徽、国歌礼仪……………………………………（149）
第九讲　交际礼仪………………………………………………………………（153）
　　学习任务1　见面礼仪…………………………………………………（153）
　　学习任务2　馈赠礼仪…………………………………………………（162）
　　学习任务3　探望礼仪…………………………………………………（167）
　　学习任务4　花卉礼仪…………………………………………………（170）
　　学习任务5　交谊舞会礼仪……………………………………………（174）
　　学习任务6　人际交往的距离礼仪……………………………………（177）
第十讲　职场礼仪………………………………………………………………（181）
　　学习任务1　求职面试礼仪……………………………………………（181）
　　学习任务2　职场行政礼仪……………………………………………（186）
　　学习任务3　职场人际交往礼仪………………………………………（191）
第十一讲　商务礼仪……………………………………………………………（203）
　　学习任务1　商务通联礼仪……………………………………………（203）
　　学习任务2　拜访与接待客户礼仪……………………………………（209）
　　学习任务3　商务谈判与签约礼仪……………………………………（215）
第十二讲　公关礼仪……………………………………………………………（223）
　　学习任务1　公关聚会活动的组织礼仪………………………………（223）
　　学习任务2　常见公关活动的组织礼仪………………………………（229）
第十三讲　服务礼仪……………………………………………………………（235）
　　学习任务1　服务文化与礼仪…………………………………………（235）
　　学习任务2　导游服务礼仪……………………………………………（243）
　　学习任务3　酒店服务礼仪……………………………………………（250）
附录1　向周恩来学礼仪
　　——高山仰止，景行行止………………………………………………（259）
附录2　礼仪尽在细节中
　　——细节决定成败………………………………………………………（267）
参考文献…………………………………………………………………………（270）

第一讲　礼仪概述

人类区别于动物的一个显著特征是人类的社会性。人类的活动不但受自然规律的影响和制约，而且还受社会规律以及由社会规律所决定的各种社会规范的影响和制约。在这些社会规范中，除了法律规范和道德规范以外，还有礼仪规范。礼仪既没有法规保障，也没有权力强制，却仍然在相应的社会空间里广泛流传。孔子曰："不学礼，无以立。"礼仪教育是人生的第一课，是我们学习、生活的根基，每一位社会成员都有义务和责任学习礼仪、传承礼仪，展现中华礼仪之美。

学习任务1　礼仪的内涵与特征

礼仪这一词，始见于先秦的《诗经·小雅·楚茨》："为宾为客，献酬交错，礼仪卒度。""礼"的繁体字是"禮"，《说文解字》释之为："禮，履也，所以事神致福也。从示，从豊，豊亦声。"许慎以履释礼，把礼看作一种实践活动，具体而言，就是事神的活动。《辞源》对"礼"的一种解释是：规定社会行为的法则、规范、仪式的总称；而"礼仪"则被解释为"行礼之仪式"。

英语中的"礼仪"一词"Etiquette"，是从法语演变而来的，原意是"法庭上的通行证"。18世纪中期的法国法庭为保证审判活动庄严肃穆地进行，要求进入法庭的人员严格遵守法庭纪律。但这些法庭纪律不是当庭宣读，而是印在一张长方形的"Etiquette"通行证上，发给进入法庭的每一个人，作为其入庭后必须遵守的规矩和行为准则。在人际交往中，人们也必须遵守一定的规矩和准则，才能保证文明社会得以维系和发展，当"Etiquette"进入英文后，就有了"礼仪"的含义，意即"人际交往的通行证"。

对于我们炎黄子孙来说，"礼仪"一词一点都不陌生。因为几千年来，中华民族一直被誉为"礼仪之邦"，我国古代经典《礼记·中庸》中就有"礼仪三百，威仪三千"之说，即三百

条礼仪准则和三千条行为准则。源远流长的礼仪文化是先人留下的一笔丰厚遗产，已经如血液一般渗透到我们生活的方方面面；即便是军事打仗，我们也讲究"退避三舍，先礼后兵"。

一、礼仪的概念

钱玄先生在其撰修的《三礼辞典·自序》中指出，礼的范围之广，与今日"文化"之概念相比，或有过之而无不及，礼学实际上就是"上古文化史之学"。《周礼·保氏》中说："养国子以道，乃教之六艺：一曰五礼，二曰六乐，三曰五射，四曰五御，五曰六书，六曰九数。"六艺中的礼并不仅是礼仪、礼节那么简单，在礼中蕴含了国家政治、征战外交、生老病死、各种情感以及无数的生活细节。我国古代中央行政体制"三省六部"中的"礼部"，其职责也不仅仅是掌典礼之事，还管理全国学校事务、科举考试及藩属和外国之往来事。现代社会的"礼仪"是从传统社会演变而来的，但时代的变迁，使其在内容和形式上都发生了很大的变化。当今社会，在人们的表述之中，与"礼"相关的词有礼仪、礼节、礼貌、仪式、礼宾、礼俗等，在大多数情况下，其中的几个词经常是被视为一体，混合使用。其实，它们不可简单地混为一谈。

（一）礼仪

春秋以前，礼与仪是浑然一体的；到了春秋时期，有礼之仪与礼之质之分，《左传·昭公五年》就记载了女叔齐的礼仪之辩。所谓礼之仪，是指外在的行为规范，也可称之为形式、仪节，在《礼记》中成为礼之"数"或礼之"文"；礼之质则指内涵或精神，在《礼记》中称为礼之"义"或礼之"本"。在形式与内容、仪节与义理之间，孔子看中的是礼之"本"。当然，礼仪的精神固然重要，但若没有形式，礼也就失去了凭借，难以存在。范文澜先生在《群经概论》中说："礼仪合言，皆名为礼，分言之则礼为本，仪为履。"

梁实秋先生在其《秋室杂文·谈礼》中说："礼是一套法则，可能有官方制定的成分在内，亦可能有世代沿袭的成分在内，在基本精神上还是约定俗成的性质，行之既久，便成为大家公认的一套规则。"国内外至今还没有哪个机构制定或发布礼仪规则，规定握手一定要这样握，桌子一定要这样摆，等等。礼仪是经过不断传承和淘汰，随着现代人生活方式的改变而逐渐约定俗成的。礼仪是个多维度概念，可从不同角度对礼仪进行解析，见表1-1。

表 1-1 礼仪概念的解析

角度	解析
修养	礼仪是一个人内在修养和素质的外在表现
道德	礼仪是人们为人处世的行为规范
审美	礼仪是一种形式美，是人的心灵美的必然的外化
交际	礼仪是人际交往中所适用的一种交际艺术
传播	礼仪是人际交往中进行相互沟通的一种技巧
民俗	礼仪是待人接物的一种惯例

概括地说,礼仪是人类在共同生活和交往中,逐渐形成并固定下来的,为人们所普遍认同并遵循的,以建立和谐关系为目的的一系列"律己"与"敬人"的行为规范。礼仪是对礼节、礼貌、仪式、礼宾、礼俗的统称。

(二) 礼貌与礼节

辜鸿铭先生说:"礼貌的本质是什么呢?这就是体谅、照顾他人的感情。"礼貌是一个人在待人接物时的外在表现,主要通过礼貌语言和行为来表现对他人的尊重和恭敬,体现了时代的风尚与道德水准,以及人们的文化层次和文明程度。礼貌通常表现为概念性用语,如评价某人尊敬长辈、团结同志、待人和气等。在日常工作与生活中,一个微笑,一个鞠躬,一声您好,这些都是礼貌的具体表现。美国作家爱默生说:"良好的礼貌,是由小小的牺牲造就的。"礼貌是一种装饰而不是伪装,要体现出良好的礼貌,需要具备多种品质,如耐心、自制、体贴、先人后己,等等。

礼节是礼貌的具体表现形式,是人们在日常生活中,特别是在交际场合相互表示尊敬、祝颂、问候、致意、哀悼、慰问以及给予必要协助和照料的惯用形式,是礼貌在语言、行为、仪表等方面的具体规定。从形式上看,它具有严格的仪式;从内容上看,它反映着某种道德原则,反映着对他人的尊重和友善。例如,在某人生日那天,朋友对他说一句生日快乐,或给他送上一个生日蛋糕,这就是礼节;在公共汽车上,为老人、孕妇让座等行为举止就是注重礼貌,遵守礼节的表现。

礼貌、礼节之间既有联系,又有区别,其本质都是表示对人的尊重、敬意和友好。但相比较而言,礼貌侧重于强调个人的道德品质,而礼节侧重于调整这种品质的表现形式。通俗地说,礼貌是要你对人好,礼节则是教你如何让对方感受到你的好。有礼貌而不懂礼节,在与人交往时会尴尬紧张、手足无措。没有礼貌而只学些表面的礼节形式,就难免机械模仿,故作姿态,使人感到虚假。

(三) 仪式

仪式,是指在一定场合下举行的、业已规范化、程序化的一种表达礼貌、礼节的活动。人们在社会交往过程中或是组织开展各项专题活动过程中,常常要举办各种仪式,以体现出对某人或某事的重视,或是为了纪念,如结婚仪式、欢迎仪式、升旗仪式……梁漱溟先生在《人心与人生》中指出:"礼的要义,礼的真意,就是在社会人生各种节目上要沉着、郑重、认真其事,而莫轻浮随便苟且出之。"隆重的仪式,可以营造出庄重的气氛,让人受到强烈的感染,终生难忘。在现代礼仪中,仪式大有越来越简化的趋势。不过,有些仪式的程序仍然是不可省略的。

📖 **阅读材料:奥林匹克圣火采集及传递仪式**

在古代奥林匹克运动会举办地——希腊雅典的奥林匹亚,圣火一直在静静地燃烧。古希腊人会在宙斯和赫拉神庙前举行圣火采集仪式,以显示对神的敬意。时至今日,当年的神庙早已不复存在,但是现代奥运会火炬接力的取火仪式,依然按照古老的传统延续着。在雅典,古希腊人会组织手持火炬的跑步比赛。这种比赛被视为是对普罗米修斯为人类盗取火种,同时向人类传授智慧和知识的纪念。古代的泛希腊奥运会,在正式比赛开始之前,头戴橄榄枝环的传令兵会在各城邦之间奔走相告运动会开始的准确时间,并宣布

"神圣休战"的开始。"神圣休战"是指各城邦有义务在运动会举办期间暂停一切战争,这样可以使各地的运动员和观众安全、准时抵达奥林匹亚。"神圣休战"使奥运会成为一个独立于战争之外的和平友谊盛会,体现了古希腊人渴望和平的意愿,并对现代奥运会产生了深远的影响。今天的火炬手,手持奥运会火炬,传递奥林匹克圣火,同样鼓励全世界为了奥运会放下武器。

"一个圣火、一条传递路线、一个传递活动",这是奥林匹克火炬接力的重要礼仪和特征。它体现了现代奥林匹克运动与古代奥运会之间的关系,从而显示奥运会的历史传统和精神内涵;强调了奥林匹克圣火的唯一性,体现火炬接力的庄严和神圣感,并在宣传上创造万众追随圣火的足迹来到奥运会开幕式主会场的情感效果。

(四) 礼宾

"礼宾"一词早在《周礼》《礼记》中就已出现,意指天子特别礼遇诸侯、乡老及乡大夫。如《周礼·大宰》将"礼宾"列为天子统驭万民的八法之一。根据《礼记·聘义》对"君亲礼宾"的解释,即通过主国设宴,主君亲执醴酒,敬待他国来聘的宾客们,并亲自举行飨礼、食礼、燕礼,表明宾主君臣之义。由此可见,礼宾在中国古代意为按照一定的礼仪接待贵宾。在当今社会的现实生活中,礼宾也称礼遇,主要是指是在人际交往、涉外活动中,主方根据客方人员的身份、地位、级别等给予相应的接待规格和待遇。我国外交部设有礼宾司,主管国家对外礼仪事项;负责研究和处理外国驻华外交机构在华的礼遇、外交特权和豁免问题;指导我国驻外使领馆和地方外办办理涉外工作中的礼宾问题。

📖 阅读材料:我国恢复来访国宾车队摩托车护卫

摩托车护卫是多数国家给予到访外国元首、政府首脑等政要的一种最高礼遇和一项严格安全保卫措施,是国际上很多国家通行做法。中华人民共和国成立以来,我国曾实行过摩托车护卫,但由于种种原因,一度中断。2014年10月21日,坦桑尼亚总统基奎特抵达北京,开始对中国进行国事访问。在从首都机场前往钓鱼台国宾馆的国宾车队中,再次出现了摩托车护卫队,这意味着我国恢复了这一礼宾制度。

(五) 礼俗

礼俗即民俗礼仪,指各种风俗习惯,是礼仪的一种特殊形式。它是由历史渊源的,普及于社会大众并根植于其心理之中的,在一定的环境中经常重复出现的行为方式,如民间禁忌、宗教信仰、节日礼仪、人生礼仪等。最早的礼仪并非某个帝王或圣人所制定,而是由老百姓集体约定俗成,它往往与民间的习俗联系在一起,是一种以民俗为根基的行为规范。在长期的社会实践中,不同国家、不同民族、不同地区,甚至一个小小的村落都会形成各具特色的风俗习惯。各民族、各地区的习俗礼仪都凝结着本民族、本地区人民的文化情结,人们都会严格遵循,用心维护。德国哲学家雅斯贝尔斯认为:"领导一个民族的是礼俗而非知识。礼俗培养了整体的精神,反过来,整体的精神又赋予礼俗以灵魂。"

📖 阅读材料:中华民族的图腾崇拜

图腾是原始人认为某种动物或自然物同自己的氏族有血缘关系,因而将它的图形作为本氏族的保护神和氏族标志加以崇拜。华夏族有四大图腾,即"四灵"。《礼记·礼运》中载:"麟、凤、龟、龙,谓之四灵。"其中,传播最广泛、影响最深远的图腾莫过于"龙"了。但众所周知,龙并不是一种确实存在的动物,闻一多先生认为:"它是由许多不同的图腾糅合成的一种综合体。"中国人对龙的崇拜有五千年以上的历史。君主时代,龙是作为皇权的象征,帝王自称"真龙天子"。今天,龙走下了神坛,每个华夏子民都称自己是"龙的传人"。在民间的风俗和日常生活中,龙被人们看作吉祥和平的象征,与龙有关的民间活动有舞龙狮、挂龙灯、赛龙舟等。凤凰是中国传说中的"百鸟之王",标志着吉祥、太平和政治的清明。凤和龙一样,被历代帝王当作是权力和尊严的象征。后来,凤凰也成了民间百姓的吉祥物。在民间的传统图案纹样中,凤凰也被广泛应用,寓意着吉祥和太平。凤凰还常和其他吉祥物配合成纹图,如"龙凤呈祥""凤麒呈祥"等,也是吉祥如意的象征。

二、礼仪的特征

礼仪是人们在社会交往过程中应遵循的行为准则,与其他行为准则相比,礼仪有其自身的鲜明特征。

(一) 普遍性与约束性

礼仪跨越时空而普遍存在,既表现在人类的政治领域、经济领域、文化领域,也表现在军事领域、宗教领域,渗透于各种社会关系中。只要有人和人的关系存在,就会有作为人的行为准则的礼仪规范的存在。礼仪对人们的具体交际行为具有制约性。任何一个生活在某种礼仪习俗和规范环境中的人,都自觉或不自觉地受到该礼仪的约束。遵循礼仪规范,就会得到社会认可和嘉许;违反礼仪规范,就会受到批评。

📖 阅读材料:公共场合失礼行为面面观

在某市人民医院大厅,角落里几位等待办理手续的市民都把鞋一脱,将脚抬上座椅,更有甚者还用手抠一抠。在该市港口有冷气开放的客运站候船大厅里,一位旅客全然不顾禁烟警告,若无其事地手夹香烟,吞云吐雾地与旁人聊着天。而在他前几排的座椅上,还放有"前人"留下的食品包装垃圾;一旁的联排座椅,一位旅客直接横躺其上。此外,在该市不少公共场所的窗口前,均有不排队的混乱场景出现。

(二) 共同性与差异性

不少礼仪是全世界通用的,具有共同性。但是,不同国家、不同民族,由于历史文化传统、语言文字、活动区域不同,以及在长期的历史发展过程中形成的心理特征不同,其礼仪都带有本国家、本民族的特点。此外,每个人因其地位、性别、资历等因素的不同,在使用同样的礼仪时,也会表现出不同的形式和特点。

📖 阅读材料:中西方礼仪文化差异探因

中国黄色文明发源于黄河流域的黄土高原,这里有大面积的黄色土地。她尊土,崇尚黄色,认为黄色是最高贵的颜色,古代只有皇帝才能穿明黄色的衣服。她源自内陆环境,所以更喜欢厚实稳重的大地,属于"恋土恐水"。中国有位神仙叫"土地公公",他和蔼可亲、笑容可掬,代表了中国人心目中土地的形象;中国的政治权力总是与土地挂钩,如历代的战争,都是土地的斗争,在中国人看来,拥有土地,就等于拥有了土地上的一切。这些都是"恋土"的象征。大禹因治水功绩,得到天下的认可而得帝位;"精卫填海"讲述了炎帝的女儿在东海游玩遇浪翻船,被淹死后变成一只叫精卫的小鸟,衔石子和树枝去填海;女娲补天的根本目的也是为了治水。这些都是"恐水"的象征。

西方蓝色文明发源于古希腊的爱琴海海滨,这里有一望无际的蓝色海洋。她崇尚蓝色,认为蓝色是最高贵的颜色,只有神才配享用。她源自海滨,所以更喜欢高深辽阔的海洋,属于"重水轻土"。西方第一位哲学家泰勒提出"万物基于水";荷马说,"海神夫妇是万物之父";对西方艺术有巨大影响的爱神阿弗洛狄忒诞生于海洋;《荷马史诗》的故事都是在海滨和海洋上展开的。这些表明了古希腊人"重水"的态度。古希腊人对陆地抱着冷漠、不友好的态度,比如古希腊神话的土地和丰产之神叫哈迪斯,他同时又是冥界和地狱的统治者;他冷酷自私,与中国的土地公公形成鲜明对比;把土地和丰产之神,与冥界和地狱之神合二为一,正表明了其"轻土"的态度。

(三)时代性与发展性

共同的经济生活和文化生活涵育了共同的礼仪,礼仪一旦形成,就具有相对的独立性和稳定性。但是,礼仪在具有浓厚时代特色的同时,还具有时代变异性,它会随着社会的进步而不断发展、丰富和完善。比如现代生活的快节奏、高效率,使现代礼仪向简洁、务实的方向发展。《论语·为政》中记孔子说:"殷因于夏礼,所损益可知也;周因于殷礼,所损益可知也;其或继周者,虽百世,可知也。"清楚说明了礼制继承与变革是如何相统一的。

(四)规范性与灵活性

礼仪是社会生活中人们相互效法、约定俗成的习惯和规则,很多礼节、仪式都有比较统一的规范要求。但是,礼仪具有典型的"情境性"特征,因时间、地点、场合的不同,礼仪的要求是会有区别的。有时候,礼仪甚至会"因人而异"。例如,"这个胖子是谁啊?"此话如果出自毫无教养的人之口,意味着粗鄙,但它如果出自一个优雅人士之口,就可能成了饶有趣味的正中要害之语。毫无疑问,好的礼仪为生活增添色彩,不过必须承认,坏礼仪有时候也有勃勃生机。当然,只有有此天赋、深解意趣(像鉴赏音乐)之人,才能让坏礼仪发挥真正的功用。

(五)形式性与情感性

礼仪是一种既具有内在道德要求,又有外在表现形式的行为规范。礼节、礼貌在社交活动中不仅表示一种礼数,更主要的目的就是为了联络双方的感情,比如宴会礼仪,它作为招待亲朋好友、迎来送往的一种礼节,首先表达的是一种礼数;这种礼数的目的就是为了联络双方的感情,增进互相的了解和信任。礼仪的真正内涵并不是表面的一个形象,抑或一个简单礼节,礼仪是舒心的、愉悦的、温暖的,礼仪的最高境界永远是源于内心深厚的修养,源于内心对他人的尊重。

📖 阅读材料:礼仪就是爱

中国传统礼仪的重要特征是礼仪与道德的结合。先哲们的论述清晰地揭示了礼与德的关系。首先,礼是德的基础。西汉扬雄在《法言·问道》中指出:"礼者,德之基也。……人而无礼,焉以为德。"其次,礼是德的规范。儒家认为仁是一切道德的精神价值,而礼则是仁的具体行为规范。其基本精神就是孔子说的"己欲立而立人,己欲达而达人""己所不欲,勿施于人"。再次,礼是德的保证。荀子在《荀子·修身》说:"礼者,所以正身也……无礼何以正身。"因此,中国人的礼,是以内在的德性为基础的,它所表现的是一种善良的人性,是一种高尚的人格,是一种规范的人伦。正如《礼记》中所说:"德辉动于内,礼发诸外。"

当今社会,表达感情、联络情感既是社交礼仪的重要目的;同时,行使礼仪行为的基础又必须是情感。在社会交往中,不论是彬彬有礼,还是侃侃而谈,前提都是对人的理解和尊重,善意和宽容,只有在这样的前提下,礼仪的技术性知识才可能发挥它的作用。当下公共领域内种种无礼行为,与其说是这部分人不拘小节、文明意识不足,倒不如说是他们心目中没有他人,不知道尊重他人的权利、人格和尊严。

因此,礼仪是一个人教养、风度、人文情怀、从容的内心以及丰富的见识所带来的谦逊态度,是一个人内在修养和素质的外在表现。而正是这些修为和内涵,才是礼仪真正核心的价值,是无法包装的心灵魅力。日本礼仪专家松平靖彦说:"礼仪本身包含了人们在社会生活中应予遵守的道德和公德,人们只有不拘泥于表面的形式,真正使自己具备这种应有的道德观念,正确的礼仪才得以确立。"日本另一名礼仪专家西出博子则简而言之地说:"礼仪就是爱。"

1. 请说出礼仪、礼节、礼貌之间的联系与区别。
2. 请举例说明礼仪具有普遍性、差异性、时代性等特征。
3. 请说说现实生活中碰到过的人们不遵守礼仪的具体例子。

学习任务2　礼仪的起源与流变

鼎是中国礼仪文化的重要内容。在夏商周三代及秦汉延续两千多年的礼仪活动当中,鼎一直是最常见的礼器。鼎是用以烹煮肉类和盛贮肉类的器具,相当于现在的锅。传说夏禹曾收九牧之金铸九鼎于荆山之下,以象征九州。自从有了该传说,鼎就从一般的炊器而发展为传国重器、国家和权力的象征;历商至周,定都或建立王朝都被称为"定鼎"。

后母戊鼎是商王祖庚或祖甲为祭祀母亲(即商王武丁之妻)所铸,现收藏于中国国家博物馆,属国宝级文物。1939年3月,这只鼎出土于河南安阳侯家庄武官村吴玉瑶家的农田中。出土后,因为它又大又重,一时无法搬运,日本侵略者又多次强索,为免遭掠夺,人们把它埋入地下。直到抗战胜利后,才重见天日。后母戊鼎高133厘米,口长110厘米,口宽78厘米,壁厚6厘米,重达832.84公斤,是迄今世界上发现的最大、最重的青铜器。该鼎器型高大厚重,形制雄伟,气势宏大,纹饰华丽,在铸造工艺和艺术水平上都代表了商代青铜铸造技术的最高成就。

"鼎"字也被赋予"显赫""尊贵""盛大"等引申意义,如一言九鼎、大名鼎鼎、鼎盛时期、鼎力相助,等等。鼎又是旌功记绩的礼仪器皿。周代的国君或王公大臣在重大礼仪庆典或接受赏赐时都要铸鼎,以记载盛况。这种礼仪习俗一直影响至今。例如,为庆贺联合国成立五十周年,中华人民共和国于1995年10月21日在联合国总部,向联合国赠送一尊青铜巨鼎——世纪宝鼎。

礼是文明民族的标志,世界上任何一个进入文明时代的民族都有自己的礼仪。中国自古号称"礼仪之邦",并以之为文明古国的骄傲之本;即使在综合国力远落后于西方的近现代,"文明古国,礼仪之邦"依然是我们倍感自豪的精神脊梁。唐代孔颖达在解释《左传》时说:"中国有礼仪之大,故称夏;有服章之美,谓之华。华夏一也。"礼仪文明作为中国传统文化的重要组成部分,绵延不息地传递着华夏民族的行为方式、风俗习惯和道德观念。比如中国人在宴会上相互敬酒时,那些修养深厚、平静谦和的人,往往会把酒杯端得比对方低些。这种现代礼节正是传承了《礼记·曲礼上》中所说的"夫礼者,自卑而尊人"的思想。通过谦恭地降低自己,以尊高对方。虽然身体不能低,但可以用酒杯代表自己比对方低一些,用来表示对对方的恭敬、尊重。

一、礼仪的起源

礼仪不是凭空产生的,它的出现基于物质条件的丰富。《周易·序卦传》中说:"物畜然后有礼。"这里的"畜",就是"储存"的意思。物质丰富,有了若干储存了,才有可能关注礼仪。后来《管子·牧民》中说:"仓廪实而知礼节,衣食足而知荣辱。"在思想上与此一脉相承。而这与马克思主义中"经济基础先于观念形态的上层建筑"的观点也是颇近似的。

礼的起源作为礼学研究中的重要问题,学界众说纷纭,莫衷一是。礼学经典里对礼仪的起源也常常因为视角的不同而结论各异。如《礼记·内则》云:"礼,始于谨夫妇,为宫室,辩内外。"荀子在《礼论》中开门见山道:"礼起于何也?曰:人生而有欲,欲而不得,则不能无求。求而无度量分界,则不能不争;争则乱,乱则穷。先王恶其乱也,故制礼义以分之,以养人之欲,给人之求。使欲必不穷于物,物必不屈于欲。两者相持而长,是礼之所起也。"刘师培先生在《古政原论》中提到:"上古之时,礼源于俗。典礼变迁,可以考民风之异同。"王国维先生通过对古文字的研究,提出"礼起源于祭祀"之说。

综上所述,可以概括地说,最早的礼仪活动是一种群体性仪式活动,原始初民出于对自然界的恐惧而创造出一系列的祭祀活动,它受到自然崇拜、图腾崇拜、鬼魂崇拜、祖先崇拜、灵物崇拜等信仰的支配。随着人类社会文明程度的发达,礼仪也逐渐由自发的状态变为自觉的状态,人们根据自己的生活而不断地丰富与创造礼仪,从而使之成为一种重要的外在力量规约着人类的生活。礼深含人类对宇宙天地的敬畏,对德性的追寻,对和谐的追求,对人本身的期望和宽容,以及对美好生活的期待,对审美情趣的重视和培养,还有对社会秩序的协调。

二、礼仪的流变

据考证,距今约3万年前的北京山顶洞人,就有了礼的观念和实践。山顶洞人缝制衣服以遮羞御寒,把贝壳串起来,挂在脖子上来满足审美的要求。到了新石器时代晚期,人际交往礼仪已初成规模。根据半坡遗址和姜寨遗址提供的考古资料表明,那个时代,人们在交往中已经注重尊卑有序、男女有别了。炎黄时期,传统礼仪已渐至严密,且逐渐被纳入礼制的范畴。历史上有过"礼理起于大一,礼事起于遂皇,礼名起于黄帝"之说。尧舜时代,民间交际礼仪得到了进一步的发展。《通典》认为,"自伏羲以来,五礼如彰,尧舜之时,五礼咸备"。

在中国最早的文字——殷墟甲骨卜辞中,就有许多关于祀典及其祭法的名称。可见在殷代已经有了成系统的祭祀礼仪。周代是礼制盛行的时期。史书上说"周公制礼作乐",就是指周公为了巩固周王室的统治,加强对所封诸侯的控制,实行一套上自天子、下至庶人的严格宗法等级制度。礼由夏殷时期的主要沟通人神关系的礼,开始世俗化,转变为处理人与人之间关系的礼。成书于春秋战国时期的《周礼》《仪礼》《礼记》(即"三礼")中,非常详细地记述了周代的礼仪制度,也可以概知周代已经发展了相当完备的礼仪制度。在汉以后2000多年的历史中,"三礼"一直是国家制定礼仪制度的经典著作。

春秋战国时期是一个"礼崩乐坏"的时代,又是一个动荡的年代,但同时也是德国哲学家卡尔·雅斯贝斯所称的人类文明的"轴心时代"。在这个时代,作为天下"共主"的周天子已经失去了昔日政治上的绝对权威,于是诸侯争霸,血雨腥风。政治上的动荡却丝毫没有阻挡中国文明精神的重大突破,气象恢宏的"诸子百家争鸣"带来了中国文化上的辉煌。在此期间,孔子、孟子、荀子等思想巨人发展和革新了礼仪理论。孔子一生提倡"礼",在他的弟子整理而成的《论语》中,孔子讲"礼"有72处之多。孔子较系统地阐述了礼及礼仪的本质与功能,把礼仪理论提高到一个新的高度。孟子发展和改造了孔子的"礼治"理论,提出了适合地主阶级理想的"仁政"学说,其中心内容是主张"以德服人"。荀子十分注重建立新的封建等级制度,提出了"隆礼""重法"的主张。《荀子·修身》曰:"人无礼则不生,事无礼则不成,国家无礼则不宁。"他把"礼"看成检验尺寸的法度,检验重量的权衡,检验曲直的绳墨,检验方圆的规矩。

西汉初期,汉武帝采纳董仲舒的建议,"罢黜百家,独尊儒术"。礼仪作为社会道德、行为标准、精神支柱,其重要性提高到了前所未有的高度。《史记》在介绍制度史的时候,就把《礼书》放在第一篇,并且强调它对于治理社会的基础意义。唐高宗李治时期,徐坚等奉命修撰《大唐开元礼》150卷,这是封建礼制的最高典范。唐末杜佑撰写《通典》,其中《礼典》一百卷,是仪制研究的一个里程碑。随着宋代理学的兴起,理学家对礼治思想的阐述,进一步强化了礼治秩序。朱熹说:"礼者,天理之节文,人事之仪则也。"按照他的说法,礼仪只是一种外在的形式,而其实质就是"理",即纲常伦理。所谓封建礼教"吃人"的悲剧,实际上就是从这个时期开始愈演愈烈的。但值得一提的是,宋代一些学人致力于家礼、乡规民约、家训格言一类文字的撰写,成为传统礼仪的重要补充,对于民众的行为规范有着一定的指导意义。北齐颜之推的《颜氏家训》,堪称家礼之典范,古今家训,大都受它的影响。北宋司马光的《居家杂议》和南宋陆游的《放翁家训》,也对后世产生了很大的影响。南宋朱熹的《家礼》在明清二代传遍全国,成为家庭礼仪的圭臬。

📖 阅读材料:叔孙通制礼

汉高祖五年(公元前202年),刘邦统一了天下,诸侯们在定陶(今山东菏泽境内)尊立他当了皇帝。开始时,刘邦将秦朝的礼仪一概废弃,朝仪十分简单。但由于礼仪不健全,加之群臣多数文化程度不高,又自恃有功,朝堂秩序十分混乱。刘邦看在眼里,心烦意乱。此时,大臣叔孙通主动请求道:"我愿意博采古礼与秦仪为陛下制定一套朝仪。"刘邦疑信参半,让他先去准备,要求新的朝仪切实可行。叔孙通会同征召来的三十多位鲁儒与自己的弟子一道,在郊外编练礼仪。经过一个多月的斟酌、讨论、修改和演习,最后将朝仪拟定就绪,刘邦看后极为满意。汉高祖七年(公元前200年),此套朝仪正式实施,效果显著。

元朝是游牧文化与农耕文化发生激烈冲突与融汇的时期,中原礼仪文化遭到了游牧文化的猛烈冲击。虽然根据《元书·礼乐志》可以看出,元朝糅合汉礼,立足本俗,制定了元朝礼制,但是元朝统治者以及元朝贵族骨子里的排斥农耕文化的心态,使得传统礼仪在元朝处于比较低潮的时期。明朝朱元璋非常注重礼乐教化,其在位30余年里,编集十几部礼书,其中《明集礼》是明朝最重要的一部礼典。清朝时期少数民族成功进入中原,尽管存在民族文化差异,但为了维持其统治,依然要重视和依靠传统的礼制。康乾盛世之际,礼学复兴就离不开上层的支持和推动。随着社会的变革和发展,特别是在封建社会的后期,礼越来越成为束缚人们思想、行为的绳索。从清初到晚清,西方文明日趋渗透,传统文明面临"三千年未有之大变局",而礼仪的演变在这中西文化交流的激荡中体现出民族性与世界性、时代性与保守性的紧张关系;清廷与罗马教廷之间的一场"礼仪之争"以及意味深长的"华夷之辨"可看作是历史的注脚。

辛亥革命之后,封建王朝覆灭,孙中山主政的南京临时政府颁布的一系列文告,表明了与封建礼制的彻底决裂,掀起了一股礼仪革新之风。1919年爆发的五四运动,对腐朽、落后的礼教进行了清算,符合时代要求的礼仪被继承、完善、流传,那些繁文缛节逐渐被抛弃,同时接受了一些国际上通用的礼仪形式。中华人民共和国的成立,标志着中国礼仪进入了一个崭新的阶段。虽然在一段时期内,优良的民族传统,良好的礼仪礼俗,曾被扫进"垃圾堆",但改革开放的大潮使传统礼仪获得了新的生命。

随着时代的发展和人们生活习惯的变化,一些传统礼仪已经过时,但仍然有很大一部分传统礼仪可以在当代社会中继续发挥积极的作用。长期以来,由于大量传统礼仪的精华与糟粕处于渗融并存的状态,某些传统礼仪的糟粕产生不可低估的消极作用,导致我们忽视了传统礼仪文明这一宝贵的精神财富。2013年11月,习近平同志在山东曲阜调研时指出,对历史文化特别是先人传承下来的道德规范,要坚持古为今用、推陈出新,有鉴别地加以对待,有扬弃地予以继承。在新的历史条件下,我们应"继承精华,剔除糟粕",汲取传统礼仪中合理的、有益的因素,并且与时俱进地赋予其新的内涵,实现传统与现代的有机融合,重建一套现代文明礼仪。

📖 阅读材料：刍议中国当代礼仪文化的建设

我国是礼仪之邦,讲文明、用礼仪是弘扬民族文化、展示民族精神的重要途径。但随着社会的发展,在学习礼仪的同时,也应摒弃繁文缛节。

重构中国礼仪文化的关键不是复古,而是转型。对于传统礼仪,不能为了行礼而机械化地"克己复礼"。比如近一段时期的仿古礼、跪拜礼,有些是与现代文明相违背的,对此我们就不该一味地抱残守缺、敝帚自珍,在继承的同时,更要懂得与时俱进、开拓创新。前些年,中原某些城市开始重搞祭祀黄帝大典时,便犯了简单复古的错,其中的某些细节（如集体跪拜）受到了各界的批评。我们平时看中国、韩国的古装剧,对还原的部分古代礼仪常有烦琐与做作之感。传统礼仪文化只有被整合到现代文化语境中,才能获得生存权。企图原封不动地以古代礼仪规范现代人的生活,只能拖滞中国的进步。

要警惕物质化、世俗化挤压礼仪空间。在日常生活中,我们常常发现,一些活动仪式完全被物质化、世俗化了,成为一些人摆阔斗富、炫耀权势的场所,在诸如婚礼、祝寿、孩子升学等方面,礼仪不再是一种庆祝和纪念,而是比谁的车队档次高,谁的宴席排场大,谁的宾客来头大,铺张浪费,攀比成风。

过分的职业化,会使所展现的礼仪在骨子里缺少真诚与体贴。比如一些企业,特别是美容行业或餐饮行业,常常定期不定期地把员工组织到嘈杂的街头,进行队列训练或喊口号,表面上进行的是礼仪教育,神圣感、庄严感却无从谈起。

要重视社会名流的礼仪示范。在新媒体时代,一些社会名流所创造的新的礼仪示范,可能会得到迅速的传播。另外,一些社会名流所展示的与众不同的礼仪示范,往往也会对固有的礼仪规范造成一定程度的冲击。

根深蒂固的传统观念对现代礼仪的重塑也影响不小。如某电视台播出过有关现代礼仪文化的讲座,曾给观众很大启迪,但美中不足的是主讲人自己在言语间经常流露出强烈的等级意识,影响了整套节目的现代感。

课后练习

1. 请你收集相关资料,并结合自己的生活、学习实际,以"做个谦恭有礼的中国人"为题,写一篇有关礼仪的小论文,要求有独到的见解。

2. 南怀瑾大师曾无限感慨："中华民族有着五千年的文化历史,如今却像个乞丐一样,向西方讨文化的饭吃。"请你谈谈对这句话的理解。

学习任务3　学习礼仪的意义

当希尔顿饭店创始人康纳·希尔顿的资产从1.5万美元增值到5100万美元的时候,得意扬扬地向母亲报喜。然而,老太太语重心长地抛下了一段话:"事实上你必须把握住比5100万美元更值钱的东西。除了对顾客诚实以外,还要想办法使每一个住进饭店的人住过了还想再来。你要想出一种简单、容易、不花本钱而行之久远的办法去吸引顾客。"最终,希尔顿悟出了母亲所指的那种办法就是微笑。从此以后,即便是在经济大萧条时期,"希尔顿饭店服务员脸上的微笑永远是属于旅客的阳光"。

美国钢铁和国民蒸馏器公司的一家子公司生产率和利润率持续多年上不去,但自从吉姆·丹尼尔到这家公司担任经理后,情况就发生了变化。吉姆·丹尼尔把"一张笑脸"作为公司的标志,公司的厂徽、信笺、信封上都印上了一个乐呵呵的笑脸。他总是带着"微笑"飞奔于各个车间,进行管理。结果,员工们渐渐被他感染,企业员工友爱和谐,上下同心同德,其乐融融,企业在几乎没有增加投资的情况下,生产效益提高了80%。

日本人原一平,其貌不扬,而且身高只有1.53米,然而他却是日本的"推销之神",他的微笑被称为"价值百万美元的微笑"。他的微笑并非天生,而是长期苦练出来的结果。原一平把笑容分为38种,针对不同的客户,他有不同的笑容;曾经在对付一个极其顽固的客户时,他用了30种微笑。原一平还深深体会出,世界上最美的笑就是婴儿的笑容,那种天真无邪的笑,散发出诱人的魅力,令人如沐春风,无法抗拒。

确实,微笑犹如百万财富般珍贵。它既是一种感情,也是一种品格,还是一种技巧。微笑可以化为巨大的能源和物资,微笑礼仪已成为流行于世界的社会竞争的有效手段,这既是社会文明进步的体现,也反映了在当今社会竞争加剧、生活节奏加快的状况下,人类更加需要用美的笑容来点缀生活。

中华民族自古有懂礼、习礼、守礼、重礼的传统。《礼记·礼运》中指出,礼的功能就是"治人七情,修十义,讲信修睦,尚辞让,去争夺。"《左传·隐公十一年》中说:"礼,经国家,定社稷,序民人,利后嗣。"作为一种社会文化,礼仪不仅仅是个人素质的表现形式,还事关组织、社会乃至国家和民族的整体形象。

一、礼仪使人格更具魅力

礼仪修养与道德修养是密不可分的。礼仪是社会道德的一种载体,是人生道德的具体化。人类社会的发展,也包括道德理论和道德实践的进化。人们根据时代发展的要求,不断提出新的道德准则和规范,以调节和约束人们的行为。其次,礼仪作为人生道德在社会交往中的表现形式,体现着时代的行为准则和规范。一个人礼仪修养水平的高低,是受其道德修养水平制约的。这就是说,通过一个人对礼仪的运用程度,可以察知其教养的高低,文明的程度和道德的水准。

📖阅读材料:人格的力量

素有"铁娘子"之称的英国前首相撒切尔夫人在处理繁杂的国家事务中,十分刚强、果断、干练,而且对同僚十分和善体贴,时常嘘寒问暖,有人生病了或家中有亲人病故,她都要亲笔写信问候,有时还亲自下厨为同僚们准备晚宴。所以她的部下说:我们为她工作常常通宵达旦,废寝忘食,虽得不到高额报酬,但我们都愿意尽忠尽职。

2008年3月,某晚报记者小严受报社派遣前往希腊采访北京奥运会圣火采集仪式,他很荣幸地得到了采访时年已87岁的前国际奥委会主席萨马兰奇的机会。让小严最感动的一幕出现在采访尾声。小严提出和萨翁合影的要求,他没有吱声,只是挺直身板作为欢迎的信号。就在那一刹那,意外突然来临——刚肩并肩和萨马兰奇站在一起,小严的电话响了。电话是电视台一直播栏目打来的,临行前该栏目就和小严约好,仪式当天在直播中连线。那真是一个艰难的时刻,因为是直播,小严无法挂断南京的电话,可是萨马兰奇先生正在等他合影呢。接着电话和萨马兰奇合影,这无论如何是非常失礼的举动。小严无辜地看了萨马兰奇一眼,他却报以一个淡淡的微笑,依旧全力挺直身板站在原地——尽管他根本不清楚小严的无奈。就这样,在次日某晚报上,刊登了一张小严举着电话和萨翁的合影。这是一个非常有趣的例子,坏礼仪为真正的好礼仪提供了展现时机。

二、礼仪使形象更具风采

随着时代的发展,现代礼仪正成为一种追求人生美的手段与工具。心理学家通过大量测试得出一个结论:一个具有良好形象、修饰得体的人,会更让人感到可亲、可敬、有感召力、有亲和力、有魅力、有能力。形象是一个人的立身之本,也是赢得他人理解、支持、信任的基础和条件。学习礼仪,运用礼仪,无疑将有益于人们更好地、更规范地设计个人形象、维护个人形象,更好地、更充分地展示个人的良好教养与优雅的风度。此外,人总是社会的人,大部分人总隶属于某个组织,即人是组织化的个人。人在工作中,总是代表着自己为之工作的组织的利益,显然,工作中的个人形象也代表着组织的形象。

📖阅读材料:你的形象价值百万

如果你是一个公司的老总,你的外表就是公司最好不过的说明书了。如果你看起来不像一个企业的老总,就不要困惑你的公司为什么不能够出类拔萃,就不要责备顾客不信任你们的产品。日本著名企业家松下幸之助从前不修边幅,一天理发时,理发师毫不客气地批评他不注重仪表,说:"你是公司的代表,却这样不注重衣冠,别人会怎么想,连人都这样邋遢,他的公司会好吗?"从此,松下幸之助一改过去的习惯,开始注意自己在公众面前的仪表仪态。

我们处在一个越来越"眼球化"的社会,一位商务人员的形象将可能左右其职业生涯的发展前景,甚至会直接影响到一个人的成败。据英国著名形象设计公司CMB对300名金融公司决策人的调查显示,成功的形象塑造是获得高职位的关键。另有一项调查显示,形象直接影响到收入水平,那些更有形象魅力的人收入通常比一般同事要高14%。因此,在商务交往中,商务人员为了体现自己的敬业精神,为了对自己的交往对象表现应有的友好与敬重之意,同时也为了更好地维护自己所在单位的形象,必须始终不懈地保持精神焕发、神采奕奕。

三、礼仪使交往更为顺畅

社会是不同群体的集合,群体是由众多个体汇合而成的,而个体的差异性是绝对的,例如性别、年龄、贫富、尊卑等。礼仪作为一种规范、程序,作为一种文化传统,对人们之间相互关系模式起着规范、约束和及时调整的作用。遇事讲理,待人有礼,这是一个人品行好、德性高的集中体现。就是说,做人既要讲理,更要讲礼,讲理与讲礼,两者互为联系,相辅相成,相得益彰,密不可分,不可或缺,反之则会事倍功半。所以说,礼仪是人际交往的"润滑剂",具有调节人际关系的作用,能使人与人之间的关系更趋融洽,使人们的交往气氛更加愉快,使人们的生存环境更为宽松。

四、礼仪使生活更为美好

美国礼仪专家埃米莉·波斯特说:"表面上礼仪有无数的清规戒律,但其根本目的却在于使世界成为一个充满生活乐趣的地方。"礼仪存在于我们日常生活的方方面面,是家庭和睦的保证,是公共生活中的"通用语言"。从孝敬父母到邻里和睦,从着装到用餐,从称谓到握手,从出行到购物,从使用电话到网络交流,都能反映公民的文明素养,体现社会的文明程度。创造文明和谐的社会生活,需要我们"知礼""明礼""习礼",进而"达礼"。当大家都能展现自我修养,个个以礼待人时,人际关系将会更和睦,生活将变得更加温馨。

📖 阅读材料:长者的礼仪风范

自古以来,中国就被誉为"礼仪之邦",在她的几个鼎盛时期,是全世界学习的典范。在中国传统礼仪文化的塑造下,传统中国人正如美国汉学家赫伯特·芬格莱特所说:"人是一个礼仪性的存在。"然而时至今日,我们却无奈地看到,一些中国人在礼貌、礼节和礼仪方面的缺失与过去的"礼仪之邦"几乎齐名。在当今社会一片"无礼"的氛围中,那些被古礼浸染过的长者们,却给今天的年轻人传递出一种无形的礼仪修养的力量。

经济学家茅于轼先生每次写完信后都不忘落款"茅于轼上",一个"上"字,道尽了一个人的礼仪素养。教育家蔡元培先生任北大校长的时候,给名教授发薪水,总是亲自到教授家去发。作家叶圣陶先生打电话,从来都是客客气气,而且总是要等对方挂了电话他才挂。他住在北京的东四八条,老人家不管自己多么年迈,只要有人去访,他一定送到门口,并深深地作揖。社会活动家雷洁琼的住处是一个回形的走廊,她住在拐弯的地方。有的时候,开了门要出来,正好碰上有人过来,她总是等大家都过去了才出门。2005年,业已八十高龄的历史地理学家侯仁之的夫人在送客时,面向客人几番后退躬身相送,令人感叹不已。侯夫人毕业于燕京大学,那时的大学,礼仪是一门必修课。

五、礼仪使事业更加成功

礼仪被人们视为正常人理所当然的言行,其正面效应在经济方面往往不会立竿见影,但精明的行家却看到了其无形而无限的价值。如现代企业要想在激烈的国际竞争中站稳脚跟、谋求发展,就必须融入世界市场中去。而其中重要的一点就是在行为礼仪等管理规范上与国际接轨。毕竟一个企业,不管其发展水平怎样,最后起决定作用的还是精神风貌和办事效率等"软实力"。如果说综合实力中物质因素只是决定着企业实力的大小,那么诸如人员素质的高低、服务水平的优劣以及企业经营管理是否规范化等精神因素则决定着实力的运用方向。如果说物质因素决定着经济实力强弱的话,那么精神因素则影响着竞争力的持久,二者结合才是正确的选择。所以,学习礼仪,懂得礼仪,不仅是时代潮流,更是提升竞争力的现实所需。

📖阅读材料:礼仪铸就事业成功

当代企业家除了要拥有非凡的智慧、毅力及卓越的管理才能外,良好的礼仪和美好的形象无形中也帮助他们脱颖而出,为他们赢得更多的机遇。

徐振东是最早在大陆投资电器生产的一名台商,作为一名拥有上千名员工的企业老板,每天清晨来到公司会主动向每一个人微笑问好,包括公司里做清扫的保洁员。当他走出公司大门的时候,会主动跑前两步为正要推门的女员工打开门,并礼貌地请她们先出门。他的这些举止,不仅赢得了员工的欣赏和认可,更带动了公司员工都学得像他一样,员工之间互相尊重,彬彬有礼。而这种团结而和谐的工作气氛,推动企业获得了大发展。

郭先生是一位外贸公司的总经理,一次,因为工作的需要,在国内设宴招待一位来自英国的生意伙伴。有意思的是,那一顿饭吃下来,令对方最为欣赏的,倒不是郭先生专门为其所准备的丰盛的菜肴,而是郭先生在陪同对方用餐时的一处细小的举止表现。用那位英国客人的原话来讲就是:"郭先生,你在用餐时一点儿响声都没有,使我感到你的确具有良好的教养,我们很愿意同您合作。"

他们的成功告诉我们:在商务活动中,礼仪是完善自身的点金棒、与客户交往的润滑剂、打开市场的催化剂,它已经成为提高个人素质与企业形象的必要条件,成为现代竞争的重要砝码。当然,商务人员与企业要爱惜其形象与声誉,就不应仅追求商务礼仪外在形式的完美,更应将其视为商务人员情感的真诚流露与表现。

六、礼仪使社会更加和谐

《大学》中说:"古之欲明明德于天下者,先治其国;欲治其国者,先齐其家;欲齐其家者,先修其身;欲修其身者,先正其心……心正而后身修,身修而后家齐,家齐而后国治,国治而后天下平。""修身、齐家、治国、平天下"概括了修身与社会和谐之间的关系。礼仪对社会风气的作用是不容忽视的,它对社会起了重要的净化作用。它不仅可以反映一个社会的精神面貌和文明程度。还可以形成一种具有约束力的道德力量,要求人们按照时代的要求,将自己的言行纳入符合社会之礼的轨道,使人们自觉地按照社会效益调整自己的行为,选择符合社会风尚的言论,摒弃违背社会、民族文明的陋习,养成以礼处事的行为准则。

总之,礼仪是个人素质、素养的外在体现,更是企业形象的具体化展现。礼仪已经倍受人们的重视,是人际交往的"润滑剂",更是企业形象的"名片"。"礼之用,和为贵",礼的根本目的,是为了让社会更和谐、让行为更文明、让每个人都生活得更有尊严和品位。开展文明礼仪教育,能增强社会文明建设的正能量,有利于促进"中国梦"的实现。

1. 有人认为,所谓的礼仪,应该是幼儿园和小学生学的,大人也要求学这些,是不是层次太低了呢?请你对这一说法发表评论。

2. 演员孙维明在20年内50次扮演周恩来总理,他表示每次扮演周总理,都是心灵的洗礼。请你观看一部有关周恩来的影视作品,如电影《周恩来》《一号目标》,电视连续剧《海棠依旧》,电视纪录片《周恩来外交风云》,感受周恩来伟大的人格魅力,并分析周总理在着装、语言、站姿、坐姿、乘车(飞机)等方面的礼仪表现。

学习任务4　礼仪的基本原则

晋商以义立世的故事很多,他们经商的目的就是要获利,但在经商过程中则体现出一种"行正义不计功利""问逆顺不问成败"的豪气。譬如,山西祁县一位乔姓的商人,多收了一位批发土布的乡下人一块银圆,多次查找都未能找到那个乡下人,在临终前,他将此事写进遗嘱中,嘱咐儿子退还一块银圆。有的商家破产了,借贷的款还不起,放贷的商家就象征性地收下一把算盘或两把斧头,几万、几十万元巨款就一笔勾销,即使该商家东山再起,这笔钱也不再要了,这种大度与豪气,形成了儒商以人为本的王者气象。"义"与"利"在儒商那里,得到了完美的统一,那种境界之大之美,千载之后也堪为楷模,受人崇仰。

中华人民共和国成立前,绥远商界的巨擘"大盛魁"是一家为人称道的义商。据说大盛魁在起家时,只有穷弟兄俩,几乎生计无着。这一年,除夕夜里,富人家花天酒地地过大年,这穷弟兄俩只熬了一锅稀粥。这时候,来了一个人,拉着一峰驮着驮子的骆驼进来歇脚。弟兄俩招待他吃喝后,来人说要把驮子在这儿寄存几天,返回来再取,说完就拉着骆驼走了。寒来暑往,一年过去了,拉骆驼的人还没回来,弟兄俩想,驮子里不知啥货,时间久了,岂不要坏了?于是商量之后打开来看。一打开,大吃一惊,是雪白的一驮银子。弟兄俩当时正做生意,资金紧张,于是点清数目记好账,动用了这笔银子,并把买卖分成三大股,那个陌生的拉骆驼人占一股,准备什么时候人来了,连本钱带股息都交给他。结果陌生人再没回来,大盛魁给他的股份则一直保留了下来。

在社交活动中,具体的礼仪规范比较庞杂和琐碎,一般人很难把各种各样的规范都掌握得清清楚楚。但任何事物都有一些共同的规律可遵循,礼仪也不例外。在社交场合中,有必要在宏观上掌握一些普遍性、共同性、指导性的礼仪规律。

一、尊敬

《礼记》开篇第一句话就是"毋不敬",希望民众都有恭敬心。《左传·僖公十一年》中写道:"礼,国之干也。敬,礼之舆也。不敬则礼不行,礼不行则上下昏,何以长世?"意思是说,礼是国家的主干,而恭敬则是装载礼的车子,不恭敬,礼就不能实施;而礼不能实施,国家就会混乱,就不能长治久安。尊敬,不仅是一种美德,一种个人修养,也是一种责任和本分。这种尊敬,不是虚伪的谦恭和礼节性的微笑,而是一种发自内心的、真诚的态度。孔子说:"礼者,敬人也。"敬人就是对交往对象的尊重、恭敬、友好,由此平等待人、宽容对人、真诚示人,以一种推己及人的友善态度,独善其身又相善其群。

阅读材料:什么是真正的礼仪

德蕾莎修女是世界敬重的天主教慈善工作者,主要替印度加尔各答的穷人服务。她在印度时,一直坚持不穿鞋。原来,德蕾莎所服务的印度大众大部分都打赤脚,所以她也不穿鞋。德蕾莎认为,很多印度人都没有鞋穿,如果她穿上鞋,就跟大众的距离拉得太远了。英国戴安娜王妃访问印度见到德蕾莎时,突然间发现德蕾莎的脚上没有穿鞋。事后,优雅的王妃跟他人讲了这么一句话:"我跟她握手的时候发现她没有穿鞋,我脚上穿了一双白色的高跟鞋,真羞愧呀。"有谁会说不穿鞋的德蕾莎不懂礼仪?事实上,像德蕾莎一样设身处地为他人着想,这才是礼仪的核心理念。

星期天,一个穿着破烂牛仔裤和黑色条纹T恤的年轻人,对做礼拜很好奇,就赤脚走进了一座漂亮的教堂。但他并没有注意到周围的人都穿着正式:男士身着西装,女士身穿套裙。他不知道该坐哪里,就从中间笔直走到前面,盘腿坐在台前的地板上。这时,一个上了年纪的招待员穿着一套体面的西装走到中间,所有人都觉得场面立刻变得凝重而沉寂。大家都担心将目睹一个糟糕的场面：招待员斥责这个衣冠不整的男孩，并把这个失礼的不速之客赶出去。然而，事实恰好相反，这个绅士招待员走到男孩身旁，脱掉鞋子，盘腿坐在了他身边。那天，许多人被这样的举动感动得泪流满面。这个招待员是真正的绅士，因为他对于那个不懂传统教会礼仪的人也表达了欢迎与接纳。这就是礼仪的核心。

二、自律

礼仪有着广泛的约束力，但这种约束力不是强制性的。礼仪不像法律那样威严，也不像道德那样肃然，礼仪的实施无须别人的督促和监督，主要是依靠人们的自觉，这就是礼仪的自律性。自律的最高层次是慎独。《礼记·中庸》中说："君子戒慎乎其所不睹，恐惧乎其所不闻。莫见乎隐，莫显乎微，故君子慎其独也。"意思是说，最隐蔽的东西最能体现一个人的品质，最微小的东西最能看出一个人的灵魂，有道德的人在独处时，也不会做任何不道德的事。奥地利心理学家弗洛伊德说："不可否认，文明应建立在放弃某些权利的基础上，文明存在的前提是我们对强大本能的约束。"

📖 **阅读材料：伟人的自律**

毛泽东烟龄长，烟瘾大，且喜欢劲大味重的，一天没有烟，比没有饭吃还难熬。可是，在他的一生中，还是有一次控制住了烟瘾。那是在1945年重庆谈判时，因为蒋介石不吸烟，而且讨厌闻烟味，毛泽东控制住了，在谈判时始终未抽一支烟。蒋介石曾就此事对陈布雷说："毛泽东此人不可轻视。他嗜烟如命，手执一缕，绵绵不断，据说每天要抽一听（50支装）。但他知道我不吸烟后，在同我谈话期间绝不抽一支烟。对他的决心和精神不可小视啊！"

邓小平的烟瘾也很大，往往在主席台上都一边开会一边抽烟。新加坡总统李光耀到中国访问时，曾经看到过人民大会堂里摆放着痰盂。1978年，邓小平访问新加坡，李光耀特地在邓小平的座位旁摆放了一个蓝白色的瓷痰盂。但邓小平看过报道，知道李光耀对香烟敏感，因此在会见中，邓小平坚持不抽烟。

三、诚信

诚实守信是中华民族的传统美德，两千多年前，孔子就主张"言必信，行必果"。《资治通鉴·卷二》载："卫鞅欲变法，秦人不悦……令既具未布，恐民之不信，乃立三丈之木于国都市南门，募民有能徙置北门者予十金。民怪之，莫敢徙。复曰：'能徙者予五十金！'有一人徙之，辄予五十金。"这就是尽人皆知的"城门立信"故事。清代"红顶商人"胡雪岩，把"戒欺"作为胡庆余堂药店的座右铭，成就了杭州历史上的一段佳话。

📖 **阅读材料：微笑背后的谎言**

2013年7月，美国人雅克布·托姆斯基在其出版的回忆录中揭开了酒店行业一些不为人知的内幕。他在书中说道："服务并不意味着坦率和真诚。服务，是巧妙地避开负面，创造出完美的幻觉。你要做的就是：说谎、微笑、略施小计、讨价还价、说服对方、再次说谎、再次微笑。"酒店房间里最不该碰的东西是什么？雅克布·托姆斯基告诉你，绝对是玻璃杯。有些清洁阿姨懒得用水清洗，偷偷喷碧丽珠了事，省时省事又能让玻璃杯看上去一尘不染。如果你曾经用酒店的杯子喝到可疑的柠檬味，你很可能"中招"了。

中国一记者暗访某酒店，在二楼包间的茶几上，放着几排透明的玻璃杯，边上还放着一盆水，水上面漂着几点泡沫，水看起来很浑浊，里面还有一块黑色的抹布。记者看到服务员先是把杯子放在盆子里，舀了一点水，然后晃了几下，把水倒进盆子，把沾着泡沫的杯子放在茶几上。过了一会，服务员拿来一块黄色的桌布，桌布是客人用过换下来的。然后她拿着黄色的桌布，一只只地擦拭玻璃杯。玻璃杯上还带着泡沫，服务员并没有冲洗这些泡沫，而是直接用桌布把杯子擦干净。从外表看来，杯子显得很干净，但是都没用清水冲的杯子，能干净到哪里去？

韩先生偶尔回了一趟大学母校，打算去校门口小店吃饭，再回味一下上学时的味道。在一家校门口餐饮店，韩先生选择了一份14元的牛肉盖浇饭。让韩先生意外的是，这牛肉的味道有点儿怪，不像是牛肉。于是，韩先生跟店里的师傅交涉，要求退还饭钱。当时，三位师傅都没说话。最后，在一位男师傅的默许下，打菜的师傅把钱退给了他。据调查，盖浇饭里确实不是牛肉，而是价格相对便宜的酱猪肉，放上大料、老抽、牛骨头熬出来的。

四、真诚

《庄子杂篇·渔父》中说："真者，精诚之至也。不精不诚，不能动人。"不能把运用礼仪作为一种道具和伪装，任何缺乏诚意的表达形式，实际上都是对他人和自己的愚弄和不尊重。所谓有感而发，礼仪行为也如此，一定的情感基础，才能产生和颜悦色的礼仪行为，否则，礼仪只不过是一套僵化的程序和手段而已。我们在一定的社交场合，向对方施行礼仪行为时，只有在真挚的感情基点上，引发出一系列的行为，才能让对方感受到你的行为是真诚的、友好的，否则就会产生虚情假意之嫌。

📖 阅读材料：诚赢天下

世界知名的多米诺皮公司，总是始终如一地保证在30分钟之内将客户所订的货物送到任何指定地点。有一次，长途汽车运输货物时出现故障，而车中所运的货物正是一家商店急需的生面团。公司总裁唐·弗尔塞克得知这一情况后，当即决定包一架飞机，把生面团及时送到那个将要中断供应的商店。"几百公斤生面团，值得包一架飞机吗？"当时有人不理解，提出疑问。弗尔塞克总裁回答说："我们宁可赔偿高额的运输费，也不可中断供销店的供货，飞机为我们送去的不仅是几百斤生面团，而是多米诺皮公司的信誉。"让人遗憾的是，该公司所属的一个商店还是发生了一次中止供货事件。虽然只暂停营业一天，然而弗尔塞克的助手杰夫·史密斯却把这事看得很重。他立即跑到街上买回1000多个悼念死者时才佩戴的黑袖纱，命令全体员工佩戴了好长一段时间。这次"戴孝"事件给整个多米诺皮公司的员工留下了极为深刻、永久难忘的印象。

诚赢天下，要立事先立人；诚实守信是商务礼仪修养不可或缺的重要元素。"言必行，行必果"，是宗庆后为人处事的准则，宗庆后曾说：使娃哈哈在这个世界上得以安身立命的第一个价值观就是诚信。宗庆后很讲情义，从未辞退过一名员工，赢得了娃哈哈员工对他的信赖和支持，甚至希望他青春永驻、长生不老。2012年，宗庆后以一个非上市公司董事长800亿元的财富,时隔两年再次问鼎内地首富,想必与他那讲情义、重诚信的品质密不可分。多年来,这一可贵的礼仪素养一直伴随着宗庆后,为他赢来了无数的财富,并树立了良好的形象。

商务人员的礼仪主要是为了树立良好的个人和组织形象,所以礼仪对于商务活动的目的来说,不仅仅在于其形式和手段上的意义。同时商务活动并非短期行为,讲究礼仪,注重其长远利益,恪守真诚原则,着眼于将来,通过长期潜移默化的影响,必能获得意想不到的收获。

五、平等

唐朝吴兢在《贞观政要·论公平》中提出:"理国要道,在于公平正直。"在社交场合,也要讲究平等待人。人际关系并非线性关系,而是网络关系,在与人相处中,双方友善相待非常重要,特别是在群体性的社交中,一定要注意平等相待。对任何交往对象都一视同仁,给予同等程度的礼遇。

阅读材料:礼仪或者马屁

某市一大桥收费站专设了一个"贵宾通道",上头十分醒目地挂着"贵宾通道——供外宾与领导通行"的提示牌,有警车开道的领导车队或是外宾才能通行;在没有"贵宾"的平时,这条通道是封闭的。为什么要弄这个"贵宾通道"?负责管理该桥的公司负责人解释说,由于该收费站连接着市区和飞机场,建造时考虑到会有重大外事活动及国内外的贵宾需要从收费站出入,所以设立了贵宾通道,"这仅是一种礼节"。其实,我们大致明白了,这个通道并非什么"礼仪通道",而乃"马屁通道"是也!"贵宾通道"的存在,戕害社会公平,正如一位律师评论所说,这对过往车辆是不公平的,这不仅是对财力、人力的浪费,更深层的还包含了一种隐晦的歧视。

六、宽容

中国传统文化历来重视并提倡宽容的道德原则,并把宽以待人视为一种为人处世的基本美德。明朝朱衮在《微观子》中说:"君子忍人所不能忍,容人所不能容,处人所不能处。"以宽容的态度待人处事,不仅能潜移默化地影响对方,还能化敌人为贵人,助自己一臂之力。在社交场合,对与你交往的人要宽容,在人际纷争问题上保持豁达大度的品格或态度。斤斤计较、咄咄逼人的人,或许能够在社交活动中抢占有利地势,不过永远无法获得他人由衷的尊重。在商务活动中,出于各自的立场和利益,难免出现冲突和误解。遵循宽容的商务礼仪基本原则,凡事想开一点,眼光看远一点,善解人意、体谅别人,才能正确对待和处理好各种关系与纷争,争取到更长远的利益。

阅读材料:宽以待人

北宋大文豪欧阳修曾被任命为参知政事,相当于副宰相。他不仅文采飞扬,还是一位光明磊落、襟怀坦荡、从不计较个人恩怨的人。他曾向皇帝推荐过三位可以担任宰相的人选,分别是吕公著、司马光和王安石。令人不解的是,这三个人都和欧阳修格格不入。吕公著曾猛烈攻击过欧阳修;司马光和他长时期政见不和;而王安石则十分固执己见,不愿与他多交往。可是,欧阳修不但不对他们加以报复,反而建议提升他们的官职。

1988年1月20日,84岁高龄的邓小平接见了48岁的挪威首相布伦特兰夫人。当时,给邓小平担任翻译的傅莹,把邓小平的84岁错译为48岁,当外交部副部长周南把这一情形告诉邓小平时,邓小平不但没有批评傅莹,反而幽默地开怀大笑。

李嘉诚创业之初,发生了一件令他不寒而栗的事情,订货的贸易公司竟然在最后一刻突然要求取消订单。对于客户这种"釜底抽薪"的行为,李嘉诚并没有要求对方赔偿损失。此后的一天,幸运的事情发生了。李嘉诚回忆说:"骤然间,有个外国人来找我,他说是某个公司介绍他来的……一次就订6个月的订单。后来,我才发现,就是那间贸易公司的负责人向这名外国人介绍说,和我交易完全可以信任,他为我说尽好话。"李嘉诚的宽容让对方在感动之余,发自内心、竭尽全力地想帮助他;对方的免费宣传使李嘉诚意外地获得了更大的一笔订单。李嘉诚良好的礼仪修养为自己赢得了美誉,而这种美誉成为他人生的无形资本。

2000年,南非全国警察总署发生了一件严重的种族歧视事件:在总部大楼的一间办公室里,当工作人员开启电脑时,电脑屏幕上的曼德拉总统头像竟逐渐变成了大猩猩,全国警察总监和公安部部长闻之勃然大怒,南非人民也因之义愤填膺。消息传到曼德拉的耳朵里,他反而非常平静。几天后,在参加南非地方选举投票时,当投票站的工作人员例行公事地看着曼德拉身份证上的照片与其本人对照时,曼德拉慈祥地一笑:"你看我像大猩猩吗?"逗得在场的人笑得合不拢嘴。不久,在南非东部农村地区一所新建学校的竣工典礼上,曼德拉无不幽默地对孩子们说:"看到你们有这样好的学校,连大猩猩都十分高兴。"此言一出,逗得大家一阵欢笑。

七、自信

古往今来的成功人士都具有一个共同的特点,即自信,如李白坚信"天生我材必有用"。在社交场合,一个有充分自信心的人,才能在交往中表现得不卑不亢、落落大方。需要注意的是,自信而不能自负,自以为是、一贯自信的人,容易走向极端——极其自负,不尊重他人,甚至强人所难。

阅读材料:坚强自信的罗斯福

美国前总统富兰克林·罗斯福,年轻时候潇洒英俊,才华横溢。有一天,罗斯福在加勒比海度假,游泳时突然感到腿部麻痹,动弹不得,幸亏被旁边的人及时发现,才避免了一场悲剧的发生。经过医生的诊断,罗斯福被确诊患上了可怕的腿部麻痹症。医生对他说:"你可能会丧失行走的能力。"罗斯福并没有被医生的话吓倒,反而笑呵呵地对医生说:"我还要走路,而且我还要走进白宫。"

当罗斯福第一次竞选总统时,他对身边的工作人员说:"你们布置一个大讲台,我要让所有的选民看到我这个患麻痹症的人,可以走到前面演讲,不需要任何拐杖。"当天,他穿着笔挺的西装,脸上带着自信的微笑,从后台走上演讲台。他的迈步声让每个美国人深深感受到他的意志和十足的信心。后来,罗斯福带领美国人民为世界人民的反法西斯战争做出了巨大的贡献,并成为美国历史上唯一一位连任四届的总统。

八、适度

人类学家论证,古代"礼"通"履(鞋子)",有人解释说,礼要像鞋子一样大小合适。另外,中国古代哲学思想中有"中庸"的标准,这也与礼仪中的适度原则类似。适度的含义,主要是指在与人交往时,必须要分清对象、场合、时间,合乎规范,特别是要注意做到把握分寸、适度得体。但是,适度的前提是对社交礼仪了如指掌,对社交各个环节的尺度把握得当。

📖阅读材料:"吻"出来的风波

1979年,纪念已故总统肯尼迪的图书馆落成。在启用仪式上,时任美国总统的卡特致开幕词,肯尼迪的遗孀杰奎琳剪彩。礼成后,卡特趋前一把将杰奎琳抱入怀中,置于唇下。他的动机是要以此行动来向杰奎琳表示谢意和关怀,却没有想到他虽然贵为总统,在社交场合不经女方同意,贸然下手,也同样算是失礼的。当天卡特如果吻的是一个普通女人,也许后果不会如此严重,但他偏偏吻的是杰奎琳,杰奎琳的家族和肯尼迪家族一样,同是波士顿的望族。波士顿的望族以原清教徒后裔为主,仍保持着清教徒的作风——在公共场合不苟言笑,不亲嘴,不饮酒。第二天,报纸讥笑卡特总统是"南方野人"。

2007年9月10日,时任法国总统的萨科齐和德国总理默克尔在默茨堡进行非正式会晤。由于这是萨科齐上任以来第一次公开会晤默克尔,按照法国传统礼节,萨科齐应当对默克尔进行颇有绅士风度的法式"吻手礼"。然而萨科齐见到默克尔后却打破传统,上去给了她一个热情的拥抱,然后在默克尔双侧脸颊上吻了两下。在整个会谈期间,萨科齐还不止一次把手搭在默克尔的肩膀上,甚至还轻轻触弄她的头发。两人会面后,又在德国政府的贵宾厅举行新闻发布会。发布会即将结束时,萨科齐又吻了默克尔的脸颊。两人映在墙上的剪影犹如一对热恋中的情侣。出于礼节,默克尔表现得镇静得体,但实际上她对萨科齐这一"过分亲密的举动"很反感。

九、互助

"人"字的结构就是相互支撑。国际志愿者协会提出过一句口号:"帮助他人即是帮助自己。"我们在给予帮助的同时,也收获了一份付出的快乐,人与人之间互助互爱,社会生活会更和谐,人际交往也会更加畅达。

📖阅读材料:帮助他人即是帮助自己

古时候,有两个兄弟各自带着一只行李箱出远门。一路上,重重的行李箱将兄弟俩压得喘不过气来。他们只好左手累了换右手,右手累了又换左手。忽然,大哥停了下来,在路边买了一根扁担,将两个行李箱一左一右挂在扁担上。他挑起两个箱子上路,反倒觉得轻松了很多。

在一场激烈的战斗中,上尉忽然发现一架敌机向阵地俯冲下来。照常理,发现敌机俯冲时要毫不犹豫地卧倒,可上尉突然发现离他四五米远有一个小战士还站在那儿。他顾不上多想,一个鱼跃飞身将小战士紧紧地压在了身下。此时一声巨响,飞溅起来的泥土纷纷落在他们的身上。上尉拍拍身上的尘土,回头一看,顿时惊呆了,刚才自己所处的那个位置被炸成了一个大坑。

十、互动

《礼记·曲礼上》上载:"来而不往非礼也,往而不来亦非礼也。"人际交往永远是双向选择,双向互动,你来我往,交往才能长久。《诗经·大雅·抑》中说:"投我以桃,报之以李。"接受别人的好意,必须报以同样的礼敬。这样,人际交往才能平等友好地在一种良性循环中持续下去。当然,往来之礼,也该适度。正如《庄子·山木》中所说:"君子之交淡若水,小人之交甘若醴;君子淡以亲,小人甘以绝。彼无故以合者,则无故以离。"

📖阅读材料:好朋友是这样交到的

坐在旅游大巴上,听着导游小姐的热情讲解,徐珊怎么也提不起精神来。这时,坐她身边靠窗的女士关心地问道:"你是不是晕车?"徐珊转过头不好意思地说:"没,我只是突然觉得有点无聊了。"那女士也跟着无奈道:"我现在的心情跟你有点像,原本打算一个人出来散散心,可发现更无聊!"徐珊惊讶道:"你也是一个人?"那女士点点头。徐珊笑道:"我也是一个人,就是因为一个人才觉得无聊!请问你怎么称呼?"女士听徐珊这么说,脸上乐开了花:"我叫小萱,咱还真是有缘!不如我们两个结个伴,有人做伴便不那么寂寞了。"徐珊欣然点头。旅游团到了一个大峡谷,那里有蹦极,徐珊告诉小萱她一直想试试蹦极,可就是没那个胆量。小萱听后直接把徐珊领到蹦极的最高点,帮她报了名。徐珊吓得不敢去绑绳索,小萱鼓起勇气说自己先蹦。一声高呼,小萱跳了下去。片刻后,下面传来小萱的叫声:"徐珊加油,我相信你!"原本犹豫的徐珊突然有了力量,一咬牙跳了下去。一场愉快而又刺激的旅行结束了,而这对感情越来越深的姐妹却一直保持联系。

1. 北宋名臣范纯仁在《戒子弟言》中说:"以责人之心责己,恕己之心恕人,不患不到圣贤地位。"请你谈谈对这句话的理解。

2. "宰相肚里能撑船"是人们常说的一个俗语,用来称赞一个人的心胸宽广,有容人之量。有关这个典故中的宰相,历史上有着不同记载,请你搜集一下这些故事。

3. 震惊中外的西安事变发生后,1937年1月党中央进驻延安,各地名流学者纷纷来访。毛泽东给自己定下了一条不成文的规矩:凡来访者,他都亲自接见,并与之畅谈。一次,一位老教授前来拜访,毛泽东热情地接待了他,并掏出烟请客人抽,不巧,烟盒里只剩下一支烟了。请你猜想一下待人热情、诚恳而又亲切的毛泽东会如何处理这一局面?

第二讲　中国传统习俗

我国是一个有着悠久历史的文明古国,中华民族不仅勤劳勇敢,而且素以讲究礼仪著称于世。"礼"在传统社会无时不在,出行有礼,坐卧有礼,宴饮有礼,婚丧有礼,寿诞有礼,祭祀有礼,征战有礼……重礼仪、守礼法、行礼教、讲礼信、遵礼义已内化为一种民众的自觉意识而贯穿于其心理与行为活动之中,成为中华民族的文化特征及基本表征。如在2008年北京奥运会上,演员击缶而歌,喊出孔子名句"有朋自远方来,不亦乐乎",就充分表达了中华民族崇尚礼仪的一种文化态度。古代人们在日常生活中所遵守的社会规则和道德规范,累月经年,日益扩散,渐渐沿袭成为中国人普遍认可并依照实行的社会礼仪习俗。

学习任务1　日常生活中的传统习俗

中国文化中的红色源于太阳,因为烈日如火,其色赤红。我们的初祖对阳光有一种本能的依恋和崇拜,古人认为"日至而万物生",在阳光下万物茂盛,生机勃勃,因此对红色的太阳产生了特别亲切的感情,红色的吉祥和喜庆之意自然而然地产生了。它体现了中国人在精神和物质上的追求。在中国,逢年过节、喜庆日子要挂大红灯笼、红中国结,贴红对联、红"福"字,放红鞭炮。男婚女嫁时贴红"喜"字,新郎戴大红花,新娘穿红装、画红妆、戴红头盖,新房也以红色调为主,点红蜡烛等。人们常形容兴旺、热闹的气氛为"红红火火",指人精神极佳、春风得意为"红光满面",把促成他人美好姻缘的人叫"红娘",得到上司宠信的人叫"红人",运气和机遇很好称为"走红",分到合伙经营利润叫"分红",逢年过节老人常给小孩发"红包"。此外,在当代汉语里,它是政治色彩最浓的一个颜色,象征着革命和进步,如"红旗""红军"等。

中国是个忌白的国家。在中国传统文化里,黑、白同属五色,都是正色。古人认为东方的青色象征万物生长,南方的红色象征万物茂盛,西方的白色属秋,北方的黑色属冬。秋收冬藏,农作物虽已收获,但万物逐步凋零。因而在人们的情绪上,逐渐产生悲凉与哀伤。古人对这种方位、四季和颜色的感受传承至今,所以白色象征不祥。古人常以白色为丧事或丧服之色。守丧者身穿白色服装,或头胸戴白花,系白头绳,此习俗延续至今。白色在中华民族传统观念中,具有矛盾性的文化象征意义,白色同时象征贤明、清正的品格。

此外,在民俗文化中还有一个较为特殊的现象,白色在汉民族中多用于寿诞,以象征长寿。在我国古代,为祝贺夫妻长寿而送的寿礼就有"白头翁"和"白猿偷桃"的寿幛。

请进礼堂

中国传统礼仪作为中国传统文化的核心部分,曾经塑造了一个文质彬彬、从容优雅的民族。见面时行拱手礼,奉茶时八分满为宜,宴席上首席为长末席为卑……这些中国传统生活礼仪,曾被我们祖先视为社会生活的基本规矩。现代社会中的人们是否还了解这些规矩?

一、乡射礼

在远古的狩猎时代,弓箭是人类赖以生存的主要工具之一,与人类有着极为密切的关系。在我国,直到商周时代,人们还用射箭来比试武艺,甚至决定首领的人选。古代的箭靶叫"侯",实际上是一块悬挂着的布,上面画着熊虎之类的猛兽,射中者必是孔武有力之人,可以担当部族首领,这就是诸侯之"侯"的来历。

当文明渐进,弓箭的作用逐步远离它的本初的时候,它又跨入了人类娱乐的领域,依然深受人们喜爱。儒家则对它进行了改造,糅进了德行、仪态、礼让等人文内容,使之成为一种寓教于乐的活动。孔子以"六艺"教授弟子,"射"居其一。《论语》中,孔子曾多次谈到习射,并且喻德于射。又据《仪礼》记载,周代社会的每年春秋,各乡下属的州,都要会聚民众习射,并且形成了一套固定的程序,称为乡射礼。乡射礼不仅是一种娱乐,还有敦化民俗的作用。一个好的射手,必然兼德行与道艺于一身。当时,连天子祭祀需要助手,都是通过射礼来选择的。为此,儒家将射礼载入经典,播传久远。

阅读材料:射礼的另层深意

抗日战争的时候,北京有座辅仁大学,因为是德国人办的,所以没有像清华、北大、南开等校那样南迁。校长是著名史学家陈垣先生。陈校长身在沦陷区,内心的痛楚尤甚。有一天,辅仁大学全校集会,陈校长神色凝重地讲话,他引用孔子射于矍相之圃的典故说,古代有三种人,是连运动场都不允许进入的:败军之将、亡国之辈与为人后者。陈校长用"为人后者"来警示大家不要认贼作父当汉奸,全校师生听了无不肃然,场下鸦雀无声。他的话大大激励了全校师生抗日的意气。于此,正可以看到射礼所蕴含的另一层深意。

岁月流逝,曾经壮健中华体魄的射礼被日本人、韩国人学去,改头换面后成了"弓道",至今不绝。偏偏在射礼的家乡,射箭等民族体育活动却销声匿迹,绝大多数人,莫说是从事射箭比赛和运动了,甚至连真正的弓箭都没见过。

阅读材料:华夏射礼,我们永远的乡愁

现在的大中学生,不乏性格软弱、气质娇糜、粗俗无礼、疏于进取之人,一些国民缺乏进取精神和勇武气质,不能不说与民族生活方式的长期演变有直接关系。也许我们遗忘了这样的时代:华夏的武士们黄沙千里浴血鏖战、以强弓劲弩傲射天狼的时候,同样阳刚的儒生们在桃花夭夭的家园中揖让而升、挟弓并立,耳畔是《采蘩》匀和有力的鼓点,前方是30丈开外的箭侯。儒生们舒展衣袖,引弓而发……那是一个文人投笔即能从戎、儒生非懦夫的雄健时代。当世的人们,失去的仅仅只是尚武精神吗?复兴射礼等民族礼仪与人文体育活动,无疑有助于国民气质与性格的重塑。

二、乡饮酒礼

乡饮酒礼起源于上古氏族社会集体活动,成型于西周,子路就曾向孔子请教过乡饮酒礼。从秦汉至清末,乡饮酒礼历代相传。明太祖朱元璋曾颁行详细的《乡饮酒礼图式》诏示于天下,并以法令的性质,使其模式统一化、执行制度化、地位法律化。"康乾盛世"时期,乡饮酒礼举行最为频繁,臻至繁荣。到了清道光二十三年,由于战事频繁,政府决定将各地乡饮酒礼的费用拨充军饷,遂下令废止。乡饮酒礼前后沿袭约3000年之久,在中国历史上产生过深远的影响。

作为一种礼仪,乡饮酒礼有着严格复杂的程序。宾客的邀请,注重德行声望;人员座次安排,注重尊卑长幼;乡饮所备酒宴,务要丰简得当;乡饮过程严肃隆重,并有音乐渲染气氛,一举一动,尊礼行之。乡饮酒礼名为饮酒,但醉翁之意不在酒,实在崇礼,旨在教化。据《仪礼·乡饮酒礼》记载,乡饮酒礼主要用于招待乡里的贤能之士和年高德劭者。

📖 **阅读材料:中华美德之礼遇贤能与尊老敬老**

中华民族传统美德是我们中华民族几千年的历史、文化凝练而成的社会道德准则,是中华民族几千年灿烂历史文化的重要组成部分。

我们在读某些经典著作,如《三国演义》《资治通鉴》等,其中常常出现"礼贤下士"的字眼。《礼记》中有:"勉诸侯,聘名士,礼贤也。"礼贤下士是指对贤者以礼相待,对学者非常尊敬。《墨子》有"尚贤"篇,专论推贤任能的意义,认为"尚贤为政之本也"。纵观中国古代历史,历来有作为的君主,大多非常重视尊贤用贤,视之为国家安危的决定因素。成语"三顾茅庐",说的是东汉末年的刘备不厌其烦地亲自到诸葛亮居住的草房请他出山,一而再,再而三,诸葛亮才答应。从此,诸葛亮的雄才大略得以充分发挥,为刘备的事业"鞠躬尽瘁,死而后已"。今天我们提倡发扬古代敬贤之礼,须赋予现代新人才观的内容,就是要尊重知识,尊重人才。

我国最早的诗歌总集《诗经》中即有:"如山如阜,如岗如陵……如南山之寿,如松柏之翠"之句,表明了对老人尊崇之至。古代中国人对老年人的尊重和关爱,在世界上是少有的。在漫长的历史长河中,人们以各种不同的方式和习俗,开展尊老敬老活动。乡饮酒礼是我国古代规模最大、最隆重的敬老大典。再如千叟宴,就是千余老人参加的宴会。据《清史稿》《清鉴》等史书记载,清朝的康熙、乾隆皇帝曾先后三次举办千叟宴。

三、民间禁忌

禁忌,一方面指的是神圣的或者不洁的、危险的一类事物;一方面又是指言行上被禁止或者心理上被抑制的一类行为控制模式。禁忌是人类普遍具有的文化现象,属于风俗习惯中的一类观念。在今天看来,禁忌一部分是科学与唯物的、礼仪的;一部分是宗教信仰的延伸;当然也有一部分是反科学的封建糟粕。

📖 阅读材料:古代食品名称中的避讳

中国封建社会,臣民在文字上不得直书当代君主之名,必须用其他方法回避,这叫"避讳"。由于避讳,古代的许多地名、人名和物名经常变化,甚至食品也未能幸免。明武宗朱厚照在正德十四年(公元1520年)下令禁止民间养猪,诏书中宣布的理由之一,就是猪与皇帝的姓氏同音,要避讳。一时间,猪几乎绝种,要不是其后大臣们婉言劝谏,解除了禁令,恐怕今天我们就尝不到用猪肉烹制的佳肴了。在中国历史上,山药的名称曾被一改再改。山药在隋朝以前的书上称薯蓣。到了唐代,因代宗名"豫",与"蓣"谐音,于是山药被改称薯药。到了北宋中期,因英宗名"曙",薯药又犯讳,于是再次改名称山药。江浙一带往往将茄子称为落酥(亦作落苏),据说这同五代十国吴越国君儿子是瘸子有关。"瘸"与"茄"读音虽不同,但都含有"加"的字形。当时百姓生怕触犯忌讳,便根据茄子味似酪酥这一特点,将它改名为落酥,一直沿称至今。江淮地区,民间称蜂蜜为蜂糖,也是为五代十国吴国的国君杨行密的讳的缘故。

吃饭时,忌手心朝上端碗,这个忌讳和乞丐有关,因为乞丐乞讨时,就是手心朝上托碗,而我们平时吃饭则是用手端碗。两支筷子要同一颜色,同一长短,忌用"鸳鸯筷子"。在用餐前或用餐过程当中,将筷子长短不齐地放在桌子上,这种做法是大不吉利的,通常我们管它叫"三长两短",其意思是代表死亡。用餐时将筷子颠倒使用,这种做法是非常被人看不起的,正所谓饥不择食,以至于都不顾脸面了,将筷子使倒,这是绝对不可以的。信奉伊斯兰教的回族、维吾尔族等少数民族,禁忌食猪肉。满族、畲族等少数民族,忌食狗肉。与渔民进餐时,吃完一面鱼肉要吃另一面时,不能说翻过来,要说顺过来。

"狗""猪""驴""龟"等,平时是用来骂人的,因而忌讳与人相提并论,否则会伤害别人,甚至引起斗殴纠纷。忌讳听到乌鸦的叫声,认为这是不祥的兆头。

过年期间,开口说吉祥话,忌说脏话,忌说"死""病""输""完了""光了"等不吉利的字眼;若不慎犯忌,要以吐唾沫、说"童言无忌"等方式化解可能的不祥后果。忌打破碗碟杯盘,万一打破,补救方式是口中念"岁岁平安"等吉祥话。

中国普遍有好事成双的说法,因而凡是大贺大喜之事,所送之礼,均好双忌单,但广东人则忌讳"4"这个偶数,因为在广东话中,"4"听起来就像是"死",是不吉利的。江浙一带对"13"也有所忌讳,他们常把呆笨、愚蠢的人称为"13点"。

给老人不能送钟表,因其与"送终"同音,使人感到丧气。给夫妻或情人不能送梨,因为"分梨"与"分离"同音,是一种不祥的预兆。

触摸历史,厘清禁忌纷乱变幻的轨迹,可以窥见,禁忌是一种有趣的民俗信仰,千姿百态、精彩纷呈。千百年来,它迟迟不肯消失,不愿与人们决别,依然深藏在僻野的乡间、残留在繁华的都市里,它像无形的网,在亿万国人身边飘忽,也在世界各民族间游荡,甚至还有新的禁忌不断出现。

1. 观看电视连续剧《卫子夫》《甄嬛传》《芈月传》《琅琊榜》,了解一些古代礼仪。
2. 中国素有礼仪之邦、道德之乡的美誉,历史长河中曾经涌现出众多道德模范人物,请你列举10位,并详述他们的事迹。
3. 请你结合当地情况,作一次有关少数民族礼仪习俗的社会调查。

学习任务 2　人生礼俗

　　近些年来,一度消失的传统成人礼又重新在社会上,特别是在校园内流行开来,有关消息时常见诸报端、网络。报载,石家庄先天下广场,在国学大师及礼仪专家的现场指导下,60余名中学生举行了汉服传统成人礼,让成人者感受中国传统文化中长大成人的意义,向他们的18岁青春致敬。当前的成人礼多采用古代仪式,如穿古服、行古礼,其目的就是形成一种庄严肃穆的氛围,增加参与者的敬畏之心。但其中也出现了一些问题,比如观礼时的偷笑,汉服下露出的旅游鞋等,让人觉得有点不伦不类。

　　成人礼不必要局限于形式,培养成年意识的方式有很多,按照古礼方式实行成年礼只是其中一种。近些年来,先后有南京、北京、香港、台北等城市的中学生或大学生在中华历史文化名山泰山之巅举行隆重的成人礼。"从今天开始,以诚信对他人,以孝心对父母,以热心对社会。因为有我,人民将更加幸福。因为有我,家园将更加美好。成人有志,青春万岁!"当如此铮铮誓言响彻泰山极顶时,对参与者来说,定是一段人生的洗礼,一次心灵的升华。台湾的台中市有一所培养护士的大专,校长将毕业典礼与成年礼相结合,内容先是介绍护理专业对于救死扶伤的重大意义,然后让学生给自己写一封信,谈自己的社会理想和人生期许。写好之后,由学校代为保存20年。20年之后,学生回到母校,拆开旧日的信封,看看自己成年时的理想实现了多少。这位校长的设计可谓煞费苦心,其善于结合学生的特点进行有效教育的做法非常值得我们教育工作者借鉴。

　　成人礼在青少年成长及人格塑造上,一定会产生良性的引导作用。"少年强则国强",我们期望传统成人礼的现代回归走上一条健康发展的道路,进而促进新一代的成长,促进社会的进步和发展。

人的一生要经历许多必经阶段,这些阶段在文化学上称为"生命关口"。在人生各种不同的阶段中,个体角色也在不断改变和转换,如何使得个体能够顺利完成角色的转换,圆满地跨越人生的不同阶段并完成心理调适,最重要的是使个体承担与自己角色所对应的责任与义务。作为一种象征性的动物,人类经常会用各种象征的人为仪式作为人生各个不同阶段的分野。在中国古代社会,这些则是通过一定的礼仪形式来完成的,这可以说是中国特有的文化设计,具有深刻的社会意义。

一、出生礼

中国传统出生礼因地域之别而具有不同的风貌和表现样式,但总的来看,大都包含了诞生、三朝、满月、百日、周岁等主要礼仪,其具体表现形式也基本大同小异。

中国古代非常重视子嗣,因此将婚后传宗接代上升到了伦理道德的高度,认为"不孝有三,无后为大"。所以,无论是新婚妻子,还是夫家、娘家都对已婚女子怀孕怀着期待心理。由此,也就逐渐形成了多种多样的求子礼,如拜送子观音求子。观世音菩萨信仰中,送子观音深入人心。送子观音一律为女性形象,怀抱男童,双手作外送形,或坐或立,面露亲切慈爱的神情。在我国民间,《普门品》中讲述:祈求观音能够求子得子、求女得女。无论何种求子礼,都体现了人们对新生命的渴望,同时也是古人传宗接代观念的真实表现。

根据中国的礼书,我们可以看到中国古代的礼仪教育是从胎儿期就已经开始了。西汉刘向在《烈女传·母仪》中写道:"古者妇人妊子,寝不侧,坐不边,立不跸,不食邪味,割不正不食,席不正不坐,目不视于邪色,耳不听于淫声。夜则令瞽诵诗,道正事。如此,则生子形容端正,才德必过人矣。"西汉贾谊则在《新书·胎教》中记有:"周妃后妊成王于身,立而不跛,坐而不差,笑而不渲,独处不倨,虽怒不骂,胎教之谓也。"

《礼记·内则》中载:"子生。男子设弧于门左,女子设帨于门右。"若生的是男孩,在侧室门左悬弓一副;若是女孩,则在侧室门右悬帨。帨,音"睡",是女子所用的佩巾。显然,弓与帨,具有鲜明的性别特征。孩子出生后,一般是由新生儿的父亲亲自去亲友家,特别是岳父岳母家报喜。报喜礼中最常见的方式就是用红鸡蛋报喜,所谓红鸡蛋就是将煮熟的鸡蛋染成红色。在浙江绍兴,有生女儿必酿女儿红,他日婚嫁时开坛宴请宾客的地方习俗。

《礼记·射义》中载:"故男子生,桑弧蓬矢,以射天地四方。天地四方者,男子之所有事也。故必先有志于其所有事,然后敢用谷也,饭食之谓也。"男孩出生三天以后,父母抱其出外,用弓箭射天地四方。很明显,这是期待男孩长大后志向高远。这天,产妇开始给新生儿喂奶。为了使婴儿将来能吃苦,喂奶前在乳头上先洒几点黄连水,使婴儿吃奶前先尝到苦味。而后将糖等汁水用手指抹在婴儿嘴上,让婴儿吃奶。

小孩出生满一月之日,亲朋好友前来道贺,主人设丰盛宴席款待,称为满月酒。满月时,为小孩第一次剪理头发,称为剃胎发。

新生儿满百日举行的仪式中，最为流行的是挂长命锁。民间认为，只要佩挂上这种饰物，就能辟邪去灾，"锁"住生命。锁是一种起封闭作用的器具，门、箱等一旦上锁，就只有用钥匙才能打开。把锁的用处加以夸张引申，便可用来锁住无形的事物。

周岁礼最普遍的风俗就是"抓周"了。《东京梦华录》载："罗列盘盏于地，盛果木、饮食、官诰、笔研、算秤等经卷针线应用之物，观其所先拈者，以为征兆，谓之'试晬'。此小儿之盛礼也。"小孩不经意地一抓，引起大人浮想联翩，这一风俗极为普遍，至今仍然流行于民间。

二、入学礼

古人尊师重教，拜请老师是孩子入学过程中最重要的一环。明朝黄佐的《泰泉乡礼》中记载了一段拜请私塾老师的过程："众共推择学行兼备而端重有威者，送有司考选，以为教读。约正率钱具礼，于正月望后择日开学。预期，遣人赍书聘之。届期，乃躬迎之。约正率钱，凡有子弟愿入学者，人各不过五十文，多则纱一匹，侑以羊酒，少则布一匹，侑以鹅酒。"可见，古代的私塾教师一般都是当地学识出众、德行兼备的知识分子。拜请老师时，家长们需要准备丰厚的礼品和学费（古代又称"贽见礼"），同时请人写下邀请函，以表尊敬。在古代，孩子们的学费没有定额，一般由家长根据家庭情况自由奉送给老师。《红楼梦》中的秦业为了能让儿子进入贾府的私塾接受较好的教育，虽然囊中羞涩，还是东拼西凑地封了二十四两银子的"贽见礼"，并亲自带着儿子来到老师家拜叩。

入学的那一天，家长会带领孩子来到私塾。学生先要叩拜至圣先师孔子神位，双膝跪地，九叩首；而后再拜私塾先生，三叩首。礼成，还要设宴款待老师。《杨阊公少年记事》中就曾记载，杨阊公入学时，曾跪倒在孔夫子的圣牌前，听老师念"祝告先师、孺子启蒙、青云有路、鱼水化龙"等。接下来，启蒙老师会讲授人生最基本、最简单的道理，并举行整个入学仪式中隆重的部分——开笔礼。开笔礼的内容包括朱砂开智、击鼓明智、描红开笔、拜笔师等内容。所谓朱砂开智，就是用朱砂为刚刚入学的孩子的额头正中点上红痣，这又称之为开天眼。由于"痣"与"智"谐音，所以这一仪式寓意着孩子从此眼明心明，好读书，读好书。而击鼓明智的风俗则来源于《学记》："入学鼓箧，孙其业也。"意思是通过击鼓，用鼓声警示，引起学生对学业的重视。描红开笔主要是让孩子在老师的指导下学写人生的第一个字，这个字往往笔画简单，同时又蕴含着深刻的意义。由于笔在学子必备的文房四宝中最为重要，有的地方入学时除了拜至圣先师外，还要拜笔师——蒙恬，表示感念蒙恬发明毛笔。

以上过程逐一完成之后，孩子们便可在自己的座位上坐下来，安心读书。从此以后，每日清晨，学生们必须先于老师到达学校，对着孔子牌位行完叩首礼后，再回到各自课桌做功课。入学当天或数天后，老师还会给每个学生起个书名，以后在私塾里学习和参加科举考试就使用书名。在私塾中，每年遇上八月二十七日孔子的生日，学生都会举行各种庆典活动。

三、成年礼

《礼记》中记载"男子二十而冠,女子十五而笄",冠笄之礼是我国传统的成人仪礼。中国古代的礼仪经典《仪礼》有17篇文章,记载古代各种礼仪,其中第一篇就是"冠礼"。这一礼仪在传统社会中占有重要的地位,被称为"礼之始也"。古代成人礼的核心是在于借此进行做人教育,通过这种仪式,唤起成年者的成年意识,让其树立起对家庭、对社会的责任感。

古时行冠礼及其他仪礼,提前沐浴斋戒是可不或缺的环节。清爽和卫生固然是讲究的原因,但更重要的是借此表达对文化传统的敬意,塑造仪式的神圣和庄重感。冠礼要在宗庙中举行,在举行这项礼仪之前,要进行占卜,选定一个吉日,然后请一些朋友来观礼。加冠的程序相当烦琐,主要是因为须加三次冠,第一次加缁布冠,这是士经常戴的帽子,加此就表示已经称为士人;第二次是加皮弁,即白鹿皮做的,是参加国君视朝之服,或者是韦弁,即红色皮弁,这是参加军事之服;第三次是爵弁,乃黑色的皮弁,这是辅助君主祭祀之服。每一次都代表接受不同的身份,地位逐步高升。三加之礼完成之后,冠者要以成年人的身份去拜见母亲,感谢妈妈的养育之恩。接着,冠者向自己的兄弟姊妹、亲戚行礼。传统文化中的表"字"风俗,也是冠礼中很重要的仪式程序之一。在古代中国,等孩子成年后,周围的人就不能直呼其名了。因为在古代中国,只有长辈、天子、国君才能直呼其名。为了社交的方便,就在姓名之外再取一个"字",供彼此称呼时使用。取"字",同样体现了长辈对他的期待。笄礼的方式跟冠礼差不多,但更显得优美,因为它是专为女子设计的成人礼。女子笄礼后,也要取一个表字。尚未许嫁的女孩子是没有"字"的,所以中国人把女孩子还没有许嫁叫待字闺中。

中国传统成人礼曾经延续了数千年,但对于当今许多中国人来说,成人礼的概念已经很模糊。所谓成年,往往仅是个法律概念。在这一个人生的重要转折点,青少年们往往在不知不觉中长大,缺少思想上的重大转变。

四、婚姻礼

婚礼,原为"昏礼"。古人认为黄昏是吉时,所以会在黄昏行娶妻之礼,因此称"昏礼"。中国人非常重视婚姻关系,洞房花烛夜是人生一大喜事。《周易》中说:有天地,然后才会有万物;有万物,然后才有男女;有男女,然后才有夫妇;有了夫妇才有父子;有了父子才有君臣;有了君臣才有上下。也就是说,所有的人伦关系,都是要从夫妇这一关系开始的,所以在古人心中,婚姻是人伦之基,是伦理关系的基础。《礼记·士昏礼》说:"昏礼者,礼之本也。"婚姻是社会的细胞,婚姻美满,则家庭和谐。家庭和谐,家族和社会就和谐。所以古人相当重视婚姻。也正是因为如此,嫁娶的礼仪就变得十分重要。

《礼记·士昏礼》记载,古时的婚仪又分六个阶段:一是纳采,由男家请媒人到女家提亲,媒人实际成为纳采的主角,也是婚礼中的重要角色。纳采时,以送雁为礼,是取雁飞南北,合于阴阳之意,寓指男女成亲。二为问名,询问女子之名。经过媒人的纳采,女家表示同意后,男家再派人执雁到女家,向主人问名,女家则设筵款待。问名的目的是将女子之名、出生时辰等作一占卜,以测定婚配的吉凶,这叫"合八字"。三为纳吉。若占卜预测婚配吉顺,男家即将吉兆的消息告诉女家,同时还要再以雁为礼物,从而正式确定婚姻,即订婚。四为纳征,指男家向女家送聘礼,后世称为彩礼。五为请期,男家送过聘礼之后,然后请人选择一个黄道吉日举行婚礼,之后再派人拿着大雁到女家通告日期,以征求女家意见。六为亲迎。到确定的成婚之日,新郎要亲自前往女家迎接新娘,后世又称迎亲,新郎仍以雁为礼物交于女家。新娘由新郎迎入家中后,家里设宴,新郎、新娘于席间须进行"同牢""合卺"等仪式,预示相亲相爱。宴后,入洞房,新郎亲自摘下新娘头上的缨,撤去蜡烛,婚礼的仪式也就结束了。明代以后,又有了归宁之礼,即在婚后的第三天,新婚夫妻一同回女方家,拜见新娘父母,俗称回门,或回娘家。

阅读材料:有关婚姻的词汇

比翼鸟。民间传说中有一种鸟,雌雄总在一起飞,形影不离。据《尔雅》载:南方有比翼鸟,不比肩不飞,其名谓之鹣鹣。人们根据此鸟的习性,常常用它来比喻形影不离的友人或恩爱夫妻。引申开来,男女双方(已婚的或未婚的),也常常用它来表达互相爱恋之情。

鹊桥。传说每年七月七日晚,喜鹊搭成桥以助织女与牛郎相聚。据此,后人也把成人之美、为互相爱慕的双方作中介之人叫作搭鹊桥。

秦晋。春秋时,秦国与晋国是相邻的两个强国,一方面为扩大地盘而矛盾尖锐,一方面又为了向中原发展的需要而世为婚姻。后人因此称两姓联姻为秦晋之好。

洞房。因为唐朝的文人骚客多用洞房一词来指代男欢女爱的场合,时间久了,人们便把洞房一词专门指代新婚用的卧房了。

桃花运。桃花初绽,红白相间,艳丽喜人,所以常用来比喻容貌美丽的女子。旧小说里常将男人有艳遇称为桃花运。后来,也有人将轻易地遇到合适的女友,或是某人被多位女性追求,戏称为走桃花运。

五、寿礼

《尚书·洪范》中说:"五福,一曰寿,二曰福,三曰康宁,四曰攸好德,五曰考终命。"可见古人认为人的一生中,寿是第一位的,此即为民间贺寿礼俗千古不灭的历史根源。按民间传统习俗,人活到五十岁才能称寿,六十为下寿,八十以上为中寿,百岁为上寿,同时六十岁也叫花甲寿,七十岁叫古稀寿,八十岁、九十岁叫耄耋寿,百岁叫期颐寿。随着生活条件的改善,人均寿命不断提高,现在人们做寿的时间普遍推迟,一般七十、八十才做寿。做寿的具体日期可以变动,并非就在生日那一天。不过日期变动只能提前,不能延后。之所以允许祝寿的日期可以向前变动,是为了避免寿星的身体不太好或其他原因造成的时间不便。

📖 阅读材料：寿礼的意义

现代社会，竞争压力空前加剧，于是，很多人把生活中的一切礼仪都简化了，殊不知，缺少礼仪的生活和人生失去了很多崇高与敬畏。40岁的李先生是淮安人，父母都70岁了，以前每逢父母生日，李先生因为忙，都是寄钱而已，今年，他专门腾出时间，给母亲过了一个隆重的生日，不但寿桃、寿面、蛋糕、鞭炮样样齐全，还率领子女、孙辈、亲友、晚辈逐一鞠躬拜寿，把老母亲乐得合不拢嘴！李先生也在这样的仪式中，体验了温情与亲情，还体验了一种岁月的沉淀与洗礼。

在中国传统社会中，最为常见的寿礼形式是寿桃、寿糕与寿面等物品。寿桃之说全国皆有，唯制作的材料和形制有别，南方多以米面为主料，制作出来类似桃形的发糕，北方有些地区以木制寿桃模型为供。寿桃之说起源很早，《神异经》中记载："东方有树，高五十丈，名曰桃。其子径三尺二寸，和核美食之，令人益寿。"神话中西王母做寿，在瑶池设蟠桃会宴请众仙，因而后世祝寿均用桃。糕之所以成为民众中一种沿袭甚久的祝寿礼品，也与某种吉祥寓意有关。在中国人的语音中，"糕"与"高"相谐，有高兴、高升、抬高等吉祥寓意，因此糕成为古代人们十分喜爱的食品，并用来表示祈祝长寿、幸福之意。赠送寿糕时，必须一个个地将其放入红漆盘中，堆成塔状，较为讲究的还要在上面放上一些粉捏的吉祥人物塑像，如八仙、寿星、王母等。寿面是整个寿礼中的主食，寿日吃寿面，表示延年益寿。寿面之说来自彭祖，相传彭祖寿长八百，是因为其脸长。脸者"面"也，脸长也即"面长"，所以后世就用细长的面来预示长寿，将祝寿的面称寿面。吃面时要将一整条面一次吞下，既不可以用筷子夹断，亦不可用口咬断。

出席寿礼时，要穿色调明快、含有吉庆之意的红色、橙色等衣服，不宜穿全黑、全白或黑白相间的服装。祝贺时要使用合适的祝寿语，如"福如东海，寿比南山""寿星高照，松鹤延年""身心愉快，天地比寿""如松如柏，青春永驻"等，切忌不能说"死""病""灾"之类的不吉利的话。

六、丧葬礼及祭礼

丧葬礼是人结束了一生后，由亲属、邻里、朋友等进行哀悼、纪念、评价的仪式。中国人非常看重葬礼，传统葬礼十分烦琐复杂且有一些迷信成分。在现代文明冲击下，今天的丧葬礼仪已比过去简化。

老人生命垂危之时，子女等直系亲属守护其身边，听取遗言，直到亲人去世，俗称为送终。送终是一件大事，能为老人送终是表明子女尽了最后的孝心，未能为老人送终常成为人们一生中的一大憾事。有没有子女送终，是不是所有子女都来送终又是老人是否有福的一个民俗判别标准。

📖 阅读材料：毛泽东痛悼其母

毛泽东在和身边工作人员谈话时，曾多次强调要孝敬父母："不孝敬父母，天理难容。连父母都不肯孝敬的人，还肯为人民服务吗？当然不会。"1919年10月，毛泽东的母亲文七妹病逝。当毛泽东从长沙赶到上屋场时，母亲已经入棺两天了。大弟毛泽民告诉他，母亲临终时还在呼唤他的名字。毛泽东听闻心似刀绞，泪如泉涌。那几天，毛泽东一直虔诚地守在母亲的灵前,回想起慈母的件件往事,在幽幽的油灯下,和泪写下了一篇情义深切的《祭母文》。

报丧是人死后的第一种仪式。报丧仪式早在周代的时候就已经形成了,它用发信号的方式把有人逝世的消息告诉亲友和同村人,即使已经知道消息的亲友家,也要照例过去报丧。在中国人的传统观念里,报丧不仅是一种形式上的礼仪,更是一种和亲属、家人一起分担悲痛的做法。按照古代的丧俗,灵柩最少要停三天以上,据说是希望死者还能复生。三天还不能复活,希望就彻底破灭了。实际上停柩的时间长,是由于当时丧礼烦琐复杂的缘故。葬礼以后,有做七、断七、百日、周年等追悼仪式。所谓做七,就是每七天一祭,七七四十九天才结束。

丧葬期间,死者家属一般只戴一条黑布(纱)表示亲人去世,自己正在哀期,还表示对亲人的哀思怀念。前去参加吊唁的人,应身着素装,佩戴白花和黑纱,忌穿艳色的服装。女士不应涂抹口红,不戴鲜艳的围巾,尽量避免佩戴饰物,特别是黄金饰品,如需要可考虑白珍珠或素色饰品。在追悼会上,人们常常送的就是一些礼金,这是一种约定俗成的礼物,也是一份心意,毕竟在开追悼会的时候总是需要花费和开销的,礼金能够减轻他们的经济负担。在吊唁的时候要显示出悲伤的情绪,更要说些安慰当事人的话。不可与参加吊唁的其他人交头接耳,议论其他事情,更不能谈笑风生。追悼会上是不能开玩笑的,某人在致悼词时宽慰逝者家属:"希望逝者家属们不要坐坛子放屁——响(想)不开!"本来是好心,但在这种场合说出来,真是让人厌恶。

逝者入土为安后,并不意味着丧葬礼仪已经结束了。家人和亲戚还要行服丧礼,以此来表达生者对逝者的孝敬、怀念。服丧期限一般是三年,传统观念认为,婴儿出生后三年不离开母亲的怀抱,因此儿女也要为父母守丧三年以示报答。这些形式上的讲究显然不符合现代社会需求,但在价值理念上的传承确是有其意义的。

中华民族自古就有慎终追远的传统,而且早在西周时期,就将祭祀祖先作为国家头等大事看待,如《左传·成公十三年》所说:"国之大事,在祀在戎。"《礼记·祭统》亦说:"礼有五经,莫重于祭。"祭祀并不等同于迷信,它有丰富的人文内涵。比如祭天、祭地、祭山川,是为了报答,因为天地、山川赋予我们世世代代以丰富的生活资源,所以要用祭祀的方式答谢。又如祭祖,是为了慎终追远,铭记祖宗的功德,教育后代牢记家族的优良传统,为家族争光。

除夕、清明节、重阳节、中元节,是中国传统节日里祭祖的四大节日。此外,寒衣节、冬至也有祭祖的传统。祭祖的形式或许因宗教信仰而不同,但纪念祖先的意义却是相同的。供奉食物或鲜花以表心意,是中国普遍采用的仪式。中国数千年来承袭了祭祖的传统,有着多重心理作用,其中至为重要的一种,就是受儒家影响,饮水思源,因孝敬而祭祖。在现代化进程中,家族观念和祭祖观念正日渐淡薄。这让现代人失去的,是家所蕴含的最温情也是最根基的凝聚力,以及人们精神世界的沉淀和厚重。

1. 请你制定一份以传承中华古典文明礼仪为主题的中式婚礼策划书。
2. 请同学们以小组为单位,每小组做一份成人礼的策划书,要求内容有意义、有创意,版面安排得当、美观。各小组在完成策划书后,进行分组展示、答辩。

学习任务3 传统节日习俗

我们总是陶醉徜徉于域外的浪漫节日,许多中国人常常为日本那个颇有风情的三月三女儿节(又称桃花节)惊羡,又有几人知道它的前身是我们本不该忘却的记忆——上巳节。谁还记得一千七百年前的一个上巳节里,曾有一群人徜徉在会稽兰亭参加上巳修禊,在曲水流觞中吟出了三十七首好诗,书圣王羲之则在那一天写出了天下第一行书《兰亭集序》?

其实,中国传统节日才有着真正无与伦比的美丽。在林林总总的节日里,有一个特别的日子,叫作花朝节,那是每年的农历二月十二。这一天也叫花神节、百花生日节。在这一天,无论是男女老少还是墨客农夫,都会供奉花神。中国恐怕也是唯一一个为一年十二个月都选评了花之代表、花之神的国度。十二位花神有男有女,都是历史上真切存在过的人物,他们在国人的景仰中成为花神,又在这个初春时候随着百花生日为世人吟咏。在世人心目中,花朝节对于女儿家更有格外的含义。《红楼梦》中的林黛玉便生在这个百花生日之时。"百花生日是良辰,未到花朝一半春",春赏春花,秋赏秋月,我们的祖先是那样的诗意浪漫而优雅。

经济发展,社会变革,文化多元,人们的生活习惯也随之改变,其中一个重要的表现就是很多传统生活礼仪逐渐被我们所遗忘、所抛弃。我们不禁要问,那曾经造就了温文尔雅的礼仪之邦的礼,曾经支配了中国人几千年生活方式的礼,真的就只能停留在田园诗般的古代农业社会,走不进科技迅猛发展的现代社会吗?这确实是个值得认真思考的问题。

中国传统节日形式多样,内容丰富,是中华民族悠久历史文化的重要组成部分。传统节日的形成过程,是一个民族或国家的历史文化长期积淀凝聚的过程。传统节日独具的喜闻乐见、全民参与的特点，决定了它在弘扬民族文化中有着不可替代的作用。富裕起来的中国人需要心灵的安慰、精神的支撑和情感的流露。随着人们内心世界需求的增多，有着丰富精神资源累积的历史传统，就越有可能和必要再现。可以说，传统节日的那些仪式，也是推动社会稳定发展和进步的动力。而且，我们的传统节日无不灌注着浓浓的人伦情义，是人伦教化的一个很好载体。

一、传统节日起源

节日的起源和发展是一个逐渐形成，潜移默化完善，慢慢渗入社会生活的过程。它和社会的发展一样，是人类社会发展到一定阶段的产物，我国古代的节日，大多和天文、历法、数学，以及后来划分出的节气有关，这从文献上至少可以追溯到《夏小正》《尚书》。到战国时期，一年中划分的二十四个节气，已基本齐备，后来的传统节日，大都和这些节气密切相关。

📖 阅读材料：二十四节气

中国是世界上最早使用历法的国家之一，农历二十四节气就是中国古代劳动人民总结的天文气象历法。它起源于春秋时期的黄河流域，非常准确地反映了季节的变化并用于指导农事活动。在漫长的历史岁月中，农历二十四节气逐步演化成为华夏民族特有的社会风俗和节庆。因地区的不同，每一节气都会有不同的民俗活动，从古代帝王之家的迎春大典到每一地每一族不同风俗的婚丧嫁娶，无不浸透着古朴的民风民俗。中国传统的四时八节，都是举行祭祀的日子。四时指春夏秋冬四季，八节指立春、春分、立夏、夏至、立秋、秋分、立冬、冬至。古人认为每个时节，都是阴阳交感的关键点，此时祭祀，更容易愉悦天神，襄助人事。

节气为节日的产生提供了前提条件，大部分节日在先秦时期，就已初露端倪。最早的风俗活动是和原始崇拜、迷信禁忌有关，神话传奇故事为节日平添了几分浪漫色彩，宗教对节日的冲击与影响，一些历史人物被赋予永恒的纪念渗入节日，所有这些，都融合凝聚在节日的内容里，使中国的节日有了深沉的历史感。到汉代，我国主要的传统节日都已经定型。节日发展到唐代，已经从原始祭拜、禁忌神秘的气氛中解放出来，转为娱乐礼仪型，成为真正的佳节良辰。从此，节日变得欢快喜庆，丰富多彩，许多体育、享乐的活动内容出现，并很快成为一种时尚流行开来，这些风俗一直延续发展，经久不衰。

在漫长的历史长河中，历代的文人雅士、诗人墨客，为一个个节日谱写了许多千古名篇，这些诗文脍炙人口，被广为传颂，使我国的传统节日渗透出深厚的文化底蕴，精彩浪漫，大俗中透着大雅，雅俗共赏。节日对于社会安定、人民和睦和增强民族凝聚力也很重要。过节期间家庭和睦，甚至平日不来往的楼上楼下、街坊邻居见了面也会很礼貌地问好祝福，整个社会洋溢着安定祥和的氛围，犯罪率恐怕也是最低的。

二、传统节日习俗

春节、元宵、端午、清明、七夕、中秋、重阳等七个节日，有中国七大传统节日之称，这些节日无一不是从远古发展过来的。中国传统节日之所以能流传千百年,是因为每个节日背后都有着深厚的文化渊源,从某种程度上说,它们是一个民族的历史记忆。从流传至今的节日风俗里,我们还可以清晰地看到古代人民社会生活的精彩画面,而且可以深深感受到古代劳动人民的智慧和才华。

(一) 立春习俗

我国古代根据气候变化的周期规律把一年划分为二十四个节气,而立春是二十四节气之首。我国自古为农业国,春种秋收,关键在春。民谚有一年之计在于春的说法。在汉代前,我国历法曾多次变革,那时曾将24节气中的立春这一天定为春节,意示春天从此开始。这在《后汉书·杨震传》中有载:"春节未雨,百僚焦心,而缮修不止,诚致旱之征也。"直到1913年,当时的国民政府正式下文,明确每年的正月初一为春节。此后立春日,仅作为24个节气之一存在并传承至今。

阅读材料:春节是否应该还给立春

按照我国古代纪年法,平年12个月354天,闰年13个月384天,由此便产生了二十四节气与日期的不统一。也就是说,立春这一天不是恒定在某月某日。所以造成了有的农历年(正月到腊月)没有立春,而有的年份有两个立春的现象。针对这种情况,民国初将春节这个节日定在农历年的正月初一。这样就不会产生有的年份过两个春节,而有的年份没有春节过的现象。但这样一来产生的问题是,春节(农历年的正月初一)相对于公历时间来说变化较大,反而不如立春这个节气相对稳定。这个问题在过去还没有什么,可现在因为春节长假、铁路春运、学校课程安排等新情况的出现,对方方面面造成了一定的困扰。因此,最近也有专家建议把春节改回立春这一天。

迎春是中华先民于立春日进行的一项重要活动。旧时,地方官亲自主持祭祀仪式,上香、献供、读疏文,三拜九叩芒神和放在供桌前的一只泥制春牛,祈求国泰民安,五谷丰登。之后,将春牛请至官署衙前,视为迎春。立春后,人们在春暖花开的日子里,喜欢外出游春,俗称踏春,这也是春游的主要形式。

立春这一天,中国民间习惯吃萝卜、姜、葱、面饼,称为咬春。一个咬字,是心情,更是心底埋下的吃得了苦的一种韧劲儿,是中国人特有的一种风俗。唐《四时宝镜》记载:"立春,食芦、春饼、生菜,号'菜盘'。"可见唐代人已经开始试春盘、吃春饼了。春卷是由古代立春之日食用春盘的习俗演变而成。宋代有一种卷煎饼,是春饼与春卷的过渡类型。元代《居家必用事类全集》已经出现将春饼卷裹馅料油炸后食用的记载。到了清代,已出现春卷的名称。春卷做法是用烙熟的圆形薄面皮卷裹馅心,成长条形,然后下油锅炸至金黄色浮起而成。馅心可荤可素,可咸可甜。

(二) 春节习俗

中华民族传统历法岁首正月初一,现今无论中国还是海外华人都统一称为春节,但在中国历史上却称之为元旦。宋人吴自牧在《梦粱录·正月》中说:"正月朔日,谓之元旦,俗称为新年。"据《史记》载,夏代元旦为正月初一;殷商定在十二月初一;周代提前至十一月初一;秦始皇统一全国以后,再提前至十月初一为元旦,直至西汉初期。到汉武帝时颁行《太初历》,才恢复夏代的以正月初一为元旦。以后历代相沿未改,所以这个历法又叫夏历

（今俗称为农历）。1912年元旦，"中华民国"在南京成立，孙中山就任临时大总统，随即宣布废除旧历改用阳历（即公历），用民国纪年。但民间仍按传统沿用旧历即夏历，仍在当年2月18日（壬子年正月初一）过传统新年，其他传统节日也照旧。有鉴于此，1913年（民国二年）7月，当时的袁世凯批准以正月初一为春节，并同意春节例行放假，次年起开始实行。自此夏历岁首称春节，一直相沿至今。

古今的春节期间长短是不同的。古人从腊月初八就开始过春节，热闹到正月十五；今天人办事效率高，起始时间延迟了半个月，从腊月二十四扫尘日开始，各种民俗活动把喜庆推向正月初一达到高潮，同样闹腾到正月元宵。民谚说："腊月二十四，掸尘扫房子。"北方叫扫房，南方叫掸尘。在祭灶前后到除夕，都有一次卫生大扫除。因"尘"与"陈"谐音，新春扫尘有除陈布新的含义，其用意是要把一切疫病、穷运、晦气统统扫出门。除夕这一天对中国人来说是极为重要的。这一天人们准备除旧迎新，吃年夜饭。根据《荆楚岁时记》记载，最迟在南北朝时已有吃年夜饭的习俗。这顿饭常常得准备好几天，是农家一年中最丰盛的阖家团聚之宴，一般从掌灯时分入席，有的一直吃到深夜。家庭是华人社会的基石，一年一度的年夜饭充分表现出中华民族家庭成员的互敬互爱，这种互敬互爱使一家人之间的关系更为紧密。家人的团聚往往令一家之主在精神上得到安慰与满足，老人家看着儿孙满堂，一家大小共叙天伦，过去的关怀与抚养子女所付出的心血总算没有白费，这是何等的幸福。而年轻一辈，也正可以借此机会对父母的养育之恩表达感激之情。宋代苏轼曾写下《守岁》名句："明年岂无年，心事恐蹉跎；努力尽今夕，少年犹可夸！"由此可见除夕守岁的积极意义。俗传正月初一是扫帚生日，这一天不能动用扫帚，否则会扫走运气、破财，而把扫帚星引来，招致霉运。假使非要扫地不可，须从外头扫到里边。农历正月初五，是财神爷生日，民间有迎财神习俗。不过，中国的财神不止一个神，财神节也不止一个日子。财神爷对商家来说至关重要，因而对财神爷礼拜最勤。一般商家都在初四晚上接请东西南北中五路财神，初五开市，以图吉利。

（三）元宵习俗

农历正月十五日是元宵节，又称上元节。中国道教有"天官当令是上元"的说法，据说天官正月十五日生，上元之夜家家要点灯庆贺，因而这一天又称灯节。东汉明帝信奉佛教，他要求宫廷、寺院在上元之夜"燃灯表佛"，又命士族、百姓一律挂灯敬佛。于是，灯节逐步演变成了汉族民间的盛大节日。

正月十五元宵节的来历本与龙无关，但在元宵节中，舞龙灯的活动必不可少。早在宋代，就有了龙灯。吴自牧在《梦粱录》记载了南宋城中的龙灯："元宵之夜……草缚成龙，用青幕遮草上，密置灯烛万盏，望之蜿蜿如双龙之状。"猜灯谜是元宵节后增的一项活动，灯谜最早是由谜语发展而来的，是一种富有讥谏、规诫、诙谐、笑谑的文艺游戏。民间过元宵节有吃元宵的习俗。起初，人们把这种食物叫浮圆子，后来又叫汤团或汤圆，这些名称与"团圆"字音相近，取团圆之意，象征全家人团团圆圆，和睦幸福。如今，元宵与端午的粽子、中秋的月饼一起，被称为中国的三大节令食品。

中国古代女子平时三步不离闺阁，更何况是夜晚。但元宵节这一天可以破禁，女孩子们可以结伴出来游玩，尽情享受欢娱。宋代康与之的《瑞鹤仙》便向我们展示了当时仕女在元宵节出行的盛况："绮罗丛里，兰麝香中，正宜游玩。风柔夜暖。花影乱，笑声喧。闹蛾儿满路,成团打块,簇著冠儿斗转。"而这种佳人如云的氛围,也给未婚男女的相识相爱提供了良机。《大宋宣和遗事》中的"那游赏之际,肩儿厮挨,手儿厮把,少也是有五千来对儿",描绘了元宵时节,汴梁城里至少有五千对青年男女,在众目睽睽之下,毫不顾忌地手拉手、肩并肩地卿卿我我、谈情说爱的场景。

📖阅读材料:浪漫元宵节

明末,有一才女叫李翠微,写有《正宫山樵灯犯·元宵艳曲》:"灯如昼,人如蚁,总为赏元宵,妆点出锦天绣地,抵多少闹嚷嚷笙歌喧沸,试问取今夕是何夕。这相逢忒煞奇,轻轻说与他,笑声更低。虽则是灯影堪遮掩,也要虑露容光惹是非。爱煞你,果倾城婉丽,害相思,经今日久,甫得效于飞。"描述了一对有情人在元宵节甜蜜幽会的情景,特别是那位女子表现得勇敢、大胆和婉丽。据考证,李翠微是陕西米脂人,系闯王李自成的女儿,这更给元宵节增添了一种神奇浪漫的色彩。

(四)清明习俗

古书《岁时百问》中给清明节下过一个定义:"万物生长此时,皆清洁而明净。故谓之清明。"清明节既是我国二十四节气之一,又是我国传统节日。清明节在公历上并不是固定的,这是因为清明节是中国农历历法严格按太阳黄经规定的节日,而公历是不严格的太阳历,所以会有两三天的波动。

要谈清明节,还须从古代一个非常有名的、现在已失传的节日——寒食节说起。寒食节,距冬至一百零五日,也就是距清明不过一天或两天。汉代称寒食节为禁烟节,因为这天百姓人家不得举火,到了晚上才由宫中点燃烛火,并将火种传到贵戚重臣家中。对此,唐代诗人韩翃《寒食》一诗有生动描写:"春城无处不飞花,寒食东风御柳斜。日暮汉宫传蜡烛,轻烟散入五侯家。"这个节日的主要节俗就是禁火,不许生火煮食,只能吃备好的熟食、冷食,故而得名。由于清明节气在寒食第三日,后世随着时间的迁移,逐渐把寒食的习俗移到清明之中。

📖阅读材料:寒食节的起源

寒食节相传是源于春秋时代的晋国,是为了纪念晋文公的忠臣介子推。其实,寒食节的真正起源,是源于古代的钻木、求新火之制。古人因季节不同,用不同的树木钻火,有改季改火之俗。而每次改火之后,就要换取新火。新火未至,就禁止人们生火。在禁火之时,人们就准备一些冷食,以供食用,这样慢慢就成固定的风俗了。

清明节是一个悲欢交集的独特节日,这个节日中既有祭扫新坟生别死离的悲酸泪,又有踏青游玩的欢笑声。唐代诗人杜牧的诗《清明》:"清明时节雨纷纷,路上行人欲断魂。借问酒家何处有?牧童遥指杏花村。"写出了清明节的特殊气氛,雨天、匆匆行人、喝酒这些元素给人感觉就是压抑的。确实,清明节是扫墓祭祖、祭奠亲人的节日,会使人沉浸在对逝去的亲人朋友的追忆之中。但清明祭祖一般都要到郊外去,在哀悼祖先之余,人们自然还会欣赏明媚春光,远足原野,在大自然的怀抱中感受着生命的美好。古时妇女平日不能随便出游,而清明扫墓是难得的出门机会,故妇女们在清明节比男人玩得更开心。宋代以后,清明将上巳节中的"春嬉"等习俗也收纳了进来。除了踏青,清明节还有放风筝、荡秋千、踢蹴鞠、拔河、斗鸡、插柳戴柳等习俗活动。清明放风筝不仅是一项游艺活动,而且被古人赋予可以放走自己晦气的意思。荡秋千也有驱除不快的寓意,同时秋千荡得越高,象征生活过得越美好。据说,插柳的风俗,是为了纪念"教民稼穑"的农事祖师神农氏的。"无心插柳柳成荫",杨柳有强大的生命力,插到哪就能活到哪。另外一种说法则是,插柳戴柳与古人驱鬼辟邪观念有关,柳在古人心中有辟邪驱鬼的功能,佩戴能防鬼侵害。据记载,清代民间还有"清明不插柳,红颜成皓首"的谚语。

清明一到,气温升高,雨量增多,正是春耕春种的大好时节,故民间流传着"清明前后,点瓜种豆""植树造林,莫过清明"等谚语。清明时节植树留春,有留住生命的寓意。植树风俗一直流传至今。1979年,全国人大常委会规定,每年3月12日为我国植树节。清明节还有采茶的风俗,清明前采的茶经制作后就叫明前茶,被人们视为茶中上品。

南方一些地方,如浙江、江西、福建等地,在清明节会吃一种叫作青团的可口食物。它是把艾叶捣烂后连同汁液与糯米粉、早米粉按一定比例揉搓成粉团,然后加工成面皮,再根据个人口味添加馅料,最后把面皮捏合成型。清明踏青挖野菜,是世代相传的习俗。《西吴食风谣》记载:"二月春风燕子飞,笋芽绝嫩蚌肉肥。枸杞、马兰滋味好,鸡蛋摊摊豆腐皮……"清明吃野菜的乐趣更在于可以亲手采摘。

清明节来临之际,遍布着家国的祭祀。在这个特殊的节日,我们不仅仅会怀想起给予我们血肉之躯的先人,还会怀想起无数为民族解放而献身的先烈,为传承中华文化做出贡献的先贤。从土地革命到抗日战争、解放战争、抗美援朝战争,一大批仁人志士抛头颅、洒热血,这才迎来了新生的中华人民共和国,有了今天的和平阳光。如今,中国的经济总量跃居世界第二,综合国力日益提升,距离实现中华民族伟大复兴中国梦又近了一步。越是这个时候,我们越要缅怀英烈的付出,从英烈身上汲取正能量,培养国民的家国情怀,肩负起时代使命,为实现中华民族伟大复兴中国梦而努力奋斗。清明祭英烈,就是要从对英烈的致敬中汲取奋发图强的正能量。

📖阅读材料:清明黄帝陵公祭活动

1912年,近代中国的民主革命家孙中山先生撰写了歌颂黄帝的祭文:"中华开国五千年,神州轩辕自古传。创造指南车,平定蚩尤乱。世界文明,唯有我先。"寥寥32字,表达了炎黄子孙对始祖的感恩追思之情。1937年清明节,中国共产党和中国国民党同时派代表共祭黄帝。中共方面以中华苏维埃政府主席毛泽东、人民抗日红军总司令朱德名义致祭。毛泽东撰写《祭黄帝文》,前八句为"赫赫始祖,吾华肇造,胄衍祀绵,岳峨河浩。聪明睿知,光被遐荒,建此伟业,雄立东方。"近年来,陕西黄帝陵清明节公祭黄帝日益上升为重要的国家仪式,成为维系海内外炎黄子孙重要的心灵纽带。

(五)立夏

5月5日至7日是农历的立夏。此时,"斗指东南,维为立夏,万物至此皆长大,故名立夏也。"此时太阳黄经为45度,在天文学上,立夏表示即将告别春天,是夏天的开始。人们习惯上都把立夏当作是温度明显升高,炎暑将临,雷雨增多,农作物进入旺季生长的一个重要节气。立夏后,是早稻大面积栽插的关键时期,而且这时期雨水来临的早迟和雨量的多少,与日后收成关系密切。农谚说得好,"立夏不下,犁耙高挂""立夏无雨,碓头无米"。

中国古代节日习俗大都源于古代祭礼,立夏也源于祭祀。据《礼记·月令》记载:"立夏之日,天子亲师三公、九卿、大夫以迎夏于南郊。"又据《续汉书》记载:"立夏之日,迎夏于南郊,祭赤帝祝融。"可见,皇帝到南郊去祭祀的神是祝融。为什么又必须是南郊呢?原来南是祝融的方位,属火,祝融本身就是火神。南方、火神、赤帝、祝融、夏天,相互联系起来,实际上指的就是太阳。万物肇始靠太阳,阳光本来就是植物生长的主要条件之一。如此,历代皇帝在气候开始转为炎热的夏天时去南郊迎接太阳,也就不难理解了。

古代这种迎夏的仪式是很庄严很隆重的。我们从理性角度分析,中国以农立国,自古以来,有春耕夏耘的农训。春天插秧是禾稷的开始,非常重要;禾苗成长,到了夏季,除薙芜草,推荡禾垅,也是不能忽略的农作,否则,就没有秋割冬藏的收成。民以食为本,粮食是国家的根本,朝廷怎么能够不加重视?!

清光绪八年《嘉定县志》:"夏至日,称人,云不疰夏,戒坐户槛。"立夏和其他节日一样,也有习俗方面的副产品,如秤人、吃蛋、尝新、忌坐门槛等。

秤人。我国民间有畏忌夏季炎热而称体重的习俗,据说这一天称了体重之后,就不怕夏季炎热,不会消瘦,否则就有病灾缠身。因此,这天会在横梁上挂一杆大秤,大人双手拉住秤钩、两足悬空称体重;孩童坐在箩筐内或四脚朝天的凳子上,吊在秤钩上称体重。据说这种习俗起源于三国时代。司马昭发兵消灭蜀汉后,恐原属汉地的臣民不服,所以善待被俘虏的后主阿斗,封他为安乐公。阿斗受封那天,正是立夏,司马昭当着一批跟到洛阳的蜀汉降臣之面给阿斗称了体重,并表示以后每年立夏再称一次,保证阿斗年年体重不减,以示未受亏待。后民间仿效,由此形成风俗。夏天到来,人人都会消瘦疲倦,就是所谓蛀夏。秤人大概是夏季前夕的体重记录,按旧时的农业社会来说,也算是一种生理上的检查吧。

吃蛋。立夏过后,便是炎热的夏天,人们在立夏吃一些食物,往往寄托着祈福保平安的愿望。在我国民间,立夏这天要吃蛋(此时蛋类食品正是旺季),叫补夏。最好是咸鸭蛋,因为咸鸭蛋中钙质、铁质等无机盐含量丰富,含钙量、铁量比鸡蛋、鲜鸭蛋都高,是夏日补充钙、铁的首选。旧时,人们用红茶或胡桃壳煮蛋,称立夏蛋,相互馈送。用彩线编织蛋套,挂在孩子胸前,或挂在帐子上。孩子们玩拄立夏蛋的游戏,以蛋壳坚而不碎为赢,谚称:"立夏胸挂蛋,孩子不疰夏。"疰夏是夏日常见的腹胀厌食、乏力消瘦,小孩尤易疰夏。

尝新。在江浙一带有立夏尝新的风俗。苏州地方有立夏见三新的谚语。三新指新熟的樱桃、青梅和麦子。人们先以这三新祭祖,然后尝食。无锡民间历来有立夏尝三鲜的习俗。三鲜分地三鲜、树三鲜、水三鲜。地三鲜即蚕豆、苋菜、黄瓜(或有元麦、蒜苗为其一);树三鲜即樱桃、枇杷、杏子(或有梅子、香椿头为其一);水三鲜即海蛳、河豚、鲥鱼(或有鲳鱼、黄鱼、银鱼、子鲚鱼为其一)。在常熟,人们立夏尝新,食品更为丰富,有九荤十八素的说法。杭州习俗有立夏日吃三烧、五腊、九时新之说。三烧者,烧饼、烧鹅、烧酒(甜酒酿);五腊者,黄鱼、腊肉、盐蛋、海蛳、清明狗;九时新者,樱桃、梅子、鲥鱼、蚕豆、苋菜、黄豆笋、玫瑰花、乌饭糕、莴苣笋。

忌坐门槛。在安徽,道光十年《太湖县志》中记载:"立夏日,取笋苋为羹,相戒毋坐门槛,毋昼寝,谓愁夏多倦病也。"说是这天坐门槛,夏天里会疲倦多病。20世纪30年代《宁国县志》中记载:"立夏。以秤秤人体轻重,免除疾病,所谓不怯夏也。俗传立夏坐门槛,则一年精神不振。"旧时母亲择此日为女孩子穿耳朵,穿耳朵时哄孩子吃茶叶蛋,当孩子张口咬蛋时即一针捷穿。

其他。在我国很多地方,立夏有吃槐豆、吃李子的习俗。槐豆,别名蚕豆、罗汉豆。立夏时节,槐豆普遍成熟。民间传说认为,吃槐豆可以壮腰补肾,插秧、耘田时不会吃力。将干槐豆炒熟食用,在广大农村和城镇居民中非常普遍,人们认为食之可健身固齿,尤以儿童、青年为宜。立夏这天,江南很多地方会将烧熟的蚕豆串成项链,让儿童带着出门吃。我国江西一带还有立夏饮茶的习俗,说是不饮立夏茶,会一夏苦难熬。江浙一带有立夏吃花饭的习俗,也有叫吃补食的。宁波习俗要吃脚骨笋,用乌笋烧煮,每根三四寸长,不剖开,吃时要拣两根相同粗细的笋一口吃下,俗传吃了能脚骨健(身体康健)。再是吃软菜(君踏菜),俗传吃后夏天不会生痱子,皮肤会像软菜一样光滑。

清代《浪迹续谈》:"杭人谓自立夏多疾者为疰夏。"立夏日的种种习俗大部分与预防疰夏有关。夏季炎热,有些人不能适应气候,吃不好,睡不好,一到暑季人就瘦下来,南方称此为疰夏,北方有苦夏或枯夏之说。由此可见,我国古人很早便极为重视如何过好夏天。

立夏时节,我国民间种种饶有趣味的习俗,表现了人们祈求身体健康、驱邪消病的美好愿望,也给这个节日增添了丰富多样的色彩。但这些有趣的习俗,随着时代的发展和社会节奏的加快,很多都消失了。

(六)端午习俗

端午节又叫端阳节、重午节。"端"字有初始的意思,因此端五就是初五。而按照历法五月正是午月,因此端五也就渐渐演变成了现在的端午。对于端午节的由来,各本其源,有屈原说、伍子胥说、曹娥说、三代夏至节说、恶月恶日驱避说、吴越民族图腾祭说等。其中,在民间影响最大、范围最广的看法,认为端午节是为了纪念投汨罗江而死的忠臣屈原。

史料记载,公元前278年农历五月初五,楚国大夫、爱国诗人屈原听到秦军攻破楚国都城的消息后,悲愤交加,心如刀割,毅然写下绝笔作《怀沙》,抱石投入汨罗江,以身殉国。沿江百姓纷纷引舟竞渡前去打捞,沿水招魂,并将粽子投入江中,以免鱼虾啃食他的身体。其实,吃粽子的习俗究竟起源于何时,至今难有定论。一般认为,粽子作为祭祀用品,春秋时期已出现,但粽子被正式定为端午节食品,则是在晋代。明清两代,粽子更是作为一种吉祥食品。相传,那时凡参加科举考试的秀才,在赴考场前,要吃家中特意给他们包的细长像毛笔的粽子,称笔粽,取其谐音"必中",为讨吉言口彩。

鸡蛋也是端午节的重要食品,民间普遍认为吃了蛋就能使心气精神不受亏损。在我国江南一些地区,每逢端午节,孩子们还要在胸前挂一个用网袋装着的鸡蛋或鸭蛋,以祈一年中逢凶化吉、平安无事。浙江杭州一带,端午节流行吃五黄,即雄黄酒、黄鱼、黄瓜、咸鸭蛋黄和用黄豆饭包成的粽子。

端午节也是自古相传的"卫生节",人们在这一天洒扫庭院,挂艾枝,悬菖蒲,洒雄黄水,饮雄黄酒,激浊除腐,杀菌防病。端午节小孩佩香囊,传说有避邪驱瘟之意,实际是用于襟头点缀装饰。香囊内有朱砂、雄黄、香药,外包以丝布,清香四溢,再以五色丝线弦扣成索,各种不同形状,结成一串,形形色色,玲珑可爱。

布老虎是中国民间广为流传的一种玩具。在中国人心里,老虎是驱邪避灾、平安吉祥的象征,而且还能保护财富。端午节期间,民间盛行给儿童做布老虎,或者用雄黄在儿童的额头画虎脸,寓意健康、强壮、勇敢。

古时,端午娱乐游戏很多,斗草便是一种。古文载:"三月三日,四民并踏百草,时有斗百草之戏。"斗百草即斗草,有两种方法,一种"文斗",一种"武斗"。"武斗"即采一些花草(如车前草),双方互套,然后再拉,谁的花草断了,谁就输了。北京故宫博物院中藏有一幅《群婴斗草图》,画的就是斗草的"武斗"。"文斗"时花草并不直接接触,只是各人把自己收集的花草拿来,然后一人报一种花草名,另一人接着按相关类拿出花草并对答花草名称,一直斗下去,谁收集的花草多,种类齐全,谁就能斗到最后,也就是赢家。

📖 阅读材料:端午"恶日"说

据《太平御览》记载,"五月俗称恶月,俗多六斋放生。"五月为恶月,"双五"的五月五日便在传统礼俗中认为是"恶日"。《风俗通》佚文,"俗说五月五日生子,男害父,女害母"。《论衡》的作者王充也记述:"讳举正月、五月子;以正月、五月子杀父与母,不得举也。"但在历史上,端午节出了不少名人。头一位端午出生的名人是战国时齐国的孟尝君田文。其父田婴认为他是恶月恶日出生,曾极力主张扔掉他。孟尝君后来建立一番功业,成为战国四公子之一。东晋大将王镇恶也是端午日出生,家人不想要他,祖父前秦丞相王猛却不这样看,他给这个孙子起名镇恶,希望他能振兴家族。王镇恶不负所望,归晋后成为一员猛将。其实生日并不代表什么,不管哪一天出生,都有伟大人物、平常人物及穷凶极恶之徒,关键在于后天的培养教育。就如田文,如果不是母亲的照顾,父亲后来的悉心呵护,如何能成为杰出人才;王镇恶也是如此,如果不是祖父的特别关照,如何成为名将。

(七) 七夕习俗

七月初七日为七夕节,亦称乞巧节。东晋葛洪《西京杂记》载:"汉彩女常以七月七日穿七孔针于开襟楼,人俱习之。"后来的唐宋诗词中,妇女乞巧也被屡屡提及,唐朝王建有诗说"阑珊星斗缀珠光,七夕宫娥乞巧忙"。现今在浙江杭州、宁波、温州等地,仍有类似的乞巧习俗。在这一天,用面粉制各种小型物状,用油煎炸后称巧果,晚上在庭院内陈列巧果、莲蓬、白藕、红菱等。女孩对月穿针,以祈求织女能赐以巧技。时至今日,七夕节已经没有了昔年的婉约韵味,许多习俗活动已经逐渐被淡忘甚至消失。如今更为人所知的,是关于牛郎织女的爱情故事。

据民俗学家考证,中国古代有三个爱情节日,即元宵、三月三和七月七。但是,元宵节的爱情成分已弱化,三月三甚至鲜有人提及。唯有七夕,依然富有浪漫色彩,这主要得益于牛郎织女的传说。牛郎织女的故事最早起源于星辰崇拜,是人们将牵牛星和织女星神化和人格化的产物。牛郎织女故事雏形最早见于《诗经》,后经历代流传和加工,最终形成了优美动人的神话故事。相传,七夕节就是牛郎与织女一年一会的日子。其实早在《诗经》中,就有关于七夕的爱情诗歌,"维天有汉,监亦有光;跂彼织女,终日七襄。虽则七襄,不成报章;睆彼牵牛,不以服箱。"可以说,东方的爱情节日比西方早一千多年。

(八) 中秋习俗

我国古代很早就有祭祀月亮的礼俗,据《周礼》记载,周代已有"中秋夜迎寒""秋分夕月(拜月)"的活动;农历八月中旬,又是秋粮收获之际,人们为了答谢神祇的护佑而举行一系列仪式和庆祝活动,称为秋报。中秋时节,气温已凉未寒,秋高气爽,月朗中天,正是观赏月亮的最佳时令。因此,后来祭月的成分便逐渐为赏月所替代,祭祀的色彩逐渐褪去,而这一节庆活动却延续下来,并被赋予了新的含义。

在中秋节的演变过程中,古老的礼俗与众多神话传说及中华传统文化中其他诸多因素结合在一起,最终形成了内涵丰富的重要节庆。这其中最有名的就是围绕着月宫的一系列神话,如嫦娥奔月、吴刚伐桂等,它们给月宫挂上了神秘绚丽的光环,使之充满浪漫色彩。相传古代齐国丑女无盐,幼年时曾虔诚拜月,长大后,以超群品德入宫,但未被宠幸。某年八月十五赏月,天子在月光下见到她,觉得她美丽出众,后立她为皇后,中秋拜月由此而来。月中嫦娥,以美貌著称,故少女拜月,愿"貌似嫦娥,面如皓月"。

北宋时,正式定八月十五为中秋节,并出现了"小饼如嚼月,中有酥和饴"的节令食品,赏月、吃月饼、赏桂、观潮等节庆活动蔚然成风。明清时期,中秋成为我国仅次于春节的第二大传统节日。每逢中秋,各家都要设月光位,准备瓜果、月饼,向月而拜,所供月饼必须是圆的,瓜果切成如莲花般的牙瓣。街市出售月光纸,上面绘有月神和玉兔捣药等图案。祭月后将月光纸焚烧,所供的果饼分给家中的每个成员。如今,中秋节是合家团圆的日子,人们互相馈赠月饼表达良好祝愿,很多人家还要设宴赏月,一片佳节盛况。

(九)重阳习俗

农历九月九日之所以叫重阳节,是因为《易经》中有"以阳爻为九"之说,这个记载大约是在西周时期,其内涵就是把六定为阴数,把九定为阳数,九月九日,两九相重为重九,日月并阳,故名重阳。九九重阳,因为与"久久"同音,九在数字中又是最大数,有长久长寿的含义,而且秋季也是一年收获的黄金季节,因此,重阳节寓意深远,人们对此节历来怀有特殊的感情,是一个非常温馨的传统节日。随着时代的发展,今天的重阳节被赋予新的含义。1989年,我国把每年的九月九日定为老人节,成为尊老、敬老、爱老、助老的老年人节日。

屈原的《远游》中写道:"集重阳入帝宫兮,造旬始而观清都",但这里的重阳还不是指九九重阳节。三国时期曹丕写下的《九日与钟繇书》,对重阳节之名有了确切记载。魏晋时期,已有赏菊、饮酒的习俗,这在陶渊明的作品中有所体现。到了唐代,重阳节才被定为正式的民间节日,普天同庆。到了明代,皇宫上下要一起吃花糕以庆祝,皇帝要亲自到万岁山登高,以畅秋志。如今,重阳节的习俗主要包括秋游赏景、临水玩乐、登高远眺、观赏菊花、遍插茱萸、吃重阳糕、饮菊花酒等。登山既可锻炼身体,又可以观看美景;赏菊可以陶冶性情;吃重阳糕、饮菊花酒对身体有益。

(十)冬至习俗

冬至,是二十四节气之一,也是我国一个传统节日,俗称冬节、长至节、亚岁等。早在二千五百多年前的春秋时代,中国就已经用土圭观测太阳,测定出了冬至,它是二十四节气中最早确定的一个,时间在每年的公历12月21日至23日之间。

古人对冬至很重视,冬至被当作一个较大节日,曾有冬至大如年的说法,而且有庆贺冬至的习俗。《国礼》记载:"以冬至致天神人鬼。"因为周历的新年是从冬至这一天开始的。《汉书》中说:"冬至阳气起,君道长,故贺。"人们认为,过了冬至,白昼一天比一天长,阳气回升,是一个节气循环的开始,也是一个吉日,应该庆贺。《晋书》上记载有"魏晋冬至日受万国及百僚称贺……其仪亚于正旦。"说明古代对冬至日的重视。汉朝以冬至为冬节,官府要举行祝贺仪式,称为贺冬,例行放假。《后汉书》中有这样的记载:"冬至前后,君子安身静体,百官绝事,不听政,择吉辰而后省事。"

在唐、宋时期,冬至是祭天祭祖的日子,皇帝在这天要到郊外举行祭天大典,百姓在这一天要向已故父母尊长祭拜,除了各家祭拜自己直系祖先之外,凡有祖祠或祖庙的就要合族举行祭祀典礼,称为祭冬。有的在冬至前十天举行,仪式隆重,祭后设宴招待亲友,深具敦亲睦邻的功能。现在仍有一些地方在冬至这天过节庆贺,也就逐渐延伸为扫墓。冬至经过数千年发展,形成了独特的节令饮食文化。诸如馄饨、饺子、汤圆、赤豆粥、黍米糕等都可作为年节食品。较为普遍的有冬至吃馄饨的风俗。早在南宋时,临安人就在冬至吃馄饨,开始是为了祭祀祖先,后逐渐盛行开来,民间有冬至馄饨夏至面之说。

(十一) 腊八习俗

《说文》载:"冬至后三戌日腊祭百神。"可见,冬至后第三个戌日曾是腊日。后由于佛教介入,腊日改在十二月初八。在民间,这天有喝腊八粥、许心愿、祝平安等习俗。

据传,佛教创始人释迦牟尼修行深山,静坐六年,饿得骨瘦如柴,曾欲弃此苦,恰遇一牧羊女,送他乳糜,他食罢盘腿坐于菩提树下,于十二月初八之日悟道成佛,为了纪念而始兴佛成道节。这一天,各寺院都要举行诵经,并效仿牧女在佛成道前献一种乳糜之物,供佛斋僧,这便是腊八粥的来历。腊八节也被称为佛教的感恩节。

我国喝腊八粥的历史,已有一千多年。最早开始于宋代。每逢腊八这一天,不论是朝廷、官府、寺院还是黎民百姓家都要做腊八粥。到了清朝,喝腊八粥的风俗更是盛行。在宫廷,皇帝、皇后、皇子等都要向文武大臣、侍从宫女赐腊八粥,并向各个寺院发放米、果等供僧侣食用。在民间,家家户户也要做腊八粥,祭祀祖先;同时,合家团圆在一起食用或馈赠亲朋好友。腊八粥吃了几天还有剩下来的,却是好兆头,取其年年有余的意义。如果把粥送给穷苦的人吃,那更是为自己积德。我国北方一些不产或少产大米的地方,人们不吃腊八粥,而是吃腊八面。

在古代,寒冷的天气里一些老百姓没有东西吃,一些寺庙就开始将煮腊八粥分给老百姓吃作为慈善活动纳入佛教活动,此后开始盛行起来。现如今,不少寺庙恢复了施粥的传统。这天,很多人会选择在清晨去寺庙和派发腊八粥的地方排队领粥,这碗粥也被称为福寿粥。人们之所以不惜冒着寒风费时耗力地跑出去领碗粥,其中有许多是为了体味人与人互相关怀的气氛,恢复那些曾经的体恤或被体恤的记忆,在腊八粥的香气中追念一种久远的传统——即与施粥行为无从分割的慈善传统。之所以如此,首先是因为腊八粥文化具有特殊的时令特点。在中国绝大部分地区,腊八正值天寒地冻的时节,对于穷人来说此际分外难熬。衣食的必需加上年节的压力,使得每年一到这时候,世态人心的碰撞就分外激烈起来。此时,一些家庭可以尽享喜悦,而另外一些家庭则可能过年如过关。所谓几家欢乐几家愁,唯此时为甚。诸多统计数字表明,腊月往往是一个各类案件多发的月份,正是因为腊月所自然形成的这种特殊社会心理背景。自古以来,人们特别注重在腊月行善施德,通过施予救济帮助贫穷者度过严冬,顺利熬过年关。腊八施粥的普遍传统也正是这样形成的。腊八施粥是中华传统美德的一个小缩影,现代人效仿古人表达了对这些美德的留恋。

1. 春节期间有哪些习俗？请说出 15 项以上。

2. 当前，许多传统节日都失去了原有的光彩，你觉得造成这种现象的主要原因有哪些？你怎样看待西方节日的"入侵"？

3. 春节拜新年，端午赛龙舟，中秋赏明月……一个个传统节日，荡漾着两千年不曾间断的精神涟漪，连系着泱泱华夏的繁衍生息，演绎着中华民族的文明。请任选一个传统节日，自拟题目，结合生活经历，写一篇小论文。

第三讲　涉外礼仪与习俗

"有'礼'走遍天下，无'礼'寸步难行。"这句老生常谈的话，假如就国际交往场合而言，可谓毫不夸张。在涉外交往中，我们应遵守国际通行礼节，摒弃和纠正各种陋习，自觉养成文明的行为习惯，提升自己的文明素养。只有这样，我们才能架起沟通的桥梁，搭建展示的平台，展现中国人的良好精神风貌；进而弘扬中华民族优秀文化，推动中外文化交流融合，发展我国人民同世界各国、各地区人民的友谊。

学习任务1　涉外礼仪基本知识

2007年在巴黎举行的援助黎巴嫩国际大会上，按照法国本土的吻手礼，法国前总统希拉克在依次"热吻"了美、加、奥、希等数国女外长的玉手之后，轮到接见英国女外交大臣贝克特时，他却只是冷淡地握了一下对方的手而已。

一名现场记者说："希拉克在吻赖斯时，两人的头贴得极近，希拉克先将他的嘴唇按在赖斯的左手上亲一下，然后又换右手再亲。而赖斯则笑得合不拢嘴巴，显得颇为开心。"随后轮到的分别是奥地利女外长普拉斯尼克，希腊女外长芭科亚妮和加拿大国际合作部部长维尔纳。希拉克或专注或热情地亲吻了她们的手。几位女高官对希拉克也都一一报以微笑。然而令人意外的是，面对英国女外交大臣、现年63岁高龄的贝克特主动伸出的右手，不知道是有意无意，希拉克只是冷淡地捏了一下。而贝克特也不甘示弱，还给希拉克一个皮笑肉不笑的"生意式表情"。当时的气氛有些尴尬。

"漏吻风波"立即在英国引发轩然大波。一些人推测，希拉克多半是嫌贝克特年龄太大而不愿意吻她；一些人甚至认为，希拉克显然是在借吻发挥，以此暗示他对英国政府的不满。一名专栏记者戏称："希拉克应当清楚，在吻手礼问题上，一视同仁是最明智的做法。"

《五灯会元·大宁道宽禅师》中有云:"虽然如是,'且道入乡随俗一句作么生道?'良久曰:'西天梵语,此土唐言。'"可见,中国很早就有入乡随俗的说法。此外,还有入国问俗、入境问俗、入境问禁等成语。在涉外交往中,我们应遵守国际惯例和一定的礼节,做到入国问境,摒弃和纠正各种陋习,自觉养成文明的行为习惯,提升自己的文明素养。

一、中西方礼仪文化的差异

中国人非常重视家族和血缘关系,血浓于水、亲疏有别的传统观念根深蒂固,人际关系中最稳定的是血缘关系。西方人独立意识强,相比较而言,不很重视家庭血缘关系,而更看重利益关系。他们将责任、义务分得很清楚,责任必须尽到,义务则完全取决于实际能力,绝不勉为其难。处处强调个人拥有的自由,追求个人利益。

阅读材料:中国熟人文化的弊端

传统中国是熟人社会,由于相互熟悉,有很多事情就出于信任,而不需要确定规则就可以解决。在某种意义上讲,规则反而会成为阻碍人际关系发展的原因。因此,中国长期以来形成了以熟人关系为主的处事方式,遇到事情首先想到的是找关系,老乡、同学、战友、同事等一切可建立的关系都在运用之列。对待陌生人,也都是将其变成自己的关系,比如称呼兄弟,拉近感情,然后就好办事了。应该说,这种处理方式并非完全不好,至少能提高办事效率。但现代社会却是一个以陌生人关系为基础的社会,办事讲规则,它通过建立规则给每个人定位,从而确立新的人际关系。此时,如果再以通过找关系的方式来处理事务,虽然对办事人来说会提高效率,但是对其他人来说就不够公平了,而且从根本上说,违背了整个社会的秩序。更坏的是,它加剧了人们对社会秩序的怀疑,又改变了对人际关系的认识,它把人际关系物质化和功利化,把人际关系简单地划分为有用和无用,对于办事有用的就结交,无用的就不结交,不再把人际关系看成是情感和心灵为基础的群,导致的后果就是人与人之间无法进行心灵的沟通和交流,有的只是物质利益关系。

中华礼仪是道德文化的主要构成部分,强调人的道德主体意识,要着力培植内在的道德根基,例如修身养性、人文关怀、和谐社会的建立等,把它作为礼的源头和动力。西方礼仪则比较注重礼仪的细节。西式的微笑可以量化,标准是露出八颗牙齿。可见非常重视形式,只要在形体上做得一丝不苟、中规中矩,礼的要求就完美地达到了。至于内心如何,没有人会来深究。

中华礼仪讲究尊卑。晚辈与长辈相见,长辈为尊,晚辈应该处处尊重长辈。平辈之间相见,对方为尊,处处为对方考虑。西方人主张人人平等。无论是谁,都是上帝的儿子,人与人之间没有尊卑。父母如果打了孩子,孩子可以到法院告他。唯一受到尊重的是女性,处处都要女士优先。尤其需要指出的是,西方人不愿老,不服老,特别忌讳老。如女性不喜欢别人称自己为老太太。

中国人的家族称谓之繁,举世罕有,《十三经·尔雅·释亲》一篇,解释家族称谓约100种。在日常生活中,哥、叔、嫂、姨的称谓不绝于耳,有时被称谓的人并无血缘关系,这让西方人难以理解。另外,中国人还有干爹、干妈等称谓。中国人在教育子女时,都会要求他们尊重长辈,对长辈要用称谓称呼,如果晚辈对长辈直呼其名,这在中国是十分不礼貌的表现。某些家庭不睦,不少就是因为称呼出了问题,如有的女婿或儿媳,常年不肯对岳父岳母或公公婆婆叫一声爸妈。而在西方,则没有这么严格的称谓要求。在德国、瑞士等西方国家,孩子可直呼父母的名字。对此,我们中国人不能理解,认为直呼父母的名字是不礼貌的,我们一向有"子不言父名"之讳。

📖 阅读材料:中国家族成员间的称呼

中国礼仪文化中,有关家族成员称谓的词语很多,比如令尊是尊称对方的父亲,令堂是尊称对方的母亲,令郎是尊称对方的儿子,令爱是尊称对方的女儿。家父、家严是称自己的父亲,家母、家慈是称自己的母亲;内人是称自己的妻子,外子是称自己的丈夫,犬子是称自己的儿子,小女是称自己的女儿。妻子的父母为丈人、丈母或岳父、岳母,以及泰山、泰水。比自己辈分高或年长的已故家人,称呼上加"先"字,如先祖指祖父,先父、先人则同指父亲,先母、先妣同指母亲。

与外向、坦诚、直率的西方人相比,中国人通常显得更加内向、含蓄、谦逊、委婉、拘谨。面对他人的夸奖,中国人常常会说"过奖了""惭愧""我还差得很远"等字眼,表示自己的谦虚;而西方人面对别人真诚的赞美或赞扬,往往会用"谢谢"来表示接受对方的美意。西方人送礼时,总是向受礼人直截了当地说明,"这是我精心为你挑选的礼物,希望你喜欢",或者说"这是最好的礼物"之类的话;而中国人在送礼时也费尽心机、精心挑选,但在受礼人面前却总是谦虚而恭敬地说"微薄之礼不成敬意,请笑纳"之类的话。中国人崇尚天生丽质、天然去雕饰的自然美,即使是化妆,也喜欢淡扫蛾眉,不喜欢浓妆艳抹。喜欢用心与别人交流,不喜欢用外表去博得他人的好感。西方人张扬个性,喜欢用外表来吸引人,如非常夸张的妆容,服装也是强调个性。

中国人有礼的方式是亲密无间,西方人有礼的原则是尊重隐私。你不要在银行等地点排队等候时跨越黄线,也不要在别人出示证件等私密物品时紧贴或打望。女人的化妆盒也是隐私性的,不要借用他人的化妆品,这如同侵入她最隐秘的私人空间。不过在空间距离方面,中华礼仪则主张彼此之间有一定的距离,相见时用作揖或者跪拜的方式,反对肌肤直接接触,认为"亵则渎",过于亲密的接触,是轻浮的表现。西方相反,认为用身体、肌肤直接接触,如握手、亲吻、拥抱等,可以增加彼此的亲密感。在非典盛行时,人们发现西方人的这种礼仪很不卫生,因此,有人建议采用中国传统的拱手礼。

随着世界各国间联系的日益密切、文化交流的频繁,中西方文化日渐融合。我们以饮食文化为例。西餐传入后,它的合理卫生的优点已被引入到中餐宴会中。例如分食共餐制,在中餐较高等级的宴会上已广为采用。虽然这种饮食礼制在中国古代就很盛行,但我们现在的做法确实是受到了西餐的启发,中西饮食文化的交流,于此得到最好的体现。

二、涉外礼仪通则

涉外礼仪包括的内容非常广泛,涉及世界各国各地区不同民族的礼仪习俗。学习、应用涉外礼仪,首先有必要在宏观上掌握一些具有普遍性、共同性和指导性的礼仪原则。

阅读材料:共性与个性

在国际交往中,我们既要遵守国际通行的礼仪惯例(即各国礼仪的共性),也要尊重交往对象所在国的特殊礼仪与习俗(即各国礼仪的个性)。但世界上有200多个国家,各国都有自己的文化特点、民族传统和风俗习惯,要想一一了解所有国家、所有民族的礼俗,是十分困难的。因此,在学习了解各国民族习俗、礼俗时,要注意根据以下几个特点去加以概括总结,做到举一反三,触类旁通。

一是习俗礼仪受宗教信仰的影响。不同国家、不同民族,如果宗教信仰相同,习俗礼仪就会有许多相近或相似之处。

二是习俗礼仪与民族和种族有关。习俗礼仪固然和国家有关,但与民族、种族的关系更为密切。生活在不同国家和地区的人,只要是同一民族或同一种族,其习俗礼仪亦往往相同。

三是习俗礼仪受语言的影响。语言是传播习俗礼仪的工具,使用同一语种或语言的人,习俗礼仪往往类似或相同。

四是习俗礼仪有同化现象。在不同民族的混合居住区,人们在习俗礼仪方面也互相效仿。在现代,随着科学文化的发展和各国、各民族相互交往的增多,一些先进的、文明的习俗礼仪,被越来越多的人接受,因此,也加快了习俗礼仪的同化现象。

(一)维护形象,不卑不亢,平等相待

每一个人在参与国际交往时,都必须意识到,自己代表着民族、国家;言行必须从容得体,堂堂正正,不应该表现得低三下四、自卑自贱,当然也不应该表现得放肆嚣张、孤芳自赏。此外我们还应特别注意,对任何交往对象都要一视同仁,给予平等的尊重与友好。

阅读材料:我们是在与强盗谈判

1991年,在数次中美外交谈判中,中国谈判代表国务委员吴仪,让美国人既头痛又不得不敬佩。在一次中美知识产权谈判会上,双方刚一落座,美国人想给吴仪来个下马威,开场白便显现出来者不善:"我们是在和小偷谈判。"面对对方的无理,吴仪毫不留情地反唇相讥:"我们是在和强盗谈判,请看你们博物馆里的展品,有多少是从中国抢来的。"针锋相对的回答令对方愣了一下,同时对手马上清楚地意识到,这个女人不简单。

(二)求同存异,入乡随俗,注意禁忌

《论语·子路篇第十三》载:"君子和而不同。"以和为贵是中国文化的根本特征和基本价值取向,君子和而不同正是对"和"这一理念的具体阐发。"和而不同"实质上追求的是内在的和谐与统一,而不是表面上的相同与一致,是人类共同生存的基本条件和基本法则。在对外交往时,应注意了解礼仪文化差异,了解具体交往对象的不同风俗习惯、宗教信仰和交往禁忌,并给予尊重。当发现我们的接待方式不适合客人时,可适当地采用对方

习惯的礼节、礼仪,让客人有宾至如归的感觉,以表示对客人的体贴和尊重。当我们作为客人参加涉外活动时,则不能一味地我行我素,给主人增添麻烦,而应客随主便,做到入乡随俗。在涉外场合,当碰上一些自己尚未经历的场面,或是难以处置之事,最好的方法就是静观一下他人的做法,努力从众,与大家保持一致。

(三) 遵循惯例,尊重隐私,把握好度

国际交往惯例为大多数国家和地区通用,并具有准强制性,它对国际社会交往具有普遍的指导意义。在涉外交往中,我们无疑要遵循国际惯例。涉外场合的国际交往惯例主要有以下几点。

女士优先。被称为国际社交场合的第一礼俗。其核心是要求男士在一切社交场合(有些公务场合除外),成年男子都有义务主动自觉地以自己的实际行为去尊重妇女,关心妇女,保护妇女,并尽心竭力地去为妇女排忧解难。

📖 阅读材料:如何体现女士优先

在社交场合,当女士准备上车或下车时,男士要主动为她们打开车门;当男士和女士一起去看电影时,男士要主动去寻找座位,同时为女士清除路上的障碍;当女士要从两排座位之间通过时,旁边的男士要站起来礼让;当男士和女士相遇时,男士要先向女士致意;在女士入座之前,男士不应先行入座;乘电梯时,男士应让女士走在前面;下车或下楼时,为了方便照顾女士,男士应走在女士的前面;用餐时,男士应请女士优先点菜;握手时,要等女士先伸手;如果女士不小心掉了东西在地上,男士应弯腰帮她拾起。通过以上这些细节,男士可以将自己的绅士风度很好地展示出来。同时,得到关照的女士,要及时向帮助她的人表示感谢,否则就是不懂礼仪的表现。

信守约定。古今中外人士都推崇做人应该诚信,小到约会的时间,大到生意往来,都要讲信用,守承诺,不随便许愿,失信于人。西方人常常把信誉、商誉和荣誉连在一块。如有难以抗拒的因素而引发的失约,应事先说明,及早通报,并主动承担给对方造成的物质损失。

以右为尊。我国传统上是以左为尊,但在正式的国际交往中,依照国际惯例,将多人进行并排排列时,最基本的规则是以右为尊。

爱护环境。不可毁损自然环境;不可虐待动物;不可损坏公物;不可乱堆乱挂私人物品;不可乱扔乱丢废弃物品;不可随地吐痰;不可到处随意吸烟;不可任意制造噪声。

此外,在涉外交往时,一定要注意对交往对象的个人隐私权予以尊重,这已逐渐成为国际惯例。由于中国人待人接物一般讲究含蓄和委婉,还特别客套、热情,而西方人则一般较外向且讲究实事求是。因此在涉外交往中,我们还要把握好热情友好的分寸。

三、涉外礼仪禁忌

与外国友人相处时,有下列主要禁忌。

隐私忌。在西方社会里,除了年龄之外,政见信仰、工资收入、家庭情况、健康问题、婚姻状况等也属于个人隐私的范围。即使是家人、亲戚、朋友之间,也必须相互尊重个人

隐私。

数字忌。各民族及不同宗教信仰的人们对数字均有一些忌讳,如西方人普遍忌讳13,常以14(A)或12(B)代替。由此,重要活动避开每月的13日,特别是请客忌讳13人。星期五也为很多西方人所忌讳,若恰逢13日又是星期五,西方人更认为是凶日。

📖 阅读材料:西方人忌讳的几个数字

13。一说,耶稣受害前和弟子们共进了一次晚餐。参加晚餐的第13个人是耶稣的弟子犹大。为了30块银圆,犹大把耶稣出卖给犹太教当局。参加最后晚餐的是13个人,晚餐的日期恰逢13日。从此,13被认为是不幸的象征,是背叛和出卖的同义词。另一说,希腊神话中,在哈弗拉宴会上,有12位天神出席。宴会当中,一位不速之客——烦恼与吵闹之神洛基忽然闯来了。这第13位来客的闯入,招致天神宠爱的柏尔特送了性命。中国人对13并无忌讳,反而有人还颇欢迎,因为有人认为中文"福禄寿"三个吉祥字就是13画,这有何不好呢?

666。在圣经启示录中,666暗指迫害基督教徒的罗马暴君尼禄,而后泛指恶魔、撒旦和反基督教者。

9。西方音乐界及作曲界忌讳的数字,因为贝多芬创作了举世闻名的九大交响曲后辞世。此后舒伯特、德沃夏克、威廉斯等名作曲家也都在写完9首交响曲后与世长辞。有趣的是,奥地利作曲家马勒在写完8首交响乐,并为之编号后有意继续写,但又想逃过9字,就写了一首不编号的交响曲,果然安然无恙,但后来他又创作了一首交响乐,将之编号为9,不幸在尚未编写10号交响乐前就死了。

黑色星期五。星期五被西方人认为是一周当中最不幸运的一天,耶稣被钉死在十字架上的那一天就是星期五。一般将一个日期恰好是13号的星期五称为黑色星期五。

颜色忌。欧美许多国家视黑色为丧礼的颜色,遇到丧事,习惯于穿黑色衣服,系黑色领带、戴黑色礼帽或黑色围巾及面纱;因为黑色是丧礼服,卧室等处不喜欢有黑色。绿色在许多国家象征吉祥、希望,但日本人则认为绿色象征不祥。

举止忌。在许多国家,如泰国、缅甸、印度、马来西亚、印尼和阿拉伯各国都认为左手是肮脏的,忌讳用左手拿食物、接触别人或给别人传递东西。否则,这将被别人误会是轻蔑。亚洲许多信仰佛教的国家及地区,忌讳摸别人的头顶。即使大人对小孩抚爱,也不摸小孩头顶。西方的老人忌讳由别人搀扶着,他们认为这有失体面,是受轻视的表现。

宗教忌。目前世界上信奉各种宗教的教徒人数约占全世界总人口的2/3,对于大多数信徒来说,其宗教观念往往都是从实际的、直观的宗教礼仪以及充满宗教色彩的风俗习惯中得到的。因此,我们必须重视对宗教习俗的了解,特别是一些禁忌。比如在饮食方面,印度教不食牛肉、佛教不食荤腥。

课后练习

1. 在接待外国客人时,如何体现女士优先这一原则?请以实例说明。

2. 随着我国改革开放的步伐日益加快,跨国交际日益增多,中西方礼仪文化的差异越发显露,请你举例谈谈中西礼仪文化方面的具体差异。

学习任务 2 旅游客源国与目的地国习俗

沙特是一个伊斯兰国家,国民普遍信奉伊斯兰教。在沙特从事商务贸易活动的非穆斯林朋友,应该入乡随俗,尊重当地穆斯林的宗教感情和风俗习惯。一日,国内某公司派代表前往沙特洽谈生意,翻译小姐熟知沙特的风俗礼仪,为了表示对对方的尊重,她穿上了黑袍,戴上了面纱,给沙特客商留下了很好的第一印象。后来,沙特客商到北京来,这位翻译小姐又专门安排好祈祷时间,并准备好祈祷用的小地毯,让对方十分满意,愉快地签下了订单。

有一次,美国商人在与中国商人谈完一笔生意后称赞中国人的老练,"You are an old dog",直译就是你是一条老狗。在西方,狗被看成是人类的朋友,所以有很多与狗有关的褒义词,但是中国人听起来却不是滋味。

一个印度商务代表团前来我国某城市进行友好访问,为了表示我方的诚意,有关方面做了积极的接待准备,就连代表团下榻的饭店里也专门换上了宽大、舒适的牛皮沙发。可是,我方外事官员事先进行例行检查时,却责令把这些崭新的牛皮沙发立即撤换掉。原来,印度人大多信奉印度教,而印度教是敬牛、爱牛、奉牛为神的,因此无论如何都不应该请印度人坐牛皮沙发。这两个例子说明语言和文化的差异往往给商务沟通带来障碍,只有通过礼仪的学习和掌握,才可以消除差异,使双方相互靠近,借助情感沟通,使商业事务顺利进行。

各个国家、地区、民族所处的环境不同,有不同的历史文化,以及不同的生活方式和生活习俗,差异很大,有千里异习、百里异俗之说。无论什么人,从小到大,随时随地,一举一动都受到他所在社会的习俗的熏陶和影响,并自觉或不自觉地遵从它。习俗移人,贤者难免。没有受过文化教育的人固然要受习俗的支配,就是受过文化教育的人,也不免要受它的影响。可见虽然没有明文规定,但事实上,人人都不知不觉地按照习俗的规范行事,这就是习俗的约束力。尊重习俗,随遇而安,与他人方便,与自己也方便,尊重他人才能得到他人的尊重,这是社会生活中潜在的客观规律。

一、亚洲国家习俗

(一) 韩国

韩国人具有强烈的民族意识与国家观念，提倡身土不二，喜欢强调"我们""我们的民族""我们的国家"等。韩国国歌《爱国歌》充满力量，从中我们能感受到韩民族饱满的爱国情怀。韩国人很注重礼仪，一般都以握手作为见面礼节。韩国妇女一般不与男子握手，而往往代之以鞠躬或者点头致意。在不少场合，韩国人有时也采用先鞠躬、后握手的方式。韩国人十分尊重长辈，长者进屋时，大家都要起立。在社交场合"重男轻女"。公开场合得让男子先行，各种会议发言者致辞都把"先生们"放在"女士们"之前。

韩国民族服装最初主要是受中国唐代服饰的影响。对此，史书中就有记载，"服制礼仪，生活起居，奚同中国"。唐代时，新罗与唐朝交往非常密切，服饰特点几乎与唐朝无异。韩服的个性发展开始于李氏朝鲜中期。从那以后，韩服特别是女装，逐渐向高腰、襦裙发展，同中国服饰的区别逐渐增大。

韩国人爱好、擅长歌舞。韩国舞蹈的表现形式不同于西方舞蹈。西方舞蹈表现舞蹈家的个性、性征和躯体。韩国舞蹈家不带个人感情色彩，抑制性征。西方舞蹈家喜欢使全场瞩目于自己，利用光、声和谐统一感和力度变化，而韩国舞蹈家对身体的特技动作的外部表现不感兴趣，只喜欢表现高度抽象的喜悦。

韩国人的饮食以辣、酸为主要特点。不喜欢放味精，讲究原汁原味。他们爱吃的菜肴有泡菜、烤牛肉、烧狗肉、人参鸡等。对韩国人来说，吃饭而无泡菜是不可想象的。拌饭是韩国非常有代表性的乡土饮食，色、香、味俱全且营养全面。不管什么季节，韩国人都喜欢喝冰水。

数字方面，韩国人喜欢单数，不喜欢双数。"3"是他们吉利数，以至韩国人取名也喜欢用"三"，如金泳三；忌用"4"字（韩语"4"与"死"同音），在韩国没有4号楼、4号房，宴会厅里没有4桌。

(二) 日本

日本是一个岛国，自然资源匮乏，日本国民常有生存危机意识。恶劣的自然环境造就了日本人的心态里埋下了忍的基因，这造就了日本人做事特别拼命，认真执着的个性与精益求精的精神。

日本人的礼仪十分周全，给人的第一印象总是彬彬有礼。在日本，由于特殊的历史背景和地缘文化，人们形成了进出房门低头俯身、日常交际低姿态待人的民族习惯。因此，见面多以鞠躬为礼。日本人的鞠躬是将自己身体最弱的地方、最重要的地方展示给对方，这是一种信任、尊重和理解的表态。对于日本人来说，弯腰已成习惯，鞠躬成自然。据统计，一个日本百货公司的电梯口迎宾员，一天要鞠躬2500次左右。即使在电话里与人问安和道别、承诺、请求时，也会不自觉地鞠躬。日本人说话离不开"谢谢"，据统计，一个在百货公司工作的员工，一天平均要说571次"谢谢"。

和服是日本的国服，在形成过程中虽受到外来文化的影响，尤其是中国文化，但今天我们所看到的和服,已经很难找到中国元素的影子了。和服是由人体支撑的,并不主张炫耀服装本身。身穿和服的人,必须顾及自己的坐姿和行走时的步态,要求穿着者必须具有一种精气神。

日本人在生活和工作中通常不愿意直截了当地拒绝别人,通常会委婉地说:"你们的产品非常好,设计新奇,造型美观,包装也很别致,让我们考虑一下再说。""我理解您的要求,我将把贵方的意思尽快向领导汇报。"这实际上等于在顾虑对方面子的同时,明确地拒绝。

日本人有送礼物的习惯,因此给日本人送礼,往往采取这样的做法,即送对其本人毫无用途的物品以便收礼的人可以再转送给别人,那个人还可以再转送下去。日本人赠礼很讲究包装。一件礼品不管价值如何,往往要里三层外三层包得严严实实,在礼品包好之后,日本人还会再系上一条好看的缎带或纸绳。注意不能送梳子给日本人,因为梳子在日语中同"苦"和"死"谐音,很不吉利。

日本人是亚洲最守时的民族,他们就像抱着一个走时准确的大钟,每时、每刻都在按着预定的计划有条不紊地进行着。不管是商务会谈,还是社交聚会,都准时到达。

在社交场合与日本人用餐要注意以下细节:用餐时不宜把手肘放在桌上,那样显得懒散而不礼貌。日餐中海鲜占多,因而日本式的筷子都是尖头的以便挑鱼刺。实在挑不出去的刺可以用手从嘴里将鱼刺拿出,切不可直接"呸"地吐出。咀嚼食物应闭嘴无声,而只有在吃日食荞麦面时才可以大声地吸吮。

日本人不喜欢某些数字,比如"4""9"的谐音是"死"和"苦","42"的发音是死的动词形,所以医院和饭店一般没有 4 和 42 的病床和房间。"13"也是日本人忌讳的数字,许多宾馆没有 13 楼层和 13 号房间,羽田机场没有 13 号停机坪。日本人忌讳绿色和荷花,原因是认为绿色是不吉利的,荷花意味着祭奠。

二、欧美国家习俗

(一) 美国

美国独立后到 19 世纪末,对西部地区进行了大规模的移民拓殖和开发建设。在这一过程中,优胜劣汰、适者生存的规律被表现得淋漓尽致。成功既不靠上帝,也不指望别人,完全靠自己不屈不挠的独立进取。这种价值观被美国人世代尊崇。美国历史短暂,没有传统的包袱,他们不像英国人那样看重门第祖荫、讲派头、要面子,也不像法国人那样喜欢幻想,而是非常务实。美国人性格外向、感情直率、热情奔放,这一点在 NBA 赛场上的劲舞女郎身上可见一斑。

美国人的见面礼节是握手和亲吻,第一次见面时,仅仅是握手,亲吻是好朋友之间的致意语言。在美国,你接受任何人的服务,不管有偿无偿,均须说:谢谢你!即便夫妻之间、父母和子女之间,有任何帮助都要说声谢谢。而在中国,有至亲不谢的传统,多谢了反而见外。美国人习惯保持一定的身体间距,交谈时,彼此站立间距约 0.9 米。如果你和美国人聊天的时候他一直往后退,那意味着你可能靠得太近了。

美国人的时间观念很强,遵守时间,珍惜时间,他们有句谚语:不可盗窃时间。在他们的观念中,时间也是商品,时间就是金钱。他们常以分来计算时间,比如一个人月薪十万美元,他的每分钟就值八美元。

美国西部牛仔是深受世人喜爱的具有英雄主义与浪漫主义色彩的人物,他们的服饰形象尤其受欢迎。其牛仔裤超越了裤子的原始意义,被赋予了个人独立、生而自由、勇于冒险、性感迷人、浓烈的乡土气息等多元的社会意义,逐渐成为代表美国精神的典型服饰。经过了100多年的时间,牛仔服装仍长盛不衰。

美国生活节奏较快,快餐是美国人的家常便饭。和美国人吃饭时要注意:不允许替他人取菜;不允许吸烟;不允许向别人劝酒;不允许当众脱衣解带;不允许议论令人作呕之事。中国人菜多表示热情接待,美国人够吃饱就好。

中国人爱孩子的方式有时是给小孩食品和用手摸孩子的脑袋,但在美国要尽量避免。美国人的狗是家庭成员之一,和小孩一样重要。所以,不要随便喂美国人的狗。东方国家,谦虚是一种美德,可是在美国千万不要谦虚。美国人经常对自己说,谦虚是自己最大的敌人,正是因为这种超乎寻常的自信心态让美国人无论走到哪里都是那么骄傲。

(二) 英国

英国是由四个不同的民族构成,有一个国家、四个民族之说。传统上,英国人喜欢自称英格兰人、苏格兰人、威尔士人或北爱尔兰人。这不仅是要表明自己生活的区域,而且暗含着四个民族间的区别和独立性。现代的英国,由于人们迁徙各地,大多数人不再区分英格兰人还是苏格兰人。但还是要注意,不能把所有的英国人都称为 English people,这仅指英格兰人,而要用 British people 来指英国人比较恰当。

英国人对新事物很审慎,从不轻易改变原有的生活方式和传统习俗。英国人的绅士风度历来被世人所称道,女士优先的社会风气很浓。英国人待人彬彬有礼,说话十分客气。最常用的词汇是 sorry,凡事稍有打扰,便先说 sorry。英国人非常注重个人及家庭生活不受别人干扰的自由和权利,正如谚语所说:我的家就是一座城堡,风可以进来,可未经我允许,任何人,就是国王也不能进来。与英国人交谈时,不能以"你是干什么的"作为谈论的开始,那被认为是个人私事,不宜进行讨论。

如果一个外国人与一个英国人初次接触,甚至是两个不甚熟悉的英国人在一起,最好的开场白都莫过于对当天的天气作一下评论。这是传承下来的社交规范,可以使交谈双方找到一个无关紧要的话题,非正式地开始接触沟通。但千万不要只谈天气,否则对方会认为你没有兴趣和他对话。

排队是英国到处都能见到的场面,即使只有两个人,也不会并排而立。曾经有统计说,一个英国人一生中平均有六个月的时间是在排队。

服装方面,英伦风尚以简便、高贵为主,格子是英伦风格的最大特点。英伦风格的另一个特色是苏格兰短裙,它在世界男装中独树一帜。

英国各阶层人民都喜爱饮茶,特别是妇女,嗜茶成癖。英国人有饮下午茶的习惯,即在下午三四点钟的时候,放下手中的工作,喝一杯红茶,有时也吃块点心,休息一刻钟,称为茶歇。

1. 请你通过资料调研,针对某一客源国的礼俗写一篇调查报告。
2. 学生分成若干个小组,在课外查找资料,比较英美礼仪文化的异同。
3. 请你通过查资料,明确阿拉伯国家、中东国家、伊斯兰国家三个概念的区别,并请详述阿拉伯国家的风俗习惯。

第四讲　中西餐礼仪

孙中山先生在其《建国方略》一书中说:"我国近代文明,事事皆落人之后,唯饮食一道之进步,至今尚为文明各国所不及。"确实,中国是吃文化最发达的国家。早在春秋初期,齐国政治家管仲就提出了民以食为天的思想,道出了"吃"这个字在中国人日常生活中的地位。中国人见面打招呼问"吃了吗";红白喜事一定要请人大吃大喝一顿;在中国一些地方,把在一起吃过饭作为认识与亲疏的标准;即使不幸得病,也得讲究吃,因为中华饮食文化中有"药补不如食补,药疗不如食疗"之说。有人指出,各地区人民的吃相,能代表当地人的总体素养和文明教育形象。

学习任务1　中餐用餐礼仪

清朝时期,曾国藩带领湘军驻扎在安庆之时,曾有一名湖南老乡前来投靠。此人的外表十分忠厚纯朴,曾国藩见后也认为是可用之人。在准备给这个老乡委以差事前,曾国藩请他吃了一顿饭。席间,这位老乡做了一个小动作,被曾国藩看见。饭后,曾国藩便打发他回去了。对此,这位老乡大惑不解,于是便找到曾国藩的表弟询问到底是怎么回事。原来,当时军中的米饭会掺杂一些秕谷外壳,虽然也能吃,但口感不是很好。而曾国藩这个老乡,他家里本来十分贫寒,又是第一次做客,却把碗里的秕谷挑出来再吃。从这个小动作中,曾国藩便看出此人虽然表面纯朴,但内心并不是一个老实人。

美国华盛顿国家餐饮协会主席说过这样一句话:在餐桌上的表现可以推测出在董事长面前的表现。在日本,有企业在面试求职者时,居然是看吃相选人。台湾裕隆集团董事长林信义,也有一套饭桌上的识人经验:"如果一个人吃得很贪婪,证明他具有独断专行的性格。那些吃得很快,但又有选择进食的人,工作起来十分迅速。如果一个人吃得很慢,他是一位很好的组织者。进食时有规律地停歇的人,是一位认真做事的人。而更多地关心饮食营养的人,对自己的同事爱吹毛求疵。"

第四讲 中西餐礼仪

中国饮食文化源远流长、博大精深,据文献记载,至少在周代,饮食礼仪已经形成了一套相当完善的制度。《礼记·礼运》指出,"夫礼之初,始诸饮食",大概人类的礼仪最初是从饮食上的规矩演变而来。《礼记·内则》中载,"子能食食,教以右手""男女未冠笄者……昧爽而朝,问何食饮矣,若已食则退,若未食,则佐长者视具",说的都是饮食的规矩,主张尊重长者、合乎时序、节制律己等,这都有助于个人良好生活习惯和健康生活方式的养成,有助于促进整个社会的和谐有序。餐桌上的举止是对一个人的礼仪和修养的最好考验;优雅得体的举止,既表现了人们自身的文化修养,又能够让大家愉快地品味佳肴,增进友谊。

一、点菜礼仪

如果你参加一个尚未安排好菜肴的宴会,就要注意点菜的礼节。点菜时,不要选择太贵的菜,同时也不宜点太便宜的菜,太便宜了,主人反而不高兴,认为你看不起他,如果最便宜的菜恰是你真心喜欢的菜,那就要想点办法,尽量说得委婉一些。

在餐桌上,点上几道背后有故事的菜肴,既能增添交流话题,又能提高食客兴致。几乎每道中国名菜都有可咀嚼的故事,这是中华美食的一大特征。比如,淮扬经典名菜千里莼羹,是说西晋文人张翰在齐王司马冏幕下做官,见秋风起而思故乡吴郡的莼羹、鲈鱼,后弃官还乡,此菜因而得名;又如淮安蒲菜,又称淮笋,因梁红玉曾掘蒲根充军粮,自南宋后又称抗金菜。这些来历、轶闻趣事,有些事出有因,查无实据,但经几代人的相传,就成了典故。

点菜时,应力戒铺张浪费,根据就餐人员的具体情况而决定数量;一般讲,一餐不超过平均每人500克食物为佳。无论从节约的角度还是从营养学的角度,崇尚奢华、多多益善不但造成浪费,而且有损健康。

📖 阅读材料:点菜笑话

一富人听说有一酒店,其价格之贵让无数有钱人望而却步。为了显示自己的富有,他走进了这家酒店,刚坐下,来了一位服务员。服务员微笑地对他说:"请问,您要些什么?"他满不在乎地说:"给我来份5000美金的点心。"顿时,服务员惊讶地望着他,说:"对不起,我们这里不卖半份的!"

一位客人在餐厅点菜时说:"我要两只煎蛋,一只要嫩得蛋黄会流出来,一只要老得像橡皮;咸肉煎好后要放凉了;面包要烤得又黑又脆,刀一碰上就碎;咖啡越淡越好,要半冷半热的……"侍者表示为难:"先生,这些东西做起来可能有点困难。""不会吧!"客人说,"我昨天早上才在这里吃过。"

有一牛人,走进酒店,大唤服务员:"有龙虾吗?"答曰:"有。"又问:"有鲍鱼吗?""有。"续问:"燕窝有吗?"服务员相当激动,心想:"可来了大买卖了。"于是更加殷勤,精心伺候,将此人请入宴会厅,泡了壶上好龙井,急忙唤来大堂经理,经理躬身问道:"先生几位?什么标准呀?"牛人放下茶杯曰:"我就要碗烩饼。"

一对恋人到餐馆用餐,两人目不转睛地对看着,竟忘了点菜,最后还是小伙子张了口:"你真甜,我真想吃你一口。""我也想吃你一口。"姑娘说。站在桌旁的服务员咳嗽了一声,问道:"那你们喝点什么呢?"

有一次,作家冯骥才在美国佛拉斯达夫一家小店吃饭。服务员是个打工的大学生,她说:"我们这酒店无所不能,凡是你想到的都能做。"冯骥才说:"就来一份冰雹烩钥匙吧,钥匙烧得嫩点。"服务员一听,便笑了起来。

某人到餐厅吃饭,在点菜时他问服务员:"请问你们这儿有烧野鸭吗?"服务员想了一会儿回答说:"野鸭没有,不过,我可以捉一只家鸭,把它逼疯后再烧给你!"

二、进餐礼仪

筷子,古时称其为箸。一双筷子妙用无比,很能表现中国文化以简御繁、以少御多的个性。中国人使用筷子的历史非常悠久,对筷子的运用是非常有讲究的。一般来说,筷子正确的使用方法讲究的是用右手执筷,大拇指和食指捏住筷子的上端,另外三个手指自然弯曲扶住筷子,并且筷子的两端一定要对齐。在使用过程当中,用餐前筷子一定要整齐码放在饭碗的右侧,用餐后则一定要整齐地竖向码放在饭碗的正中。用餐时,忌讳用筷子敲击碗盘,发出声响,这种行为被看作是乞丐要饭。不要把一副筷子插入饭中,这被视同于给死人上香。

📖 阅读材料:筷子公式

英国萨里大学吉姆。阿尔喀里博士和赵强博士开发出一个数学公式,声称利用这个公式可以帮助他们的英国同胞掌握筷子的使用。

$$C = \frac{C_o \sqrt{N} qad(2-d)}{mt(1+a)}$$

该公式能计算出使用筷子夹食不同种类食物的容易度,研究学者称之为舒适度(公式中用"C"表示)。当舒适度值接近零时,意味着这种食物不容易使用筷子夹食;当舒适度值为100时,则意味着这种食物能很轻易地使用筷子夹食。研究学者赋予不同食物不同的值,值的大小与食物的直径(用"d"表示)、数量(用"m"表示)和光滑度用("a"表示)有关。食物的质地(用"q"表示)取决于食物的形状、柔软度和易脆度。质地值越小,舒适度值越小,也就意味着该食物不容易夹食。研究学者同样也考虑了诸多因素,比如学习者在此之前有没有使用过筷子,特别是使用筷子食用中餐的餐数(用"N"表示)。他们还考虑到从食物被筷子夹起一直到放入口中的这段时间(用"t"表示)。另外还有一个常量(C_o=30),这个常量是基于筷子长度和夹食时筷子的角度计算出来的。

在餐桌上不能只顾自己,也要关心别人,尤其要招呼两侧的宾客。为了表示对客人的尊敬,同时也是为了活跃气氛,当每一道菜端上桌时,主人可简单介绍一下这道菜的色、香、味等特色,并热情招呼客人动筷、尝试。当餐桌上的客人有主次、长幼之分时,每一道菜上来,主人应先请主要客人或者长者首先品尝。夹菜时,要等到菜转到自己面前再动筷,不可抢在邻座前面。一次不可以夹太多菜,不可以将菜放回。遇上他人夹菜要避让,谨防筷子打架。如欲取用摆在同桌其他客人面前的调味品,应请邻座客人帮忙传递,不可伸手横越,长驱取物。

古人讲究食不言,寝不语。但现在,一起吃饭成了沟通与交流的重要手段,吃饭时不说话是不可能的。光低着头吃饭或玩手机,反倒是非常失礼的。不过,千万不要满嘴饭菜就张口说话,以免嘴里食物喷洒到饭桌上,甚至别人的脸上。一起吃饭的人较多时,应尽量多谈论一些大部分人能够参与的话题,避免唯我独尊,天南海北,神侃无边。尽量不要与一两个人热聊或与人贴耳小声私语,给别人一种神秘感,往往让人产生"就你俩好"的嫉妒心理。说话时,不要把筷子当作道具,在餐桌乱舞,也不要用筷子指点他人。

餐桌也是显示一个人才华的地方,有时一句诙谐幽默的语言,一个符合场景的小笑话,都会给人留下很深的印象,使人无形中对你产生好感。可以去网上查一些经典的笑话,但要避免那些人尽皆知的笑话。其实在平时的生活中,每个人都会亲身经历一些引人发笑的场景,而这些亲身经历的,是别人不会用到的,不妨把那些精彩的小片段记录下来,作为自己独有的小笑话。值得注意的是,客人的身份越尊贵,我们的笑话就要越上档次,用词以及情节既要健康又要不俗套。

📖 **阅读材料:发生在餐厅里的笑话**

宋代文学家苏东坡有一次到朋友家喝酒,桌上摆着一盘红烧麻雀,总共四只。有位客人连着吃了三只,剩下的那只请苏东坡吃。苏东坡很客气地说:"还是你吃吧,免得它们散了伙。"

抗日战争时期,作家聂绀弩居住桂林,与友人求饮于餐馆。服务员端来白斩全鸡,却是骨多于肉。聂绀弩问道:"这是两只鸡吧?"回答是:"不,只有一只。"聂绀弩正色道:"一只鸡,哪有这么多骨头?"

主人大筷一挥,把鱼眼剔出来,呈送给主客,曰"高看一眼";把鱼骨头剔出来,赠给另一位贵客,曰"中流砥柱"。然后,他分配鱼嘴巴,叫作"唇齿相依",分配鱼尾巴,叫作"委以重任",分配鱼翅膀,叫作"展翅高飞",分配鱼肚子,叫作"推心置腹"。格外细心的领导还能一筷子找准鱼腚,分给座中不怎么得意的一位,此谓之"定有后福"。

老张在餐桌边已坐等多时,最后终于看到服务生走过来。"您想吃点什么?"服务生问。"刚来时我想吃早餐,"老张笑着说,"现在我想大概该吃午餐了。"

老吴在餐厅坐了很久,看到别的客人吃得津津有味,只有他仍无侍者来招呼,便起身问老板:"对不起,请问——我是不是坐到观众席了?"

有的人吃饭时喜欢用劲咀嚼食物,特别是使劲咀嚼脆食物,发出很清晰的声音来,这种做法是不合礼仪要求的。喝汤的姿势是用左手扶着盘沿,右手用匙舀,一小口一小口地喝,不可端碗喝汤。如果汤太烫,应待其自然降温后再喝,不要一边吹一边喝。有的人喝汤时,用嘴使劲吹,弄出"嗦喽嗦喽"的声音来,这是失礼的。进餐时不要打嗝,也不要出现其他声音,如果出现打喷嚏等不由自主的声响时,就要说一声"真不好意思""对不起""请原谅"之类的话,以示歉意。嘴内的鱼刺、骨头不可直接外吐,也不要往地上扔,要慢慢用手拿到自己的碟子里。切忌用手指掏牙,应用牙签,并以手遮掩。

无论是到餐厅吃饭,还是到他人家里吃饭,都不宜出现剩饭现象。《朱子治家格言》有云:"一粥一饭,当思来之不易;半丝半缕,恒念物力维艰。"劝诫人们不要浪费。现在提倡的光盘行动,也是为了反对浪费。

三、饮酒礼仪

水酒于杯叙衷情,在各种聚会中,酒常作为联络感情、增进友谊的媒介。自古以来,中国就讲究酒德,《尚书·酒诰》中体现了儒家的酒德,即"饮惟祀""无彝酒""执群饮""禁沉湎"。明代的袁宏道,看到酒徒在饮酒时不遵守酒礼,深感长辈有责任,于是从古代的书籍中采集了大量的资料,专门写了一篇《觞政》。

在正式的酒宴上,要主动将饮酒量限制在自己平日酒量的一半以下。在酒桌上往往会遇到劝酒的现象,应做到劝酒适度,切莫强求。过分地劝酒,会将原有的朋友感情完全破坏。酒桌上酒力不济,一开始就应诚恳说明,为接下来的少喝酒作铺垫。少喝酒可参考的理由有:开车、准备要小孩(适用于已婚)、正在吃中药、酒精过敏、太太和孩子讨厌自己喝醉酒、医生下了禁酒令等。

敬酒要在对方方便时,如对方当时嘴里没有食物。一般情况下,敬酒应以年龄大小、职位高低、宾主身份为序。如果不清楚年龄或职位、身份高低不明确,可从主宾敬起,按顺时针敬上一圈。敬酒时,出于敬重,或者对方的身份比自己高,自己的酒杯应略低于对方酒杯。不应只对能帮你忙的人毕恭毕敬,也要先给尊者长者敬酒。与不熟悉的人在一起喝酒,要先打听一下对方身份或是留意别人如何称呼,以避免在敬酒时出现尴尬。挡酒时,要有一个说词,不能随便驳了对方面子。学会运用一些诙谐而幽默的挡酒词,比如:万水千山总是情,少喝一杯行不行?来时夫人有交代,少喝酒来多吃菜。危难之处显身手,兄弟替哥喝杯酒。酒逢知己千杯少,能喝多少喝多少。酒量不高怕丢丑,自我约束不喝酒。……

📖阅读材料:酒喝多了,会怎样?

有个喝醉酒的人,走在路上,摇摇晃晃地撞在了一位行人身上。行人很不高兴地说:"你没长眼睛啊?怎么看不见人?"酒鬼说:"恰恰相反,我把你看成两个人啦,我是想从你俩中间走过去。"

有个人,酒喝多了,想打的回家,结果他冲到马路中央拦住了一辆警车,还说,我知道一公里一元一角钱,写这么大干什么?原来,他把110看成1.10。

裴德是个酒鬼。有一次,他旅行到一个陌生的城市,晚上从酒店里出来,醉醺醺的,走路也东倒西歪。正当他站在马路中间等待问路时,又有一个酒鬼从对面过来,看样子比裴德喝得还多。他仿佛看到天上有什么奇怪的东西,问裴德:"对不起!请问,天上是月亮还是太阳?"裴德抬头望了望,然后摇摇头,说:"对不起!我不知道,我也不是本地人。"

两个喝醉酒的朋友走在回家的路上,甲拣到一面镜子,对着镜子照了照问:"这是谁呀?怎么这么面熟呀?"乙接过镜子,也照了照说:"这是我呀,你怎么连我也不认识了?"

四、餐厅结账礼节

在餐厅用餐完毕,应大大方方地结账,留给你的同伴和服务人员一个好印象。用餐完毕准备离去时,要利用服务人员经过你身边的机会,轻声唤住他,并很有礼貌地告诉他:"请帮我们结账。"如果一时没有服务人员走近,不妨耐心地多等一两分钟。

有许多人吃饭可以吃一两个小时,结账等一两分钟却不耐烦,往往四周没有服务人员,便提高嗓门大叫买单,或者手握钞票,举得高高地挥来挥去。之所以有这样的反应,是因为自认为自己是消费者,理所当然可以这么做。但是,我们必须提醒这些朋友一点,坐在你餐桌四周其他桌的客人也是消费者,如果你大声吼叫,是不是影响了其他人用餐的兴致与安宁呢?

📖阅读材料:奇葩结账方式

摩洛科在饭店里吃了一顿美味的午饭,需付一卢布,可他连一个戈比也没有,于是他问店老板:"请告诉我,在此地,如果有人打了别人一记耳光,官司打到法院,他会被罚多少钱?""我想,五个卢布吧!""好吧,"摩洛科说,"请您打我一记耳光,再给我剩下的四卢布找头吧!"

著名法国幽默作家特里斯坦·贝尔纳有一天去一家饭馆吃饭,对那里的服务态度很不满意。付账时,他对饭馆的经理说:"请拥抱我。""什么?"经理感到纳闷。"请拥抱我。"贝尔纳显得很认真。"到底是怎么回事啊?先生。""永别吧,以后您再也别想见到我了。"

一位顾客慢条斯理地在餐厅中用餐,然后吃水果,抽香烟。当侍者把账送上时,他摸了摸口袋,假装惊慌失措地说:"糟糕,我的钱包不见了。"侍者面无表情地问:"真的吗?"于是,他把这个男人带到门口,大声命令他:"蹲下。"然后用力一脚,把他踢到门外。这时,坐在另一张桌上的一个顾客,自动走到门口,同样地蹲下来,然后回头对侍者说:"结账。"

1. 请你说出三道以上家乡的名菜,并且介绍这些名菜背后的故事,以及吃这些菜时应注意的问题。

2. 有人请客,用自己的筷子给客人夹菜,以表示热情。你对这种不卫生行为相当反感,当他给你夹时,该怎么办呢?在有些地方,为了表示待客热情,宴请时非让客人喝酒喝醉才认为你够朋友,而你不能喝酒,也不愿喝醉失态,该怎么办?

3. 社会调查:搜集不同地区的饮食习惯。

学习任务 2　西餐用餐礼仪

袁小姐是大三的学生,在一家外贸公司的财务部实习。为了给在中国的外国客户庆祝"洋节",公司举办了大型的西式自助餐会,邀请了不少外国客户及公司的全体员工。因为很少吃西餐,袁小姐在餐会上出了不少洋相。餐会一开始,袁小姐端起面前的盘子去取菜,之后却发现那是装食物残渣的盘子;为节省取食的路途,袁小姐从离自己最近的水果沙拉开始吃,而此时同事们都在吃冷菜,袁小姐只得开玩笑地说自己减肥;因为刀叉位置放得不正确,她面前还没吃完的菜就被服务员给收走……一顿饭吃下来,袁小姐浑身不自在。晚上回到学校,和同学们谈及此事,大家纷纷感慨:"看来,要进外企必须先学'吃菜'啊。"袁小姐决心赶紧补上西餐礼仪课。

随着生活方式的更新和社会交往的活跃,我国吃西餐的人越来越多。西餐十分注重礼仪,讲究规矩。晚清徐珂编的《清稗类钞》一书中就记载了西餐礼仪:"勿使食具相触做声,勿咀嚼有声,勿剔牙。先进汤;及进酒,主人执杯起立,客亦执杯,相让而饮;继进肴,三肴、四肴、五肴、六肴,均可;终之以点心或米饭,点心与饭抑或同用。"西餐食礼的传入,对我们固有的饮食礼俗带来了一些冲击。

一、西餐宴会就餐礼仪

作为应邀参加宴会的客人,赴宴前应根据宴会的目的、规格、对象、风俗习惯或主人的要求考虑自己的着装,着装不得体会影响宾主的情绪,影响宴会的气氛。参加正式西餐宴会时,着装最为隆重。一般都会提前发邀请,并且请柬上会注明着装要求,因此你可以有足够的时间打扮自己。

📖 阅读材料:戴黑领结是何意?

许女士是一位国企总裁。一次受邀去英国的一家合作公司考察,考察后,对方邀请她出席一个正式的欢迎晚宴。看到请柬上写着戴黑领结,她以为是正装,于是穿上日常工作穿的黑色连衣裙就去了,她的属下也都西装革履跟她一起赴宴。可是到了宴会上一看:男人们都穿着黑色的礼服,女人则全部穿着晚礼服,打扮得优雅大方。虽然在场没有任何人对她的装扮表示质疑,但许女士还是非常的不自在,总感觉自己有些格格不入。

西方有句俗语:"餐桌礼仪从餐巾开始。"正是这样一张小小的餐巾,从进餐伊始到结束,整个过程都隐藏着不少的礼仪学问。第一个打开餐巾的人应该是主人(注:西餐大都以女主人为"带路人"),这个动作宣布晚宴正式开始。用柔和的动作展开餐巾,不要太用力或摇晃餐巾。以餐巾的大小决定展开餐巾的幅度。对于较正式宴会所提供的较大块的餐巾,可将其对半展开放在大腿上。如果是较小块的餐巾,可以完全展开覆盖在大腿上。如果不是小孩或用餐不方便的人,最好不要将餐巾布挂在胸前。也不要将餐巾折到衣扣或者腰带的位置。

西餐餐桌上摆放着多副叉刀,分别放在餐盘的左右两边,这是因为吃不同的菜要使用不同的餐具。取用刀叉的顺序是从最外面的一把向内依次取用,因为刀叉摆放的顺序正是每道菜上桌的顺序。用餐时,一般右手拿刀,左手拿叉。刀叉的拿法是轻握尾端,食指按在柄上。刀用来切割食物,叉用来送食物入口。切东西时左手拿叉按住食物,右手执刀将食物锯切成小块,然后用叉子送入口中。应该注意的是,千万别用刀取食物送入嘴里。如果在餐桌上需要谈话,可以拿着刀叉,无须放下,但若需要做手势时,就应放下刀叉,千万不可手执刀叉在空中挥舞摇晃。刀叉的摆放方式传达出"用餐中"或是"结束用餐"的信息,服务生正是利用这些方式判断客人的用餐情况。进餐中需要暂时放下刀叉时,应摆成"八"字形,分别放在餐盘边上。用餐结束后中,应将刀叉并列摆在餐盘的一角,刀刃向里,叉齿朝上。没用过的刀子,就放在原位即可,服务生会自动将它收走。

吃西餐时,主张所谓的"一口"主义,每一口不能吃太多,更不能嘴里一部分,嘴外一部分,要闭嘴咀嚼,不能边吃边说话。每一道菜都要食用一点,如果有不喜欢吃的,也要少取一点,或者稍稍表示谢意。吃面包时,应将面包盘内的面包用手撕成小块,抹上黄油,整块放入口中。喝汤时,身子坐直头微低,右手持汤勺,由内向外地舀汤喝。若汤所剩无几,可用左手微托起汤盘,使其外倾,再用汤勺舀。喝汤时,切忌发出声音。吃水果时,不要拿着整个去咬,应先用水果刀切成几瓣,再用刀去掉皮、核,用叉子叉着吃。

阅读材料:乔冠华吃西餐

在新中国第一代领袖时期,外交史上,有三个人的形象特别富有个性。一个是周恩来,具有儒雅风度的外交家;一个是陈毅,具有大将风度的外交家;再一个就是乔冠华,具有才子风度的外交家。他们配合默契,各显风采,为新中国打开了通往世界的外交大门。他们各有千秋,周恩来严谨庄重而敏锐,陈毅潇洒大度而幽默,乔冠华思路敏捷且文才横溢。

有一次,乔冠华路过巴黎,顺访法国。法国外长在爱丽舍宫为他举行极为优雅的宴会。席间有一道菜是鸡腿。大家都温文尔雅,不声不响地用锃亮的银刀叉一点一点地切着那块腿肉,小口地往嘴里送。乔冠华从来不喜欢故作姿态,刻意装扮风雅。这一次他吃到一半,突然很自然地对法国外长说:"西方人用刀叉吃大块肉实在不如我们东方人把肉切小了再烧方便。如果阁下允许,我想像平时在家一样用手抓这个鸡腿,不知阁下以为如何?"法国外长也颇具外交幽默,他说:"阁下的建议实在太好了!如果您同意,我建议我们**大家都下手吧!**"一时,拘谨的晚宴气氛变得十分活跃,中法双方都啃起了自己盘中的鸡腿。

西餐中,吃不同的菜需要搭配不同的酒,通常不同的酒杯用来喝不同的酒。在每位用餐者右边餐刀的上方,会摆着三四只酒水杯。可依次由外侧向内侧使用,也可以紧跟女主人的选择。一般香槟杯、红葡萄酒杯、白葡萄酒杯以及水杯,是不可缺少的。在正式用餐时饮用的酒,一般为葡萄酒。对于很多西方人来说,葡萄酒早已成为他们生命中的一部分。品葡萄酒就像品茶一样,背后的文化很重要。西餐在配酒方面的原则是白酒配白肉,红酒配红肉,即吃白肉(海鲜、鸡肉等)用白葡萄酒搭配,吃红肉用红葡萄酒搭配。但如果鱼的味道过浓时,就应该用红酒搭配。一般情况下,葡萄酒杯的握杯姿势是用三个手指轻握杯脚,如图4-1所示。

图4-1　葡萄酒杯握杯姿势

📖 阅读材料:品酒技巧

品酒有三大步骤:视觉鉴赏、嗅觉鉴赏、味觉鉴赏。酒刚倒入杯子时,要注意观察酒的颜色、浓度、清晰度等。轻轻地转动酒杯(不能用力不断地去摇晃它,否则香味会被摇没了),让酒与空气的接触面积增大,这时候会有不同类型的香味慢慢散发出来;再将杯子靠近鼻子,深深的吸气,几秒钟就可以,左右鼻孔交换着闻,这样做不仅可以区分左右鼻孔所闻到的不同香味,也能减轻鼻子的疲劳。先喝一小口酒,把嘴巴清洗一下;然后再喝一口,把酒放在嘴的前部分,合拢嘴,留一点空隙,然后吸一口空气,以至于空气能通过齿间进入嘴里。这样一来,能更好地品尝酒的味道,酒与空气接触,它的香味就能散发出来;同时酒要在嘴里来回地动,要温柔,不能发出响声,这样做可以使酒弥漫整个口腔;然后把酒吞下,闭紧嘴巴,通过鼻腔呼气,有些香味通过口腔的温度能散发出来。

餐巾可以预防调味汁滴落弄脏衣物,但是最主要的还是用来擦拭嘴巴。进餐过程中不小心弄得满嘴油渍时,需要用餐巾擦嘴巴。吃了油腻的食物后满嘴油渍,若以这副尊容与人说话,委实不雅,所以应适时使用餐巾擦干净嘴巴。喝酒时会把油渍留在玻璃杯上,很不雅观,因此喝酒前一定要用餐巾擦拭嘴巴。涂了口红的女士需在喝酒前用餐巾略擦一擦,避免唇印沾在酒杯上。用餐巾布擦嘴时避免动作过大,正确而优雅的使用方法是轻轻沾擦。如果取出自己的手帕或面纸代替餐巾使用,是违反用餐礼仪的。将鱼骨头或水果的籽吐出时,可利用餐巾遮住嘴,直接吐在餐巾内,再将餐巾向内侧折起。宴席中最好避免中途离席,如非要暂时离席,一般做法有两种:用盘子或刀子压住餐巾的一角,让它从桌沿垂下,当然脏的那一面朝内侧才雅观。把餐巾叠好放在椅子上,若椅子装有软垫,餐巾有油渍的一面应朝上。

餐后饮用的咖啡一般都是用袖珍型的杯子盛出。这种杯子的杯耳较小,手指无法穿过去。但即使用较大的杯子,也不要用手指穿过杯耳再端杯子。咖啡杯的正确拿法,应是拇指和食指捏住杯把儿再将杯子端起。咖啡匙是专门用来搅咖啡的,饮用咖啡时应当把它取出来。不再用咖啡匙舀着咖啡一匙一匙地慢慢喝,也不要用咖啡匙来捣碎杯中的方糖。刚刚煮好的咖啡太热,可以用咖啡匙在杯中轻轻搅拌使之冷却,或者等待其自然冷却,然后再饮用。用嘴试图去把咖啡吹凉,是很不文雅的动作。

用餐完毕时,把餐巾布放回桌上的动作也是由主人先做的,这表示晚宴结束。餐毕先将腿上的餐巾拿起,随意叠好,再把餐巾放在您餐盘的左侧,然后起身离座。

二、自助餐就餐礼仪

不知大家否是注意到,中国人的社交文化是一种圈子文化,这从聚会用餐的方式就能看得出来。比如,中国人大型聚餐时偏好桌餐,尤其是圆桌餐,像一个个封闭的圈子一样,人们喜欢与熟悉的人坐在一起。一个聚会下来,旁桌不认识的人互相多是淡漠的,至多点点头而已;而西方社交不是这样,他们更喜好开放式的自助餐。

自助餐之所以称为自助餐,主要是因其可以在用餐时调动用餐者的主观能动性,而由其自己动手,自己帮助自己,自己在既定的范围之内安排选用食物。但是,在取食时,如果完完全全地自行其是,乱装乱吃一通,难免会本末倒置,咸甜相克,令自己吃得既不畅快又不舒服。在取食时,最好先在全场转上一圈,了解一下情况。一般来说,自助餐的取食顺序是:冷菜、汤、热菜、甜点、水果、冰激凌。

享用自助餐的人数较多时,务必排队选用食物,不允许乱挤、乱抢、乱加队。在取食之前,先要准备好一只食盘。轮到自己取食时,应以公用的餐具将食物装入自己的食盘之内,不可直接下手或以自己的餐具取菜。取食时不要谈话,以免污染食物。取完食品后,应迅速离去,不要在众多的食品面前犹豫再三,更不应该在取食时挑挑拣拣。

在选取食品时,最好每次只为自己选取一种。待吃好后,再去取用其他的品种。要是在取食时乱装一气,将多种菜肴盛在一起,会导致其相互串味,暴殄天物。遇上了自己喜欢吃的东西,可以尽管去吃,其实这正是自助餐大受欢迎的地方,但必须谨记多次少取原则。用餐者在自助餐上选取某一种类的菜肴,每次应当只取一小点,待品尝之后,觉得它适合自己的话,那么还可以再次去取,直至自己感到吃好了为止。要是为了省事而一次取用过量,装得太多,是失礼之举。

离座取食时,可将餐巾放到椅座上;用餐完毕,将餐巾放到盘子的左手边。暂停用餐时,可将刀叉相对着斜放在盘子的左右两边,服务员就不会撤走盘子;吃完一盘后,应将刀叉平行竖放盘中,服务员会主动收去。

在参加以聚会为目的自助餐时,必须明确吃东西往往是次要之事,而与其他人进行适当的交际活动才是自己最重要的任务。在用餐时,一定要主动寻找机会,积极地进行交际活动。首先,应当找机会与主人攀谈一番,其次,应当与老朋友好好叙一叙。最后,还应当争取多结识几位新朋友。

1. 请说说中餐礼仪与西餐礼仪之间的差异有哪些。
2. 观看电影《泰坦尼克号》以及电视剧《唐顿庄园》,学习西餐礼仪;观看电影《杯酒人生》,学习葡萄酒饮用礼仪。

第五讲　个人形象礼仪

形象是当今社会的核心概念之一,人们对形象的依赖已经成为一种生存状态。形象会影响一个人的资源获取能力,而资源量绝对影响一个人的成长。研究表明,一个具有良好形象的人,通常会给别人带来聪明、快乐、有才能、尽职尽责和诚信等联想,能引致他人的积极评价,从而有助于其得到升职和加薪的机会。另外,作为一个社会人,个人的仪表、仪态、举止不单代表个人形象,同时也是团体、社会、国家形象的组成部分。

学习任务1　个人形象美概述

一个人走进饭店要了酒菜,吃罢摸摸口袋发现忘了带钱,便对店老板说:"店家,今日忘了带钱,改日送来。"店老板连声说"不碍事,不碍事",并恭敬地把他送出了门。这个过程被一个无赖给看到了,他也进饭店要了酒菜,吃完后摸了一下口袋,对店老板说:"店家,今日忘了带钱,改日送来。"谁知店老板脸色一变,揪住他,非剥他衣服不可。无赖不服,说:"为什么刚才那人可以赊账,我就不行?"店家说:"人家吃菜,筷子在桌子上找齐,喝酒一盅盅地筛,斯斯文文,吃罢掏出手绢揩嘴,是个有德行的人,岂能赖我几个钱。你呢?筷子往胸前找齐,狼吞虎咽,吃上瘾来,脚踏上条凳,端起酒壶直往嘴里灌,吃罢用袖子揩嘴,分明是个居无定室、食无定餐的无赖之徒,我岂能饶你!"一席话说得无赖哑口无言,只得留下外衣,狼狈而去。

元世祖忽必烈一次应聘官员,应聘者中有一位学士叫胡石塘。此人生性粗狂、不拘小节,歪戴着帽子就进去面见元世祖。元世祖忽必烈看见他,问道:"你有什么本事?说来我听听。"胡学士回答说:"我有治国平天下的学识。"忽必烈听了哈哈大笑,说道:"你连自己头上的帽子都戴不平,还能平天下么?"胡学士就因为歪戴帽子、不拘小节而葬送了前程。

大家都知道以貌取人是一种偏见,也都认为人不可貌相。东汉末年,以知人善任著称的曹操却因以貌取人,错放了张松,因此历史被改写。按照古代史学者的说法,天下三分竟因此而起。但是,生活经验似乎也暗示我们:人的品性和长相有关。比如那些看上去更强势的CEO所在的公司盈利的可能性更大;外表看上去富于同情心的人从事护理行业颇多……据传晚清名臣曾国藩所著的奇书《冰鉴》中就谈及面相观气说,总结出了解读体貌特征、肢体语言和副语言等个人形象符号,来对他人内在修养与能力进行判断、鉴别的一整套经验。作为一个现代文明人,必须充分了解个人礼仪形象的重要意义,掌握个人礼仪修饰原则,提高个人礼仪修养。

📖阅读材料:床头捉刀人

三国时期,生性多疑的魏王曹操在会见匈奴的使者时,为了显示他的威武形象,就让一表人才的崔琰装扮成他接见使者;自己则扮成武士,提着刀站在床头。会见完毕,曹操派人问匈奴使者对魏王的印象如何,匈奴使者如实说:"魏王相貌英俊,不同寻常;但在我看来,床头捉刀人才是真正的英雄。"

一、形象美的内涵

个人形象不是一个简单的穿衣、外表、长相、发型、化妆的组合概念,而是一个综合的全面素质,一个外表与内在结合的、在流动中留下的印象,主要包括仪容、仪表、仪态以及通过这些外在状态表现出来的个人气质、修养和风度,具体见表5-1。仪容,就是人的容貌、面容的总称,主要包括发型、面容及人体未被服饰遮掩的肌肤(如手部、颈部)等部分。仪表,就是人的外表,包括容貌、姿态、风度、服饰等。仪态,是指在交往活动中的举止所表现出的姿态和风度。仪容仪表是构成个人形象的静态要素,而仪态是构成个人形象的动态要素。三者词义有差别,但通常人们对仪表的理解,不仅涵盖了仪容、仪态,还包括与之相对应的思想、文化素质,如仪表堂堂、风度翩翩,这是指外在美和内在美的和谐统一。

表5-1 人的形象构成

	三级形象	精神形象
		智力形象
		语言形象
		知识形象
	二级形象	心理形象
		本能形象
	一级形象	行为形象
		动作形象
		外饰形象
		自然体形象

二、对形象美的认识

真正意义上的形象美,应当是自然美、修饰美、内在美的高度统一,不能忽略其中任何一方面。在这三者之间,内在美是最高境界,自然美是人们的心愿,而修饰美则是礼仪关注的重点。

自然美。主要指面容貌、肤色、身体曲线等。这些非常表面的特质,甚至可不用亲眼见到本人,只需凭着照片便可评断美丑。在中国人的审美观点里,自古就有"三庭五眼"之说。从发际线到眉间连线;眉间到鼻翼下缘;鼻翼下缘到下巴尖,上中下恰好各占三分之一,谓之三庭。而五眼是指眼角外侧到同侧发际边缘,刚好一个眼睛的长度,两个眼睛之间也是一个眼睛的长度,另一侧到发际边是一个眼睛长度,这就是五眼。"三庭五眼"是人的脸长与脸宽的一般标准比例,不符合此比例,就会与理想的脸型产生距离,如图5-1所示。皮肤在人体表面,直接影响人的容貌。由于人种不同,皮肤所呈现的色泽也不同。但无论哪种肤色的皮肤,只要呈现健康的色泽、红润、细腻,都是皮肤健美、有生命活力的表现。《诗经》中写道:"窈窕淑女,君子好逑。"可见,那个时代的人,都懂得欣赏形体美了。形体美既能表现出一个人形体的比例线条和匀称和谐,又能体现出一个人的青春活力和动人的魅力。

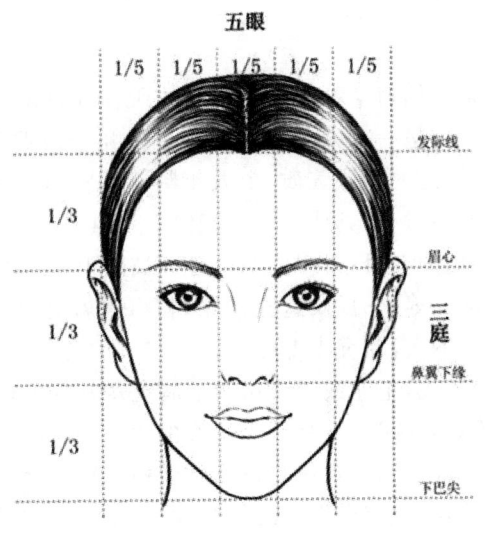

图5-1 "三庭五眼"

修饰美。修饰美是一种创造之美。一个人的长相是天生的,天生丽质不是每个人都能拥有,我们都无法选择及改变自己的相貌,但却可以通过化妆、服饰、外形设计等后天的努力去修饰、减弱或掩饰,展现出自己美的一面。修饰的目的不是把自己打扮得花枝招展,而是塑造一副淡雅清秀、健康自然、鲜明和谐、富有个性的形象。可以使人焕发青春的光彩,增强自信心,在工作和学习中精力充沛,在社交活动中增加魅力。塑造和保持一个完美的外观形象,就要掌握形象设计的艺术。同时,要不断学习,善于学习,对出现在影视报纸杂志中的政治家、企业家、影视演员和社会名流等的仪容修饰、服饰搭配及行为举止等多加注意,才能逐步提高艺术修养和审美品位。那些社交技巧高超的人,常能超越先天外表限制,散发出内在的风华。

内在美。莎士比亚说过:"玫瑰是美的,更美的是它包含的香味。"内在美是核心,它是借助形体将人的思想、气质、情操、风度等深层次与本质的东西表现出来的美。良好的外在形象固然重要,可以直接影响到别人的好感与评价,但自身的内在美也不容忽视。美丽的容貌会因思想的贫乏而变得空洞,而内涵深厚、思想丰富则会使平凡的容貌变得光彩夺目。内在美的一个重要特征是人格魅力。所谓人格魅力,简单地说就是三个字:真、善、美,而它的最高标准就是这三者的完美结合。真,就是真诚、真实、不虚伪;善,就是充满爱心,平等待人。人格魅力最主要体现在真和善中,而美就是真和善所表现出的外在形式。美,就是注意保护自己的个人形象,不让它轻易受到损害。内在美的另一重要特征是知性魅力,即学识和才华,是一个人博学多知、善于思考、观念新颖、思路清晰、见解独特、风趣幽默等综合素质的体现。气质是指一个人内在修养透出来的一种魅力,无时无刻不体现在一个人形象礼仪的展示中。

穿西装、打领带等礼仪的表象可以很快学起来,而一个人的学养、风度、人文情怀、从容的内心、丰富的见识带来的谦逊态度等,可不是一朝一夕能够学到的。这些修为和内涵,才是礼仪的真正价值,是无法包装的心灵魅力。

三、塑造良好的职业形象

所谓职业形象,就是指人们对某种职业承担者的所有行为和表现的总体印象和评价,其本质上也是一种角色形象,是一个人在一生中扮演的几个最重要的角色之一。塑造良好的职业形象应考虑符合自己的职业气质、个人年龄、办公环境、工作特点与行业要求等因素,做到既尊重他人又展现自我,具体可以分成以下几点。

符合职业身份。在人们的心目中,很多职位已经被贴上了行业标签,形成一种思维定式。如教师、警察、律师、医生等,一提及这些行业,脑海里就会自然地浮现出某些固定的形象。因此,从事这类职业的人,要突出专业性。

符合企业形象。一般来说,企业或者公司为了展现良好的公司形象,通常都会要求员工注意自己的仪表。一般观点认为,没有一个良好的仪表,就没有一个良好的工作态度。在塑造职业形象上,一定要考虑到与企业的整体风格相一致,做到入乡随俗。

符合个性特征。职业形象也应突出自己的个性,根据个人的性格特点选择适合自己的风格,展现出属于自己独特的个人魅力。

阅读材料:形象也是生产力

国内一家效益很好的大型企业的叶总经理,经过多方努力和上级有关部门的牵线搭桥,终于使德国一家著名的家电企业董事长同意与自己的企业合作。谈判时为了给对方留下精明强干、时尚新潮的好印象,叶总上身穿了一件T恤衫,下穿一条牛仔裤,脚穿一双旅游鞋。当他精神抖擞、兴高采烈地带着秘书出现在对方面前时,对方瞪着不解的眼睛看着他,上下打量了半天,非常不满意。这次合作没能成功。

鄙俗的形象招人损,完美的形象令人爱。每位想在职场中取得成功的朋友,除了要注意自身的内在修养之外,还要注重外在的形象美,只有把自身内在修养与外在形象美统一起来,才能在职场中取得事半功倍的效果。

1. 你认为以貌取人科学吗？看一个人的外表,你能做出哪些判断？
2. 英国形象设计师罗伯特·庞德说:"这是一个两分钟的世界,你只要一分钟展示给人们你是谁,另一分钟让他们喜欢你。"请你谈谈对这句话的理解。
3. 欣赏影片《风月俏佳人》《时尚女魔头》《公主日记》《窈窕淑女》等电影中的某一部,然后分组讨论:什么是形象？形象包括哪些方面？你的形象符合职场要求吗？如何塑造自己的职业形象？以本班某一位同学为例,为其提出形象设计方面的建议。
4. 电影《窈窕绅士》中,女主人公吴嘉倩运用"习、熏、悟、化"的礼仪修炼方法,成功地将一个举止粗俗、没有修养的男主人公曾天高塑造成为一个有形、有神、有味、有德的窈窕绅士。请你观看这部电影,体会曾天高的礼仪表现是如何从刻意、不自然到刻意、自然,进而发展到不经意、自然的状态。

学习任务2　妆容礼仪

事实上,我们已经进入一个被广告与公关统治的时代,企业领导者需要展示自己的个人形象。社会上越有成就、越有名望的人,越有机会在媒体上亮相。无论是代表个人还是代表他们的企业和机构,每一次出现在媒体上,他们就如同被放在放大镜下,让全中国亿万观众细心地检查。

一家公司的董事长有一回要接受电视台的采访,为了慎重起见,事前他特意向自己特聘的个人形象顾问咨询,对方仅仅向他提了一项建议:换一个较为儒雅而精神的发型,并且一定要剃去鬓角。理由是:发型对一个人的上镜效果至关重要。果不其然,改换了发型之后的董事长在电视上亮相时,形象焕然一新。发型使他显得精明强干,谈吐使他显得深刻稳健,二者相辅相成,取得了良好的收视效果。英美电视媒体专家研究发现,观众的注意力大约能维持25秒钟。企业领袖和成功人士在电视上亮相,在25秒内必须抓住观众的注意力,在短时间内提供非同一般的内容。在25秒钟内,成功地营销自己,是所有走向电视媒体的人们面临的最大挑战。

《战国策》中记载:"彼郑、周之女,粉白墨黑,立于衢间。"即用白色粉末敷面,青黑颜料画眉。中国在汉代就有了各种化妆品,有些古方一直流行到现在。汉代以后,开始出现"粉妆""妆饰"等词汇。

一、美发礼仪

我国理发的历史非常悠久。《仪礼·士昏礼》记载:"女子许嫁,笄而醴之,称字。"在春秋时,人们已使用"笄"来盘发束髻。唐代妇女盛行梳高髻、插镏金玉等装饰,对头发样式颇为讲究。宋代以后,人们沿袭唐代风尚,并在盘髻的式样及头饰等方面有一定的发展。

发型是一个人文化修养、社会地位、精神状态的集中反映。美发一般是指对人们的头发所进行的护理与修饰,其目的在于使之更加美观大方,并且适合自身的特点。头发不但会随时产生各种分泌物,还会不断地吸附灰尘,并且使之与其分泌物或汗液混杂在一起,甚至产生不雅的气味。因此,要注意保持头发干净、清洁。头发虽需勤洗,但也不能每天数次,以1~2天洗一次为宜。头皮屑大大影响了个人形象,要特别注意清理肩上散落的头皮屑。梳理头发是一种私人性质的活动。他人所了解的,应当是其结果,而不是它的过程。若是在外人面前梳理自己的头发,使残发、发屑纷纷飘落的情景尽落他人的眼底,是极不雅观的。在工作场合,切忌披头散发,不要让刘海遮住眼睛,最好用发胶稍微将其固定一下;面对客户时,切忌用手玩弄发丝,这样会给人留下不稳重的印象。

二、脸部修饰礼仪

美容在我国已有悠久的历史。我国现存最早的文字——甲骨文中有"沐"字,《说文》有解:"沐,濯发也,洗面也。"这大概就是古代清洁美容的最早记载。早在殷商时代,就有"燕支"(胭脂)记载,即用燕地红蓝花叶,捣烂取汁,凝作脂用于饰面。《礼记》记载那时的女子"以丹注面",就是用红颜色涂在脸上当胭脂。蔡质编写的《汉官仪》中记录了当时一项风雅的宫廷礼仪规定,尚书郎要"含鸡舌香伏奏事"。在东汉时期,鸡舌香是名贵的进口香药,含之能避口臭,令口气芬芳。

阅读材料:不容忽视的"化妆品"

运动。经常参加体育活动可促进微循环,使皮肤得到更多的营养,增加皮肤吸入氧气的能力,这对皮肤保养十分有益。另外,经常参加体育运动的人,机体新陈代谢较快,皮肤中的皮脂腺和汗腺分泌旺盛,有利于皮肤中的废弃物排出,使皮肤变得更光滑,特别是运动后大量的汗液能起到清洁皮肤的作用。同时,运动能够调节情绪,保持身心愉悦,达到由内而外的美容效果。

食物。食物是一种神奇的东西,吃对了可以永葆年轻。李时珍曾在《本草纲目》中对五色蔬果的美肤功效有过详细记载,诸如荔枝可"止渴、益人颜色"、苦瓜有"除邪热,解劳乏,清心明目"之功效,椰浆"甘,温,无毒,涂头,益发令黑"。美国雅虎女性网曾载文,刊出专家总结出的最有益皮肤的 5 种食物:石榴软化皮肤,蓝莓防皱纹,菠菜让皮肤更结实,西瓜滋润皮肤,橄榄油让皮肤光亮。目前,在家里用各种果蔬 DIY 化妆品已成为时尚女性的一种流行。一些果蔬适合直接敷脸,比如黄瓜敷脸起到滋润和收敛毛孔的作用。不过,并非所有的果蔬都适合敷脸,由于肠胃的吸收功能高于皮肤,所以对很多果蔬来说,与其抹在脸上,不如吃进肚子里。

对一般人来讲,化妆的最实际的目的,是为了对自己容貌上的某些缺陷加以弥补,以期扬长避短,使自己更加美丽。经过化妆之后,人们大都可以拥有良好的自我感觉,身心愉快、振奋精神,缓解来自外界的种种压力,还可在人际交往中表现得更为自尊自信,更为潇洒自如,更为光彩夺目。在当今职场中,女性化妆还是一个基本的礼貌。进行化妆时,应认真遵守以下礼仪规范。

注意面部的清洁卫生。这是面部美容的关键,是化妆礼仪的基本要求。不管长相多好,若满脸污垢,必然破坏一个人的美感,面部卫生要点见表 5-2。

表 5-2 面部卫生

部位	卫生要点
面部	面部清洁的标准是:无灰尘、无污垢、无汗渍、无分泌物,无其他不洁之物
眼部	要及时除去自己眼角不断出现的分泌物,即眼屎。注意眼屎并非只产生在睡眠以后,而是随时都可能会出现。哪怕它只是在眼角或睫毛上残留一点点,都会给人以又懒又脏的感觉
耳部	洗脸时一定要清洗耳朵后面和耳郭中间,要经常清除耳孔里面的分泌物和落入其中的灰尘
鼻部	要去除鼻涕和鼻屎,经常检查一下自己的鼻毛是否过长。过长的鼻毛非常有碍观瞻,可以用小剪刀剪短,不要用手拔。切勿当众用手去擤鼻涕,更不要用力吸入腹中。去除鼻涕宜在无人在场时进行,以手帕或纸巾进行辅助
口腔	不能使口部外边有食物残渣,口腔里面有食物残渣。每天刷三次牙;每次刷牙宜在餐后三分钟内进行;每回刷牙的时间不应少于三分钟。刷牙时要顺着牙缝刷,上边的牙往下刷,下边的牙往上刷,牙齿的各部位都必须刷到。在与人交往前,不要吃生蒜、生葱、洋葱等容易产生异味的食品,必要时可含一点茶叶或嚼口香糖以去除异味。如果牙齿变黑或变黄,要及时去口腔医院洗牙
胡须	除了具有特殊的宗教信仰、风俗习惯,以及职业要求之外,在正式场合,男士是不宜蓄留胡须的,这既是为了清洁,也是对交往对象的一种尊重

化妆的浓淡要视场合而定。不同场合画不同的妆容,是得体形象的定位与诠释。职场女性在工作岗位上应当化淡妆,目的在于不过分地突出职场女性的性别特征。当距离稍远时,别人根本看不出你化了妆,只有面对面才能感觉到,而且妆容很职业,不会突兀。如果一位职场女性在工作场合妆化得过于浓艳,往往会给人过分招摇和粗俗的感觉。

不要当众进行化妆。在工作岗位上,当众化妆是很不庄重的,并且还会给人留下工作不认真的印象。女士要化妆或补妆,最好去专门的化妆间或卫生间。特别需要提到一点,职场女士们更不要当着一般异性的面，为自己化妆或补妆。

不要使化妆妨碍于人。有的女士喜欢使用大量浓香型的香水和香粉，把自己搞得香气四溢，令人窒息。这种过量的化妆，就是对他人的妨碍。

不要使妆面出现残缺。化妆要有始有终，努力维护妆面的完整性。要是妆面深浅不一、残缺不堪，必然会给他人留下十分不好的印象。用餐之后、饮水之后、休息之后、出汗之后、沐浴之后，一定要及时地为自己补妆。

不要借用他人的化妆品。借用他人化妆品不卫生，故应避免。

不要与他人探讨化妆问题。每个人的审美观未必一样，所以不值得在这方面替别人忧心忡忡，更不要评价、议论他人化妆的得失。

三、手部与腿部修饰礼仪

手是一个人的第二张脸，也是人们在工作场合中动作比较多的部位，所以手部的整洁很重要。勤洗双手，保持手部的洁净是最基本的礼貌。如果手部有过于另类的文刺图案，会降低其在别人心目中的印象分值。要经常修剪与洗刷指甲，不让污垢残存，不要留长指甲、涂染过于突兀的指甲油。在工作场合，修剪指甲是不文明、不雅观的举止。

腿部在近距离之内为他人所注目，因此腿部的修饰必不可少。在工作场合不允许光脚穿鞋，而且使脚部过于暴露的鞋子(如拖鞋、凉鞋)也不能穿。要注意保持脚部的卫生，保证脚无味。脚趾甲要勤于修剪，最好每周修剪一次。趾部通常不应露出鞋外。女士在工作场合穿裙子时，不允许光着腿不穿袜子。男子成年后，一般腿部的汗毛都很重，所以在正式场合不允许穿短裤或卷起裤管。

四、涂抹香水礼仪

先秦时，从士大夫到普通百姓，无论男女，都有随身佩戴香物的风气。《礼记》中说："衿缨，皆佩容臭。""容臭"，即香囊，佩于身边，既可美自身，又可敬他人。阿拉伯香水是在晚唐、五代时期传入中国的，成为中国贵族阶层的奢侈消费品。

法国时装设计师可可·香奈儿说："不用香水的女人没有未来。"香水能够赋予女人不同的味道与魅力，也许在不经意间的一抹香气，就让你的魅力指数直线上升。香水喷洒的部位是有讲究的，见表5-3。

表5-3　香水喷洒部位的讲究

部位	香水的喷洒
耳后	擦香水通常最普遍的地方就是这个部位，体温高又不受紫外线的影响
后颈部	如果是长发，可以用头发盖住避免紫外线的照射。但是属于皮肤较敏感的部位，须视个人的状况而定，慎重使用

续 表

部位	香水的喷洒
头发	在发梢抹上香水,只要轻轻摆头,就洋溢着迷人香气。但是与人聚餐时,这里最好不要擦香水
手肘内侧	手肘内侧属于体温高的部位,只要移动手肘就会散发出芬芳的香气
腰部	参加聚餐时香水擦在腰部以下的部位,比擦在露出来的肌肤上,更能使香味随着肢体摆动而摇曳生香
指尖	指尖很容易沾上各种味道,希望在这个地方沾上香水成为你的习惯
裙摆	只要你摆动裙子,香味就会轻柔地扩散,给人留下美好的印象

喷洒香水最简单的礼仪就是不要使用过量。在一米左右所散发的香味,是最能使人接受的香味,也是最能使人着迷的标准,如果在一米外就能闻到你身上的香水味,那么更靠近时就容易让人觉得刺鼻,相当于侵占了公共的空气。去医院探病或就诊、参加严肃会议、在相对封闭的工作间、出席宴会,都不建议使用浓烈的香水。同时,出席宴会时将香水涂抹在腰部以下,以良好地控制香水的气味,这是基本的礼貌。

1. 化妆时,应遵守的礼仪规范有哪些?
2. 香水只有正确使用后才能更好地散发味道,不同的喷法也能给你带来不同的感觉。请你说说喷香水的"七点法"。

学习任务3　服饰礼仪

戛纳电影节的会场对着装要求严格。所有进入戛纳会场的男士,必须穿黑色西装、黑皮鞋、佩戴领结;所有进到会场的女士则要身穿晚礼服,或者跟男士一样一身黑。这些要求不但包括参与嘉宾,也包括记者、摄像、保安等工作人员。

某国内记者穿了一条看上去比较正式的条纹西裤,结果到了会场,由于裤子有条纹,被工作人员拦住不能进场,随后只能去买一条黑色的西裤再去会场。结果仍然不让进,理由是因为没有佩戴领结。而另一位记者由于把领结放到了衣服口袋里,也不能进,因为领结必须佩戴在脖子上,任何一点差错都不能通融。

《礼记·冠义》认为,"凡人之所以为人者,礼义也。礼义之始,在于正容体、齐颜色、顺辞令",而"冠者,礼之始也","故冠而后服备,服备而后容体正、颜色齐、辞令顺"。这里表达了从戴帽穿衣到仪态言辞的习礼、践礼逻辑顺序。可见,衣是礼仪的首要方面。服饰反映了一个人文化素质的高低,审美情趣的雅俗。西方的服装设计大师认为:"服装不能造出完人,但是第一印象的80%来自于着装。"

一、服饰礼仪概述

服饰是人形体的外延,主要包括各类服装和饰品。在人际交往中,服装被视为人的"第二肌肤",既可以遮体御寒,发挥多种实用性功能,又可以美化人体,扬长避短,展示个性,发挥多种装饰性功能。不仅如此,在正式场合,它还具有反映社会分工,体现地位、身份差异的社会性功能;此外还与对他人的尊重与否密切地联系在一起。

阅读材料:旗袍风韵

在如今的生活中,越来越多的女性对旗袍青睐有加。极具传统韵味又能完美展示身体曲线的旗袍,成为时尚的宠儿。事实上,这个起源于旗人长袍的服饰,第一次将中华女性秀美的身材展示在世人面前。旗袍将中华女性身体的曲线张扬于外:头、肩、胸、颈、腰、腿、臀及手足"九翘",配之以领、衣襟、衣角的"三弯",尽显体态的曲线之美。

20世纪30年代,旗袍达到巅峰,女性几乎都爱旗袍,都穿旗袍。社交场所、中学高校、商店卖场,乃至寻常巷陌,都能见到身着旗袍的女性。在20世纪30年代,一度非常流行扫地旗袍。所谓扫地旗袍,又称及地旗袍,顾名思义,就是因为旗袍下摆长至脚踝,盖住脚面,甚至拖到地上,行走时如同扫地。这种旗袍属于旗袍礼服,多用于社交场合,是交际花们常穿的旗袍,因为行动不便,日常生活中很少穿着。长及脚踝的高开衩旗袍,其风格和袒胸露背长及脚踝的西式晚礼服异曲同工,因此,只有在正式的晚宴或演出场合,女士才能穿开衩开在大腿中部以上的长旗袍。日常工作或休闲场合的旗袍开衩不要高于膝盖上缘以上10厘米。

在特定的时期,旗袍不仅仅是时尚,穿旗袍也体现爱国情愫,特别在外敌入侵时,穿着旗袍也成为捍卫家园的体现之一。

宋代大儒朱熹在《训学斋规》中提到:"男子有三紧,谓头紧、腰紧、脚紧。"所谓"三紧",就是帽带要紧、腰带要紧、鞋带要紧。三者都扎紧了,人的精神状态才会显得振作,才能表现出对人、对事的郑重。现代服饰虽然不同于古代,但穿衣得体、整洁、庄重、大方的要求却无二致。我国古代的许多家训中,常有清洁卫生的训辞。如清初朱用纯所著的《朱子家训》中强调孩子们从小就要养成"黎明即起,洒扫庭除,要内外整洁"的习惯。

选择服装时,首先要与自身体型相协调。服饰能遮盖体型的某些不足,借助于服饰,创造一种美妙身材的感觉。此外,服饰还要与年龄、肤色、职业相配,与季节相协调,与社会相和谐。服饰的美是款式美、质料美和色彩美三者完美统一的体现,形、质、色三者相互衬托、相互依存,构成了服饰美统一的整体。

整齐干净是服饰打扮的首要原则,着装整洁可以让人有纯净、美好、安全、舒适等审美享受,可以带来很多关于人品和形象上的正面评价。服饰不能沾有污渍,不能有绽线的地方,更不能有破洞,扣子等配件应齐全,衣领和袖口处,尤其要注意整洁。

在生活中,色彩美是最先引人注目的。单一的色彩无所谓美丑。只有两种色彩组合在一起的时候,才会出现好与不好的效果。所以,服饰的色彩搭配很重要。20世纪初,瑞士画家约翰·伊顿从他的学生们的衣着上发现,每个人都有适合自己的颜色和不适合自己的颜色。此后,许多专家和服装设计师开始研究色彩搭配方法,并定型了季节调色板理论。一般认为,春天型人最好不要穿银色、灰青色、紫色和葡萄酒色等深而不鲜明颜色的衣服;夏天型人绝不适合穿纯白色和黑色的衣服;秋天型人要避免穿带有蓝色调的冷色、葡萄酒色、紫色、灰色,以及像丝绸那样很有光泽的衣服;冬天型的人绝对不能穿浊色和黄色调较浓的金色衣服。经典很重要,时髦也很重要,但切不能忘记的是一点匠心独具的别致。由于年龄、性格、职业、文化素养等不同,每个人自然就会有不同的气质。服饰选择既要符合个人气质,同时还要通过服饰表现个性气质,让服装尽显自己的个性风采。

"TPO原则"是国际上公认的衣着标准,"T""P""O"分别是英语中Time、Place、Object(另外有一种说法是Occasion,即场合)三个单词的首字母缩写;"T"代表时间、季节、时令、时代;"P"代表地点、场合、职位;"O"代表目的、对象。它要求人们的着装要与时间、季节相吻合,符合时令;要与所处场合、环境,与不同国家、区域、民族的不同习俗相吻合,符合着装人的身份;要根据不同的交往目的、交往对象选择服饰,给人留下良好的印象。

📖阅读材料:女士着晚装的几种场合

音乐会及歌剧院:进音乐会现场及歌剧院最好穿丝质礼服,丝质纤维对音乐的反射能让音乐的效果更加珠圆玉润。

商务酒会:深V领的晚装别具优雅,设计上简洁、不过分华丽张扬的小晚装比较合适。

正规晚宴:正规晚宴的服装可以隆重、性感,如果你喜欢成为大众焦点,可以极尽奢华,黑色坠地长裙最能衬托气氛的隆重。

二、职场人士服饰礼仪

职业是人们为自己选择服饰时不能遗忘的重要一点。身为职业人士,在工作岗位上的穿着打扮是否得体,往往是有无敬业精神的具体体现。更重要的是,这往往还是一个企业、一个组织的信息窗口,因为与之交往的企业或其他组织人士,可以通过员工的着装水平去窥探企业或组织的面貌和实力。因此,职场人士在与人交往中,应该特别注意遵循一定的服饰礼仪原则。

(一)女士套裙及相关配饰礼仪

职业女性应遵循职业第一,美丽第二的原则。所有适合职业女士穿着的裙式服装中,套裙是首选。工作场合穿的套裙,要讲究朴素而简洁,可以不带任何图案。一些以圆点、条纹图案为主的套裙,也可以穿着,但不能用花卉、宠物、人物等符号为主体图案。套裙上不要添加过多的点缀,否则会显得杂乱而小气。套裙的上衣和裙子的长短没有明确的规定。一般认为裙短不雅,裙长无神。最理想的裙长,是裙子的下摆恰好抵达小腿肚最丰满的地方。套裙中的超短裙,裙长应以不短于膝盖以上15厘米为限。穿套裙的时候一定要穿衬裙。特别是穿丝、棉、麻等薄型面料或浅色面料的套裙时,假如不穿衬裙,就很有可能使内衣"活灵活现"。忌在他人的视线内整理内衣,这是缺乏教养与极不稳重的行为。忌内衣外露及疏忽个人服饰卫生,女性在与人交往中,随时要注意自己的内衣是否外露,并应有良好的卫生习惯,勤换内衣。

📖 阅读材料:办公室着装禁忌

在办公室,着装要能够营造一种严肃、紧张的气氛。女性着装忌性感,即"短、露、透、紧"。一般来说,吊带装、低腰裤、超短裙、开衩很高的裙子、领子低到可以看见胸部以及紧身到曲线毕露的服装是不能穿进办公室的。这样做不但起不到被别人认同和注意的目的,而且容易被人认为很轻浮。带有学生气的半截袜套不建议穿进办公室,即使能穿得甜美可爱,也丧失了职业女性应有的专业感,长筒丝袜才是正确的选择。T台上照搬下来的波西米亚风格、朋克风格等都不适合办公室,优雅和得体才能保持威严。流行的民族风长裙并不足够实用,穿进办公室难免给人过分随意的感觉,另外拖沓的长裙也会严重影响工作效率。波普图案长裙搭配平底鞋固然舒适,也很有街头范,但并不适合在办公室里穿着。因为这样的装扮显得人不精神。办公室中慎穿粉色服装,排除艺术工作者;非亲密关系中慎用粉色,会容易让人产生误会。另外,只有妓女才穿黑色皮裙的说法在很多书本上都有提到,请务必记住慎穿黑色皮裙。

天天穿着沉闷的职业装真是让人难以提起精神。如何让死板的职业装焕发时尚魔力?佩戴丝巾是最简单而又优雅的方式。丝巾的系法很多,下面介绍一种,如图5-2所示。

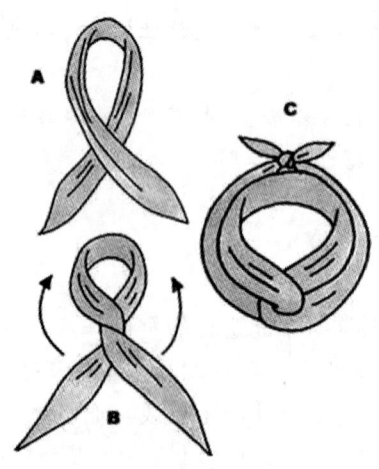

图5-2 丝巾系法之一

在着套裙的情况下,职场女性一般要穿高跟或半高跟的皮鞋,但鞋跟不宜过高、过细。黑色皮鞋是搭配套裙的正宗颜色,其他颜色的皮鞋应当与套裙的颜色一致。穿凉拖鞋表达放松的心情和度假的状态,这在职场中并不合适。不要穿彩色或图案过于醒目的袜子,它会让人感到轻佻、缺乏稳重感,应当在单色,即肉色、黑色、浅灰色、浅棕色等几种常规颜色中选择。有的袜子是需要和其他服饰配套穿的,例如黑色网眼丝袜与黑色网眼面纱、黑色网眼长筒手套一同使用,是典型的社交晚装搭配。袜子的长度一定要高于裙子的下部边缘,且留有较大余地,也就是忌讳袜口外露,否则就会出现"三截腿"现象,即裙子一段、袜子一段、腿肚子一段。这样的穿着会使腿看起来又粗又短,极为不雅。不要穿跳丝、有洞的袜子,因为袜子的残破比服装更引人注目。另外还要注意,女士不能在公共场合整理自己的长筒袜。

职场女性穿套裙时,佩饰要以少为宜,一般不应超过三种。适合我们日常佩戴的首饰基本上是两件套或三件套,常见的两件套饰组合有:项链+戒指、戒指+耳环、项链+耳环、耳环+胸针、手镯+耳环;常见的三件套饰组合有:戒指+项链+耳环、戒指+项链+胸针。

📖阅读材料:塑料袋帮你戴手镯

在戴手镯的时候,先拿一个干净的塑料袋套在手上,然后再把手镯套进去,明显轻松了许多。要脱下来的时候也可以用同样的方法。但是这个方法并不是多小的手镯都能帮你戴进去,经过试验,一般手镯尺寸跟手掌合拢起来的宽度相差3~5厘米的时候效果最好,用这方法戴的时候手不会因挤压而疼痛。而且使用塑料袋的时候也要注意,不仅要干净,而且不能沾上水。

佩戴戒指可标明你的婚姻状况,一般来说,戴在食指上表示求婚,戴在中指上表示已在恋爱中,戴在无名指上则表示已婚,戴在小指上则表示自己是一个独身主义者。职场女性在佩戴首饰时,必须兼顾自己的职业形象,以不妨碍工作为原则。避免佩戴太漂亮或会闪光的饰品。太长的项链、耳环也是不适合的,另外太高档的戒指更是不宜出现在工作场所。当然,如果你的饰品在工作时会发出声音,为了不影响别人的工作情绪,也应该立即取下。

📖阅读材料:戒指传递错误信息

小惠大专毕业后来到某公司做文秘工作不久,一次在接待客户时,领导让她照顾一位华侨女士。临分别时,华侨对小惠热情和周到的服务非常满意,留下名片,并认真地说:"谢谢!欢迎你到我公司来做客,请代我向你的先生问好。"小惠愣住了,因为她根本没有男朋友。可是,那位华侨也没有错,她之所以这么说,是因为看见小惠的左手无名指上戴有一枚戒指。

作为职业女性,在通常情况下,其随身携带的包内应必备下列物品:化妆品,可以有化妆盒或口红、眉笔、镜子、梳子等;办公用品,如纸、笔、名片夹、记事本、通讯录等;个人卫生用品,如纸巾等;钱包及备用物品,如备用丝袜等。虽不必一一具备,但应基本包括。当然,要分门别类存放,以方便取拿,总不能因为寻找一张名片而找遍整个包袋,这样的确有损形象。

(二) 男士西装及相关配饰礼仪

西装对于男人绝对具有超然地位,一件合身剪裁、优雅质感的西装,让男人可以阳刚、可以潇洒、可以绅士,深邃且富于个性,能淋漓尽致地将男性本色中各种切面的性格表现出来,更能将各种类型男人的神韵气质,逼真灵活地展现出来,显得男人无比有型。

按纽扣来分,西装有单排扣和双排扣两种经典剪裁,目前国际上流行的是单排扣西装。单排扣西装只有一排纽扣,细分下来又有一粒扣、两粒扣和三粒扣。在20世纪60年代之前,单排三粒扣西装是一种经典,但自从肯尼迪在美国总统竞选中穿着单排两粒扣西装出镜以来,这种细部设计就成为美式西服的主流。目前,这种款式可称为万能款,在单排扣中最显正式。单排一粒扣西装,最初在庆典和宴会等场合穿,如今同样适用工作、生活等场合。双排扣西装比单排扣西装看起来更花哨些,实际上也更隆重些,穿起来有庄重、沉稳之感,多用于正式场合。加拿大籍形象设计师英格丽·张指出:"国内一些商务形象设计师,把单排扣列为传统,双排扣列为时尚,这是有违现实的。"双排扣西装不如单排扣西装通用,双排扣西装有军装的感觉,给人正直硬朗的感觉,同时更有剪裁感和时尚感,比单排扣西装更难驾驭。西装纽扣的扣法见表5-4。

表5-4 西装纽扣的扣法

西装类型	纽扣的扣法	
单排两粒扣西装	系上面一粒,或者全部不扣	坐下时最好解开纽扣,以避免产生褶皱和豁口
单排三粒扣西装	系上面两粒或只系中间一粒,全不扣也可以	
单排一粒扣西装	系上显得端庄,敞开比较潇洒	
双排扣西装(六粒、四粒等)	有两排纽扣,其中里面那排是装饰用的;外面那排一般全要扣上(但如今也流行最下方的那颗不扣)	

在搭配上,全身着装的颜色应当限制在三种以内。否则,繁杂的颜色会给人留下不好的印象,有失庄重。黑色、深蓝色、深灰色、黑灰色的西装最能显示专业气度与权威感,适合大企业、大公司、大的政府机关和事业单位的文化氛围与穿着要求。尤其是在参加正式会议或首次与重要客户见面时,黑色、深蓝色、深灰色、黑灰色的西装会为你塑造出干练的形象。西装袖口的商标牌一定要拆掉,否则会成为别人的笑柄。

一般来讲,西服合体看起来才顺眼。而一件西服是否合体,首先要看领子。西服领应紧贴衬衣领并低于衬衫1~2厘米,四周荡开是犯忌的。西服衣长应与手的虎口平,袖长和手腕平,并要使衬衫袖口略长于西服袖口1~2厘米。胸围以穿一件羊毛衫感到松为宜,不宜过于肥大,以保持其特有的挺括潇洒的风格。

着西装时,内衣不要穿太多,春秋季节只配一件衬衣最好,冬季衬衣里面也不要穿棉毛衫,可在衬衣外面穿一件羊毛衫,因为穿得过分臃肿就会破坏西装的整体线条美。

西裤穿着时,要与上装互相协调,以构成和谐的整体。裤长以裤脚接触脚背最为适宜。穿西裤时,注意扣子要扣好,拉锁要拉严。

对于男士来说,领带是唯一可以频繁变化且不至于过分张扬的东西,因此,领带有"西服的灵魂"之称。男士在正式或半正式场合,都应系扎领带。领带的扎法也很有讲究,方法有很多种,如图5-3所示是领带的一种系法。领带系好后,不能过长或过短,其规范的长度,应当是站立时其下端触及腰带。

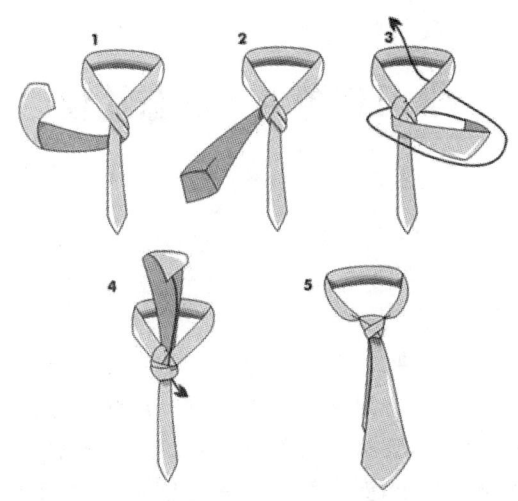

图 5-3　领带打法之一

西服衣袋的功能各异。上衣两侧的衣袋只作装饰用,不宜装东西。西服左胸口是专放装饰用手帕的。票夹、笔记本、笔等物可置上衣内侧口袋。西裤的左右插袋及后袋,同样不宜放太多东西,以确保臀围合适,裤型美观。

皮鞋在男士的整体着装中占重要地位,它不仅能映衬出服装的整体美,更重要的是它还能增加人体本身的挺拔俊美。在西服与鞋袜的搭配上,一般要配以皮鞋,杜绝出现运动鞋、凉鞋或者布鞋。皮鞋要每天保持光亮整洁。在选择袜子的时候要注意,其颜色必须保持和西装的整体颜色相协调。如果是穿深色的皮鞋,袜子的颜色也应该以深色为主,白色袜子是不宜穿的,同时避免出现比较花哨的图案。

鞋子、腰带和公文包的颜色应当保持协调一致。三者的颜色都为黑色,可以彰显职场男性的高贵品位和职业形象。

一般情况下男士不需要佩戴首饰,一只手表、一枚结婚或订婚戒指就足够了。今天,手表的计时功能已经被手机取代,但手表仍然是职场人士不可或缺的配饰,因为它是隐喻个人时间观念、代表个人社会身份与地位的象征符号。工作场合,最好戴机械表,不宜带潜水表、太空表。已婚男人带一枚婚戒,表明了对家庭的责任感。

职业男性应携带至少一支钢笔,可放在公文包里,也可放在西装上衣内侧的口袋里,但绝不能插在西装上衣外侧的口袋里。

1. 观看电视连续剧《人民的名义》,就其中领导干部的穿衣之道作一总结。

2. 请通过浏览互联网或者查阅图书资料,女生掌握不少于 5 种丝巾的系法,男生掌握不少于 3 种领带的系法。

学习任务 4　仪态礼仪

在西方流传着这样一个故事：一位工程师爱上了一位女大学生并向她求爱。女大学生一直在回避他，因为她已有了男朋友。工程师得知后竟写信给那位男朋友说："我是世界上唯一能以全身心爱她的人，而这一点你做不到。"那位男朋友在自信心上较量不过工程师而退出了情场的竞争。后来，女大学生向法院起诉，说工程师有跟踪、恐吓和侵犯人权等罪，法院当庭判决工程师 45 天拘役。当原告、被告一起走出法院大门时，女大学生觉得有点过分了，而工程师却向她微微一笑，并且说："亲爱的，45 天以后我再来找你！"这时女大学生被工程师这种真诚的微笑和自信所打动，转身回到法庭，要求撤诉。后来两人终成眷属。

在社会交往过程中，体态语具有相当重要的意义。体态语主要分为表情和举止。表情，通常主要是一个人的面部表情。它包括眼神、笑容及其面部肌肉的综合运动，等等。每个人的表情从本质上讲，是其内心思想、情感的最真实、最自然的流露。举止，指的是人们的肢体动作。在心理学上，人的举止动作称为形体语言，它被认为能够同样真实、准确地反映人的心理活动。美国心理学家艾伯特·梅瑞宾认为：一条信息的表达＝7％的语言＋38％的声音＋55％的人体动作。美国心理学家艾德华·霍尔则十分肯定地说："无声语言所显示的意义要比有声语言多得多。"平时或在私下场合，态度可以比较放松，一旦进入正规场合或工作单位，就必须显得严肃、庄重。这种心态，在走路的姿势、步伐，甚至面部的表情上，都要有所体现。

一、表情礼仪

人们通过表情来表达自己的情感、态度，也通过表情理解和判断他人的情感和态度。面部表情中，最重要的是微笑和目光。《礼记》中说："立必正方，常视毋诳。"在正式场合，无论是坐还是站，都要端正；视线要有一定的方向。歪坐、斜站，眼睛到处乱看，都是怠惰不敬的表现。

📖 阅读材料:女王的表情

2002年,在英国曼彻斯特英联邦运动会开幕式上,传遍了所有英联邦国家的火炬最后落到英国足球明星大卫·贝克汉姆的手中,他微笑着跑到了最后一站——一个挂着氧气瓶、身患绝症的五岁金发小女孩面前,他微笑着亲吻了小女孩的脸,与她手拉手走到英国女王伊丽莎白的面前,由小女孩把火炬交给了她期盼已久的女王。一贯脸色严肃的女王接过火炬,此刻仍然面无表情,也没有亲吻渴望地望着她的小女孩,而是直接走到点火台点燃了开幕式的圣火。一时间舆论哗然,大家纷纷指责女王居然没有笑容,而且没有亲吻那个孩子……

(一) 微笑

我国古语有云:"人无笑脸莫开店。"微笑是无价的"商品",蕴藏着巨大的魅力,国内外很多企业都非常重视微笑服务。日本的旅游饭店要求服务人员一进饭店就像演员进入剧场,笑迎八方客,把微笑作为通向五大洲宾客心灵的"护照"。美国一家百货商店的人事经理这样说,她宁愿雇佣一个只是小学毕业却有愉快笑容的女孩,也不愿雇佣一个神情忧郁、板着面孔的哲学博士。美国成功学励志专家拿破仑·希尔这样总结微笑的力量:"真诚的微笑,其效用如同神奇的按钮,能立即接通他人友善的感情,因为它在告诉对方:我喜欢你,我愿意做你的朋友。同时也在说:我认为你也会喜欢我的。"美国伟大的推销员富兰克林·贝特格认为:"一个面带微笑的人将永远受欢迎。"在快节奏、高压下的现代生活中,嘴角上翘、眼睛眯起、作笑容状,几乎成了一种职业特征。

当前,许多服务行业都在对员工进行微笑训练,常见的微笑训练方法见表5-5。

表5-5 微笑训练方法

训练方法	训练要求
对镜训练法	端坐镜前,衣装整洁,以轻松愉快的心情,调整呼吸自然顺畅。静心3秒钟,开始微笑:双唇轻闭,使嘴角微微翘起,面部肌肉舒展开来;同时注意眼神的配合,使之达到眉目舒展的微笑面容。如此反复多次。自我对镜微笑训练时长随意。为了使效果明显,可放背景音乐(较欢快的节奏)
情绪诱导法	情绪诱导就是设法寻求外界物的诱导、刺激,以求引起情绪的愉悦和兴奋,从而唤起微笑的方法。诸如,打开你喜欢的书页,翻看使你高兴的照片、画册,回想过去幸福生活的片断,放送你喜欢的、容易使自己快乐的乐曲等,以期在欣赏和回忆中引发快乐和微笑。有条件,最好用摄像机摄录下来
强迫微笑法	强迫自己微笑,如果你是单独一个人,强迫你自己吹口哨,或哼一首,表现出你似乎已经很快乐。因为行为和感觉是并肩而行的,如果我们不愉快的话,要获得愉快的主动方式是愉快地坐起来,而且言行都好像已经愉快起来
含箸法	这是日本式训练法。道具是选用一根洁净、光滑的圆柱形筷子(不宜用一次性的简易木筷,以防扎破嘴唇),横放在嘴中,用牙轻轻咬住(含住),以观察微笑状态,如图5-4所示

图 5-4　微笑训练之含箸法

微笑不能单纯从动作分解出发，而首先必须有真诚的心态、心地和心境。微笑应发自内心，渗透情感，表里如一。不能像有的人那样虚情假意，假模假样，露出机械式笑容。也不能冷笑、傻笑、干笑、苦笑、皮笑肉不笑。自然大方、真实亲切和不加修饰的微笑才具有感染力。

📖 阅读材料：真笑和假笑的区别

当你走进商场购物的时候，服务小姐向你露出了雪白的牙齿，嘴角泛起一弯美丽的笑容，你心情顿时变得轻松愉快。但是，你能否辨得出这微笑是发自内心的欢迎，还是职业性的表演。美国加州大学心理学家保罗·埃克曼教授和肯塔基州大学的华莱士·V·法尔森教授经过多年研究，设计出一套识别面部表情的编码系统，能够成功破解人们的真实表情，包括真笑和假笑。通过实验证明，喜悦产生的自发笑容（真笑）和故意收缩面部肌肉引起的伪装笑容（假笑）是不一样的。

真笑时嘴角上翘、眼睛眯起。此时，面部主管笑容的颧骨主肌和环绕眼睛的眼轮匝肌同时收缩。因为真心流露的笑容是自发产生的，不受意识支配，因此，除了反射性地翘起嘴角之外，大脑负责处理情感的中枢还会自动指挥眼轮匝肌缩紧，使得眼睛变小，眼角产生皱纹，眉毛微微倾斜。伪装的笑容是通过有意识地收缩脸部肌肉、咧开嘴、抬高嘴角产生。与真笑不同，此时眼轮匝肌不会收缩，因为眼部肌肉不受人的意识支配，只有真的有感而发时才会发生变化。有些人假笑时动作很夸张，面部肌肉强烈收缩，整个脸挤成一团，给人造成眼睛眯起来的假象。但注意，此时，眼角的皱纹和倾斜的眉毛是没有办法伪装的。换句话说，遮住一个人面部的其他部位，只露出眉毛和眼睛，若是真笑，依然能看出来他在微笑；若是假笑，就只能看到一双无神的眼睛了。

美国研究人员发现，上班族对顾客和同事露出的微笑如果出自真心，会改善情绪，有助于更加投入工作，提高效率；相反，如果不是出自真心，反而会让微笑成为一种负担，久而久之发展为情绪的抑郁，目前医学上已经有"微笑抑郁"这种说法。微笑型抑郁症的根源是患者无法正当地处理外界压力，他们的共同点是不愿意倾诉、不愿意放弃尊严。建议从事服务行业工作的人员,要特别注意培养自己对生活和工作的兴趣,不要将微笑当成是被迫的。应保持开阔的胸襟,将顾客当朋友,用心去感受生活中的每一份新鲜。让微笑发自内心,就不会觉得累。此外,要学会调整自己的状态,学会给自己解压。比如,放下工作休息片刻,和很久不见的朋友见面聊天,把自己的烦恼情绪逐渐排遣出去;运动也是一种很好的减压方式,身体的活跃能有效地清除情绪压力,给人轻松、自主的感觉;此外,平时也可以读一些休闲书籍,使心灵得到宁静。

当然,尽管长期性的假笑会致抑郁,影响身心健康,但现实生活中,无论真笑假笑,只要投入去笑,都对身心有益。因为开心地真笑时,大脑的愉快中枢会兴奋;而努力假笑时,这个动作也会刺激大脑中与愉快感觉有关的相关区域。所以,当感到失落、郁闷、难过的时候,不妨对着镜子,提起嘴角,同时下拉眉毛,眯起眼睛,尽量做出一个真笑的表情,试着感受笑容带给你的放松与宽心。

(二) 目光

眼睛被誉为"心灵的窗口",《诗经》里就有"巧笑倩兮,美目盼兮"的诗句。平常我们所说的炯炯有神、慧眼如炬、明眸善睐、含情脉脉、暗送秋波等,说的都是眼神在表情达意上所起到的非常功效。正如一首歌所唱的那样:"像一阵细雨洒落我心底,那感觉如此神秘……虽然不言不语,叫人难忘记。"孟子云:"存乎人者,莫良于眸子。眸不能掩其恶。胸中正,则眸子了焉,胸中不正,则眸子眊焉。"从眼睛里流露出真心是理所当然的,眼神的千变万化表露着人们丰富多彩的内心世界。

目光被认为是表达情感信息的重要方式。比如,彼此相爱的人和仇人的目光是完全不同的,前者含情脉脉,后者则怒目而视。目光还是心态最直接的流露,能反映出内心对人是否敬重。在礼仪场合,要注意自己视线的高度。视线过高,是傲慢之相。视线过低,则似有忧虑在心,不免令对方猜测。如果左右旁视,更会给人留下心术不正的印象。在不同场合下,目光注视的部位应有所不同,见表5-6。在一般交谈的情况下,相互注视约占31%,单向注视约占69%,每次注视的平均时间约为3秒,但相互注视约为1秒。长时间的注视会引起生理上和情绪上的紧张,对此人们通常会很快做出回避行为,以减少紧张。面对上司和贵宾时,站立或就座应选择较低之处,自下而上地仰视对方,往往会赢得对方的好感。当对方缄默不语时,不要看着对方,以免加剧因无话题本来就显得冷漠、不安的尴尬局面。当对方说了错话或显得拘谨时,不要马上转移自己的视线,否则,他会误认为是对他的讽刺和嘲笑。

表5-6 注视的部位

注视部位	具体场合
注视"三角区"	是用于洽谈、磋商、谈判等场合的注视行为。目光注视位置在以双眼为底线,额头为顶点的三角形区域内。若一直注视这个区域,便给人以严肃、认真的感觉,使对方感到是要谈正事,就能保持主动
注视双眼到胸部	是用于亲人之间、恋人之间的注视行为,目光注视的位置在对方双眼到胸部之间的区域内

续　表

注视部位	具体场合
凝视"倒三角区"	是用于各种社交场合的一种注视行为。目光的凝视位置以对方双眼为底线、唇部为顶角的倒三角形区域内。这种注视令人感到舒服、有礼貌，一种和缓的社交气氛就营造出来了

人们正常的眨眼频率大致是每分钟 6～10 次。兴奋状态下眨眼频率会有所提高，但眨眼频率显著提升则反映出紧张焦虑或尴尬不安。一位研究者发现，美国前总统克林顿在一次竞选辩论会上，当被问及少年时使用毒品的事情时，他的眨眼频率从以前辩论现场平均每分钟 43 次猛增到 117 次。当一个人苦思冥想、专心致志或兴趣高度集中时，眨眼的频率会显著减慢。如果每次眨眼时眼睛闭上的时间明显延长，则显示出厌倦、不感兴趣或傲慢。

二、举止礼仪

《礼记》中说："不敢哕噫、嚏咳、欠伸、跛倚、睇视，不敢唾洟。寒不敢裂，痒不敢搔。不有敬事，不敢袒裼，不涉不撅，亵衣衾不见里。"这些规定既适用于与父母、尊长共用的场所，也适用于工作场所。在严肃、正规的场合，打饱嗝、打哈欠、伸懒腰、吐唾沫、擤鼻涕、歪坐、斜视、跷二郎腿，或者只穿睡衣、内衣，甚至赤膊，都显得随便、懒散、缺乏敬意。

📖 阅读材料：一口喷嚏毁掉一个项目

多年前，美籍华人 Mr.罗来内地投资一个价值过百万的汽车尾气治理项目，当时共选择了两个城市——烟台和 A 市，而 Mr.罗更青睐 A 市。为此一行人先行到 A 市考察，受到了当地某企业的热情款待，但是交谈中该企业老板突然面向 Mr.罗的夫人打了个喷嚏，夫人当场面带不快，结果他们没吃午饭就离开了 A 市。Mr.罗在谈到原因时说："我的汽车尾气项目就是为了改变城市的空气卫生，一个企业的负责人这么不注意卫生，岂能把这个项目做好？"而随后前往烟台市考察期间，他们受到了某企业热情有礼的招待，项目很快谈成。一个喷嚏丢掉了一百万。

一个人的姿势也就是他对人生的姿态。积极进取、有朝气、有活力的人，从端正的姿势就可以看出来。想象一下，赴约时，若是你在人群中远远地看到对方挺立站着，即使还没有见到他的脸，也可以感觉到，他对此次会晤的积极与诚意。在工作场合，正确站姿的基本要求是身体挺直，但不能僵硬，要自然、放松，从整体上给人以端正、庄重的感觉。不可以靠着墙或门框站立，这样容易让人觉得散漫、懒惰甚至不正派。职场男性的步态应当大方、稳重，职场女性的步态应当自然、轻盈。工作场合的坐姿要求端庄而优美，给人以文雅、稳重、自然大方的美感。落座时要轻稳，女士若着裙装，应用手先轻拢裙摆，而后入座。落座后，身体应当和桌子保持一拳左右的距离，不坐满整张，也没必要只坐椅子边上，一般坐椅子的 2/3；男性双腿可以分开约一拳的距离，女性腿要并拢，特别是在穿短裙时更要注意，也可以双腿斜向一方，双脚交叉，双膝靠拢。起立时，右脚向后收半步而后起立。在工作场合，取低处物品时，不要弯上身翘屁股，应是右脚前行半步，屈左膝随势蹲下，手拾物品,上身呈自然前倾状态。女士的站姿、坐姿、蹲姿如图5-5所示。

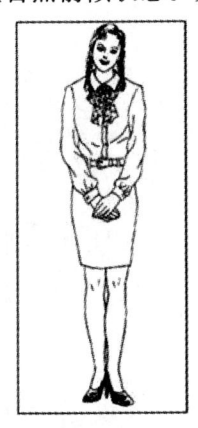  

图5-5　女士站姿、坐姿、蹲姿

📖阅读材料:"邯郸学步"学的是什么步?

现在对"邯郸学步"这个成语的解释是:有一个燕国寿陵青年,到了赵国都城邯郸,看到那里的人走路姿势很美,就跟着学了起来。结果不但学得不像,而且连自己原来的走法也忘了,只好爬着回家。实际上,这个人并不是因为邯郸人走路好看才去学的,邯郸学步另有原因。

这个寿陵青年,为什么非得到邯郸去学走路呢?了解了古代的礼法,这个问题就明白了。在古代,人们饮食起居等生活细节都得按照《礼记》中所说的去做。其中的《曲礼》篇是讲举止的,有许多是关于走路的规矩,如"帷薄之外不趋,堂上不趋,执玉不趋。""趋"就是快步走,许多场合是不可以"趋"的,而有的场合又不可不"趋"。"上于东阶则先右足,上于西阶则先左足。"连上哪个台阶,先迈哪只脚都是有规矩的。以上只是举例,更多的烦琐说头,足以让人头晕目眩。那个燕国青年,应该是个预备贵族,所以他必须得先从走路学起。而邯郸是赵国的国都,是个最讲礼仪的地方,所以小城邑的寿陵青年才到邯郸学走路。学习走路,还有一个重要的原因,那就是鸣玉佩。玉佩在身上,不仅是看的,还有听的意义。《礼记•玉藻》:"既服,习容观玉声乃出。"穿好衣服后,还要复查一下自己的容貌,听听佩玉发出的声音,然后才能出门。

既要走路,又得让玉发出美妙而中律之音,这样的功夫,不经过艰苦努力的学习是掌握不了的。也正是因为走路这样难学,那个寿陵青年才没有学好。他走起路来,身上的玉声一定不好听。玉声难听,是很丢面子的事,为了面子,寿陵青年只好匍匐着回家了。

上下车的姿势要十分讲究,特别是女性。开门后侧着身体进入,而不是头先钻进去;下车时脚先着地,头部自然伸出,起身立稳后再离开。女士上车时应先一条腿伸进去,然后进另一条腿,同时收拾好自己的衣裙;下车时,将双腿同时踏到地上,然后伸出头,挺直全身并整理好服饰后再离开。女士上下车姿势如图5-6所示。

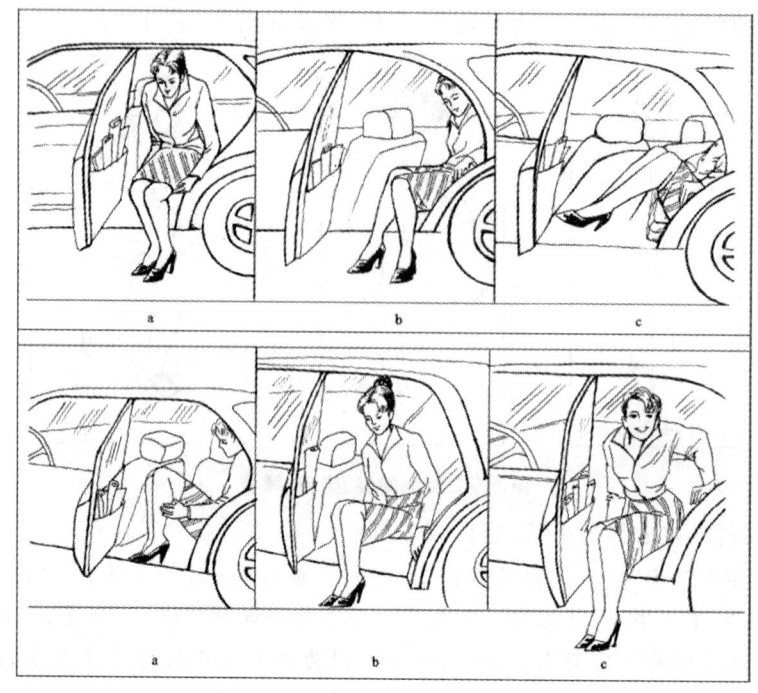

图 5-6　女士上下车姿势

手势助说话，可以加重语气，增强感染力，但要切记手势不宜过多，动作不宜过大，不要指手画脚和手舞足蹈。手势的美在于静中有动，动静交替，恰当搭配。在各种场合，都应避免一些不卫生、不稳重、易于误解、失敬于人的手势。如当众搔头皮、掏耳朵、抠鼻孔、剔牙等。有些手势在使用时应注意区域和各国的不同习惯，不可以乱用；因为各地习俗迥异，相同的手势表达的意思，不仅有所不同，而且有的大相径庭。比如表示事情顺利时，有些人爱用右手的拇指和食指做成一个圈，其余三个手指伸出，表示"OK"，一切顺利，在美国、英国可以这样示意；而这个手势在日本表示钱；在法国南部地区则表示"零"或某件事情不值一提。

表示"这边请"的意思时，应右手五指并拢、伸直，掌心向上，腕关节伸直，手掌与前臂成一直线，以右手掌尖微指被请之人，然后以之指明方向。在这里，掌心向上，是为了表示虚心和待人的敬意。夸奖他人时，竖起大拇指，指尖向上，指腹面向被称道者。在工作场合、会议或迎候嘉宾时，多用到鼓掌。其做法是：以右手掌心向下，有节奏地拍击掌心向上的左掌，必要时，应起身站立。但是，不允许鼓倒掌。

递接物品时，应注意尊重、方便、安全、卫生四个基本要求，其中后三点实质上是要求每个交往对象要学会换位思考，站在对方的立场上考虑问题。尊重是指为体现对对方的尊重，一般双手递物或接物，如果在特定场合下或东西太小不必用双手时，一般用右手递接物品。把现金赤裸裸地递给别人显得不够尊重，妥善的办法是把现金放入信封中，再把装有现金的信封双手递给对方。方便是指递接物品时应以方便他人使用为出发点。如递上简历、呈递名片、呈递文件时，都应方便他人阅读。安全是指递送笔、刀、剪之类尖利的物品时，把尖锐端朝向自己为宜。卫生是指递接物品时手的位置，以不影响对方使用物品的卫生需要为要求。如递水杯时,手部不应接触杯口。

1. 在实训室进行站姿训练:靠墙站立,要求后脚跟、小腿、臀、双肩、后脑勺都紧贴墙,每次训练 20 分钟左右,每天一次。在头顶放一本书,使其保持水平,促使人把颈部挺直,下巴向内收,上身挺直,每天训练 20 分钟左右。

2. 在实训室进行坐姿训练:按坐姿基本要领,着重脚、腿、腹、胸、头、手部位的训练,可以配舒缓、优美的音乐以减轻疲劳,每天训练 20 分钟左右。

3. 在实训室进行走姿训练:在地面上画一条直线,行走时双脚内侧踩在绳或线上。若稍稍碰到这条线,即证明走路时两只脚几乎在一条直线上。训练时配上行进音乐,音乐节奏为每分钟 60 拍。

4. 在实训室进行眼神训练:睁大眼睛训练——有意识地练习睁大眼睛的次数,增强眼部周围肌肉的力量;转动眼球训练——头部保持稳定,眼球尽最大努力向四周作顺时针和逆时针 360°转动,增强眼球的灵活性;视点集中训练——点上一支蜡烛,视点集中在蜡烛火苗上,并随其摆动,坚持训练可使目光集中、有神,眼球转动灵活;追逐鸽子飞翔训练——追逐鸽子飞翔可使目光有神;影视观察训练——观看录像资料,注意观察和体会优秀影视剧中的演员和节目主持人是如何通过眼神表达内心情感的。训练时可以配上优美的音乐放松心情,减轻单调、疲劳之感。

第六讲　言语沟通礼仪

所谓言语沟通,就是指在社会活动中,人与人之间用语言相互沟通信息,相互施加影响的过程,其目的是达成沟通,协调和建立一定的人际关系。在社交场合,积极而有效的言语沟通,能为自己营造良好的人脉关系,还能给个人的事业发展带来诸多好处。

学习任务1　言语交谈礼仪

一次,杨悦在一个高级餐厅内招待一名客户。由于谈判对客户的利益而言非常重要,加上初次见面,杨悦很紧张,对方也是。彼此间的戒备、隔膜、距离感使双方显得有些拘谨。杨悦心里不停地在寻找方法试图打破这种沉闷的氛围,以使交流和生意能轻松顺利地进行下去。这时餐厅中的数字电视正在直播NBA比赛,她发现对方用眼睛瞄了几眼电视,猜测对方应该是对此感兴趣。尽管她对NBA一点也不感兴趣,但还是从NBA的比赛与对方聊起,结果这成了他们之间最好的话题。在接下来的3个小时,他们仿佛成了有着共同爱好和观点的老朋友,交流得非常轻松,最后杨悦顺利地拿下了合同。

霍伊拉先生被美国人誉为"销售大王"。一次,他听说梅依百货公司有一宗很大的广告生意,便决定将这笔生意揽到自己手中。为此,他开始想方设法了解该公司总经理的爱好。经过了解,他得知,这位总经理会驾驶飞机,并以此为乐趣。于是,霍伊拉在同总经理见面、互相介绍后,便不失时机地问道:"听说您会驾驶飞机,您是在哪儿学会的?"一句话,激发了总经理的兴致,他滔滔不绝地谈起了他的飞机及学习驾驶经历。结果霍伊拉不仅得到了广告代理权,还荣幸地乘了一回总经理亲自开的专机。

中国人讲究听其言,观其行,言谈是社会活动中必不可少的内容,是交流思想、增进了解、沟通信息的重要方式。言谈需要较强的语言表达能力,也需要很好的礼仪修养。正如俗话所说:"良言一句三冬暖,恶语伤人六月寒。"1983年,英国学者利奇提出了会话中的礼貌原则,包括六项准则,见表 6-1。

表 6-1　会话礼貌六项准则

准则	会话中的礼貌表现
得体准则	减少表达有损他人的观点,尽量少让别人吃亏,多使别人得益
慷慨准则	减少表达利己的观点,尽量少使自己得益,多让自己吃亏
赞誉准则	减少表达对他人的贬损,尽量少贬低别人,多赞誉别人
谦逊准则	减少对自己的表扬,尽量少赞誉自己,多贬低自己
一致准则	减少自己与别人在观点上的不一致,尽量减少分歧,增加一致性
同情准则	减少自己和他人在感情上的对立,尽量减少双方的反感,增进双方的感情

📖 阅读材料:文明礼仪,请从谦辞敬语开始

教育部某要人到苏州参加世界语言大会,一出车站,几位大学生志愿者三句话便吓了他三跳:"你们是开会的吗?""你叫什么,自己在这儿找(递过一张纸)。""在这儿等吧,还有两个呢。"该要人感叹道:"不怪孩子们,怪大人,怪家庭,怪学校。汉语美之一在于谦辞敬语以表彬彬有礼,温文尔雅。大学呵,不怕无大师,怕无汉语之魅!"

一、说话的礼仪

一口标准流利的普通话一定能获得他人的青睐和赞赏。我们并不反对说方言,但在对外交流和正规的商务、政务活动等场合,则应坚持讲普通话,不能用方言、土话,这也是尊重对方的表现。另外,无外宾在场,最好慎用外语,否则会有卖弄之嫌。

在交谈中,语言必须准确,否则不利于双方之间的沟通。要多运用大众化的语言,不要满口文绉绉的书面语言;尽量说一些平易通俗的话题,深奥难懂的东西,不仅令人难以接受,还会拉大与听者的距离。在与非本专业人士交谈时,慎用一些专业性术语。在交际场合,生动形象、幽默诙谐的语言最有活力,最有感染力,极易迅速打开交际局面,使气氛轻松、活跃、融洽。

📖 阅读材料:妙语巧讽

洪承畴是明代崇祯时期的宠臣,官至兵部尚书,后来受命抗清,被俘变节。然而他竟手书一联高悬其府邸大门两侧:"君恩似海;臣节如山。"一位读书人看了,气愤不过,在其上下联尾各添一字,改为:"君恩似海矣!臣节如山乎?"改联用上表确定语气的"矣"和表反诘语气的"乎"后,顿觉其辞锋利,其味辛辣,产生了妙不可言的讽刺效果。

相传汪精卫年轻时,因谋刺摄政王载沣被捕,曾口占一绝:"慷慨燕歌市,从容作死囚。引刀成一快,不负少年头。"后来汪精卫堕落成汉奸卖国贼,诗人陈剑魂在报上发表一首《改汪精卫诗》:"当时'慷慨燕歌市',曾美'从容作死囚'。恨未'引刀成一快',终惭'不负少年头'。"改诗仅添八字,便把汪精卫的自我标榜变成了对这个汉奸卖国贼的辛辣讽刺,不啻一柄锋利的匕首。

《礼记·仪礼》载:"言语之魅,穆穆皇皇。"就是说,对人说话要尊敬、和气,谈吐文雅。

文明的语言是中华文明的重要组成部分。1595年,意大利人利玛窦曾到南京。在南京居住期间,利玛窦广交各界名流,留下了南京市民谈吐文雅的印象。要善用常用的礼貌用语,如"您好""谢谢""请""对不起""再见"这五个现代社会使用频率最高的文明用语。文明礼貌十字用语可以说是人际关系和谐的润滑剂,是我们中华民族精神文明的具体体现,见表6-2。

表6-2 文明礼貌十字用语

文明用语	文明礼貌用语用法
您好	相见道好。人们彼此相见时,开口问候:"您好!""早上好。"在这里一个词至少向对方传达了三个意思:表示尊重、显示亲切、给予友情;同时也显示了自己三个特点:有教养、有风度、有礼貌
谢谢	偏劳道谢。在对方给予帮助、支持、关照、尊重、夸奖之后,最简洁、及时而有效的回应就是由衷地说一声"谢谢"
请	托事道请。人生在世,不可能万事不求人;有求于他人时,言语中冠以"请"字,会赢得对方的理解、支持
对不起	失礼致歉。现代社会,人际接触日益频繁,无论你多么谨慎,也难免有失礼于你的亲友、邻里、同事或其他人的时候;但倘若你在这类事情发生之后能及时真诚地说一声"对不起""打扰您了",就会使对方趋怒的情绪得到缓解,化干戈为玉帛
再见	分别再见。交往结束分手时,使用"再见",并辅之以微笑、招手等身体语言,以示尊重

如果你有说脏话、粗话的毛病,一方面要随时注意约束自己;另一方面,可请周围的人特别是自己的亲人和好朋友提醒自己、监督自己。只要坚持不懈,坏习惯是可以改掉的。要克服个人情绪对自己的干扰。比如,高兴时用礼貌用语,不高兴时也要坚持;称呼他人,关系好时和有了矛盾时一个样,不要让不良情绪影响礼貌用语的使用。要家里外面一个样,私下和公开场合一样。不能在职场时对人彬彬有礼,回到家就满口粗话;也不能在公开场合谈话时有礼貌,私下交谈时则粗话满嘴。

在交谈中,多使用敬语、谦语和雅语,能体现出一个人的文化素养以及尊重他人的良好品德。敬语,就是指对听话人表示尊敬的语言手段。"您""请""劳驾"是汉语常用的敬语,"您"用于多人时,只用在"您二位"这种与数词结合的情形,不宜用"您们"。谦语,表示谦虚或谦恭的言辞,如"学生""晚辈""过奖""不敢当"等。雅语是指一些比较文雅的词语。多使用雅语,能体现出一个人的文化素养以及尊重他人的个人素质,常用的文雅用语见表6-3。

表6-3 常用的文雅用语

文雅用语		文雅用语		文雅用语		文雅用语	
老人年龄	高寿	女士年龄	芳龄	平辈年龄	贵庚	打听姓名	贵姓
初次见面	久仰	好久不见	久违	等候客人	恭候	未及欢迎	失迎
起身作别	告辞	看望别人	拜访	不必再送	留步	陪伴朋友	奉陪

续　表

文雅用语		文雅用语		文雅用语		文雅用语	
中途告辞	失陪	请人原谅	包涵	请人批评	指教	求人解答	请教
盼人指点	赐教	麻烦别人	打扰	向人祝贺	恭喜	请人受礼	笑纳
请人帮忙	劳驾	托人办事	拜托	请予方便	借光	赞人见解	高见

要让自己的声音富有吸引力,展现出独特的个人魅力。无变化的声音是单调的,如同催眠曲,令人进入精神抑制状态,更达不到讲话的目的。因此,在与人交谈时,我们应根据谈话内容的变化,适当调整音调的高低,给人抑扬顿挫,高低变化的感受。谈话时,音量的控制也非常重要。太大的声音会让人反感,以为你在那里装腔作势;音量太小会使人听不清楚,以为你怯懦。一般来说,我们应根据听者距离的远近来调节自己的音量,达到最适合的状态。说话时一直保持同一种语速会使人产生听觉上的疲劳,打不起精神。因此,在与人交谈时,我们应把握说话的语速,不要太快或太慢,应追求一种有快有慢的音乐感。在主要的语句上放慢速度以示强调,在一般的内容上稍微加快变化。

📖 阅读材料:声音是沟通中最强有力的乐器

成功的美国总统都有着让人易于分辨的独特音质。演员出身的美国总统里根是幸运的,他得天独厚地拥有一副磁性的、音域宽广的好嗓音,再加上他那富有感召力的表演技能,仿佛并不费力就赢取了选民,轻松地挫败了在音质和形象上都不如自己的对手——民主党领袖杜卡斯。克林顿总统的声音独特、沙哑、浑厚,他知道如何运用这种略带嘶哑的声音去深入民心,他的表演天才让西方的心理学家认为,克林顿才应该获得奥斯卡大奖。在大选前,他铿锵有力、朝气蓬勃,听起来就是一个强有力的、可靠的、能带来朝气的、能够实现选民愿望的总统。但是,在莫妮卡·莱温斯基的性丑闻中,他强化了沙哑的声音,用疲惫的语调恳求民众:"请让你们的总统工作。"听起来让人们不得不原谅和同情他。以至于一个女观众在被采访时,几乎哭着呼吁媒体和美国人民:"请不要这样对待我们的总统!"

当我们从脸部表情、动作、言辞都无法掌握对方心态时,往往可从声调去揣摩其喜怒哀乐等情绪变化。可以说,声音是洞察人心的线索。它不仅能表现出一个人的性格,甚至就连这个人是俗是雅,是贵是贱,是刚是柔,是智是愚都能从声音上听出来。古人讲,心动为性,性分为"神"和"气",而性发成声。意思是说,声音的产生依靠空气,又和说话者当时的心理活动密切相关,轻重、长短、缓急、清浊的变化与人的特性也是息息相关的,这是闻声辨人的基础。

📖 阅读材料:闻声辨人

春秋时期,郑国的相国子产一次外出视察,突然从远处传来妇女悲痛的哭声。随从们看着子产,等候他下命令,去救助那位恸哭的妇女。不料,子产却下命令拘捕那位恸哭的妇女。随从们不敢违抗命令,遵令而行,逮捕了那位妇女,而那位妇女当时正在丈夫的新坟前哀悼亡夫。以子产的英明,绝不会无故对这位妇女动粗,其中缘由就是子产的闻声辨人之术。子产对随从们说,那妇女的哭声没有哀痛之情,反而含有恐惧之意,因此怀疑其中有诈。而审问的结果证实了子产的判断,果然这位妇女与人通奸,谋害了亲夫。

与陌生人初次交谈能否顺利,关键在于能否找到自己与陌生人之间的共同点。从共同点入手,往往使谈话更加顺利、愉快。寻找共同点,首先要善于观察对方的服饰、谈吐、行为举止等方面,从中捕获信息。与陌生人见面时,如果有人介绍,可以从介绍语中猜度彼此的共同点。例如在朋友的酒会上,主人会为你介绍新朋友,说明双方与主人的关系、各自的身份、工作单位、爱好等。这时,你可以从中寻找共同话题,例如你们都是某健身馆的会员,或者你们都是主人的同学,或者你们的孩子在同一所学校。这时,马上就围绕这个突破口进行交谈,相互认识和了解,以至双方变得亲热起来。发现自己与陌生人的共同点是不太难的,随着交谈内容的深入,共同点会越来越多。为了使交谈更有益于对方,必须一步步地挖掘深层次的共同点。

阅读材料:人际关系中的"亲和效应"

俗话说:"山不转水转。"在人际交往中,只要彼此留意,就不难发现双方有着这样那样的"亲""友"关系。在初次见面时,寒暄攀认某种关系,一见如故,就会立即转化为建立交往、发展友谊的契机。三国时,鲁肃见诸葛亮的第一句是:"吾,子瑜友也。"(子瑜是诸葛亮的哥哥诸葛瑾)这短短一句话,就奠定了鲁肃与诸葛亮之间的情谊。

巧遇故乡人,会倍感亲切,原本素不相识也很容易坐到一起,聊得分外开心。这种现象心理学称为"亲和效应",人们往往会因为彼此存在着某种共同或近似之处,感到相互更容易接近;接近后,又因此萌生亲切感。现实生活里,我们往往更喜欢与那些志向相同、利益一致,或同属于某一团体、组织的人做朋友,视为"自己人"。"自己人"之间的相互交往与认知必然在其深度、广度、动机、效果上,都会超过"非自己人"之间的交往与认知。所以,为了使自己的热情获得对方的正面评价,有必要在交往或服务的过程中创造积极条件,努力形成双方的共同点,从而使双方都处于"自己人"的情境中。

不论交谈的主题是否与自己有关,是否有兴趣,都应热情投入,积极合作。万一交谈中出现冷场,应设法打破僵局。常用的解决方法是转移旧话题,引出新话题。一般情况下,男子不要加入女士圈内的议论。谈话内容一般不要涉及疾病、死亡等不愉快的话题,不能谈论朋友的身体特征,不能嘲笑其他人的糗事,带有违背社会伦理、黄色淫秽、政治错误色彩的话题,也不适合交谈。

说话要看对象,因人而异。因此,表达者要了解谈话对象的性别、年龄、文化教养、个人经历、职业特点,甚至包括气质禀性、心理特征、兴趣爱好、语言习惯等。说话还要看场合,不可说些与特定场合不协调的话。比如庄严的场合口语表达也要庄重,轻松的场合口语表达也要轻快,悲伤的场合口语表达略带忧伤。

社交中,难免遇到应该拒绝别人的场合。如果处理不好,可能会让别人没面子,甚至反目成仇,心生嫉恨。巧妙的拒绝可以将不快轻松化解,让人识得进退,不好意思太过难为你。

阅读材料:巧妙的拒绝

晶娜年轻貌美,某客户一直想占她的便宜。一天,该客户又给晶娜打电话,鉴于该客户对公司的重要性,晶娜不敢得罪他,只好笑吟吟地说:"李总,要不待会儿我请您吃饭吧,然后我们三人到去剑馆玩玩。"客户一愣:"三人?击剑馆?我、你,还有谁啊?"王小姐故意压低声音说:"当然是我男朋友啊,我们说好了待会儿去吃饭。他是去年的击剑比赛冠军呢,而且极爱吃醋,待会儿您见了就知道了。"客户一听,愣了,说:"那你们玩吧,我今天不去了,还有事。"说完就挂了电话,以后再也没有骚扰晶娜。

二、聆听的礼仪

在人们面对面的交谈中,讲与听是对立统一的。古希腊哲学家苏格拉底说:"上天赐人以两目两耳,但只有一口,欲使其多闻多见而少言。"西方有句谚语说:"用十秒钟的时间讲,用十分钟的时间听。"多听少说,善于倾听别人讲话是一种高雅的素养。认真聆听对方的谈话,实际上是对讲话者的一种尊重,在无形中能提高对方的自尊心,使彼此之间的关系更为融洽。反之,对方还没有把将要说的话说完,你就听不下去了,这最容易使对方自尊心受挫。俗话说"沉默是金""言多必失",如果你对别人所谈问题一无所知,或未曾考虑,那么保持沉默,静静地倾听别人说话,可以帮助我们掩盖这些尴尬的场面。

当别人对你谈话时,应该正视对方以示专注倾听,听者可以通过直视的两眼、赞许的点头或手势,表示在认真倾听,从而鼓励谈话者说下去。在与别人交谈时,如果你的后背靠在椅子上或者沙发上,跷着二郎腿,那么在对方眼中你的姿态是不谦虚不严肃的。要将身体微微前倾,这是表示你对对方的话题感兴趣的身体语言。强调听人说话要专心静听,但并不是完全被动地、静止地听,而是要不时地通过表情、手势、点头,向对方表示你在认真倾听。若能适时插入一两句话,效果更好。如"你说得对""请你继续说下去"等。这样便使对方感到你对他的谈话很感兴趣,因而会很高兴地将谈话继续下去。

📖阅读材料:此时无声胜有声

某银行,有个业务量很大的客户,总抱怨银行营业员办理业务速度慢,服务态度差,要把账户转到别的银行去。行长亲自上门解释说明情况,他仍然坚持要把账户转走。后来又派了几位老员工去做工作,都垂头丧气地回来了,说那个公司的经理太蛮横。这时一个年轻人说:"让我去试试吧!"那些老员工见他要去,讥笑地说:"我们这些久经百战的人都吃了败仗,你一个毛头小子,人家还不把你打出来?"因为行长再也找不出合适的人选,只好答应让那个年轻人去试一试。

他是中午去的,到下午上班时才回来,行长迫不及待地询问结果,他微微一笑说:"妥了。不但如此,还请我吃了一顿午饭。"行长很吃惊,问他用啥高招把问题摆平的。他说:"很简单,我就坐在他的对面,用专注的目光看着他,耐心地听他发牢骚,但我一声不吭,等他发完了牢骚,我还是一声不吭,只是点头致意。"最后那位经理这样说:"你们那些人来,都是给我找借口做解释,好像有说不完的理由,只有你是认认真真地听完了我的话。其实我只是心里有气,想出出气罢了,转移账户也只是气头上的话,既然都把话说清了,也就算了,账户不转了,面子给你了。"说着午饭时间到了,那位经理非要请年轻人出去吃顿饭,临走时,还问:"小伙子,愿不愿来我们公司干!"行长百思不得其解,小伙子笑着说:"悄悄地听别人说话,比给别人讲一大堆理由省劲又见效,何乐而不为呢?这就叫此时无声胜有声。"

法国思想家伏尔泰说:"通往内心深处的路是耳朵。"倾听是捕捉信息、处理信息、反馈信息的需要。一般来说,谈话是在传递信息,听别人谈话是接受信息。一个好的倾听者应当善于通过交谈捕捉信息。听比说快,听者在聆听的空隙时间里,应思索、回味、分析对方的话,从中得到有效的信息。在人际交往中,很多人口中所道并非肺腑之言,他们的真实想法往往隐藏起来,所以我们在倾听时就需要注意琢磨对方话中的微妙感情,细细咀嚼品味,以便弄清其真正意图。

1. 假设同学们在街上遇见做生意的老乡,或在校园内与学姐交谈今晚社团活动内容,或在食堂内与老师谈论饭菜质量问题,请分组进行情景演练,自行设计台词,加强语言的运用训练。

2. 当一位来企业参观的外商,突然向你问起了我方的产量、产值一类不适宜问到的问题,告之以"无可奉告"固然能行,却也有可能使对方无地自容。在上面这种情况下,应怎么说才合适?

3. 在下列场景下,你会怎么说?

(1) 公共汽车上,你要把一个座位让给一位老人,可你刚站起来,一位打扮时尚的女士抢先坐了下来,你要提醒她站起来将座位让出,但又不能让她难堪,而是心甘情愿地让座,你该怎么说?

(2) 一次聚会上,你说了一个本以为很有趣的笑话,可是没人发笑,大多数人都表示已经听过了,你感到十分尴尬,这时你该说些什么呢?

(3) 当你与许多客人聊天时,有一位客人很不礼貌地揭你的短处,竭力挖苦你,你该怎样反击他?

学习任务 2 言语沟通技巧

下属都会犯错误,一名优秀下属的成长过程就是一个不断犯错误和不断改正错误的过程。如果管理者不懂得如何批评下属,就会降低员工工作的积极性,甚至形成对立面,造成人际关系复杂的局面。相反,如果管理者既给下属留面子,又恰当地批评指出下属的错误,会让其及时发现问题,迅速做出反应,找到正确的方向,以后不再犯类似的错误。

卡尔文·柯立芝于1923年成为美国总统。他有一位女秘书,人虽长得很漂亮,但工作时却常因粗心而出错。一天早晨,柯立芝看见女秘书走进办公室,便对她说:"今天你穿的这身衣服真漂亮,正适合你这样漂亮的小姐。"这句话出自柯立芝口中,简直让女秘书受宠若惊。柯立芝接着说:"但是你也不要骄傲,我相信你同样能把公文处理得像你一样漂亮。"果然从那天起,女秘书在处理公文时很少出错。一位朋友知道这件事后,便问柯立芝:"这个方法很妙,你是怎么想出的?"柯立芝回答道:"这很简单,你看见过理发师给人刮胡子吗?他首先要在人脸上涂些肥皂水,为什么呢?就是为了刮起来使人不觉得痛。"

当你赞美一个人时,意味着你尊重他,重视他。之后,你再提出批评,对他而言,你只是指出了缺点,并没有从根本上否定他,因此,他才会心无抵触地接受你的批评。在不改变疗效的情况下,不妨给药加点糖。因为有一点甜,苦更容易被人接受。

言语沟通是人生的必备,每一个人每天都在不停地与家人、同事、朋友的沟通中度过。言语沟通能力既是一种最基本的生存能力,又是一种可持续发展的能力,是职业能力中的关键能力。因此,掌握有效沟通的技巧,是取得彼此了解、信任,消除误解与分歧,产生和谐,排除阻力的良方。

📖 阅读材料:小姑娘的攻心之术

有一个十五六岁的小姑娘,因为家庭条件困难,小小年纪出来打工,没有社会经验,一进大城市就被人拐卖了。小姑娘被困在一个小房间里,当天晚上,就有一个四十多岁的中年女子打开门走了进来。小姑娘一颗心提到了嗓子眼,满心都是害怕与恐惧,但她还是强压着自己镇定了下来,她静静地看着那名妇女,笑了笑,叫了一声婶婶。听到这声叫唤,那位妇女呆住了。

小姑娘接着小心翼翼地说:"婶婶,我一看你就是个好人,你的年纪和我阿妈差不多,只是我阿妈比你要瘦多了,也苦多了。我从小就没有父亲,阿妈和我要种十几亩田,一年到头都在乡下种田,去年夏收的时候,她累了半个月,夏收一完,人就病倒了……"说着说着,小姑娘的眼泪哗啦啦地流下来。

那位妇女满脸涨得通红,短暂沉默之后,她转身出门,在关门的那一刻,对小姑娘柔声说道:"孩子,别怕,明天天一亮,婶婶就送你去车站,送你回家。"

人心都是肉长的,小姑娘的一句婶婶,唤醒了那位中年妇女沉睡的良心,谁知道她会不会想起自己家中那同样处于花季的女儿呢。接着,小姑娘给那妇女戴上一顶"好人"的帽子,并且,像一个真正的晚辈那样,跟对方说起了自己辛劳的母亲,孝心如此,怎能不令人动容。那位妇女心底的良知和同情被唤了出来,最后终于放过了这个不幸又万幸的女孩。

一、赞美的技巧

常言道:"良药苦口利于病,忠言逆耳利于行。"我们中国人不太习惯赞美别人,习惯于把对别人的赞美埋在心底,总是通过批评别人来帮助别人成长。其实,这个想法或许是错误的,赞美比批评带给别人的进步要大。赞美是人际交往中最能打动人心的语言,赞美之词犹如照耀人们心灵的阳光,让人感觉温暖而惬意。日本对于其经济在战后迅速发展的原因的解释是:"我们日本国民的一大优点是对外人不停地鞠躬,不停地说好话。"可以说,善于发现别人的长处,善于赞美别人是日本走向世界的一个重要原因。

📖 阅读材料:经济危机下,日本流行赞美他人

据"青年参考—中青在线"报道,经济危机之下,日本民众士气大挫,为了重获信心,最近日本兴起了"说好话"运动:在学校,老师越来越注意表扬学生;有不少人开设专门的讲座,教大家如何赞美他人;网上更是出现了赞美网站,只要将自己大致的个人信息输进去,就会出现源源不绝的赞美词。

京都市一家寿司店的老板上完赞美培训班后,每个星期都会挑一天,请店员互相赞美。效果立竿见影,不但店员之间感情更好,业绩更是节节高,营业额比起去年增长了10%。不过,这些培训班也特别提醒学员,对于不同的人要用不同的赞美方式。比如,男士对女同事和女下属的衣着外貌大加赞赏时,一定要把握分寸,免得让她们产生遭到性骚扰的感觉。赞美之风不仅在商界盛行,在教育界同样受到提倡,而且表扬要从小开始。日本一些幼儿园老师对孩子的最新教学方针,就是拼命称赞,卖力表扬,据说这样可以让孩子从小树立自信心。

当然、适时、适当赞美别人却不是一件易事,一定要掌握一些赞美的技巧。(1)赞美要发自内心。有很多人在赞扬别人时会感到羞涩,不好意思开口。其实,这没什么难为情的,只要真心表示自己的敬意就行,而那些平凡朴素的语言往往比华丽的辞藻更能打动人心。(2)赞美要适度。赞美并非溜须拍马,要真诚地赞美而不是谄媚地恭维,要注意分寸,掌握好度的问题。赞美过了头,不仅会让对方无所适从,还会引起在场的其他人的反感。(3)赞美要因人而异。俗话说:对症下药,量体裁衣。恭维也要因人而异。在爱漂亮的女孩面前,赞美她的打扮。在上班族面前,赞美对方的工作绩效。对于男人,最好从工作下手,称赞他的能力。年轻人自以为前途无量,如果举出几点证明他的前途不可限量,他一定十分高兴;如果称赞他父母如何了不起,他未必高兴。现实生活中,还有不少有识之士喜欢直言不讳,你越是指出他的不足,他越喜欢你,而你越恭维他却越讨厌你。同这类人交往时,恭维是需要慎之又慎的。(4)赞美要雪中送炭。生活中,最需要赞美的不是那些早已功成名就的人,而是那些因被埋没而产生自卑感或身处逆境的人。他们平时很难听到赞美的话语,一旦被人当众真诚地赞美,便有可能振作精神,大展宏图。因此,最有实效的赞美不是锦上添花,而是雪中送炭。(5)赞美要翔实具体。在日常交往中,我们经常听到这样的赞美词:"你这个人真好","你这篇文章写得真好"等。究竟好在哪些方面,好到什么程度,好的原因又何在,不得而知。赞美用语愈翔实具体,说明你对对方愈了解,对他的长处和成绩愈看重。让对方感到你的真挚、亲切和可信。

如果把赞美运用到企业管理中,就是人们常说的零成本激励。作为领导,首先应该明白自己员工的心理,其次,学会赞美下属。美国著名女企业家玛丽·凯曾说过:"世界上有两件东西比金钱更为人们所需——认可与赞美。"金钱在调动下属们的积极性方面不是万能的,而赞美却恰好可以弥补它的不足。因为生活中的每一个人,都有较强的自尊心和荣誉感。你对他们的真诚表扬与赞同,就是对他价值的最好承认和重视。而能真诚赞美下

属的领导,能使员工们的心灵需求得到满足,并能激发他们潜在的才能。打动人最好的方式就是真诚的欣赏和善意的赞许。要使人们始终处于施展才干的最佳状态,唯一有效的方法,就是表扬和奖励,没有比受到上司批评更能扼杀人积极性的了。批评使人知道什么是错的,但常常让人不知道什么是对的;表扬直接告诉人们什么是对的,尽管他可能不知道什么是错的;因此,表扬比批评更直接、更有效。

📖 阅读材料:赞美的力量

陶行知先生当校长的时候,有一天看到一位男生用砖头砸同学,便将其制止并叫他到校长办公室去。当陶校长回到办公室时,男孩已经等在那里了。陶行知掏出一颗糖给这位同学:"这是奖励你的,因为你比我先到办公室。"接着他又掏出一颗糖,说:"这也是给你的,我不让你打同学,你立即住手了,说明你尊重我。"男孩将信将疑地接过第二颗糖,陶先生又说道:"据我了解,你打同学是因为他欺负女生,说明你很有正义感,我再奖励你一颗糖。"这时,男孩感动得哭了,说:"校长,我错了,同学再不对,我也不能采取这种方式。"陶先生于是又掏出一颗糖:"你已认错了,我再奖励你一块。我的糖发完了,我们的谈话也结束了。"

法国总统戴高乐在1960年访问美国时,在一次尼克松为他举行的宴会上,尼克松夫人费了很大劲布置了一个美观的鲜花展台:在一张马蹄形的桌子中央,鲜艳夺目的热带鲜花衬托着一个精致的喷泉。精明的戴高乐将军一眼就看出这是主人为了欢迎他而精心设计制作的,不禁脱口称赞道:"女主人为举行一次正式的宴会要花很多时间来进行这么漂亮、雅致的计划与布置。"尼克松夫人听了,十分高兴。事后,她说:"大多数来访的大人物要么不加注意,要么不屑为此向女主人直接道谢,而他总是想到和讲到别人。"可见,一句简单的赞美他人的话,会带来多么好的反响。

韩国某大型公司有一位清洁工,本来可能是一位被人忽视、被人看不起的角色,但就是这样一个人,却在一天晚上公司保险箱被窃时,与小偷进行了殊死搏斗。事后,有人为他请功并问他的动机,他的答案却出人意料。他告诉大家,因为公司的总经理从他身旁经过时,总会不时地赞美他:"你扫的地真干净。"就这么一句简简单单的话,使这位员工受到了感动,并在关键时刻挺身而出。身为管理者,要经常在公众场所表扬佳绩者或赠送一些礼物给表现特佳者,以资鼓励,激励他们继续奋斗。一点小投资,可换来数倍的业绩,何乐而不为呢?

二、幽默的艺术

在现代人际交往中,幽默感越来越重要,甚至被誉为没有国籍的亲善大使。无论你从事什么职业,幽默都能使你顺利地度过困难的处境,在社交场合建立起和谐的人际关系,让你成为一个能克服障碍、乐观的、能得到别人喜欢和信任的人。我们都喜欢幽默的人,但并不是每个人都会使用幽默。然而,幽默是可以习得的。

📖 阅读材料:美国人抛出笑话公式

美国科学家通过笑话的实验,总结出了一个"完美笑话公式":$x=(fl+no)/p$。其中,x表示笑话的完美程度,f代表笑料的有趣程度,l表示笑话的长度,n表示听笑话者笑得前仰后合的次数，o表示引起尴尬的程度，p表示双关语的数量。x的值在0到200之间，200分的笑话就是最完美的笑话。针对这一笑话公式，有中国学者称："这才是一个笑话。"

对生活丧失了信心的人不可能去运用幽默的资源，整天垂头丧气的人也无法体会幽默的妙用。因此，幽默的人首先应该充满对生活的期望和热爱，自信地对己对人，他应该快乐起来，即使身处逆境。要使自己变得幽默，快乐是幽默的源泉，保持快乐，不仅可以常给自己幽默，还可以让别人幽默起来。怎样才能保有快乐呢？秘方之一是自娱自乐。这一点每个人都会，但最好不要应付了事。即使心情忧郁时，找点自己愿意做的事，给情绪添点欢乐的色彩。"'趣味思想'这四个字意味着精神鼓励，可以安慰焦躁的症状。它是一种态度、一种心境，其重要价值在于帮助我们以真实的自我来生活。"艺术家兼演说家毕更斯这样解释趣味思想。趣味思想能有力地化解怨恨，拥有幽默力量的人随意想想事情趣味的一面，就不会怨天尤人，自寻烦恼。

睁大眼睛，竖起耳朵，收集幽默的资源。幽默是可以学习的，因此为了开发自己的幽默资源，就必须先进行"投资"。多读些民间笑话、讽刺小说，多看一些喜剧，多听几段相声，随时随地收集幽默笑话。你可以将幽默、有趣的文章剪贴，并加以分类归档。周围世界中充满了幽默，你得睁大眼睛并且竖起耳朵去倾听，去寻找。有一则生活中极幽默的广告语："欢迎顾客踩在我们身上！"这是瓷砖和地板商店门口的广告。

提高观察力和想象力，善于运用联想和比喻，善于从另外的角度看问题。人们倾听的时候，都有一种心理预测，你说了上一句，他心里已经在预测你下一句要说什么。如果所讲的内容不出所料，他会感到平淡无奇，甚至索然无味；如果所讲的内容出乎意料，并令他感到新鲜奇妙，幽默感便应"话"而生了。

幽默若运用得好，自然妙趣横生，效果良好，如运用得不妥，则会降低幽默艺术的功效，甚至产生副作用。人性中有一种弱点，即大都不愿被人当作取笑的对象，尤其是有心理和生理缺憾的人在这方面特别敏感。如果你能主动把自己作为笑的对象，那么就能避免暴露上述弱点，成功的幽默经常是自嘲的。说笑话时，真正安全和适宜的话题还是你自己。不少人认为话题还可以扩展到自己的配偶、父母或孩子身上，但切记别走得太远了。戏谑调侃是一种攻击性比较强的幽默方式，在人际交往中，这种幽默适用人群较窄，只适用于关系密切、亲近的双方之间。在使用这种幽默时，要找好对象，确保彼此之间相当熟悉、关系密切。

阅读材料：自我调侃的妙处

美国著名学者赫伯·特鲁在《幽默人生》一书中，把自嘲列为高层次人的幽默，因为它需要开阔的胸怀和高度的智慧。自我调侃有三种。

一是嘲弄自己的短处如自己的长相。20世纪60年代，我国乒乓球运动员徐寅生有一篇关于怎样打乒乓球的讲话，影响很大。在讲话的开头，徐寅生就以调侃的语调讲到自己脸上的痣，他说，大家常说我打球时是"智多星"，其实我不过是脸上多长几个痣而已。一下子把大家对他思维特点的称赞和他脸上并非优点的痣扯到了一起。在毫无联系之处找到一种暂时偶然的联系，以冲淡对他讲话的过高心理期待，以表现他对自己被公认的优点不以为意的态度，来沟通他与听众之间的感觉和情感。

自我调侃的第二种方法是调侃自己的长处,更是幽默感的凝聚,即使对自己的某种得意,也运用自嘲的方法巧妙地表达。美国幽默大师作家班奇在一次演讲中说,他花了15年的时间才发现自己没有写作的天分,可是这已为时太晚,他已无法放弃写作,因为自己太有名了。明明是一种自鸣得意,却让听众在放松的笑声中,对其产生自然而然的认可。

还有一种自我调侃就是故作蠢言,有意地讲些显而易见的荒谬的话。在一次聚会上,卓别林要来了一把苍蝇拍,追打一只在他头上飞的苍蝇,好几下都没有打着。不一会一只苍蝇停在他面前了,卓别林举起了苍蝇拍,正要给它致命一击,忽然停住了手。他仔细看了一会,把苍蝇拍放下了。人们问他为什么不打。他耸了耸肩膀说:"这不是刚才缠着我的那一只。"卓别林的故作蠢行使得与会者感到与他更平等了,与他交谈更加自在,更加自由了,幽默的价值就在这里。

中国古代有一本专门研究笑的专著叫作《半庵笑政》,其中有一篇介绍"笑忌",除了指出切忌"刺人隐事""笑中刀""令人难堪"以外,还特别指示不可"先笑不已"。因为幽默的趣味既不是一种单纯的情感,也不是单纯的智慧,它是一种复合的东西,其中包含着荒诞与机智、同情与隔膜之间的对比或反差,一面讲,一面笑,就会减少这种反差,明明很可笑,而讲故事的人却显出很笨拙、很迟钝的样子,无疑就增加其中的反差,自然也就增强了幽默的功能。法国作家萨马·吉特里在评论卓别林时这样说:"卓别林使我们笑得热泪盈眶,他能令人不得不笑,他能使安格鲁人、撒克逊人、拉丁语系人、斯拉夫语系人、中国人、黑人,老老少少都发笑。然而他的幽默是并不完善的,因为有一个人从来不笑,这个人就是卓别林本人。"吉特里在这里用俏皮话说出了他对卓别林的最高赞赏。

1. 观看电影《小孩不笨》,写一篇以赞美为主题的观后感。
2. 常用的幽默方法有哪些?请举例说明。

学习任务3 演讲的礼仪要求

我国伟大的民主主义革命先行者孙中山先生在致力于民主革命40年间,始终以演讲为武器启迪和呼唤民众投身于民主革命。正如后来许多参加辛亥革命的老人回忆道,他们之所以参加辛亥革命,就是因为听了孙中山先生激动人心的演讲。

古罗马统帅恺撒被以布鲁图斯和卡西乌斯为首的密谋者刺杀。布鲁图斯为了掩盖其不可告人的罪行,在当众演讲中颠倒是非,恶毒地诋毁恺撒是暴君、独裁者,轻信的听众便一致叫喊"杀得好"!而恺撒生前的执政官安东尼在演讲中历陈恺撒的功绩,说明他是宽厚的君主。他真诚的情感影响了听众,使他们转变了原来的成见,并愤怒地烧了布鲁图斯的家。

1944年6月,盟军司令官蒙哥马利元帅在诺曼底登陆中对担负突击任务的士兵发表的演讲,对士兵产生了极大的鼓舞。他说:"你们在干一件无与伦比的大事业。世界将通过你们完全变一番模样,历史将为你们树立一座丰碑,写上:你们是迄今最优秀的军人!"他的话顿时激发了士兵们无畏的战斗精神,士兵们高呼:"元帅的贝雷帽和演讲给了我们扑向死神的力量。"

常规意义上的演讲,又叫演说或讲演。它是当众进行的一种正式而庄严的讲话,旨在向听众就某一事件、某一问题发表个人见解,或是论证某种观点。早在我国春秋战国时期,演讲风气就盛况空前,像孔子、孟子、苏秦、张仪等,都是能言善辩、才学出众的人物,实际上也就是一些很了不起的演说家。那么,为什么演讲从古至今,绵延不衰,方兴未艾?其重要原因,就是它有着强烈而广泛的社会作用,有着不可估量的社会价值和极其深远的历史意义。正因如此,古往今来,从中到外,演讲无不被人们所重视、所利用,发挥着它独特的、巨大的作用。

📖 阅读材料:张帝即兴演讲"救场"

1993年的"9.23之夜",北京电视台在五洲大酒店设立直播现场,首都各界名人应邀出席。一旦北京申奥成功,这里狂欢的画面将通过卫星传到全世界。北京时间9月24日凌晨2点15分,国际奥委会主席萨马兰奇出现在屏幕上,所有在电视机前的中国人都期待着他说出"北京"两个字。老萨确实说了,但他是用英语说的"感谢北京……"。有人仅仅听到了"北京"就以为申办成功了,旋即开始了狂热的欢呼,情绪传遍全场,人群沸腾了,记者一拥而上准备采访……

应邀做压轴演出的台湾"急智歌王"张帝先生也沉浸在狂喜之中。但他突然发现CCTV的转播屏幕上是悉尼街头的欢呼场面。他的心一揪,赶忙告诉周围:"冷静,可能有误!"场上静得一点声息也没有了。张帝艰难地站起来,这位见多识广、阅历丰富的歌王,那张饱经沧桑的脸上表情异常复杂。

"各位,刚刚一听到北京,我的心多么狂喜,我以为我们得到了这份荣誉;但最后的结论是悉尼。可我要说,其实北京已经胜利了,真的!我们赢了!(场内爆发出热烈的掌声)各位从电视转播中看到,北京已经成为世界的焦点,奥运重在参与,我们已经走上国际舞台,这就是我们的骄傲……"

张帝炉火纯青的圆场,给全世界华人找了台阶,救了场子。

一、演讲时的礼仪

同样都是运用语言进行交流，演讲与交谈大有不同。交谈的主要特征是：谈话双方需要双向沟通，双向交流。而演讲的主要特征则是：演讲者在演讲时完全可以单向思维、单独表达，而不受外界的任何影响。但是，这并不意味着演讲可以不讲规则、随意表述。

📖 阅读材料：如何克服演讲中的胆怯心理

很多年以前，美国做了一项调查，询问了很多美国人，你一生中最怕的事情是什么？最终得出了一个结论：排名第一的居然就是在众人面前表达自己的观点，或者在众人面前演讲。在现实生活中，健谈者多矣，但一上讲坛，却无话可说了，很大的一个原因就是胆怯心理作祟。林肯曾说："我相信，我若是无话可说时，就是经验再多、年龄再老，也不能免于难为情。"这句话说得很深刻。要进行精彩的讲解，就必须有成功的准备。

有些人面对即将到来的讲解，感觉就像如临大敌，有着诸多的担心，比如总是担心演讲时会突然地停顿，讲不下去了。这是一种反面的假想，它很可能会抹杀对讲解的信心。面对这种情况，可以使用积极自我暗示的方法。心理学研究表明，暗示对人的心理影响是极大的。多学会给自己一种积极放松的暗示，用"我一定可以做得很好""我一定可以超常发挥"等肯定自己的短句。在平时休息之余，多和自己交流，不断地强化必胜的信念与信念。时间长了，就会发现这种积极的心态就会成为自己的一种思维习惯。

演讲者上台的第一件事，不要急着自我介绍，最好与在座的每一位听众有一个目光交流。当你微笑着与每一位听众目光交汇后，听众们往往也会以微笑作为回报；而听众的微笑是缓解压力的最好催化剂。在开始讲解之前，深呼吸 30 秒，这样所增加的氧气供应可以提神，并能给你勇气。演讲者还可以做做肌力均衡运动，比如可以先握紧拳头，然后松开；也可以固定脚掌，压腿，然后放松，借此能更好地放松整个身心。

演讲中，如果发生了怯场现象，如何消除紧张心理？卡耐基的最基本经验是："你要假设听众都欠你的钱，正要求你多宽限几天；你是神气的债主，根本不用怕他们。"把身体站直，然后开始信心十足的讲话吧！这种心理作用对演讲者大有帮助。

（一）精彩亮相

演讲前，一定要精心修饰仪表，细心选择服饰。演讲者的服饰应以整洁、朴实、大方为原则。男士的服装一般以西装、中山装、青年装为宜。女士不宜穿戴过于奇异精细、光彩夺目的服饰，服装过于艳丽，容易分散听众的注意力。另外，进行重要演讲前，应进行充分的休息，以保证自己在演讲时精神焕发，神采奕奕。

万事开头难，一次演讲如果不能拥有出色的开场白，就可能意味着失败。演讲的开端，最忌讳陈词滥调、平淡无奇，所以在其开始时，一定要安排好开场白，以求先声夺人。演讲的开场白并没有固定模式，可以灵活运用以下形式进行开场白。

提纲式开场白。演讲开始前，可以先把自己要讲的问题扼要地介绍一下，使听众有个整体的认识，然后顺藤摸瓜，脉络清楚，一气呵成。

向听众提问式开场白。在演讲开头向听众提几个问题，让听众与你进入一个共同的思维空间进行思考。如果演讲人的问题提得好,听众自然会格外留神,等待富有见解的答案。

即兴发挥式的开场白。演讲者可根据会场气氛,拟一段即兴开头,这可以把演讲者与听众一开始就紧紧地联系起来,使听众在感情上产生共鸣。

引起听众好奇式的开场白。即把一些与演讲内容有关的罕见的问题先提出来,使听众产生一种非听下去不可的兴趣。如果有一个与演讲内容有关的有趣的故事,也可用它作为开头。

(二) 有礼有节

几位演讲者同时进入会场,不可在门口推托谦让,而应以原有的顺序进入会场。坐下前,如有人陪同,要等陪同人指示座位,并应与其他演讲者同时落座,先人而坐有失礼节。在主持人介绍后,演讲者向主持人颔首微笑致意,然后稳健地走到讲坛前,自然地面对听众站好,向听众行举手礼、注目礼或微微鞠一躬,尔后以亲切的目光环视听众,以示招呼,并借以镇场。

演讲中对听众的称呼有泛称和类称两种,泛称是指具有广泛性、能普遍使用的称呼,如同志们、同胞们、朋友们等;类称是指具体适用于某一类别的称呼,如领导们、同学们、战友们等。使用泛称还是类称,应灵活把握。

演讲时,演讲者的站位不但要考虑演讲时活动的方便,更要考虑听众观察演讲者的方便。要讲究站立的姿势,站姿得当,会显得英俊干练,生气勃勃,给人美感。目光照顾到全场,落到每位听众的脸上,让听众觉得有眼神交流。

(三) 修饰语言

演讲的语言,应当生动、形象、风趣、幽默。为避免演讲枯燥乏味,演讲时一定要做到深入浅出,坚持理论联系实际,善于采用现实生活中的生动事例对深奥的理论进行形象的诠释。要是动辄名词术语,要么条条框框,纵使有满腹经纶,也难以为自己的演讲找到听众。可以多举案例,多打比方,但不应庸俗无聊,格调低下。

📖 阅读材料:总统的语言"化妆师"

在面对镜头或公开演讲时,美国总统似乎都能口若悬河,妙语连珠,一些名言佳句还广为流传。事实上,这种口才并非完全是个人成就,而更多的是集体创作的结果。历任美国总统都有专门的写作班子,这些白宫写手才是造就总统口才的幕后功臣。

肯尼迪是公认的美国历史上最擅长演讲的总统之一,而他的撰稿人特德·索伦森功不可没。1961年1月10日,索伦森向肯尼迪递交了一份长达6页的就职演说讲稿。这份精心打造的讲稿后来经过肯尼迪的演说而获得巨大成功,成为西方政要演说中的名篇。肯尼迪就职演说中最著名的一句"不要问国家能为你做什么,而要问你能为国家做些什么",就是特德·索伦森加进去的。

演讲中,要注意克服以下不美的演讲语言:无意义的杂音、鼻音;语调矫揉造作;过多方言、外来语;不堪入耳的粗语;习惯赘语如"这就是说""反正"等;夸大其词的语言;吞吞吐吐的语言。

演讲者的音量大小要根据会场的大小和人员的多少而定。既不要过高,也不要过低。

过高易失去自然和亲切感,过低会使会场出现不应有的紊乱。与此同时,演讲者还应控制自己演讲的节奏与声调,力求使之悦耳动听,抑扬顿挫。

进行演讲时,高明的演讲者往往都善于声情并茂,以适当的表情、神态、语调、动作与演讲的内容相互配合。但应当注意的是,演讲时表情、神态、动作过度夸张,与面无表情、神态漠然、动作呆板一样,都是不适当的。

在演讲中,切忌言辞空洞,空话连篇。美国曾有一位名叫爱尔德尔的参议员,被人戏称为"啰嗦先生"。在一次立法通过的辩论会中,竟高谈阔论了5天时间,东拉西扯,信马由缰,让人不知所云。有人统计说他在台上共踱步了75公里,打了一万多个手势,喝了40升饮料。

(四)善始善终

一场优秀的演讲,不仅要有良好的开端,而且要有一个好的结局。任何演讲,都忌讳耗时过长。一般的演讲,应控制在一刻钟之内,最长也不宜超过一小时。结束演讲时,不但时间上要限制,而且内容上也忌讳反复铺陈,说来道去。在演讲结束之际,高明的演讲者往往要留下一定空间,使听众意犹未尽,回味无穷。

演讲者演讲完毕走下讲坛时,应向听众点头示意或稍鞠一躬,然后含笑退场。退回座位时,不要过于激动、匆忙,或洋洋得意,或羞怯、忸怩。如果掌声经久不休,演讲者应再次上台表示谢意。演讲全部结束后,演讲者可由主持人陪同先行退场。听众出于礼貌,或站起身来,或热情鼓掌,这时演讲者同样也要热情回应,或鼓掌或招手以致意,直至走出会场。

二、礼仪性演讲的基本要求

在现实生活中,我们每个人都可能被要求做一些礼仪性的演讲。要巧妙、有效地从事这些演讲,讲者除了熟谙于演讲的一般理论或技巧外,还应了解有关这些特殊境遇下的演讲的技艺。

(一)欢迎词、欢送词

欢迎词,是指客人光临时,主人为表示热烈的欢迎,在座谈会、宴会、酒会等场合发表的热情友好的讲话。欢送词是行政机关、企事业单位、社会团体或个人在公共场合欢送友好团体回归或亲友出行时的致辞。欢迎词和欢送词一样,口语性是它们的显著特点。遣词造句也应注意使用生活化的语言,使送别既富有情趣又自然得体。致欢迎词时,首先要对到来者表示出自己衷心欢迎的态度;致欢送词时,依依惜别之情要溢于言表,当然格调也不可过于低沉,尤其是公共事务的交往更应把握好分别时所用言辞的分寸。

(二)开幕词、闭幕词

开幕词是在一些大型会议开始时由会议主持人或主要领导人所做的开宗明义的讲话。它具有宣告性、提示性和指导性。闭幕词是一些大型会议结束时由有关领导人或德高望重者所做的讲话。具有总结性、评估性和号召性。开幕词的特点有以下两点。(1)简明性。开幕词要简洁明了、短小精悍,最忌长篇累牍,言不及义,多使用祈使句,表示祝贺和希望。(2)口语化。它的语言应该通俗、明快、上口。闭幕词的特点有以下四点。(1)总结性。闭幕词是在会议和活动的闭幕式上使用的文种,要对会议内容、会议精神和进程进行简要的总结并做出恰当评价,肯定会议的重要成果,强调会议的主要意义和深远影响。(2)概括性。闭幕词应对会议进展情况、完成的议题、取得的成果、提出的会议精神及会议意义等进行高度的语言概括。因此,闭幕词的篇幅一般都短小精悍,语言简洁明快。(3)号召性。为激励参加会议的全体成员实现会议提出的各项任务而奋斗,增强与会人员贯彻会议精神的决心和信心,闭幕词的行文充满热情,语言坚定有力,富有号召性和鼓动性。(4)口语化。闭幕词要适合口头表达,写作时语言要求通俗易懂、生动活泼。

(三) 祝贺词、答谢词

在社交活动中,不要轻易地放过每一个可以向自己的交往对象表示好感、敬意与尊重的时机。同事立功、获奖、升职、晋级,协作单位成立、开业、周年庆典等,都可以致辞祝贺。准备贺词,要以"恭喜"为首要内容。在贺词的字里行间,要自始至终充满热烈、喜悦、愉快、激动的气息,要使自己所讲的话中满怀着热情。获得奖励、被授予荣誉称号、本单位举行庆典、事业上取得了重大成就的时刻,都应当向来宾或在场者致辞答谢。在致答谢词时,叙事要清楚,对他人的感激要不厌其烦地一一说清楚,道明白。最后,别忘了找出一些自己的不足,以及今后努力的方向,借以请求各位继续关照自己。

📖 阅读材料:谭咏麟的获奖感言

"我获奖,证明我付出的努力和你们的支持没有白费。对今次的奖,我特别珍惜。但是我每次获奖,都会有是非,因此,这将是我在乐坛最后一次领奖。多年来,我拿过许多奖项,我现在把机会让给别的新人。我希望有更多新人为乐坛带来新的冲击。我希望你们了解我,也都谅解我,日后,还支持;给我掌声和鼓励,这是给我的最大奖,这个奖,我是会永远永远摆在心里面的。"说完,谭咏麟含着热泪深深地向观众鞠躬,并演唱了那首答谢歌迷支持的《无言感激》。

上面,我们扼要介绍了几种常见的礼仪性演讲。当然,类似的演讲在生活中还很多,我们这里只是聊举数端而已。总之,你在运用演讲的一般理论和技巧时,要认清自己演讲境遇的基本要求,并选择适合于该演讲境遇的内容和方法。

课后练习

1. 观看电影《国王的演讲》,学习演讲礼仪。
2. 下面这篇毕业典礼上的答谢词,存在一些不足,请指出并修改。

老师、同学们：

  我们结束了在大学的美好生活，即将离开这美丽的校园，奔赴工作岗位。三年来，承蒙你们的热情关照，今天又设宴为我们送行，我们谢谢了。

  三年来的学习生活，苦辣酸甜，不容易呀！虽然我们对学校有许多不满，今天就不提了。希望学校能越办越好。

  今天，我们怀着眷念之情与朋友们惜别，我希望同学们保持联系。

  刚才听了校长的一番谆谆教导，我们倍受鼓舞。决心在工作岗位上好好工作，早早发财，报答老师和学校。

  最后，我代表全体毕业班同学，向老师和同学们表示感谢！

第七讲　日常生活礼仪

礼仪不是抽象的东西,它贯穿于我们日常生活中的点点滴滴,可以说是举手投足、一言一行皆有礼仪。日常生活礼仪对人的要求和约束可谓入幽探微、无微不至;我们学习这些礼仪,就是要使自己不要成为粗枝大叶、不衫不履的"俗人",当然也不要使自己成为无所适从、谨小慎微的"正人君子";而是要使自己成为具有高尚道德情操、举止优雅的"谦谦君子"。

学习任务1　家庭生活礼仪

到英国留学的一位中国留学生,住在一个叫坎贝尔的老人家里。坎贝尔夫妇待人热情大方,他们只是象征性地收留学生几英镑的房租。没过几天,这位留学生就感觉坎贝尔先生对他的态度有些转冷。一天晚上11点多,他从学校回来,洗漱完毕刚想脱衣睡觉,坎贝尔先生蹑手蹑脚地走进他的房间,说道:"孩子,你们中国人半夜回家时,不管父母睡没睡觉都使劲关门,噼噼啪啪地走路和大声咳嗽吗?我太太有失眠症,你每次晚上回来都会吵醒她,而她一旦醒来就很难再睡着。因此,以后你晚上回来如果能安静些,我将会非常高兴。"不久后的一天中午,这位留学生从学校回来刚坐下,坎贝尔先生就说:"孩子,你小便的时候是不是不掀开马桶的垫子?这怎么行?难道你不知道那样会把尿液溅到垫子上吗?这不仅仅是不卫生,还是对别人的不尊重!"坎贝尔越说越激动,"替别人着想,顾及和尊重别人,这是一个人最起码的修养,而修养正是体现在小事上。"

家庭是我们休憩的港湾,是人生中最重要的灵魂家园,也是一切思想与行为产生的源头——礼仪、教养、价值观、道德规范、社会伦理等。家庭礼仪是最基础的礼仪,个人礼仪的养成并非一蹴而就,根基就在于家庭环境的熏陶和父母的教养。可以这样说,礼仪从家庭始。家庭礼仪是维持家庭生存和实现幸福的基础,在现代社会生活中发挥着重要的作用,它能调节家庭成员之间达成和谐的关系,也有助于社会的安定、国家的发展。

一、家教与家风

习近平同志指出,"不论时代发生多大变化,不论生活格局发生多大变化,我们都要重视家庭建设,注重家庭、注重家教、注重家风"。中华民族自古以来就重视家庭、重视亲情。这三个"注重",是中国人千百年来遵行的优良传统,也是维系中华精神的一块文化基石。

在古代中国,由于社会教育不发达,人的成长往往依赖家庭教育。《周易·家人》中说:"正家而天下安矣。"《礼记·大学》中也明确提出:齐家、治国、平天下。由此可见,中华民族自古以来就十分重视家庭的教育。家庭教育是礼仪文化的启蒙阶段,我国历代思想家、教育家都极为重视礼仪教育,将其视为少年儿童的必修功课。孔子就曾谆谆告诫自己的儿子:"不学礼,无以立。"朱熹曾在《童蒙须知》中从礼服冠履、言行步趋、洒扫涓洁、写字读书等方面对儿童礼仪做出过严格规定,明代王阳明也将学习礼仪列为儿童每日的必修课程。虽然当代对于青少年儿童的礼仪教化已不及古代社会烦琐和严格,但礼仪教育仍然是家庭启蒙教育的重要内容之一,并渗透入生活能力教育和文化知识教育之中。2016年第一届全国文明家庭表彰大会上,习近平同志指出,家庭是人生的第一个课堂,父母是孩子的第一任老师。家庭教育涉及很多方面,但最重要的是品德教育,是如何做人的教育。要把美好的道德观念从小就传递给孩子,引导他们有气节和骨气,帮助他们塑造美好心灵,促使他们健康成长。

家风就是一个家庭中所有成员具有共识性并且可以世代相传的价值理念,以及所有家庭成员共同遵守并且可以世代相传的行为准则。家风的形成是一个历史的过程,常常是家庭或家族中社会影响大并在家中有绝对权威且有一定文化素养的长辈,总结自己一生的经验教训,给后辈留下的忠告——包括必须做什么、应该做什么和不可以做什么。同时,中华民族的传统文化是一个特别强调自省和操行的文化。因此,前辈的忠告常常会被进一步抽象,提炼成一些极富哲学意义的名词或形容词,经过符合音律学规则的排列,有助于后辈记忆和传承。但不可否认,家庭层面的道德约束正在日益弱化,父辈和祖辈对子辈或孙辈的影响越来越小,社会层面的影响正在变得越来越强大。譬如信息化、高科技的迅速发展,年轻人获得资讯的方式与父辈、祖辈已迥然不同,传统的父子相传、祖孙教习相传的信息传递方式已经基本不适用。另外,在中国传统社会,家族依靠儒家思想为主要内涵的家风,完成家族成员的文化濡染和个体的社会化。随着宗族观念的淡化,尤其是现代社会"小家庭时代"的到来,传统家风无疑受到冲击。因此,如何让中华好家风在现代社会得到传承和弘扬,是摆在我们面前亟须破解的一个课题。

阅读材料:家风家训

古今中外优秀的家风创造者、追随者写就的各类家训、家书、家史,是现世的我们捕捉家风最好的风囊。北齐思想家颜之推在总结前人家庭教育经验基础上,撰写了《颜氏家训》,是我国现存最早的家庭教育专著。此后,各朝各代几乎都有反映家训、家风教育的书籍。宋朝陆游的《放翁家训》、清朝朱柏庐的《治家格言》以及近代傅雷的《傅雷家书》等,都展示了家庭良好的家风,其治家经验在当下仍具借鉴意义。

三国蜀刘备之子刘禅被人讥讽为"扶不起的阿斗",但刘备遗诏中"勿以恶小而为之,勿以善小而不为"的教子名言,传诵至今。蜀相诸葛亮的《诫子书》可谓千古流芳的佳作,其中"非淡泊无以明志,非宁静无以致远"不知是多少人的座右铭。清代民族英雄林则徐抱定父亲对他"齐家治国平天下此等事儿曹任之"的教训,为国家兴盛和富强鞠躬尽瘁,"苟利国家生死以,岂因祸福避趋之",是他拯世救民的品德写照。清朝曾国藩虽位列三公,却鄙视特权,注重子女的家教,"爱之以其道",使子孙个个成才。

二、家庭成员间的相处之道

《中庸》说,"仁者人也,亲亲为大","仁"就是爱人,首先就是爱自己的亲人,处理好家庭关系。家庭关系主要包括父子关系、夫妇关系、兄弟关系,因此儒家提出相应的礼仪就是父慈子孝、夫义妇顺、兄友弟恭。家是小小国,国是放大的家。爱家自然会延伸推广至爱国,有助于弘扬爱国主义的理念。"不幸的家庭有各自的不幸,幸福的家庭却一样幸福。"这里所说的幸福是建立在礼仪的基础上的。"相敬如宾、白头偕老"阐明的就是夫妻间也要有礼节才能幸福一辈子的道理。"父子和而家不败,兄弟和而家不分,乡党和而争讼息,夫妇和而家道兴",可见"和"是关键。这个"和"用今天的话来解释,也就是相互谦恭有礼的意思。

阅读材料:我爱你

当飞机撞上五角大楼时,银行家爱德华被困在南楼51层,他清醒地意识到自己没有生还的可能。他拿出电话,拨打了第一个电话,还没有接通,房屋已经开始坍塌,他意识到没什么时间了,便挂断拨出了第二个电话,但是他又想起还有更重要的事情,便挂断拨出了第三个电话。9·11事件后,爱德华的律师迈克和他的同事在事件发生时接到了他的电话,但是都没有听到爱德华的声音,他们查了查,发现他生前打出了三个电话,他的律师迈克来到洛珊基爱德华的家中,他的母亲哭着说爱德华的最后一个电话是打给她的,他的律师迈克说:这关系到他生前的巨大财产归属,所以我有权知道电话的内容。爱德华的母亲说:爱德华的遗言对你毫无用处,他已经不关心他的财产了……迈克知道了电话内容,含泪告别了这个痛失爱子的母亲。第二天,美国著名报纸在头版头条刊登了一位美国公民的生命留言:妈妈,我爱你。

麦克斯威尼是撞入世贸南塔的联合航空175航班的乘客之一,他在出事前给妻子留下电话录音,说道:"听着,我坐的客机被劫持,我只想你知道我爱你,我要你以后过得好,我完全地爱你。"

能在遇难前与至爱隔空道别也算是较幸运的,鲁尼给妻子打来电话时仍身处世贸大厦105楼,鲁尼不断低声对妻子说"我爱你"。埃克特起初以为丈夫能逃过一劫,直至一声巨响,鲁尼被埋在倒塌的大楼中。

在中国,孝的观念有非常悠久的历史,早在甲骨文中就出现了"孝"字,而且本意与现代流传的意思基本相同。《诗经》中有"哀哀父母,生我劬劳""哀哀父母,生我劳瘁"的咏叹,充分表达了对父母养育之恩的感激之情以及对父母的孝义。很多时候我们有选择的权利,但我们却不能选择自己的父母。相反,是父母用爱选择了我们。无论如何,请记得感激父母,感恩亲情。可是,因为父母的爱太无私、太常见,就如空气一样无时无刻不萦绕在我们身边,所以常常被我们忽略。

📖 阅读材料:《爱父母》演讲稿(节选)

苏州一个小姑娘跟自己的母亲吵架,妈妈告诉她:"孩子,你都上高中了,妈妈下岗后给人家做清洁工一个月才八百块钱,你考这么少的成绩妈妈多难过。"女儿说:"妈妈我不是故意的,我马虎了嘛。""孩子,如果妈妈马虎了,人家一分钱都不给啊……"女儿把门一摔,就离家出走了。多么小的一件事情,十几年的养育之恩呐!就这样轻轻一摔就可以放弃。妈妈发动家里所有的人去找。晚上八九点钟了,小姑娘一个人走在江边,她又冷又饿,流着眼泪恨着自己的妈妈。走到一个大排档,小姑娘眼泪汪汪地站在那里。老板端了一碗面条:"孩子,是不是跟家里吵架了?把这个吃了,赶快回家吧。"小姑娘接过面条,狼吞虎咽地吃着,忽然"扑通"一下给老板跪下了:"老板呐,你是我的恩人,我要感谢你,你比我妈妈好多了!"老板听过以后说:"孩子,就凭你这句话,这碗面我都不该给你吃啊!我们俩素不相识,你连我姓什么叫什么都不知道,我就给了你一碗面条,你就能这样地感谢我。你妈妈把你从小养到大,吃了那么多苦,你怎么不感谢她啊!"孩子恍然大悟,跑回家里,看到妈妈晕倒在床上。正所谓儿行千里母担忧,母行万里儿不愁。同学们,你们要好好对待父母亲,不要让人家说"可怜天下父母心"啊!

常常有人认为孝就是赡养,只要让父母吃饱穿暖,衣食无忧就是尽了孝道。这种看法并不正确。孔子早就敏锐地指出:"今之孝者,是谓能养。至于犬马,皆能有养;不敬,何以别乎。"如果对父母只有生活上的供养,却没有应有的敬意,那么和养动物又有什么区别呢?曾子认为,孝分为三个层次,生活上照顾父母仅是最低的层次,较高层次的孝应该是不要因为自己的错误使父母蒙羞,而对父母能够一生保持尊敬之心则是孝道的最高境界。

📖 阅读材料:董事长的孝心

周董是一位坐拥几十亿资产的董事长,他80多岁的老父亲住在乡下。每到空闲的时候,周董都要去看望老父亲。他说,看父亲主要做两件事:一是陪父亲睡觉听他讲故事。老父亲喜欢讲自己年轻时候当兵打仗的往事,可是这点陈芝麻烂谷子的事不要说儿孙,即便是村民也是人人尽知。所以每当老父亲旧事重提,往往会被人打断。所以周董每次回家都要央求和父亲睡一晚,让父亲给他讲故事。周董说,每次陪父亲睡觉后都能发觉父亲第二天特别快乐。二是给父亲零钱陪他搓麻将。老父亲喜欢搓麻将,可输的时候居多,尽管一天输不上五元钱,但老人还是会怄气。周董说,如果给父亲五十元和百元的整钞,他总是存起来舍不得用,所以他每次回家都特意准备一些零钱。故意跟老父亲说,零钱放着很麻烦,又没什么用场,刚好给你搓麻将。还说,你搓麻将如果总赢的话,以后人家就不喜欢约你玩了。如果你经常输,大家肯定都喜欢找你,有人陪你玩多好呀!当我们都为周董的"细心"和"用心"唏嘘不已时,周董说:"孝顺孝顺,不顺谈什么孝?要孝先要顺!"

孝敬父母,就应该听从长辈的正确教诲,不应随便顶撞,有不同想法可以和父母沟通商量,应讲道理。人非圣贤,孰能无过?如果父母有过错,做子女的应该和颜悦色地指出来,请他们考虑自己的意见。在父母生病或有困难时,尽力去关心照顾父母、协助父母;刻苦学习,努力求知,让父母少为自己的学习担忧;离家外出时应及时向父母汇报,自己照顾好自己,注意安全。子女参加工作或成家立业后,为了表达对父母养育之恩的感激,要在适当时机给父母赠送礼物。如节庆假日、父母患病、到外地出差、参观展销会等。送礼要适合父母的意愿爱好,要讲究实用性,能够代表永久纪念意义的更好。礼物关键在于让父母满意,而不在于价格是否昂贵。重点是表达子女孝敬父母的心意,使父母感到欣慰。

从"常回家看看"入法到新版"24 孝",在社会倡导行孝敬老的呼声中,有很多子女开始反省或者已经行动起来,对父母的尽孝方式已经不再是简单的打电话、给钱、买衣服,或者出去吃饭。教父母学会上网、为父母购买合适的保险、替父母完成他们的梦想、为父母庆祝结婚纪念日、修复父母的旧照片,还有带着爸妈去旅行等,都是现在新潮又实用的尽孝方式。其中,带上爸妈去旅行非常受子女和父母欢迎。据调查,很多子女都表示,趁父母还能走得动,趁他们牙口还不错,想带着他们去看看外面的世界,尝尝别处的小吃。有的还特别强调,想让父母坐一次飞机。

夫妻关系是一种亲密的家庭关系和人际关系。有人认为,在同一屋檐下甚至同一房间里,不必讲什么礼仪,讲礼仪反而觉得见外。其实,夫妻关系正因为特别亲密才特别容易发生矛盾,而夫妻礼仪恰恰是夫妻关系中一种不可缺少的润滑剂,是调适夫妻关系的一种妙法。举案齐眉、相敬如宾等历史上的佳话阐明的就是夫妻间也要有礼节,这样才能幸福一辈子的道理。夫妻之间相处的主要礼仪有:不因社会地位不同或经济收入多少而歧视对方;尊重对方的人格、性格、爱好、隐私及感情需求,不说有损对方自尊的话;经常赞美对方会令夫妻感情更亲密;既要关心对方的工作、事业,更要关心日常的生活;对对方的缺点和失误不能过于指责和挑剔;共同承担家务事。

📖阅读材料:女王敲门

英国著名的维多利亚女王与其丈夫相亲相爱,感情和谐。但是维多利亚女王乃是一国之王,成天忙于公务,出入社交场合,而她的丈夫阿尔伯特却和她相反,对政治不太关心,对社交活动也没有多大的兴趣,因此两人有时也闹些别扭。有一天,维多利亚女王去参加社交活动,而阿尔伯特却没有去。夜深了女王才回到寝宫,但是房门紧闭着。女王敲了一下门,房内阿尔伯特问:"谁?"女王回答:"我是女王。"门没有开,女王再次敲门。房内阿尔伯特问:"谁?"女王回答:"维多利亚。"门还是没开。女王徘徊了半晌,又上前敲门。房内的阿尔伯特仍然问:"谁?"女王回答:"你的妻子"。门开了。

儿女的诞生,使得父母的生命更加完整。父母对孩子的爱是无保留的、无条件的、无私的,但许多父母却不善于表现他们的爱。就批评教育孩子的方式来说,就有许多不妥之处。其实,古代就有"七不责"之说,即当众不责,愧悔不责,暮夜不责,饮食不责,欢庆不责,悲忧不责,疾病不责。孔子曰:"其身正,不令而行;其身不正,虽令不从。"父母的言行举止对孩子的影响是很大的,要求孩子做到的事情,自己要先做到。在中国父母们的眼中,有两件事情最重要:孩子的健康和学习成绩。而在西方父母的眼中,却有一件事情远比孩子的学习成绩更重要,那就是与人相处。处于青少年阶段的孩子,可塑性强、接受能力强,有利于他们形成良好的习惯,文明礼仪要从此时培养。

《三字经》中"融四岁,能让梨",说的是"孔融让梨"的故事;《梁书·王泰传》则记载了"王泰推枣"的故事。后来,人们就用"让梨推枣"一词,比喻兄弟姊妹间的礼让友爱。兄弟姐妹,本是同根生,之间的爱护,应该是无条件的、不图回报的,不仅仅是物质利益的支援方面,还包括精神情感的沟通方面。《淮南子》中有句话说得好:"举事以为人者,众助之;

举事以自为者,众去之。"兄弟姐妹有什么事,要当成自己的事去办。当然,也不能认为兄弟姐妹之间关系亲密,就想说什么就说什么,特别是成家后。兄弟姐妹之间不搞攀比,更不应该争风吃醋。当兄弟姐妹之间发生利益冲突的时候,相互间要适当谦让。

需要指出的是,孝敬父母、夫妻恩爱、舐犊情深、兄弟和睦,不是提倡一种狭隘的血缘亲情、一家一姓之内的礼节,而是把它作为培养爱心的起点,要推己及人。"四海之内皆兄弟",所以孟子说要"老吾老,以及人之老",把对父母、兄弟的爱推广到天下人的父母、兄弟。而《孝经》中则有"博爱"的说法;有公心,才能博爱世人,实现天下大同。

三、家庭交往礼仪

所谓家庭交往礼仪,这里是指以家庭为中心的联络感情、传递信息的接待与拜访礼仪,以及邻里间真诚交往、和谐相处的礼仪。

(一) 家庭待客礼仪

孔子在《论语·学而》中说:"有朋自远方来,不亦乐乎。"好客,是中华民族自古以来的传统习俗,体现了中华民族的美德和风尚。在漫长的历史发展中,虽待客的形式不断变化,但热情的程度丝毫未减。

如果事先知道家里要有客人来访,应提前做一些准备。除了打扫房间卫生,还要搞好楼道卫生。整理好房间,家庭布置要干净美观。主人的服饰要整洁、得体,即使是十分熟悉的客人,也不可随意。根据自身条件,尽量准备些水果、点心、饮料、烟酒、菜肴等。如果有客人突然登门,也要热情相待。若室内未清理,应致歉并适当收拾,但不宜立即打扫,因为打扫有逐客之意。小孩子要妥善安排,做好礼貌待客教育。

阅读材料:丰子恺教孩子懂礼仪

丰子恺是名人,家里经常有客人来访。有一次,丰子恺在一家菜馆宴请一位远道而来的朋友,把几个十多岁的孩子也带去作陪。孩子们吃饭时,还算有礼貌,守规矩。当孩子们吃完饭,他们之中就有人嘟囔着想先回家。父亲听到了,也不好大声制止,就悄悄地告诉他们不能急着回家。事后,丰子恺对孩子们说:"我们家请客,我们全家人都是主人,你们几个小孩子也是主人。主人比客人先走,那是对客人不尊敬。就好像嫌人家吃得多,很不好。"孩子们听了,都很懂事地点头。

中国人喜爱以茶待客。进门上茶一般有三层意思:一是表明主人对客人的尊重,茶里含有一种敬意;二是表明主人好客,中国有句古语"君子之交淡如水",主人与客人的交情、主人对客人的厚意都在这杯茶里;三是调节一下气氛,使主人和客人不至于拘谨局促或尴尬。上茶、喝茶,实际上带有心理上相互沟通一下的意思。中国民俗以敬奉热茶为尊重恭敬,斟茶入杯以七分满为礼貌周全,传统茶礼中有"浅茶满酒""茶满欺人""满茶送客"的说法及习俗。忌讳添茶不及时,有不尊重宾客之意。放置茶壶时,壶嘴不能正对他人,正对他人则表示请人离开。敬茶时,切忌用手指捏住杯口边缘往客人面前送,这样不卫生。如果你在家里请客人喝咖啡,应当注意的是,咖啡爱好者对是否加糖和加奶往往十分讲究,最好让客人自便,主人不必代劳。另外,主人还要为懂得喝咖啡的行家另备一杯冷开水,使之与咖啡交替品尝,口味更显清纯。

📖 阅读材料:中国"茶礼"

茶与广大民众生活关系密切,正如俗谚所云:"居家开门七件事,柴米油盐酱醋茶。"而且,茶与人们的关联,远非物质生活方面的,它还长期渗透于人们的精神生活。唐代刘贞亮赞美"茶有十德",认为饮茶除了可健身外,还能"以茶表敬意""以茶可雅心""以茶可行道"。两晋、南北朝时,客来敬茶就已经成为人际交往的社交礼仪。唐代颜真卿《春夜啜茶联句》中写到"泛花邀坐客,代饮引清言"。当今社会,客来敬茶更成为人们日常社交和家庭生活中普遍的往来礼仪。云南白族有以三道茶待客的习俗,三道茶有一苦、二甜、三回味的说法,象征着人生的境遇先苦后甜,回味无穷。广东潮汕地区有"茶三、酒四、秃桃(即游玩之意)二"之说,认为茶必三人同喝,酒必须四人为伍,便于猜拳行酒令,可是外出看风景游玩就以二人为宜,二人便于统一意见,满足游兴。

中国人还有敬烟的习俗。在古时,烟作为馈赠和待客之物甚至胜于酒和茶。陆耀《烟谱》云:"酒食可缺也,而烟决不可缺,宾主酬酢,先以此物为敬。"敬烟礼俗的讲究,实际上传达了一种人类美好、善良的愿望——尊敬。敬烟不能忘了敬火。为别人点烟的标准姿势应该是离对方半臂距离,将火苗调至适中,一手遮风,一手点火,先点烟后点头,以示感谢对方的配合。这样,在一套自然而优雅的点烟动作结束后,双方便开始了思想与情感的交流。当今社会,抽烟对健康的危害逐步显现出来。倡导戒烟、禁烟的呼声也一浪高过一浪。

📖 阅读材料:毛泽东为将军点烟

毕业于黄埔军校第一期的郑洞国,曾任国民党东北"剿总"副总司令兼第一兵团中将司令、国民党吉林省政府主席,1948年10月在长春率部起义。1954年的一天,郑洞国应毛泽东之邀,来到中南海做客。他本来有些拘谨,可坐定之后,毛泽东一上来就问郑洞国抽不抽烟,他应声说"抽",顺手就近拿了一支香烟。郑洞国万没想到的是,毛泽东十分敏捷地擦着一根火柴,站起来给他点烟。毛泽东是那样随和、亲切、彬彬有礼,毫无国民党官员的那种令人生畏、讨厌的傲慢派头,令郑洞国感慨万千。

在请客人吃水果时,通常要预备一种以上的水果,这样能够让客人有选择的余地。水果应洗净后装在水果盘里,再端到桌子上。水果刀必须卫生清洁,没有锈迹。一般情况下,要为客人削水果皮。如果端上的小食品是点心之类的,注意要把它放在洗净的盘子里,里面放上一些牙签或水果叉,方便客人食用。

奉敬烟茶糖果之后,应及时与客人交谈。一般来说,应谈一些客人熟悉的事情。若无法陪客人交谈,可安排身份相当者代陪或打开电视,提供报纸、杂志供客人消遣,切不可出现主人只管自己忙,把客人晾在一旁的现象。不要长时间冷场,不要频繁地看钟表,打哈欠要避人,以免对方误以为逐客。到吃饭时间,应挽留客人吃便饭。

当客人准备告辞时,主人应婉言相留。客人要走,应等其起身后,主人再起身相送,千万不能客人刚一说要走,主人马上站起来,这是非常不礼貌的。家人也应微笑起立,亲切告别。有些客人来做客时可能带有礼物,对此,在送客时要有所反应,比如表示谢意或请求客人以后来访不要再携带礼品之类的,或是相应回谢一些礼物,绝不能若无其事,毫无表示。另外,还要提醒客人是否有东西遗忘,或有什么事需要帮忙。送客应送到大门口或街巷口,切忌跨在门槛上向客人告别或客人前脚一走就"啪"地关门。

现在,越来越多的夫妻选择家庭作为社交舞台,不仅仅意味着自己的家庭是幸福的。一个策划良好的家庭派对,所爆发出来的人际作用是无法想象的。它是夫妻合导共演的一出生活秀,在这场生活秀中,不但家庭的亲情得以加深,还让身为主人的你在社交舞台上大放光彩。

📖 阅读材料:羽西的家宴

在美国的各种聚会中,当你一个人拿着酒杯不知所措时,总会有人走到你的身边,和你微笑着聊天,化解你的尴尬,帮你融入这个圈子,结识新的朋友。这种开放式的社交文化,不仅表现在大型聚会中,在家庭聚餐时也是如此。我记得有一次在羽西家做客,那天客厅里不同处的沙发和餐桌前坐了不少人,有相识的、有不认识的。羽西对大家说:"今天,来这儿的客人都不能从头到尾只坐在一个地方,你们要交换不同的位置,每个人都要和其他朋友交谈。你们都是我的好朋友,有责任帮助我照顾好其他的朋友。"为每一个人创造快乐和谐的交流气氛,是开放式社交的原则。每个人要乐于和别人交流,乐于走近他人,乐于给予别人帮助,帮助自己和他人消除在新环境的不适与陌生。

(二) 拜访他人家庭礼仪

拜访礼也称造访礼,古语称"拜谒"。逢年过节,邻里亲朋,理应登门拜访庆贺,加深彼此的感情交流。到别人家做客,可以是自己主动前往,也可以是受邀请,大多有两种原因,其一是熟人间的联络感情,串串门;其二是有事相求或讨论一些事情。无论是哪一种,都应该讲究礼仪。

📖 阅读材料:沈从文访钱钟书不见的故事

有一年,沈从文的老家来人,从湘西沱江边砍了些新笋子来,还带来了湘西刚下来的新茶。沈从文和张兆和想着,钱钟书和杨绛夫妇一定喜欢这些东西,于是,分下来一部分给钱钟书先生的住处去送。

已经到了钱钟书先生的门前,张兆和正要推门进去,沈从文却拦住了,他把耳朵贴在门上一听,屋内静悄悄的。"是不是家里没有人?"张兆和问。"不是,老钱夫妇肯定各自打着台灯在屋里读书呢,我们还是等一等吧。"沈从文说。于是,沈从文和张兆和把还带着黄泥的新笋子和新茶放在钱钟书先生门前,兀自坐在门前等,眼看着快到午饭时候了,里面还是没有活动的迹象。沈从文说:"肯定是读书入了迷,我们还是把东西放在这里,改日再来吧。"

回到家里,沈从文才给钱钟书打电话说:"老钱,湘西老家送来一些新茶和笋子,我送了些放在你们门前的台阶上,开门去拿一下吧。"钱钟书可能还在看书,陶醉在文字里,只是淡然地应着:"好,我这就去拿。"

沈从文是不是在巴结攀附钱钟书?你如果这么想,就大错特错了,只因两人关系极其友好,完全到了不分彼此的地步,两家经常在一起吃茶谈天,亲密无间。那沈从文去给钱钟书送礼,为何吃了闭门羹?打电话过去,还遭遇不冷不淡地应答?其实,这也正是最为可贵的地方。在感情上亲密无间,在各自的心灵空间却给对方以绝对的独立和尊重,轻易不去打扰。

在古代，访人必定要带见面礼，称为"执贽"。中国自古就有"不以珍奇为贽"的社交礼俗。在选择礼物时，凡是天时所不生的，地上所不长的，君子则不用之为礼。古人的"执贽"完全受礼制以及本人社会地位的约束限定，不同于后世串亲访友、拜见尊朋故旧时的酬酢馈赠，它除了表示社交礼貌外，主要作用在于表明身份，属礼节行为。所以，在回拜时，也应送还客人同样的"执贽"，但禁忌将原物送还，只有在拒绝收受对方馈赠时才如此处理。

不速之客是不受欢迎的，事先约定是做客时首先要考虑的问题。如果不约而去，常会打乱别人的日程安排，还可能吃闭门羹。预约时，一要约定到达时间，这样才能让主人有所准备，提前把自己的时间安排好。在时间选择上，应尽量避开用餐时间和休息时间。如确需临时造访，应对主人表示歉意。二要约定地点，一般来讲，拜访是到对方家里去，但也可在居民区附近茶楼、公园等地。三要约定人数，事先说清楚几个人去拜访。四要约定主题，如果是谈事情，事先应大概说一下，比如可以说："我有一件×××事，想向您当面请教。"

拜访别人时别违约、别爽约，必须准时到达。既不要迟到，也不要早到。如果因故早到时间较多（10分钟以上），宜在门外等一等，或事先跟对方说一声。因为提前太多时间到达，可能会打乱主人的时间安排，或者主人尚未做好必要的准备，不免尴尬。如果确因特殊原因不能赴约，应尽早通知对方而且要说明理由，否则会很失礼。快要到达主人家里时，先打个电话告诉一声。此举有两个作用，一是向主人确认一下，怕人家忘记了；二是主人好有个准备，比如停止手上的活儿，婉告当时在场的不方便留下的客人等。

到达主人门前，要先擦净脚上泥巴，再按门铃或敲门。按门铃，切忌重手重脚或时间过长。敲门时，手指微弯曲，以中指第二关节处轻敲门，切忌用拳头或手掌来敲门；另外，敲门勿太急促。开门后，等到主人招呼后方可进入。如你不认识出来开门的人，则应问："请问，这是×××先生的家吗？""他在家吗？"等。如果敲错了门，则应说"对不起"或"打扰了"等，以表示歉意。同时也可向对方询问你要拜访的人的住址。若对方回答了你的询问，应表示谢意。如今，城里人进门后换拖鞋的习惯越来越普遍，客人应该尊重主人家的习惯，主动换鞋。脱鞋时，头不要正对着主人，应该稍稍侧转身体。

进门后，要问候拜访对象、对方家人及在场的其他客人。如果是第一次见面，应主动递上名片，或做自我介绍。自己带的包，需要脱下的外套等，都要按主人指定的地方放好。客人坐在何处，不能自作主张，尤其不能坐在主人固定使用的座位上。一般待主人安排后，再坐下。如果你带着小孩，要教他懂礼貌，让他称呼主人家所有的人。客人的活动范围一般以客厅为主，未经主人许可，不能随意乱去他处，即便上卫生间，也要问主人一声，然后再去人家指定的卫生间。

拜访的时间不宜过长，不要影响主人休息。如果是节假日到亲友、长辈家中进行礼节性的拜访，更应尽量缩短时间。其实，交谈并非局限于家里，可以另择合适的处所，或边散步边谈。在拜访期间，若遇到主人一方表现出厌客之意，应当机立断，知趣地告退。当告辞时，要向主人及其在场的家人的热情接待表示感谢并道别。当主人送你走到门口将分手时，应主动与主人握手道别，并说"请回""留步""再见"之类的客套话。远道而来的客人或者是晚上离去的客人，回家之后要主动向主人报一个平安，尤其是晚辈对长辈更应如此。在回报平安时,别忘记向主人表示感谢。

按照古礼,在客人来访后,主人也应前往回拜,也称"回访"。若有来而无往,则为失礼。上古回拜以异日为敬,后世则渐渐演变为以同日为肃。近代仍然注重回拜礼俗,但日期可视情况随意确定,方式也随时代变迁发生相应变化,不一定亲自登门回拜。

四、邻里间相处礼仪

《孟子·滕文公(上)》说:"乡田同井,出入相友,守望相助,疾病相扶持,则百姓亲睦。"描绘了一幅邻里相亲的美好图景。曾几何时,每户人家住得并不算近,但邻居之间互相串门、聊天,甚至一起吃饭,嘘寒问暖都是常事。而到了今天,邻里空间距离近了,心理距离却远了,近在咫尺却形同陌路,邻居成了"最熟悉的陌生人"。但据调查,实际上大多数人都表示非常愿意和邻居搞好关系,只是不好意思主动,有的人甚至怕和陌生人说话。搞好邻里关系,既能增加相互的友谊,又有利于各自的家庭生活。邻里间的相处礼仪包含以下内容。

上下楼梯,脚步尽量放轻些,不要跑上跳下、任意吵闹,特别是早出晚归时。尊重邻居的生活习惯,家庭娱乐要注意时间,尽量将电视机、音响的音量开得小一些,午休、深夜时不要玩卡拉OK;尊重邻居的生活习惯;管理教育好孩子,不要不分场合任意吵闹等。如果家里有事会影响邻居,要事先打个招呼,请求谅解担待,比如家庭装修时。养鸟者早上起来逗鸟时,要注意防止鸟叫声影响邻居休息。社区邻里家有丧事,应暂停小区内的广场舞活动。

注意尊重邻居家的隐私,做到隔窗不窥视、隔室不窃听。邻居交往,所谈的多是家常琐事。要本着"互不干涉内政"的原则,不要总是把眼睛盯着别人家里的私事,说三道四,搬弄是非。这不仅破坏了邻里团结,也降低了自己的人格。

现在,许多人把宠物当成家庭成员,对小狗也自称为爸爸、妈妈、姐姐之类。但出了家门,要注意不要将宠物与他人一起排辈分,尤其不要把没有养宠物的人与狗相互称呼,比如说"别惊吓姐姐""快给阿姨道歉"之类,可能令他人反感。

邻里交往应尽量避免邻里纠纷。遇到鸡毛蒜皮的生活琐事,不要互相猜疑、钩心斗角,应该坦率交换意见,妥善地协调解决各种问题。孩子间发生纠纷,不要总是偏袒自己的孩子,家长应多做自我批评,宽容谦让,既为孩子树立榜样,也避免邻里间伤了和气。

📖 阅读材料:六尺巷

"我家两堵墙,前后百米长。德义中间走,礼让站两旁。"2016年央视春晚,赵薇演唱了一曲《六尺巷》,其因简单易唱又充满正能量,瞬时成了坊间巷内热门的歌曲之一。安徽桐城六尺巷,讲的是清朝康熙年间,文华殿大学士张英的家属与邻居吴家在宅基地问题上发生了争执,张英知情后批诗一首:"千里来书只为墙,让他三尺又何妨?万里长城今犹在,不见当年秦始皇。"家人阅罢,醍醐灌顶,主动让出三尺空地。吴家见状,深受感动,也让出三尺空地,这样就形成了著名的六尺巷。

邻里间低头不见抬头见,不可形同陌路,见面要互相打招呼,点头示意或寒暄几句,有助于形成融洽的邻里关系。遇到老人上下楼梯,应上前去搀扶。见到邻居提、搬重物,要主动让路,还应主动询问是否需要帮助。在楼道里或窄小的地方遇到长辈,要请长者先走。业主对物业、保安也要充分尊重,遇见他们问声好,碰到清洁工道声辛苦,彼此关心,何乐而不为?

俗话说:"远亲不如近邻。"日常生活中,邻居家如有需要帮忙之处,应热心相助,不宜袖手旁观。邻里间如发生矛盾,要帮助劝解。邻居家遇婚丧嫁娶,要尽可能予以帮助。对于孤寡老人,要多加关心和照顾,当他们遇到困难时,要及时给予援助。邻居出远门后,要注意维护邻居家的安全,帮助接待一些前来拜访的客人。

放在阳台栏杆边沿的花盆或其他杂物应固定好,避免被风刮落或不慎碰落,造成伤害。不要往楼下倒污水或扔脏物;在阳台上浇花草时,切勿把水洒到楼下,以免污染下面住户晾晒的衣物及室外环境。近年来,宠物引起的纠纷事例时有发生,养宠物者要注意:尽量防止鸟、猫、狗在社区等公共场所随地大小便,一旦控制不了,主人应及时将宠物的排泄物清理干净,让宠物在社区景观水池洗澡就更不应该了;遛狗时,主人要牵好狗套上的绳索,不要任它追逐扑咬,狂吠乱叫;遇到老人、小孩、孕妇,必须格外小心,千万别让宠物惊吓他们。

1. 请你对自己在家中对待父母的礼仪表现做一个自我评价。
2. 有人说:"父母是原件,家庭是复印机,孩子是复印件。"请你谈谈对这句话的理解。
3. 《弟子规》中说:"出必告,返必面。"请你结合家庭生活实践,谈谈对这句话的理解。
4. 在学校所在社区,配合有关机构开展亲子联谊、社区论坛、家庭文艺会演、社区微博及QQ群网上交流等活动,推进邻里互助常态化。开展关爱空巢老人、残疾人、留守儿童等社区志愿服务活动,发动居民做"微志愿者",为有需要的人群献爱心。

学习任务2 校园生活礼仪

浙江省学生联合会向全省百万大学生发出如下倡议。

美不美,首先看"颜值"。大家都说这是一个看脸的时代,很多大学生为了追求所谓的高颜值,追捧奇装异服,过度浓妆艳抹。向世界展现青春饱满、朝气蓬勃的大学生形象是我们每一个人的责任。在坚持独特个性的同时,应拥有辨识美与丑的能力,杜绝浅层模仿,抵制盲目追求,勇于发现不足,擅于找寻美好,展现浙江大学生青春阳光、朝气蓬勃、积极奋进的精神风貌。

靓不靓,主要看"气质"。越来越多的同学明明可以靠颜值吃饭却偏偏要靠才华,优秀的传统文化也愈加受到广大学生的重视与热爱。青砖黛瓦,小桥流水,千年礼乐,不绝如缕,德理相济,学思结合,在传承与创新中树立高尚的精神追求,不断提高品德修养,倡导社会文明新风,营造博雅众彩的氛围,成为校园中集美貌与才华于一身的新"网红"。

好不好,最终看"行动"。读万卷书,知礼敏于行,方可任性行好万里路。说无数种礼仪不及让一次座位,想无数种廉耻不及捡一件垃圾。无论生活细节、旅游观光,还是网络交流,勿以恶小而为之,勿以善小而不为,在言行举止间彰显浙江"男神""女神"的新形象。

姑娘,做个新时代的"白富美"吧,白于品性、富于思维、美在心灵;小伙,做个新时代的"高富帅"吧,高在学识、富在实践、帅在处事。

文明、高雅、厚重、宁静,人们常用这些美丽的词汇来形容大学校园,然而当下的大学校园内却频现不和谐画面:上课迟到、早退,带早饭进课堂,穿拖鞋上课,课堂上玩手机,路遇任课老师视若无睹,进老师办公室不敲门,公共场合言行粗俗、举止不雅……更有甚者,部分学生触及到了道德底线,如利用网络发表不当言论,恶意拖欠国家贷款,为求职制造虚假材料……学校是一个既严肃又活泼,既庄严又亲切,既紧张又文明的地方。丰富多彩的校园生活是人生中最宝贵、最美好的时光。每位大中专学生都要珍惜这美好时光,追求自身完善,做一个德才兼备的创新人才,为未来的职业生涯打下一个良好的基础。校园日常生活礼仪,既是衡量一个学校文明素质的标尺,也是展现一个国家国民素质的社会窗口。

一、内外兼修

古人云:"相由心生。"礼仪修养绝不仅仅是一种外在的表现形式,它是与人内在的道德、文化和艺术修养密切相关的,是其内在的道德、文化和艺术修养的反射和折射。现在有人也提出了类似观点:知识美容论。他们认为掌握丰富的知识,深化自己的内涵,是一种深层次的化妆,生命的化妆。因为人的精神面貌的塑造,在很大程度上取决于其思想境界、道德情操和文化素养这些内在的品质。这才是人生命美的常青树。三毛在《关于读书》中写道:"读书多了,容颜自然改变。许多时候,自己可能以为许多看过的书籍都成过眼烟云,不复记忆,其实他们仍是潜在的。在气质里,在谈吐上,在胸襟的无涯。当然,也能显露在生活和文字中。"因此,大中专学生只有努力提高思想道德修养,不断地陶冶自己的情操,追求至善的理想境界,才能使人的礼仪素质和礼仪水平得到相应的提高;只有自觉地提高文化修养水平,增加社交的"底气",才能使自己在社交场合上温文尔雅、彬彬有礼、潇洒自如。此外,大中专学生要有意识尽可能地多接触内容健康、情趣高雅、艺术性强的作品,如文学作品、音乐、书法、舞蹈、雕塑等,它对人们提高礼仪素质大有裨益。

📖 阅读材料：魅力周恩来

1943年3月18日是周恩来45岁生日。当天晚上，周恩来没有出席同事为他准备的庆祝活动，而是在办公室写下了著名的《我的修养要则》，以明心志。(1)加紧学习，抓住中心，宁精勿杂，宁专勿多。(2)努力工作，要有计划，有重点，有条理。(3)习作合一，要注意时间、空间和条件，使之配合适当，要注意检讨和整理，要有发现和创造。(4)要与自己的他人的一切不正确的思想意识做原则上坚决的斗争。(5)适当的发扬自己的长处，具体地纠正自己的短处。(6)永远不与群众隔离，向群众学习，并帮助他们。过集体生活，注意调研，遵守纪律。(7)健全自己的身体，保持合理的规律生活，这是自我修养的物质基础。

周恩来一生坚持锻炼身体。少年时代爱武术和晨跑，郊游、爬山、旅行、游泳、骑马、打乒乓球、篮球、跳舞等也都是他喜欢的活动。他自己编了一套体操，每天工作两小时就认真做一次。周恩来兴趣广泛，对音乐、诗歌、文学、戏剧、书法、绘画都有浓厚的兴趣，并且有的还有较深的造诣。周恩来每天用冷水洗脸。周恩来饮食简单，喜欢吃五谷杂粮、荤素搭配。他非常注意节食，保持体重。周恩来胸怀宽阔，充满乐观主义精神。即使在生命垂危时，仍然能心平如镜，镇静自若，意志坚强。

二、诚实守信

现代社会，人们越来越看中诚信的品质。学生在校学习只是一个暂时的阶段性的过程，最终我们还是要走入社会，走入市场。在将来的求职中，诚信将成为用人单位对求职者的素质要求，诚信必将成为大中专的安身立命之本，这就要求我们要做诚信规范的力行者。中共中央印发的《公民道德建设实施纲要》，其中把"明礼诚信"作为最基本的道德规范之一来要求全体公民，在全社会都在倡导诚信的今天，作为接受文明教育最充分的大中专学生，更应该身体力行，领文明之先风，不做有损个人名誉和国家利益的事情。作为当代大中专学生应该把科学认识上的求真精神和做人方面的求真精神结合起来、统一起来，才能无愧于时代、无愧于国家和人民，人生也才会有真正意义上的价值。也只有热爱真理、襟怀坦白、诚实公正的人才能为追求真理拼搏和献身。

📖 阅读材料：失信的代价

一名留学法国的中国学生，成绩优异，毕业后他希望留在法国求职。拜访了很多家大公司，却都不明缘由地被拒绝。于是他狠狠心，选了个小公司去应聘。没想到，还是一样遭到了拒绝！忍无可忍的他，终于拍案而起。对方请愤怒的留学生坐下，然后从档案袋里取出一张纸放在他面前——这是一份诚信记录，上面显示他乘坐公共汽车时曾经3次逃票被抓。这名留学生瞠目结舌，万万没有想到自己奋斗多年，最后竟然输在这3次逃票记录上！诚信，从此让他刻骨铭心。

在中国刚进行入世谈判时，报纸上登载过这样一篇文章：一个中国留学生，为日本餐馆洗盘子。日本餐饮业规定，盘子必须洗七遍，这位留学生却很"聪明"地少洗了两遍。老板发现了问题，就将他辞退。留学生又到该社区的另一家餐馆应聘洗盘子。这位老板打量了他半天，才说："你就是那位只洗五遍盘子的中国留学生吧。对不起，我们不需要！"第二家、第三家……他屡屡碰壁。不仅如此，房东不久也要求他退房，原因是他的名声对其他住户的工作产生了不良影响。他就读的学校也专门找他谈话,因为他影响了学校的生源。

三、尊师重教

"老师"一词是对在学校中从教者的称谓,传道、授业、解惑是其基本职责。我国古代,老师在社会中有相当高的地位。古人所列举的应该受到特别尊崇的对象是"天地君亲师",老师占有一席。早在西周时,天子"入太学,承师而问道",天子亲自到学校向教师请教。教师在天子面前也不必恪守君臣之礼,教师受到至高无上的帝王的尊敬。中国封建社会还以尊孔祭孔的独特方式来表示尊师。汉代明帝永平二年(公元59年),首次举行祭孔活动。学生入学要膜拜孔子像。而唐代后更设孔庙,四时致祭。这些举措在形式上抬高了教师的地位,是尊师的表现。古代社会统治者在思想观念上十分重视教师的作用并实际做出了各种尊师的行动。固然其目的是为巩固统治服务,但客观上提高了教师的地位,并对形成中华民族尊师重教的传统起了积极作用,而这种优良传统又成为推动古代社会向前发展及维护国家大一统的巨大力量。1985年,全国人大常务委员会决定每年9月10日为我国的教师节。教师节的设立,将尊师重教的传统用法律的形式加以保证,使中华民族优秀传统美德得以传承。

阅读材料:程门立雪

宋朝时,杨时和他的朋友游酢一块儿去拜见程颐,但是正遇上程老先生闭目养神,坐着睡着了。这时候,外面开始下雪。这两人求师心切,便恭恭敬敬侍立一旁,不言不动,如此等了大半天,程颐才慢慢睁开眼睛,见杨时、游酢站在面前,吃了一惊,说道:"啊!他们两位还在这儿没走?"这时候,门外的雪已经积一尺多了,而杨时和游酢并没有一丝疲倦和不耐烦的神情。杨时这种尊敬老师的优良品德,一直受到人们的称赞。程门立雪这一典故表达了古代中国尊师重教的教育传统和诚心求学的精神。

与老师的交往是大中专学生人际交往的重要内容。老师是大中专学生感悟人生、获得知识、学有所成的引路人。古语云:"师同父母","滴水之恩必当涌泉相报"。为此,作为深受老师教诲的大中专学生,在与老师交往过程中应热爱与尊重老师。

阅读材料:一日为师,终身为父

徐特立是毛泽东学生时代的一位老师。当徐老60华诞时,毛泽东写了一封热情洋溢的信,信上说:"一日为师,终身为父。你是我30年前的先生,你现在仍是我的先生,你将来必定还是我的先生……"新中国成立之初,徐特立应毛泽东邀请从南方来到北京,毛泽东在中南海家中专做了湘笋和青椒等湖南家乡菜为老师洗尘。毛泽东说:"没有好菜吃。"徐特立表示"人意好,水也甜"。上桌时,毛泽东要徐特立坐上席,徐老说:"您是全国人民的主席,应该坐上席。"毛泽东谦让道:"您是主席的老师,更应该坐上席。"硬是让老师坐了上席。

四、和睦相处

在学校学习期间,同学朝夕相处,是亲密的伙伴。同学情是大中专学生生活中最宝贵的财富,它具有纯真浪漫、充满活力的特点。为此,与同学们交往应注意建立一个和睦的同学关系网,使自己度过一段美好难忘的大学时光。

新生入学时,都会分配到固定的寝室,每个寝室由4到8个成员组成。刚开始由于大家都很陌生,所以室友之间没有什么太大的误会,大家都相处得很好。但是随着时间的推移,大家开始相互熟悉,人和人之间的差异就会显现出来,很多寝室都或多或少闹点矛盾。以下三点对于处理寝室关系十分重要。(1)包容。和室友相处是一个很复杂的学问,尤其对于新生而言。每个独立的个体都有其独特的性格属性和个性标签。如何在短时间内融合不是个简单的事。谁都不是完美的,肯定会有这样或那样的缺点让别人不能接受,所以首先我们要学会包容、宽容。(2)换位思考。或许你们在大学的追求不同,但是你不能用你的观念去衡量你的室友。要记住每个人都是最好的自己。学会换位思考,设身处地地多为对方考虑,就会多一分理解。(3)找闪光点。如果总是抓住别人的缺点不放,那就太没意思了!每个人都有优点,多找出室友的闪光点,比如室友会帮你打水、带饭;室友风趣幽默,总给大家讲笑话;室友细心善良,有人生病了她总是那个最会照顾别人的人。每一件小事都能体现一个人的内心。慢慢地你会发现,自己的室友特别可爱。

五、遵守公德

校园公共场所是同学们生活、学习和娱乐的地方,每位同学都应遵循一定的礼仪规范,维护它的秩序。

到图书馆学习,要衣着整洁,不能穿汗衫和拖鞋入内。进入图书馆前,应将通信工具关闭或调节至振动,接听手机应悄然走出室外轻声通话。就座时,不要为别人预占位置。不能在图书馆内交谈、聊天,更不能大声喧哗。走路脚步要轻,物品要轻拿轻放,不能发出声响。

进入餐厅用餐,不拥挤、不插队,要互相谦让。每一粒粮食都来之不易,就餐时不要浪费饭菜。情侣之间举止要端庄,尽量不要出现相互喂饭等过度亲密行为,以免引起同学们的反感心理。就餐后及时将餐具、剩饭剩菜等分别放到指定位置,保持就餐地点的干净,尊重食堂员工的劳动。不准将饭菜打包带进课堂。

阅读材料:变相插队惹人烦

苏同学是一所高校新闻专业大三的学生,他告诉记者,在学校食堂直接插队打饭的很少,可变相插队的不在少数。一次,他在食堂买鸡蛋灌饼,都轮到他了,但是排在他前面的同学帮刚过来的熟人带了7个,饼就没了,急着上课的他只好离开。

变相插队虽方便了自己,却让别人反感。生活中,排队不是硬性规定,而是一种约定俗成的规矩。食堂用餐、购物付款、乘车等,都需要自觉排队等候。排队最忌讳插队。如果有特殊紧急情况,应征得排在前面的人同意,才能越队先行。面对插队行为,排队者应该及时而坚决地加以劝阻。但劝阻时,要用语恰当,好言相劝,避免不必要的争吵。在排队时如果碰到熟人,打个招呼就可以了,不要站在原地聊天,这样会妨碍其他人。

六、感恩成长

当青年学子即将完成学业,奔赴祖国四面八方之时,希望能够做到以下几点。(1)为母校发展提一条建议。"母校之光,教化育人;栋梁柱石,桃李缤纷。"学校的繁荣离不开一代又一代学子的倾情奉献。在毕业季,希望你们积极为母校的发展献计献策。(2)向恩师道一句感谢。"玉壶存冰心,朱笔写师魂;谆谆如父语,殷殷似友亲。"在离校前夕,向敬业爱岗、辛勤付出的老师道一句真诚的感谢。(3)给父母写一封家信。"父兮生我,母兮鞠我。抚我畜我,长我育我。"学生的成长发展浸透着家长沉甸甸的爱。毕业前夕,不要忘记向父母汇报自己的成长,表达对父母的感恩。(4)向学校后勤工作人员说一声辛苦。良好的校园生活与学习环境离不开一大批起早贪黑、默默付出的后勤保障人员,向你身边的后勤工作人员说一声:"您辛苦了。"(5)向同学朋友送一句祝福。"相识于缘,相知于诚;共担风雨,同享彩虹。"同窗间深厚的情谊是大学积累的宝贵财富,在毕业前夕,再一次向自己的同学朋友送上最真诚的祝福。

1. 请以寝室为单位,制定一份寝室文明公约。
2. "十年学海两茫茫,莫回想,不能忘。偌大校园,无处话凄凉。纵使相逢应不识,靓面变,发如霜。夜来幽梦忽还乡,小牛郎,搔头想。相看无言,唯有把头点。料得明年今日时,艳阳天,穿嫁裳。"以上文字偶见某所高校的课桌,有人美其名曰"课桌文化",但破坏公物岂能以文化自居?由于这种现象在许多高校屡禁不止,各校只好出台诸如"禁止乱扔废弃物""不准破坏公物""不准随地吐痰""不穿拖鞋进教室"等作为文明公约的内容。针对此类现象,请你从加强文明礼仪教育重要意义的角度发表自己的看法。

学习任务3　手机及网络沟通礼仪

2010年教师节,国内某著名运动员在微博里写道:"在我的记忆中,没遇到过比较好的老师。最让人讨厌的就是硬拉着你补课赚点外快,而且补的东西和上课内容差不多。

我靠!"该运动员的微博有1000万名粉丝,这句粗口立即引发强烈质疑。该运动员后来心有余悸地对师弟说:"以后说话注意点,我发现微博说话很不安全!"

浙江省委办公厅曾列出微信、微博行为十条戒律,提醒党员干部自觉抵制各种错误言论和网络谣言,旗帜鲜明讲政治,不断提高政治能力。具体包括以下几点。(1)不散布传播违背党的理论和路线方针政策的意见和违背中央、省委决定及丑化党和国家形象的言论。(2)不泄露党和国家以及单位的秘密。(3)不制造和传播各类谣言。(4)不转发有违社会公德、危害他人身心健康的低俗文字和图片、视频。(5)不违规从事以营利为目的以及与自身身份不相符的推销、推广活动。(6)不违规收受微信红包。(7)不传播迷信信息和从事迷信活动。(8)不以任何形式进行拉票贿选。(9)不公开谈论和透露他人隐私。(10)不发布其他不当言论。

现代社会的日常生活中,手机与电脑已成为不可或缺的通信工具。为此,呼唤手机与电脑使用中的公德意识,就成为我们无法回避的问题。

一、手机礼仪

怎么打手机,很多时候全凭一个人的自觉意识,靠一个人的基本文明素质。令人遗憾的是,目前,不少人未能交上一份合格的答卷。打手机要讲究场合、方式,说到底,即要求一个人要分清什么是公共场合,什么是私人场合。在私人场合也许可以随心所欲的事,到了公共场合,必须有所顾及。这种顾及就是一种文明、教养,就是一种公德意识。这种顾及实际上是对他人利益的关照。当每个人都能意识到不能因自己的行为给旁人带来麻烦时,实际上,我们每个人才可能享受最大的自由。

手机的普及,使得私人谈话越来越多地出现在公众场所。但使用手机,不能给公众带来"听觉污染"。公共场合,特别是楼梯、电梯、路口、人行道或公交车上等人来人往或人群拥挤的地方,应慎重使用手机。如果要在人群中使用手机,请尊重周围人士的权利。旁若无人地使用手机,高声对着手机喊叫,是没有素养的表现。请尊重人与人之间的空间距离,在打电话时,应与最近的人保持3~6米或更远的距离。如果没有这一空间,最好等到有这样的空间再打电话。

在要求"保持安静"的公共场所,如音乐厅、影剧院、图书馆等场所,应当关闭手机或让其处于静音状态。这时使用手机通话是极其不合适的,如确有通话的必要,选择静音的方式发送短信联系。如果你的手机在一个安静的场所响了起来,关掉它或转入"来电显示",并对周围的人表示歉意。必须要接电话的话,赶紧退场。在开会、会见等聚会场合,最好的方式是把手机关掉,起码也要调到振动或无声状态。这样既显示出对别人的尊重,又不会打断发话者的思路。而那种在会场上铃声不断,使大家的目光都转向他的人,并不能证明业务很忙,只会显示出这个人缺少修养。

📖 阅读材料：亟须被拯救的"低头族"

有人戏言："小学上课费嘴，初中上课费笔，高中上课费脑，大学上课费流量。"确实，学生低头玩手机已成为大学课堂中一道常见的"丑陋风景"。据一项抽样调查发现，竟有超七成的大学生坦言自己每天上课都会玩手机；对一些学生来说，上课时会忘带课本，却不忘揣上充电宝。学生在课堂上玩手机，已成为最令教师反感的课堂不良行为。在学习过程中，面对教师的提问与课后布置的作业，很多学生也是直接使用手机上网搜索答案。长此以往，必然影响其独立思考和解决问题的能力，导致学习能力的退化。低头玩手机带来的危害绝非破坏教学秩序那么简单。据英美等国的多项调查显示，在社交媒体伴随下成长的年轻一代不乏网络社交达人，但更多的人却不爱出家门，缺乏社交能力，产生社交障碍。有英国学者认为，由于社交媒体用户不太可能对自身行为和周围世界进行反思，因此容易养成如自恋、缺乏安全感、强迫症等负面人格。此外，低头玩手机还会带来颈椎病、视屏终端综合征等健康隐患。"少年强则国强"，青少年体质关系着国家的强弱、民族的兴衰、家庭的幸福和个人的前途。我们务必加强青少年健康教育，让他们茁壮地走向未来，担负起实现中华民族伟大复兴的重任。

在用手机拍摄他人时，应该征得对方的同意，要知道很多人并不喜欢出镜。如果对方允许你拍照，也不能未经对方同意将他(她)的照片转发给其他人欣赏；要有肖像权意识，未经授权，不得随意将他人的照片刊登在报纸杂志上或传到网络上。特别是一些人出糗的照片，更不能随意传播。使用你的手机替外人拍照后，要主动将照片提供给对方。在日常生活中，切勿给自己或他人拍一些不雅照片。

一些个性化铃声为生活增添了色彩，人们选择它无可非议。但是过于个性化的铃声应注意使用场合。同时，铃声要和身份相匹配。相对来说，过于个性化的铃声与年轻人的身份比较匹配，一些长者或者有一定身份的人如果选择与自己身份不太匹配的铃声，会损害自己的形象。为了不让他人笑话，成年人请用正常铃声，这样万一在不适当的时候响起来，也不会让人尴尬。手机铃声不能调得过大，以离开座位2米可以听见为宜。有些人的铃声像是"凶铃"，在大家埋头干活时突然刺耳地响起，让人惊得心跳加快。在医院、幼儿园等场所，过大的铃声会成为一种公害。

📖 阅读材料：安全使用手机

手机的使用，将会分散人们对其他事情的注意力。另外，手机本身还会产生电磁辐射。因此，在使用手机的过程中，必须牢记安全准则。一般说来，在以下场合中应当严格禁止使用手机。

驾驶汽车途中。在驾驶汽车的过程之中，驾驶者不应使用手机通话或查看短消息，以免由于注意力不集中而违反交通规则，甚至酿成车祸。

在易燃易爆场所。在加油站、面粉厂、油库以及油漆厂等各种易燃场所，应该禁止使用手机等移动通信工具，以免它们所发出的信号引发火灾甚至爆炸。

病房之内。手机发出的电磁波对医疗仪器有很大干扰。医院中的监护仪器是运用数字技术无线发射遥测信号进行工作，其工作原理与手机相似。监测仪器受到干扰后，则无法得出正确的参数。另外，使用手机，也影响病人的休息。

飞机上。现代飞机的飞行很大程度上依靠计算机的控制，而计算机传输数据的线路分布于整个飞机。在舱中使用手机，其发出的电磁波会对传输线路产生干扰，影响正常信号的传输。另外，在飞行过程中，飞行员利用无线电系统与塔台保持联系，手机发出的电磁波会干扰波道，造成空中信号混乱。

如今，不少人的关注点从公众媒体转移到个人声音，有人大量的时间都花在浏览、评论和分享转发微信朋友圈的消息上；有人可能会因为朋友圈里的一条微信消息热闹半天。微信礼仪和人与人之间的交往礼仪同等重要，在使用微信时，请关注以下礼仪细节。

刷屏已经变成了大部分手机用户的习惯性动作，有事没事刷两下，该关心的关心，该点赞的点赞，该调侃的调侃，但最忌讳的就是在别人伤口上撒盐。在微信朋友圈里不要老是潜水，一旦看到美文、好图、好思想不妨赞一个，是捧场也是谦逊。关注微信内容的质量，不要频繁发一些无实质意义的内容。不要在微信朋友圈中传递负面情绪，如个人负面情绪、莫名其妙的感叹、无厘头的咒怨等影响他人心情的言辞。如果你是求关注、求安慰，请不妨直说。不在微信中发布或转发带"如果不转发就……"等强制性或诅咒性字眼的微信，朋友之间只有尊重，没有要挟。群聊里的话题要切合主题，不要无限跑题，非常私密的话题可以单独私聊，不要让大家围观。不要在微信群里单独与某人聊天，以免干扰别的朋友。转发那些需要捐款、捐助、收养等的求助微信时，凡是有电话号码联系人的，自己先落实一下，虚假不实甚至涉嫌吸费、诈骗的信息要做到"到我为止"。在上班时间，不要同他人聊与工作无关的微信。建议晚上12点以后，不要在微信群里发微信。

📖 阅读材料：闲来无事常常"信骚扰"

一位女士在台下开会，会议冗长又没太多实质性内容。闲来无事，她给朋友发起了微信："干吗呢？在忙什么呢？"朋友怕不回微信不礼貌，回答说："正上班呢！""有什么好忙的？给你发个笑话放松放松！"这位女士开了三个小时会，发了两个半小时微信，她的朋友呢，桌上的手机不断地响起，不看又怕耽误事，看了又是一通闲聊，不回好像还不合适。这位朋友一下午就因为这"信骚扰"什么也没干成。像这位女士这样喜欢狂发微信的人现在并不少。

抢微信红包俨然已成为东西南北、男女老少都喜欢的新娱乐项目。虽然一个红包常常也就是几块钱，甚至几分钱，但是，从某种意义上说，微信群就是一个社交场，小小红包也能折射出你的人品和行事风范。西方有句谚语："送人玫瑰，手有余香。"发红包是一个有意识的行为，包含着一种付出、一份给予，而不仅仅只是一个游戏。发红包的人期待获得大家的点赞和好评，这是人之常情。因此，抢到红包的朋友，可别光顾着庆幸自己手气好，还应当给发红包的朋友说一句道谢的话，或者发个富有喜感的表情。古语云"来而不往非礼也"，微信群里玩红包也应遵循这个规矩。有人只抢不发，一回两回不要紧，长此以往，难免会给人留下贪小便宜的印象；也有人抢红包时冲锋在前，轮到他发红包时却经常发一分钱的红包，难免惹来众多朋友的吐槽。

二、网络礼仪

网络礼仪就是人们在互联网上交往时所需要遵循的礼节，是一系列使人们在网上有合适表现的规则。

不要去登陆色情、反动网站,很多这类网站还另有黑客程序,只要打开一次后,一些黄色、反动内容、语句、图片,会自动下载到你用的电脑里、桌面上,如果你对电脑不够精通的话,会引发很多麻烦。

网络生活的显著特点在于虚拟性,可以在未见其人、未闻其声、未知其真名、未看其笔迹的状况下进行交流。因此,真诚待人,在网络生活中更能体现你的人格。要时刻记住你交流的对象仍然是有血有肉的人,应当像当面交谈那样诚恳、亲切、慎重,不说假、大、空话。可以用网名,也可以适当幽默,但不宜隐瞒年龄、性别、基本身份,更不能花言巧语、抬高身份或冒充他人,欺骗对方。要尊重他人乃至他国的风俗习惯,不要触犯他人和民族的禁忌。

网络生活的多样性、虚拟性和隐蔽性,容易使人想入非非,误入歧途。网络的世界很精彩,也很无奈。在目不暇接、流连忘返之时,也有可能眼花缭乱、头晕目眩,一旦落入圈套、跌进陷阱,难以自拔,就深受其害,悔之莫及。因此,人们在畅游网络世界的时候,应具有较强的自律意识,在有条件、很方便的情况下,能够把握住自己,抵挡住诱惑;一旦误入歧途,应尽快迷途知返,切不可迷恋其中,更不可做出伤人害己之事。

现实生活中,大多数人都遵纪守法,同样地在网上也应该如此。网上的道德和法律与现实生活是相同的,不要以为面对电脑,就可以降低道德标准。网络世界给你最大的言论自由,但绝不意味着你就可以肆无忌惮,为所欲为,还是要牢记:己所不欲,勿施于人。不能只顾自己发泄,不管他人感受。

要尊重他人的隐私权,不要向他人提出任何涉及个人隐私的问题。请不要随意公开他人的信息,如真实姓名、家庭地址、电话号码,以免给他人带来伤害。至于商业机密与国家机密,更不能故意泄密。

要强化自我防范意识。不轻易向网友提交自己的真实姓名、地址、电话、密码、单位或学校名称等个人信息。一般情况下,不要轻易与网友见面。如果觉得很有好感,也要通过其他方式了解清楚对方的真实身份及人品后才能见面,见面时一定要去人多的安全场所,切不可去对方指定的宾馆及私宅等处。

网络生活也要追求高境界,可与人共享彼此的专业知识,交流信息,互相帮助,何乐而不为?

📖 阅读材料:使用即时聊天软件的礼仪

保持安全意识。防止自己的电脑中毒自动发消息干扰他人。

如果你很忙,设置一个 Busy 状态或隐身。不要打扰忙碌的人。如果对方是 Busy,不要和他闲聊,有重要的事,最好一句话说完。不要以"Hi"开始对话。

尽量回复别人的消息。如果你确实很忙无法回应,那就告诉对方并设置 Busy 状态。

如果给对方发送网址,最好先说明该网址的内容,这是尊重对方的表现。

保存聊天记录。同一个问题反复问多次,别人会很"无语"。

退出那些你屏蔽很久的群组。如果你对某个群组没兴趣,不妨退出。

1. 请问在哪些场合应将手机关机或调成静音模式。
2. 在网络社交中,词语被重新定义,礼仪被重新构建。以前普遍遵循的礼貌和规矩,因为在使用的过程中被人们有意或无意地添加了新含义而偏离原意。同时,网络社交也在影响着人与人的交流方式,改变着社交规则。请你以"网络时代的新礼仪"为题,写一篇小短文。

第八讲　公共礼仪

公共礼仪即公共场所礼仪。所谓公共场所,是指人们经常聚集的、供公众使用或服务于社会大众的活动场所,它往往是映射一个地区物质条件和精神文明的窗口。公共场所具有开放性和透明性,人们在公共场所的行为对他人和社会的影响更为直接和广泛。比如在公共场合禁止吐痰,这并不是对口腔自由的戕害,而是针对病菌传播的务实管理。在公共场合,人们要谨记遵守社会公德、不妨碍他人这两条原则。首先要遵守社会公德,也就是要具有维护社会公德的意识,要自觉、自愿地遵守、履行社会公德。其次,无论是休闲、生活需要,还是过客,每个人都应当有意识地检点、约束自己的个人行为,并要尽一切可能,自觉避免自己的行为影响、打扰、妨碍到他人。

学习任务1　使用公共设施的礼仪

据美国《华尔街日报》报道,多年来,北京和上海的地铁监管部门一直努力说服乘客,乘坐电梯时靠右站立,留出左侧供急行者使用。"靠右站立,左侧通行"是2008年北京奥运会和2010年上海世博会重点推广的文明礼仪。这也是很多发达国家一直坚持的文明习惯。但南京地铁发布的一则官方微博激起了千层浪。该微博称:"约95%的自动扶梯右侧磨损严重,不再提倡'右立左行',站稳扶好更重要!"有专家认为,太多人站在电梯右侧会让梯体不平衡,增加电梯事故风险。而且,在扶梯上行走也并不安全。

礼仪有其固守与传承的一面,也有变通与进化的一面。所谓礼仪,必然是与社会生活、经济文化发展程度相适应的。就拿乘电梯而言,在人流量很少的情况下,"右立左行"是合适的礼仪规范。但在当下,就显得过时甚至有危害了。文明礼仪的存在,是为体面、尊重、安全、舒适的公共生活服务的,在这方面,显然不能本末倒置。"右立左行"作为一种外来的文明礼仪,也不妨以是否合时、适用的原则来对待与取舍。实际上,对于"右立左行",目前仍存在着争议,有人担心没了"右立左行",乘电梯就没有了秩序,笔者认为这种担心完全多余,应该看到,文明本身具有纠错的能力,通过实践和科学的验证,"右立左行"应被尽快抛弃,而新的礼仪已然产生,比如扶好扶手、不要拥挤、依次乘坐、注意老人和小孩等。总之,"右立左行"当因时而变。

一般来说,公共设施是指政府提供给全体社会成员享用或使用的服务设施,比如公共卫生间、火车站自动扶梯等。这里,公共设施也指企事业单位提供给全体顾客使用的服务设施。公共设施最显著的特点,是它的公用性和共享性,人人都有权利享用或使用;因此,使用公共设施时,必须讲究一定的礼仪规则,否则可能会因为无序而大乱。

一、使用公共卫生间的礼仪

你会上厕所吗?面对这样一个看似简单的问题,你能理直气壮地回答吗?在国际上,衡量一个城市的文明程度,通常是看这个城市的公共卫生间的设施和管理;而是否了解和讲究洗手间礼仪,可以从一个侧面反映一个人的文明素质。

国际上最通用的厕所标志是"W.C."。另外,常用的标志还有:Toilet(盥洗室),Lavatory(厕所),Wash Room(洗手间),Rest Room(休息室),Bath Room(浴室),Comfort Station(休息室)。男厕所的标示有:Men's Room,Gentlemen,Gent's,Men 等。女厕所的标志有:Ladies' Room,Ladies,Women,Powder Room(化妆室)等。也有是用图案来标示的,男厕多是烟斗、胡子、帽子、拐杖、男士头像;女士则多以高跟鞋、裙子、洋伞、嘴唇、女士长发头像等来表示。

公园、商店、酒店、写字楼等场所的卫生间使用率较高,人多时,要注意站在卫生间的大门口排队,按先来后到依序排成一排,一旦有其中某一间空出来时,排在第一位的自然拥有优先使用权,这是国际通常的惯例;而不是分别排在某一间门外,以赌运气的方式等待。在飞机、轮船、游览车、火车等交通工具上,洗手间是男女共用的,男女一起排队是很正常的。这种情况下不必讲究"女士优先"。如果看到洗手间地上有"Wet Floor"等字样的黄色告示牌,表示清洁工人正在进行清洁。这时候,你就要去找另外一个洗手间了。儿童一般可以和父亲或母亲一起使用洗手间的。但不成文的规定是,母亲可以带着小男孩一起上女厕,没有人会介意,而父亲则不可以带女孩上男厕。卫生间不是图书室,不要携带公共读物、公司文件或者是其他材料进入卫生间,以防影响其他人阅读。当然,带个人读物进卫生间是没关系的,只要你上完厕所记得带走。

不要总认为隔间没人,为了避免这些小摩擦,你可以先轻轻敲门听听反应,最后再转动门把手。一些小的隔间门锁欠佳,人们有时会误闯,造成一些尴尬的局面。不要以卫生为由,穿鞋蹲在坐便器上。洗手间遇到熟人,不要刻意回避,尽量和对方搭话。千万不要装作没看见把头低下,给人不礼貌的感觉。一个人如何处置坐垫不仅是一个礼节问题,更能体现一个人的文明修养。如果你如厕使用的是站姿,方便前先掀起坐垫,结束后再把它放下去。这只是一个简单的礼仪问题且是举手之劳,但总有那么一些人在如厕之前不把马桶坐垫掀起来。如果不小心把马桶垫板弄脏了,要用纸擦干净。使用男厕小便池时,请将眼睛盯着面前的一堵白墙,不要与旁人随意高谈阔论。一般不要在公共卫生间里面讲电话,更不要因为煲电话粥而长期占据卫生间。冲水等声音,电话的另一头也会听得见。

📖 阅读材料:6 成人上厕所打手机

据台湾《联合晚报》报道,一项新调查指出,超过半数(63%)拥有手机的美国民众在厕所中接电话;将近半数(41%)的人会从厕所中拨电话出去。不仅如此,他们还在厕所隔间内看短信、上网漫游、购物。此一发现显示,人们已到了不顾时间、场合任意使用手机的地步。礼仪专家表示,在厕所内闲聊、上网,不仅粗鲁无礼,对电话那一端的人不敬,而且妨碍他人使用厕所。此外,这也是一种不卫生的行为,虽然有92%的手机使用者事后洗手,仅有14%的人也清洁了手机。

方便完后,记得将卫生纸等杂物扔进纸篓,以免堵塞下水道。更要记得"来匆匆,去冲冲",留下一个干净的环境以方便后面的人使用。人体排便时所产生的废物可不是那么好闻的。卫生间,尤其是公共卫生间,每天的人流量都很大,因此会产生一些奇怪的味道。你可以通过做好自己分内的事——上完厕所后至少冲一次,来减轻这种刺鼻的味道。

原则上,使用完洗手间必须洗手。洗手时,水要开小些,一方面节约用水,一方面可以避免水溅到洗手台和地上。如果不小心把水溅出,主动用纸擦干。洗手以后,不要一边走路一边甩干手上的水,这样容易弄湿地面,使人滑倒。还要注意的是,不要长时间占用洗手池。洗手台也会有擦手纸和烘干机,一般习惯是先用擦手纸巾擦干手,把用完的纸扔入垃圾桶后,再用烘干机把手吹干。在卫生间整理仪表时,如果头发掉在洗手台上,应及时清理干净。从卫生间出来,衣服没有整理好,当着他人的面整理衣服,提裤子或者拉裙子,会让人觉得你缺乏教养。

在欧洲的一些国家,上洗手间是要付小费的,客气一点是在出口处的桌子上摆着一个浅碟子,使用完毕可以随意放置一些铜板、角子等当作清洁费。严格一点的,则在入门处清楚标示使用卫生间的费用,有些要事先付费。如果不付费,看守者就不替你打开锁着的门。还有一些用机械投币式,即在入口设有自动投币机门,投下一个铜板,旋转栅门就可以开一次。

另外,有一个概念要明确,公共卫生间的功能不仅仅是解决人们如厕的问题,更有帮助人们处理隐秘行为的功能。比如女士忌在公共场合不加掩饰随意地整理内衣,女士如感到内衣穿着不舒适,应就近寻找卫生间,在卫生间内得体处理。

二、乘坐公用电梯的礼仪

(一) 乘坐自动扶梯的礼仪

在上下自动扶梯时,要稳步快速进入和离开。乘扶梯时,应有一只手扶住电梯扶手,以免电梯发生意外突然停止时失足跌落;头、手、身体等部位不能超出扶手带,以防挤伤、碰伤。应注意礼让有急事的人先通行;如果你是被礼让者,应向给自己让路的人致谢。儿童乘用扶梯时,大人要注意看护,要及时阻止儿童在电梯上奔跑、玩耍等。穿短裙的女士在上扶梯时,要注意压裙或者选择侧身站的姿态,以防走光。扶梯的紧急停止按钮设在扶梯的上下两个出入口处的底部,均为红色,并标有"停止"字样。如遇意外,可按下电扶梯的紧急停机按钮,如非必要,严禁滥用,以免令其他乘客跌倒受伤。

(二)乘坐厢式电梯的礼仪

在厢式电梯入口处等候电梯时,应站在电梯两侧,不要挤在电梯门口,以免妨碍电梯内的人出来。电梯门开后,先要让电梯内的人出来,方可按先来后到的顺序进入电梯。当然,遇到老幼病残孕者,应让他们先行。先进电梯者,应为后面进来的人按住"开门"按钮。当电梯门开始关闭时,用手或身体的任何部位,或者任何物品去阻挡电梯门关闭的做法都是不正确的。当电梯人数超载的警报响起时,最后进入电梯者应先退出电梯。

在电梯内,尽量站成"凹"字形,挪出空间,以便让后进入者有地方可站。另外,在电梯内,应侧身面对陌生人,尽量避免形成面对面的尴尬。进入电梯后,应走到角落处,不要怕按不到楼层键,只要轻声请别人帮忙便可以了。如果你站在按键旁边,应主动询问进入电梯者到几楼,得到答案后帮忙按楼层键。在电梯内,不要随意地抛扬背包、甩头发,这都会影响到他人。拎着鱼、肉等物品时,要包裹严密,尽量放在电梯角落,防止蹭在他人身上。带宠物乘梯时,尽量抱起宠物。不便抱起时,应控制好宠物,保证乘客和宠物的安全。电梯内有很多人时一定要少说话,因为里面的每个人都在听你说话。

📖 阅读材料:切勿死盯着他人看

心理学家福斯特说:"我们不会死盯着看,只有对艺术品才能凝视。"死盯着不放的目光会让人产生被威胁的感觉,尤其是在拥挤的地方,个人的空间已经受到威胁,这时候更应该回避目光。在电梯、地铁、公共汽车上,对陌生人死盯着看会引起别人的反感。漂亮非凡的演员詹妮在北京就遇到了这种"目光浩劫"。在亚洲酒店的电梯中,詹妮与几位不相识的中国"绅士"一起进电梯,詹妮非凡的美貌吸引了他们的目光。他们仿佛有生以来第一次看到这样的人间尤物,眼光直勾勾、赤裸裸、毫不掩饰地盯住了詹妮的脸,有的人甚至用目光肆无忌惮地在詹妮身上、脸上来回扫荡。詹妮几乎要窒息了:"在电梯内不过20秒的时间,却显得那么漫长,我像是一只无助的羔羊被粗暴无礼的目光宰割着!"

出电梯时,应由外而里依次而出。当有人要先于你出电梯,而你挡在他前面时,应暂时走出电梯门,腾出空间让后面的人走出来,然后再走回电梯。

乘用厢式电梯遇到险情时,很多人往往都会惊慌失措,甚至做出一些过激行为,如踢门、跺脚、试图撬门等,这些都不正确。如果被困厢式电梯内,不应从电梯顶部逃出或用双手掰门,应按下"紧急报警"按钮向安保人员呼救,请求支援,也可在电梯内用手机拨打报警电话求助,设法与外界取得联系,待专业人员到达后,按照他们的指导脱险。按照国家的相关条例,营救人员会在半小时之内到达。

课后练习

1. 结合所学的公共场合礼仪知识,给自己在公共活动场合中的礼仪表现做一个评价。

2. 有人说,垃圾是放错地方的宝贝。请你通过互联网查阅资料,学习有关垃圾分类的知识。

学习任务 2　交通与住宿礼仪

一天傍晚,小王路过交通街阳州花园小区门口,看见马路中央的井盖被丢到一边,没有什么标识。小王没太在意,心想反正有专门的工作人员去处理,马路上的人们也都自顾自地走着。此时,一辆摩托车飞驰而来,直接从没有井盖的下水道口子飞了过去,旁边几个路人发出惊呼。就在大家议论之际,一位20余岁的年轻男子向附近门市的人打听,得知井盖被拉开好几个小时了,已经飞了几辆摩托车过去。这位年轻男子就从路边的石头堆里搬来石头,找来几根竹竿立在那里,做了一个简单的安全警示标志。离开之际,他还不时回头看标识有没有被撞倒。就是这么一件小事,其实人人都可以做到,举手之劳而已,但大多数人却都没有想到、做到!建设文明社会,要大家一起努力,每个人都要从身边做起,从自己做起,从小事做起。

《礼记·曲礼》说,"行不中道,立不中门",既可避让行人,又表示对尊者的礼敬。今天,交通方式的快捷便利,扩大了人们在出行中的交集,更加要求人们在出行中注意人际关系的处理,既自觉遵守公共规则,又要养成与人方便自己方便的推己及人之心态,从而培育友善观念。

一、乘飞机礼仪

上飞机前,不要吃大蒜等口味重的食品,也应该避免使用香水,因为飞机机舱内通风不良,在飞机上所散发的气味通常会比在陆地上浓郁很多倍。在候机室等候登机时,请保持安静,如果需要接听手机,应尽量低声通话。在广播宣布开始登机之前,不要站在登机口,应找个位子坐下,避免走来走去。不要把自己的物品放在椅子上,尤其是人多的时候;更不能让行李占用提供给其他乘客休息的椅子。

登机时一定要遵守秩序,礼让残障、老、弱、妇、幼等特殊人群。不要把体积很大的旅行包背在肩上,也不要在地上拖着走,这样做容易碰到坐在走廊旁边的乘客。登机后,所携带的行李应该提在自己的前方,而不是提在左右,以免碰到已经入座的乘客。当你在飞机上坐下时,要向旁边的乘客点头示意。空乘人员会协助乘客将行李放置妥当,小背包要放在行李置物柜,小件物品要放好,免得打开行李柜时,物品掉落。手提包可放在椅座下方,勿占用走道。

当起飞与降落时,请关好移动电话、手提电脑等电子设备。邻座旅客之间可以进行交谈,但不要隔着多个座位说话,声音不要过大。不宜谈论有关劫机、撞机、坠机一类的不幸事件。也不要对飞机的性能与飞行信口开河,以免增加他人的心理压力,制造恐慌。在飞机上,因为人们旅途比较劳累,为了更舒服地旅行,可以脱下鞋充分地休息。所以,脱鞋行为本身并不失礼,但是不能因为脱鞋而"污染"空气味道,给其他旅客带来不快。

阅读材料:航班解禁手机或扰旅途清净时光

近日,多家航空公司陆续"松绑"乘坐飞机时禁用手机的条款,此举无疑为手机重度使用者及有办公需求的乘客带来了福音。但便利之余,令人最担心的事儿发生了,有人拿着手机自顾自地播放视频、外放听歌,旅途中的清静时光眼看着遭遇沦陷。

公共空间就得有公共空间的样子,在哪都得讲个规矩。特别是在机舱这样的密闭公共空间,行为举止更需要一定之规加以约束,不能随心所欲、"开心就好"。所以说,航班解禁手机是好事,但不能匆匆忙忙"一解了之",作为机舱这一公共空间的管理者,航空公司有必要明确立规矩于解禁之前,比如禁止声音外放、要求必须使用耳机等。多一点事前干预措施,而不是在有乘客抱怨后才做和事佬,方是尽职尽责的表现。

没有规矩,不成方圆。公共场所的文明规则,出发点是为了维护大多数人的共同利益。还以在飞机上使用手机为例,过去技术条件不具备,为了保障大家的安全,要求务必关上每人的手机,现在技术进步支持开机了,可为了保障大家的清静,同样要求务必戴上各自的耳机。

在国外也有这样的惯例,即飞机着陆后,若此次航程顺畅、着陆平稳,全体乘客会一齐鼓掌感谢全体机组人员。

阅读材料:盘点乘飞机不文明行为

在国外某机场,因排队前后位置有了争议,原本就吵吵闹闹让人侧目的中国团队游客,突然变成了更加高亢的互骂曲,双方为这场好戏的上演激动得面红耳赤,全然不理会周遭人们无声、愤怒的抗议眼神。回到白云机场,为了快上几个身位,一中年妇女领着两位70岁以上的老人,疾行急停,总算是抢到了稍微靠前的入关口,却因插队嫌疑,和旁边排队的人发生口角。

某航班上有不少到东欧做生意的中国人,他们大概来自同一个村子,好像也把飞机当成了他们的家。一到吃饭的时候,他们就把从家乡带来的各种小菜拿出来,吃得津津有味,同时制造出一堆垃圾。不过最绝的还是到了晚上,有几个同胞感到坐着睡觉不舒服,看到飞机过道也挺干净,索性一头倒在地上睡觉。

欧洲游开放,首发团乘坐芬兰航空公司航班前往欧洲,途中,机上一改通常芬兰语、英语、汉语的广播顺序,突然用汉语广播:"请把餐具放回原处,服务员会前往收取。"原因很简单,不少中国游客因为喜欢上了飞机上的不锈钢刀叉,把它们偷放到了自己兜中。即使是在听到广播后,几个身穿"梦特娇"服装的中国游客,还是在迟疑片刻后,仅将其中一把叉子放回餐盘中试图蒙混过关。

二、乘地铁礼仪

乘地铁过安检时,经常会有一些乘客拒绝把行李物品放在检测器内检测,这种不配合工作人员的行为,是一种对大家的安全不负责任的表现。在站台候车时,请站在两侧的箭头指示区,中间的箭头指示区留给下站的乘客。这样井然有序,更能节约时间。乘车时,应该先下后上,排队上车。上下班高峰期,乘客很多,通道窄的地方,切不可故意拥挤,很容易发生危险。当车门的警示铃响起时,不应再上车。不能因为赶时间,不断往车上挤,这样做很危险。

在地铁上,坐姿要规范,不可把脚伸到过道,影响他人通过。特别提醒穿超短裙坐地铁的女性,入座时,一定要注意坐姿的规范性。两腿要收拢、并紧,如果裙子太短,可以把手袋放在腿上稍作遮挡。不能旁若无人地随意脱鞋、袜;不能制造垃圾,更不能把垃圾丢在车厢内。不可一人占多席,更不可随意躺在座位上。不可大声在地铁里接打电话。面对老、弱、病、残、孕乘客,要主动让座。女性不要在车厢内当众化妆,情侣应避免在公众场合当众拥吻。禁止在车厢内饮食。

📖 阅读材料:地铁车厢内为何不能吃东西

原因一:封闭场合空气流通不好,食物的味道会在很长时间内难以散去。原因二:在人多的场合吃东西,很容易将食物及碎屑掉落在地面上,为公共卫生保洁增加负担。原因三:食物碎屑会引来一些小动物进入地铁运行设施,一旦这些动物啃咬电线,就会带来极大的安全隐患。原因四:公共场合流动人口多,是细菌的滋生地。

三、自驾车礼仪

衡量一座城市的现代化,车多是其中的标准之一。公交车多标志着繁荣,私家车多标志着市民生活水平提高,载货车多标志着城市的经济发达。但车多又给城市的交通带来了极大的隐患,交通事故的发生,多是由于驾乘人员不遵守交通秩序。驾乘人员遵循出行规则,城市的交通才能安全顺畅。

行人与司机仿佛天生就处在对立面,但是,每一个行人都可以成为司机,每一个司机也有成为行人的时候,他们的角色总在不断地变换。开车礼仪不仅体现了驾车人的道德水平,同时也可以透视一个民族、一个国家的人文关怀精神。

当今社会,城市化、机动化的速度不断加快,车辆越来越多,我们不仅要遵照"红灯停、绿灯行"等基本的交通规则,还要学习并遵守更多的驾车礼仪。(1)注重形象。汽车是公路上的流动风景,车身要保持干净,司机也要注意自身的仪表整洁,不宜光着膀子或穿着性感服装开车。不要往车厢外扔东西和吐痰。(2)言行有礼。不要朝别的司机大喊大叫,尤其对新司机应当宽容和理解;一旦车跟车发生摩擦,切忌互相指责、谩骂,更不能动手打人。(3)专心开车。不要酒后驾车或疲劳开车;开车要专心致志,不要因观赏周围景色、交谈、打手机、左顾右盼而分散了注意力。(4)音乐适宜。舒缓轻柔的音乐会让驾车人心情平和,有利于驾驶的安全;相反那些刺激震撼、快节奏的音乐会让驾驶者心情急躁,不知不觉可能就提高了车速;不提倡播放着轰鸣的音乐,招摇过市。(5)礼让他人。司机应耐心等待行人穿过马路,不要跟行人抢路;刮风下雨天一定要减速慢行,免得溅别人一身水;当别人的车从身边驶过时,应放慢速度,不要加速。(6)慎用喇叭。遵守交规中的喇叭使用规定,不要在小区、校园等安静的地方按喇叭;到他人家中接人时,应下车按门铃,而不是按汽车喇叭。(7)不乱停车。清楚前后左右的情况,不要堵住别的车,也不要堵住行人和自行车通道;如果实在没车位,又一定要短暂停留,可在车上贴个便条,写上自己的电话,告知需要挪车时,可电话通知你。(8)不忘环保。停车后,收拾好车上的垃圾,不能图方便直接扔在地上,要扔到垃圾筒。(9)洗车有方。如果在小区内洗车,请找个合适的地方,避免冬天结冰一大片,夏天污水流遍地,让人走路不安全。

阅读材料:文明,在斑马线上绽放

从2009年开始,杭州推广礼让斑马线活动,一开始选取公交车为试点,出租车、公务车等紧随其后,并设立摄像取证,对未礼让斑马线的机动车进行严格处罚。2016年开始施行的《杭州市文明行为促进条例》,更是将在斑马线前礼让行人纳入了法规管辖范畴,旨在营造人人守法谦让的氛围。在北山街上,正在拍摄婚纱照的准新娘小邵充分感受到了礼让斑马线带来的温暖。斑马线不长,她拖着婚纱慢慢走了10多秒,途中没有一辆车抢行鸣笛。小邵挺细心,数了一下,有11辆车为他们让行,差不多每隔一秒就能见证一回"文明礼让"。这样的氛围也影响到了她,如今不管开车到哪里,她也能做到和杭州司机一样文明礼让。斑马线前一脚刹车,传递的是一种人文精神与道德素养,体现的是对生命的尊重。在游客心中,礼让斑马线已成为杭州的一张城市金名片。

四、走路礼仪

以下是十大不文明行走的陋习:一是不走人行横道,路中行走如同闲庭信步;二是为抄近路践踏草坪或冒险翻越隔离带;三是过马路不走斑马线,走斑马线也不看信号灯;四是道路上嬉笑打闹,并排结队行走;五是行人过马路不走过街天桥;六是斜穿马路不看左右,跑动中急停;七是不走人行道,而是在车行道边上行走,无视交警或交通协管员的指挥;八是在只准机动车辆通行的高架桥上步行;九是与机动车争抢道路,在车流中穿行;十是在车行道上招手打的,使出租车违规使用道路。

阅读材料:"中国式过马路"的反思与评论

几乎每个人都知道乱闯红灯是不文明的行为,但是生活中还是有好多人明知此事不当而为之。究其原因,除了人们总是认为交通事故这样概率极小的事不会发生在自己的身上,还有一个很重要的原因是人们的从众心理外加群体效应的影响。想一想,红灯车少时如果身边的人都过马路了,只有自己站在一边等绿灯,人们心里总会有一种自己看起来很傻的感觉。其实,"中国式过马路"不单是个人问题,还在于我们的路权分配以及信号灯设置的"无礼"。很多时候红绿灯给车通过的时间有两三分钟,而给行人的时间只有十二三秒,经常来不及,况且,过街横道线要三四百米远才能有,天桥或地道有长长的上下梯步。这是公共交通资源上强势、弱势的分配不公。在西班牙,岔路口的行人路权要高过机动车。根据相关交通法律规定,在交叉路口,只要行人给出一个清楚的手势或是将一只脚跨入到人行横道上来表示要通过的意向,机动车就必须停下来让行人通过。但是有权利便会有责任,如果行人在非人行横道的地方过马路或是无视交通信号灯,也会被罚款。正所谓,"文化无高下,制度有优劣",好的制度,并不一定是高素质的保障,却是高素质的前提。

五、出行中的住宿礼仪

出门在外,在饭店住宿时,要注意以下行为规则:饭店是专供住宿者休息的场所,因此,保持肃静是饭店的基本规矩。在饭店内部的公共场所,一定要注意调低自己说话的音量,走路轻手轻脚。即使是在自己住宿的客房里,亦应当保持安静,不制造与周围环境不和谐的噪音。大厅和走廊是饭店生活中的主要公共场合,因此一定要记住,不要表现得像在自己家中一样,甚至穿着睡衣或浴衣转来转去。虽然打扫客房是服务员的工作,但是也不能因为有人代劳就不注重保持清洁卫生,废弃物要扔到垃圾筐里,东西尽量摆放得整齐有序。沐浴的时候,浴帘的下部要放到浴缸里面,不要把地弄湿了。用完之后,把自己落在盆里的头发拾起来。如厕之后,请及时冲水。如果你要连续住上几天,可以留一张纸条给客房服务员,告诉他们,床单和牙刷不必每天都换,牙膏和洗发水也可以等用完了再换新的,保护环境和节省地球资源是我们每个人的义务,这样的客人一定会受到饭店的尊重和欢迎。洗发膏、牙刷、肥皂、信封、信纸之类的小用品可以带走,但要注意有些物品是有偿使用的,不允许随意带走,占为己有。

他乡遇故知一定很棒,但不提倡住客在客房内会晤来访人士,特别是异性来访者。在一般情况下,饭店的前厅或咖啡厅,被视为住店客人会客的理想去处。若和其他旅客同住一室,应以礼相待,互相关照。晚上就寝不要太晚,以免影响室友休息。不提倡互不相识的住店客人相互登门拜访,随意去素不相识人的住处串门,或是邀其一起进行娱乐。退房前,应对房间内的东西略作整理,以便于服务人员打扫,同时也给服务人员留下一个好印象。如果想拿走酒店里的一些小物品作留念,请务必确认下是免费的还是收费的,以免使自己在结账时陷入尴尬的局面。如果不小心弄坏了酒店的物品,不要隐瞒抵赖,要勇于承担责任加以赔付。结完账后,礼貌地致谢,道别。

📖阅读材料:客房内吸烟被重罚

某天半夜,新西兰某酒店里警铃大作,消防车"呜呜呜"地扯着警报赶过来,大家全都慌慌张张衣冠不整地跑出房间。在户外等了半小时,酒店工作人员过来通知:"请大家回房间吧,是消防警报误响。"原来是一名中国游客违反酒店规定,在房间内吸烟引起,这名客人之后就被当地警方带走,接受重罚。

1. 在现代社会生活中,飞机已经成为非常普遍的交通工具。那么,乘飞机有哪些特

定礼仪呢?

2. 辩论:文明出行是该"车让人"还是"人让车"?

3. 澳大利亚学者露辛达·霍德夫斯在《礼貌的力量》一书中写道:"有人随手把烟蒂丢在路上,日积月累就会成为一大堆垃圾,污染了河道,杀死浮游生物。鱼类恰恰以此为主要食物来源,因此也会遭殃,而鱼类又是人类营养的重要来源。电梯里的年轻人转身对着镜子,在抵达35层之前只顾自地对镜自怜,简直将公共场合当成了私人领地。电梯中的另一位乘客极为讨厌他的这种目中无人的举动,生气地走进办公室而没有看到同事给她的暧昧信号,因而错失了一段幸福良缘。"请你结合以上材料,说说不文明行为的危害。

学习任务3　休闲活动礼仪

2000年悉尼奥运会期间,虽然中国运动员的出色表现征服了各国观众,但有些中国人的不文明习惯却给别国运动员、裁判员留下了不好的印象。为确保射击运动员发挥出最佳水平,组委会专门在射击馆门前设有明显标志:请勿吸烟,请关闭手机。但王义夫射击时,某中国记者的手机响了。当时,就有外国人轻轻地说:"这是中国人的手机响。"到了陶璐娜决赛就要射出第七发子弹的关键时刻,中国记者的手机又一次响了。不过,2012年底,国际射击联合会大幅度更改了比赛规则,原本射击比赛要求现场绝对安静,但这一强制要求被取消了,观众不但能够大声欢呼、加油,现场还会播放音乐。

如今,看体育比赛、看话剧歌剧、听音乐会,已成为人们重要的休闲方式,同时也是一种时尚的社交活动。无论在赛场还是在剧场,观众都必须遵循相应的礼仪规则。

一、赛场观赛礼仪

任何比赛,观众都是赛场的重要组成部分,没有观众,比赛就失去了意义。目前,有关赛场观众礼仪的提法还比较少。但现实情况是,由于赛场往往是各国媒体关注的焦点,很多比赛因为观众的不懂礼甚至失礼,不仅在赛场上造成负面影响,影响比赛的正常进行,甚至还影响到一个群体、一座城市,以至一个国家的形象。

(一) 观赛的基本礼仪要求

观众看比赛有两个层面的活动，一个是欣赏比赛，另一个就是助威加油。现场观赛时，应做到以下几条基本的礼仪要求。(1) 尽量提前入场，对号入座，主动礼让"老弱病残幼"。(2) 禁带易燃易爆等危险物品，限带酒瓶、凳子、刀具、易拉罐等罐装物品入场。(3) 观众应关注比赛过程，欣赏运动技巧，无论胜负，都对所有参赛运动员的精彩表现报以热烈掌声，予以赞赏鼓励。在赛场上遇下列情况应该喝彩：在选手出场和介绍选手时；赛场上精彩时刻的一刹那；选手完成自己的表演后；在选手克服困难，努力坚持比赛时。(4) 观赛时不随意走动，不吸烟，不吃带响声的食物，不乱抛垃圾杂物，不说脏话，不损坏公共设施，理智对待输赢。啦啦队使用的口号和呼喊的内容要健康，不要有污言秽语，不要恶语伤人。(5) 要对运动员的失误给予理解和鼓励，不要抱怨，不嘲讽侮辱运动员、教练员，不要喝倒彩。(6) 要服从裁判的裁决；如果认为裁判不公，不可起哄，要冷静克制，不要做出有损国格、人格和违背体育精神的举动。(7) 遇见自己喜欢的知名运动员不要强行合影、签名，不要影响其正常投入比赛。(8) 比赛结束时，向双方运动员鼓掌致意。退场时，按座位顺序，向最近的出口缓行。应主动将饮料瓶、果皮果核、报纸等杂物带出场外。

体育比赛项目是有自己的规则和特点的，观众应该根据具体项目来文明欣赏和参与比赛。比如近距离观看某些项目的比赛，如射击、射箭、短跑、乒乓球、羽毛球、台球、网球等，要将手机调成振动或静音，关掉相机的闪光灯，以免干扰运动员的注意力。另外，观众与运动员的互动是十分重要的，良性互动能够激发运动员的精神，更好地投入比赛。然而这种互动对于不同的运动项目也是有所不同的。一种是有节制的互动，比如网球、高尔夫球、马术等项目，需要相对安静的比赛环境，观众就应该比较绅士。还有一种是比较热烈的互动，比如足球、手球、篮球等项目，啦啦队可以尽情地"折腾"，不论是喊声震天，还是全场制造人浪，都不为过。

(二) 排球观赛礼仪

观看排球比赛时，观众既要有激情，又要有理智。开赛前，运动员集体入场举行仪式，向观众席行礼致意时，观众应以热情的掌声回应。单独介绍教练员、运动员及裁判员时要报以热烈的掌声。运动员做准备活动时，如球飞到看台，观众不要直接将球扔回场内。应将球捡起交给捡球员。比赛中，运动员发球时，任何声响干扰都不受限制。如果运动员发球失误，观众也可以鼓掌表示对另一方得分的祝贺，只是不要过分地鼓倒掌。因为这样容易使运动员本已很遗憾的心情更加郁闷，是不礼貌的行为。暂停时，运动员会回到双方的替补席附近，教练员对运动员安排战术时，任何响器的声音都是允许的。但观众不能向场内投掷硬物或有针对性地刺激运动员。可以带有倾向性地观赛，但要尽量与全场气氛一致。如全场都在做人浪，你不要坐着不动；周围的人都很沮丧时，你不能过分地幸灾乐祸，这样不但不礼貌，而且容易引发球迷间的冲突。此外，观众还要学习运动员顽强拼搏的精神，传承爱国高尚品德。

📖阅读材料：惠若琪诠释女排精神

上世纪80年代，中国女排夺得五连冠，女排精神应运而生。2016年巴西里约奥运会，中国女排在不被看好的情况下夺得冠军，再一次让女排精神广泛传扬。在夺得里约奥运冠军的女排队员中,女排队长惠若琪堪称女排精神的最好诠释。

1991年,惠若琪出生在一个比较富裕的家庭,长得特别漂亮,学习成绩也非常好。但自从与排球结缘之后,她就立志要在这条路上走下去。2007年,年仅16岁的惠若琪入选了中国女排的集训队,成为希望之星。2010年,惠若琪在一次高难度的救球过程中不慎左键脱臼,但她自己把胳膊接上去之后,继续在场上奋战。这使得她肩膀第二次脱臼,这一次她已经无法再坚持。因为这次受伤,惠若琪的肩膀里打了7颗钢钉,她用了8个月的时间才重新回到赛场。2015年,在中国女排即将出征日本世界杯之前,惠若琪的心脏出现了问题。此后,惠若琪先后两次接受了心脏手术。

2016年里约奥运会上,惠若琪的状态和全队一样,一开始并不好,球迷们对她的批评不绝于耳。但惠若琪从来就是迎难而上的人,在最后两场比赛中,她发挥相当出色。与荷兰队争夺金牌的比赛中,惠若琪一锤定音,中国队获得冠军。比赛结束后,惠若琪哭得格外伤心。我想,她的泪水中除了有夺冠的喜悦,也有对一路走来遭受到的困难与委屈的宣泄。我们向这位用生命在打排球的女孩致敬。

(三) 游泳观赛礼仪

观看室内游泳比赛时,因为赛场内非常湿热,有些观众的着装就会比较暴露,有的甚至直接光着膀子看比赛,这些都是非常不礼貌的观赛行为。裁判员发令时,不可鼓掌欢呼或发出噪音,以便运动员听清发令声。游泳比赛时,如果观众的加油助威声能按照比赛节奏进行,与运动员的频率结合在一起,对运动员来说是一种很有效的辅助作用。对于仰泳选手来说,最怕的可能就是热情观众手里的闪光灯了。强烈的闪光会刺激到选手,从而对比赛造成莫大的干扰。观看跳水比赛与观看游泳比赛的礼仪基本相同。运动员走上跳板或跳台时,应保持安静,以免干扰运动员的起跳和比赛节奏。当运动员漂亮地完成动作后,可以大声喝彩和热烈鼓掌;运动员不慎动作失误,也应给予鼓励的掌声。观看水球比赛,既要看运动员如何克服水中阻力进攻防守,也要观察运动员之间的战术配合。比赛进行中不应走动,在每节比赛结束时,方可走动。作为女子项目的花样游泳,由自由泳、技巧、舞蹈和音乐编排而成,是一种艺术性很强的项目,有"水中芭蕾"之称,观赛时,观众可以将其作为艺术表演来欣赏。当运动员完成一个漂亮动作时,可以鼓掌欢呼,表示赞赏,不必担心叫好声会盖过音乐声,干扰运动员的正常发挥。因为即使运动员潜入水中,也可以通过水下的扬声器听到音乐。

(四) 花样滑冰观赛礼仪

相比其他体育运动,观看花样滑冰比赛更像是前往艺术馆欣赏一场高雅演出。现场欣赏花样滑冰,有着特别的观赛礼仪,观众最好提前入座,营造和谐的气氛。运动员已经入场和比赛正式开始后,应该安静,否则会影响选手进入比赛状态。如果迟到,尽量不要在运动员比赛时找座位,等这套动作完成后入座。想在比赛中拍照的话,必须关掉闪光灯。花样滑冰比赛中,运动员经常会做一些高难度的动作,比如双人滑中的抛接等动作,如果选手正在做这些难度动作的时候被看台上的闪光灯晃了眼,就很有可能发生危险。鼓掌和喝彩要选择合适的时机。当选手摆好开场姿势准备开始表演时,观众应该安静下来,以便选手进入比赛状态,当选手完成了高难度的动作之后观众可以给予掌声和喝彩。

运动员失误时不要鼓掌,比如单人滑选手有时会摔倒,观众发出惋惜的声音是自然的,但如果鼓掌,就不太礼貌了,不过摔倒以后再继续表演,观众给予掌声则是很好的支持。滑冰选手的最高荣誉是在节目结束后全场观众起立鼓掌。抛掷毛绒玩具和鲜花等礼物是花滑运动的一个惯例和习俗,但礼物一定要用透明的包装纸包装严密,如果花瓣和细小的毛绒散落在冰面上,没有得到及时的清理,选手的冰刀滑到上面就非常容易出危险了。当运动员等待分数时向您做表情或打招呼,请给予回应。当运动员回到冰场的等分区,即在座位上和教练领队等一起等待分数时,体育馆的大屏幕会回放运动员比赛中的动作慢镜头,观众们可以重新回味一下运动员刚才的表现,如果哪个动作特别精彩,同样,掌声是对选手最好的回报。

二、剧场观看演出礼仪

观看演出之前,应稍微做一些功课,以帮助自己更充分地享受艺术的盛宴。对诸如背景故事、剧目曲目、经典唱段和表演者,应事先有个大致了解。

阅读材料:中国的《罗密欧与朱丽叶》

1954年5月,周恩来总理率中国政府代表团参加日内瓦国际会议。为了让与会代表和新闻记者了解中国悠久的传统文化和新中国成立后的新气象,中国代表团带去了国内新拍出的第一部彩色(越剧)影片《梁山伯与祝英台》。为了让外国人了解剧情,工作人员准备了16页的说明书。周恩来知道后,笑笑说:"16页的说明书?这样看电影是不是太累了?我看在请柬上写上一句话就可以了:请你欣赏一部彩色歌剧电影——中国的《罗密欧与朱丽叶》。"一如周恩来所料,《梁山伯与祝英台》受到了外国观众的喜爱。一位美国记者甚至说:"这部电影太美了,比莎士比亚的《罗密欧与朱丽叶》更感人!"

时间观念是一个人文化素质最基本的体现。少数观众对观看演出有一种误解,他们认为看演出是个人休闲娱乐活动,早点晚点没有关系。其实,这是一种最大的误会,观看演出更应该准时。因为入场券上的开演时间就是对观众的承诺,表演者必须按时开演以维护准时到场观众的合法利益。对于迟到的观众来说,不仅看不到精彩的开场,得不到完美的艺术享受而遗憾,而且在众目睽睽之下走进剧场,也影响到了多数按时入场观众的观赏体验。所以,一旦偶然迟到,请根据不同艺术品种和剧院的要求去做。比如京剧,迟到的观众一般准许及时入场就近入座,待节目中场休息再回到自己的座位。但是交响音乐会,迟到观众不能随时进场,需要等一个曲目结束间隙,按照服务人员的指引,轻声入场就近入座,待中场休息时,才可以回到自己的座位。

仪表着装是一个人内在气质的直接反映。剧场是欣赏文艺表演的艺术殿堂,也是重要的社交场所。仪表着装不仅是个人行为,也会对周围环境产生影响。无论观众看什么演出,都应仪表着装整洁大方、无异味,特别不宜穿背心、短裤、拖鞋入场。观剧前不宜饮酒,特别是烈性酒。观剧前最好不食大葱、大蒜等异味较浓的食品。对于观看交响乐、芭蕾舞等高雅艺术的观众,仪表着装应更为讲究,除务必做到以上要求外,为表示对艺术家的尊重,一般应穿着比较正式的服装,如男士穿西装打领带、女士穿典雅的时装等。

举止是一个人的文明行为准则。剧场是一个特殊的公共场所,为了不影响他人合理的观剧权,同时也使您自己能够体验完美的艺术享受,在观看演出过程中应遵循如下行为准则。凭票入场且对号入座,这是最基本的要求。请勿将食品饮料、塑料袋等带入观众厅。一般剧场休息厅都设有食品饮料部,观众可在开演前或中场休息时饮用,而塑料袋发出的声音会影响别人观剧。剧场是禁止吸烟的公共场所,卫生间内都不允许吸烟。观看演出时,不要咀嚼口香糖,未经许可不得私自录音录像和拍照,严禁使用闪光灯。因为您的演出门票只是获得了现场观看权,并未获得录音录像和拍照权。

为了达到最佳的视听艺术效果,保持安静良好的演出观赏环境是每一位观众共同的责任。开演前,应将手机设置振动或暂时关机。遇咳嗽或打喷嚏时,要用手帕捂住口鼻。如果要打哈欠,尽量不要发出声音,更不能因打呼噜而发出巨响。在观剧过程中,不要与同伴聊天或对演员发表议论,更不能一时高兴跟着哼歌或手舞足蹈。

阅读材料:感动后的遗憾

几天前,晚报副刊刊登了一篇十分动人有趣的文章。一对热爱艺术的祖孙在大剧院观剧,可爱的小女孩不时地提出各种有趣的问题,老人耐心地回答,引来旁边观众善意的笑声。说实话,作者文笔生动,妙趣横生,读时我也感动于祖孙对艺术的热爱和老人对孩子艺术心灵的呵护,但一个想法也突然涌上心头,啊!在剧场看演出时说话可不文明呀!这让我陷入了深深的思考。在我们的生活中,无论是会议还是剧场演出,往往台上讲演,台下交谈、走动。新进场的人可以旁若无人地打招呼说话,不懂得尊重人,这种现象不少,甚至经常是名人和文化人的表现。本人不止一次见到被招待的外宾在看京戏时,受不了那震耳欲聋的音响和周边人不停说话而集体退场的现象。

出于对艺术家的尊重和礼貌,对于演员的精彩表演应以掌声表示敬意,但掌声如何响起来也是一门学问。对鼓掌要求最高的是音乐会的演出,需要听众在欣赏过程中保持安静,注意乐章之间不能鼓掌,因为音乐会现场需要安静,每一支乐曲都像一首连绵不断的诗篇,乐章之间存在着细腻的呼应,故听者需全身心投入到音乐世界。在观赏歌剧的过程中是允许掌声的,尤其当一首非常精彩的咏叹调或重唱完结时,观众热烈的掌声会给演员带来莫大的鼓舞。在芭蕾舞剧院,观众应注意欣赏演员对角色的理解,感受芭蕾舞演员通过肢体的阐释与动作的流畅传达出来的艺术感染力,在精彩片段的时候可以适当鼓掌予以肯定。至于欣赏中国传统京剧与曲艺,叫好、喝彩、鼓掌则是实现台上台下良好互动、营造欢愉氛围必不可少的调料。

演出剧目结束后,演员谢幕是整个演出活动的重要组成部分,是演员表达对观众谢意的一种高雅艺术文化礼仪。作为观众也应以礼相待,向艺术家表示敬意和感谢。不同的艺术形式,谢幕也有不同的讲究和形式。比如交响音乐会的谢幕有独特的形式,其顺序与芭蕾舞等相反,一般是演出结束后指挥先谢幕,然后是首席谢幕,最后是全体乐手起立谢幕。退场也是指挥先退场,然后是首席,其他乐手依次退场。在谢幕过程中,观众应在座位上热烈鼓掌。因为交响音乐会一般会安排返场,返场后指挥也会再次上场谢幕,这种谢幕或返场有时多会达2~3次。所以,欣赏交响音乐会时,应在确认乐手离开座位退场后,观众再离开座位顺序退场。

1. 2022年,中国将会迎来两大综合性体育赛事:北京冬奥会和杭州亚运会。届时,无疑会有数以万计的观众涌入赛场观看比赛。请你分别制作一份亚运会与冬奥会观赛须知。

2. 一次,国内某剧院在芬兰萨瓦林纳歌剧节演出《卡门》时,台上的道具不慎从桌上掉到地板上,声音很大,是个意外。然而,包括不少儿童在内的观众却安安静静地不动声色,没有惊叹,更无骚动,让人感慨万千。请你对此事发表评论。

学习任务4 旅游观光礼仪

"请不要插队""请保持安静""请勿随地吐痰"……近年来,这些让国人蒙羞的中文标识,正在中国人海外游的主要目的地国,如泰国、德国、日本、美国、法国等地的旅游景点频频出现。当大批游客成为中国的最新出口品时,"中国人"却成了不文明、粗鲁的代名词。一些中国公民的旅游陋习,已经严重损害了中国礼仪之邦的形象,引起海内外舆论的广泛关注和批评,人民群众反应强烈,也引起了中央高层的关注。2011年8月8日,经中央政治局常委、政治局委员和中宣部部长联合批示的"提升中国公民旅游文明素质行动"宣告开始。有评论者指出,这是自1952年的"爱国卫生运动"和1981的"五讲四美三热爱"活动之后,又一场自上而下的生活习惯改良运动在中国大地展开。所不同的是,前两次是社会内部的运动,而这一次是因国际交往而起。中国政府把这次行动与提升国家软实力和国际地位相提并论。2014年,访问马尔代夫的习近平主席在会见中国使馆工作人员时曾提示:"提醒我国公民到海外旅游讲文明,矿泉水瓶不要乱扔,不要破坏当地的珊瑚礁。"

"世界那么大,我想去看看",从巴厘岛的海滩到安第斯山脉的冰川,从剑桥的校园到埃及的金字塔,中国游客的足迹已遍布全球。中国人走出国门,世人也同样在感知中国、了解中国。泱泱大国,礼仪之邦。当你双脚踏出国门的那一刻,就要谨记"我代表的是中国";争做一名中国好游客,在欣赏异国他乡美景的同时,也让自己成为一道靓丽的"中国风景"。

旅游是放松身心的活动，有人觉得离开家人、师长、领导的视野，似乎可以摆脱约束、为所欲为了，实际上，越是在相对自由的场合，越能检验人品教养，因此越要注意慎独、自律。在开放的国际交流中，国民在异国他乡的公共行为也关系到国家形象。出境旅游者更要恪守公德、讲究礼仪、文明出行、文明游览，防止个人行为给国家形象带来损害，展现我们礼仪之邦应有的风采。

一、不文明旅游成因

旅游活动作为一种独特的生活方式，最明显的特征在于异地性和暂时性，这一特征在旅游者行为上则表现为道德感弱化、责任约束松弛、占有意识外显等特点。现代社会几乎所有事物都被打上了人为烙印，旅游也不例外。对于一些游客来说，自然风光和人文景观不过是他们打量、观赏的对象，对他们来说，旅游不过是走马观花，只为证明他们曾经"占有"过某些景点。这不仅反映出当代人的浮躁、功利、焦虑心态，而且透视出当代人的旅游已经变味儿。人们不再追求身临其境与自然和人文历史对话，也难以从中得到人生感悟和情趣，更难体会天人合一的意境，难以产生对大自然和历史的敬畏。一旦缺乏敬畏，破坏甚至亵渎行为就可能发生。

查阅一些资料，才知道其实对于中国人的这些不文明不道德之为，居然早已有之。英国旅行家乔治·沃尼斯特·莫理循在19世纪末，发表了一部在中国旅行游记的书《中国风情》。书中有这样一段记载："太阳下山前，我们到达了繁荣的市镇杨林，我住进镇上一家设备较好旅店楼上一间干净的房间里。这间客房的墙上潦草地写着：'×××到此一游'几个汉字。有人告诉我说，这几个汉字是中国游客写的，滑稽地向他人表明他们曾经旅行到过此地。"

追究不文明旅游的成因，就要追问日常行为中的不文明。因为旅游行为是人们日常行为的延伸，旅游不文明行为并不是因旅游而起，而是不文明行为习惯在旅游活动中的再现。自古以来，中国人的私德（用于处理特殊社会关系的"个人伦理"）绵延昌盛，而公德（用于处理普遍社会关系的"规范伦理"）则先天不足。"事不关己，高高挂起""各人自扫门前雪，莫管他人瓦上霜"，都反映出一些人的自私心态和对公共空间的漠视。在美国孟菲斯大学历史系教授孙隆基看来，"缺乏公共空间的基本礼貌"的原因是国人对婴儿排泄习惯的训练太过随便。在传统时代，一般让孩子穿开裆裤，可以随时随地大小便。受这种教育长大的人，当众擤鼻涕、挖鼻屎、搓身上的泥，在人群中放屁，吃饭时将骨头吐在桌子上，把公共场所当作随便可以丢垃圾的地方，不守时间，不守规则，对身体的动作不去控制等，就都不奇怪了。将"粪便"任意地倒入客观世界的倾向还包括：在公共场所动辄毫无节制地将怒气和敌意发泄在陌生人身上，以及一种克制不住的侮辱别人的冲动。

📖阅读材料：我们为何不讲礼了？

有学者认为，唐宋以前，中华文化是优雅的代名词，中国是礼仪输出国。历史的拐点出现在明中叶以后。明中叶以后，随着人口增多，游民越来越多，社会问题无法在家族内部解决，游民们组成秘密教门、会党、行帮、商帮等"江湖组织"，社会生活日益粗俗化、江湖化。这种东西一直影响到今天——称兄道弟，哥们姐们……不认原则，认人情。也有学者认为，经过二十世纪的数次横扫，中国传统礼仪在自己的发源地已经全面衰落。我们还曾经历了一段以大老粗为荣的时代，讲话带脏字。我们似乎已经习惯了"无礼"的生活，甚至认为在公共场所以礼行事乃装腔作势、虚伪、压抑天性。

有学者认为，随着工业社会和城市社会的兴起，我国迈入了从农耕文明向工业文明，从乡村社会向城市社会，从以血缘关系为核心的、封闭式的社会结构，向以商品交换关系为核心的、开放式的社会结构转型期。在这个特殊的阶段，传统生活方式依然大量存在，而适应工业文明和城市文明的生活方式还没有全面形成，两种方式并存，会产生诸多不适应、不协调之处，很多行为习惯难免会显得不文明。比如，公共场合大声讲话在城市会被视为打扰别人的不文明行为，而在农村却不被这么认为。

二、景区游览礼仪

要爱护旅游景点的一砖一瓦、一草一木。山川名胜和历史古迹是不可再生的宝贵的自然资源和文化遗产，应倍加珍惜。不在文物古迹上涂刻，不攀爬触摸文物。不踩踏绿地，不摘折花木和果实；不用树木为承重载体做各种运动；在照相时，不要拉扯树木的花枝。不追捉、投打、乱喂动物。注意森林防火，不得乱扔烟头。在博物馆里参观时，把包背在胸前，否则一个转身就有可能蹭掉一件千年文物。

📖阅读材料：西塘古镇涂鸦墙

浙江嘉善西塘古镇送子来凤桥的桥面中央有一堵镂空花墙，因为屡屡遭游客涂鸦，景区索性将其改成了涂鸦墙，让游客满足"到此一游"的冲动。但是，这面涂鸦墙让人觉得突兀感十足，与古镇整体氛围严重不符。何况，上面的留言非常低端，展现的根本不是个性，而是耻辱。

要尽量保持旅游观光地区的环境卫生和静谧气氛。进入旅游观光区后，不要大声喧哗、嬉笑打闹；不得随意吐痰和吐口香糖；不要任意把果皮纸屑、杂物弃置在地上或抛入水池中。野餐野炊之后，一定要将瓜皮果壳连同包装材料收拾处理干净，将所挖灶坑恢复原状后再离去。野外如厕找远离水源的地方，事后别忘掩埋并带走厕纸。户外旅行时，不仅要带走自己的垃圾，也要帮助捡拾别人留下的垃圾。不要在博物馆里吃东西、喝水。

要关心他人，注意礼让。排队遵守秩序，不要硬挤或插队。不长期占用公共设施。行经曲径小路或小桥山洞时，要主动为老幼妇孺让道，不可争先抢行。见到老、弱、病、残、孕和怀抱小孩者，应主动让座和请人让座。

要注意个人形象，不伤风化。游山玩水时，服饰可舒适自然，运动装、休闲装皆可，但不能袒胸赤膊，有碍观瞻；年轻情侣、新婚夫妇结伴游玩，自然是亲密无间，但在大庭广众之下，过于亲昵的举动都是有失礼节的。所到之处要入乡随俗，尊重当地的风俗习惯和一些宗教戒规。

拍照有礼，勿碰雷区。如有人同时在景色好的地方拍照，要主动谦让，不要与之争抢占先。当旁边有游人妨碍你拍照时，应有礼貌地向其招呼，不可大声叫嚷、斥责和上去推拉。照完相后，应向协助的人道谢。别人帮你拍了照以后，最好还要问一下："需要我为您拍吗？"在禁止拍摄的地方，切勿偷拍；偷拍的后果轻则涉及版权问题，重则可能泄露国家机密。在有关闭闪光灯标志的地方，请自觉关闭闪光灯。给当地人拍照，要事先征得他人同意。拍摄小孩，还需经监护人允许。一些民俗活动，如泼水节之类的可以去拍摄记录，但祭祀之类的活动，还是不拍为妙。拍摄时要以安全为重，谨慎使用自拍杆。自拍杆的出现原本是为了方便大家拍摄，但后来出了各种问题，比如博物馆的陶罐被自拍杆打碎，或者高空使用而不小心坠落。

三、出境游更需讲文明

出境游客不文明现象除了与个别游客素质低，文明意识差有关以外，还与文化差异、生活习惯不同等因素有关。比如就随地吐痰来讲，这在农耕社会中，是与土地融为一体的表现。再如不爱给小费、爱敬酒等失礼行为也是由不同的国情和文化、社会生活环境造成的。每个国家和地区都有自己的文化背景、生活习俗，当不同的价值观、生活观相互碰撞，难免会产生一些摩擦。对于中国游客来说，出境旅游最好的办法就是入乡随俗，尊重当地的民风民俗、宗教信仰等，这样不仅会受到当地人的尊重与欢迎，也把中国人的文明礼仪和友好态度传递给全世界。

阅读材料："到此一游"背后的几点冷思考

2013年，埃及卢克索神庙的浮雕被一名15岁的中国男孩刻上了"丁锦昊到此一游"，此事立刻吸引了中国国内和海外媒体的一致关注。

此事让国人无地自容，在网上形成声讨涂鸦者的巨大浪潮，最终"人肉"出当事孩子，并公布了孩子的个人信息。他人犯了错误或违法违纪，我们再用侵权或是违法的方式进行回应，只能陷入以暴制暴的困境，解决不了任何问题。

每个国家的人都可能犯这样的错误，外界应该给予足够的成长空间。这是中国发展中的问题，这是中国走向世界并崛起于世界民族之林的不可逾越的发展阶梯。日本人、韩国人都经历过这一走向世界的文化冲突的过程，以至产生"丑陋的日本人""丑陋的韩国人"等历史称谓。

游客在文物古迹、历史遗存上乱涂乱画，很可能会触犯法律。但是具体到现实生活中，却极少有人为此受到法律惩罚，这种小罪不究的管理思维，客观上助长了国人到处题名留念的行为。还有就是景区景点的管理问题，在国内的景区景点，面对游客的各种不文明行为，很少会有人来管理与约束。

中国旅游者海外形象不佳，很大程度上是因为出境人口数量大，加上西方一些媒体戴有色眼镜的批评，不文明行为一旦出现在中国公民身上就会被无限放大。中国人在巴黎卢浮宫前的"泡脚事件"曾被热炒，但如果你到实地观察，其实泡脚的大部分都是西方人。另外，由于民族自信心不强的原因，中国人及媒体也会放大本国公民的不文明行为。

四、治理不文明旅游行为

2013年4月,《中华人民共和国旅游法》出台,该法明确指出:"游客某些严重的不文明行为将受到法律的惩治。"2013年5月,国家旅游局发布《中国公民出国(境)旅游文明行为指南》。但是,根治旅游中的不文明行为,仅靠一部法律或一纸"行为指南"实难治本。我们既要强调《旅游法》的贯彻和细节上的匡正,还要多一些具体指导,但更重要的是规则意识的确立和尊严感的重塑。当从内到外体面如一,遵守规则成为下意识,一切都会迎刃而解。

📖 阅读材料:境外如何治理不文明行为

治理公共场合不文明行为,境外早有现成经验可以借鉴。两名德国青年曾因在新加坡地铁上涂鸦而被判9个月监禁和鞭刑。在德国,不文明者涂鸦一旦被抓,即会根据物体损坏程度以破坏公共物品或文物名处理,严重者还将被起诉承担法律责任、赔偿经济损失。多年来,香港严格立法禁止不文明行为,乱扔垃圾和随地吐痰皆定额罚款1500元港币,游客在景区涂鸦也属违法行为,将被处以罚款500港币或监禁三个月。实践证明,通过法律威慑力,获得了增加违法成本与降低公共管理成本一石二鸟的显效。

1. 南京一位带学生出国比赛的老师说过这样一句话:"相较于比赛成绩,学校更注重孩子们的言行举止所代表的国家礼仪。"某中学要组织一次暑期出国修学旅游活动,请你为他们制定一份旅游礼仪指南。

2. 辩论:应对不文明旅游行为,靠提醒还是靠惩罚?

学习任务5　国旗、国徽、国歌礼仪

国歌的词曲与旋律,是国家的庄重象征和神圣标志,是一个国家最庄严的"声音"。国民在演唱和倾听国歌演奏时,那种天然存在、自然而生的敬畏感、自豪感,是其他任何歌曲无可替代的。近年来,社会上的一些私人婚丧庆悼或社会娱乐活动,以及一些活动性质或气氛不适宜的场合,也有人随意演奏国歌。这显然是不尊重国歌的表现。在重大场合唱国歌的时候,很多人还是不好意思大声唱,只是哼国歌,甚至只张嘴不出声,偌大的场合只听见嗡嗡声,让人感觉憋得慌。这也许是我们民族含蓄、内敛的性格特点所致,但这样的唱法毕竟降低了唱国歌的效果,需要改变。战火纷飞的岁月已离我们远去,民族危亡的呼号也在历史中尘封。然而,爱国是我们要用一生来进行研习的必修课。爱国主义教育,应从日常的小事做起,从唱响国歌开始。放开歌喉,大声地唱出我们的赤子之心和爱国热忱,让中华民族的坚强斗志和不屈精神伴着歌声代代相传。

国旗、国徽、国歌是国家的标志和象征,体现了国家、民族的尊严、庄重和权威。每一位中华人民共和国公民,都要充分认识到国旗、国徽、国歌的崇高地位,在任何时候、任何地点见到国旗、国徽、国歌及相关场景和图像,都应肃然起敬。

一、国旗礼仪

在国际活动的各种场合及国内的一些重要场合,都要正确升挂和使用本国的国旗和国徽;也要根据国际法的有关规定和国际惯例,正确使用和对待别国的国旗。这是现代公共礼仪的一项基本要求。

📖阅读材料:不悬挂我们的国旗,我们退赛

2016年9月,中国钢管舞国家队出征在意大利佛罗伦萨举行的国际钢管舞运动锦标赛。12月9日中国队抵达决赛现场后,队员发现,场馆外设有一条所有参赛选手必经的走廊,一侧悬挂着各参赛国的国旗,但这些在空中飘扬的旗帜里,唯独不见中国国旗。随后中国钢管舞队领队与IPSFA(国际钢管舞运动协会)主席进行沟通,要求组委会悬挂中国国旗,后者表示未能悬挂中国国旗是因为"吊杆坏了",并承诺会在半决赛时解决该问题。12月10日,半决赛结束后,中国国旗依然没有悬挂,领队再次与组委会进行沟通,IPSFA主席回应说:"并不是所有参赛国的国旗都被悬挂。"不过据了解,在25个参赛国里,只有中国国旗没有被组委会悬挂。随后,中国钢管舞国家队发表声明,放弃参加决赛。

升挂国旗,应将国旗置于显著的位置。国旗与其他旗帜同时升挂时,应将国旗置于中心、较高或者突出的位置;在列队行进时,国旗应当在其他旗帜之前。遇有需要夜间在室外悬挂国旗时,国旗必须置于灯光照射之下。不得升挂破损、污损、褪色或者不合规格的国旗。举行升旗仪式时,在国旗升起的过程中,参加者应当面向国旗,肃立致敬。在直立的旗杆上升降国旗,应当徐徐升降。升旗时,必须将国旗升至杆顶,降下时,不得使国旗落地;降旗时,应当先将国旗升至杆顶,然后再降下。悬挂国旗一般应以旗的正面面向观众,不要随意交叉悬挂或竖挂,更不得倒挂。如有必要竖挂或使用国旗的反面时,必须按照有关国家的规定办理。

所谓降半旗,并不是将国旗降至旗杆的一半处,也不是直接把国旗升至旗杆的一半处,而是先将国旗升至旗杆顶,然后再降至旗顶与杆顶之间的距离为旗杆全长三分之一处。降半旗是一个国家行为,一般是在某些重要人士逝世或重大不幸事件、严重自然灾害发生时来表达全国人民的哀思和悼念。

在举办多国参加的国际活动时,应注意识别各国国旗,避免用错。各国国旗并挂时,应按规定保持各自的长宽比例,但要求尽量使各国国旗的面积大体相等。多国国旗并列升挂,旗杆高度应该统一。同一旗杆上不能升挂两个国家的国旗。升挂必须先升本国国旗,降落时最后降本国国旗。两国国旗并挂,以右为上。以旗本身的面向为准,通常以客方为上,挂在右边。汽车上挂旗,以汽车行进方向为准,驾驶员的右手为上,挂客方旗。所谓主客,不以活动所在国为依据,而以举办活动的主人为依据。例如,外宾来访,东道国举行欢迎宴会,东道国是主人;来访者举行答谢宴会,来访者是主人。

在中国境内,凡悬挂多国国旗时,必须同时悬挂中国国旗,并将中国国旗置于荣誉地位。大型中外合资经营企业、中外合作经营企业、外资企业举行典礼活动时,除了升挂中国国旗外,也可同时升挂中国国旗和有关国国旗(平日亦可悬挂有关国国旗,但前提条件是必须同时悬挂中国国旗)。外商投资企业同时升挂中国和外方所属国国旗时,必须将中国国旗置于首位或中心位置。外商投资企业同时升挂中国国旗和企业旗时,必须把中国国旗置于中心、较高或者突出的位置。另企业旗在与国旗同时升挂时,企业旗旗面应小于国旗。

二、国徽礼仪

国徽应当悬挂在机关正门上方正中处。国家体育代表团队参加国际体育比赛时,可以按照有关规定在其人员的服装上使用国徽图案,但国徽不得用于日常生活的陈设布置和私人的庆祝活动。虽然国徽一般不用于庆祝活动,不参加庆典活动,但我们见到国徽也应肃然起敬,行注目礼。

三、国歌礼仪

我国国歌《义勇军进行曲》产生于民族生死存亡关头,凝聚着中华儿女"不做亡国奴"的怒吼。1934年春,田汉决定写一个以热爱祖国、抗日救亡为主题的电影剧本,并为影片主人公创作的长诗《万里长城》拟写了最后一节诗稿,后来它被作为电影《风云儿女》的主题歌词,即《义勇军进行曲》的歌词。他刚完成歌词就被国民党反动派逮捕入狱。聂耳主动要求为田汉写就的主题歌词谱曲。读着歌词,爱国激情在胸中奔涌,雄壮激昂的旋律从心中油然而生,聂耳很快就完成了曲谱初稿,后来又在躲避国民党政府追捕的颠沛流离中完成了曲谱定稿。一首表现中华民族的刚强性格,显示祖国尊严、充满同仇敌忾、团结御敌、豪迈气概的革命战歌就这样诞生了。伴随着"一二·九"运动学潮,救亡运动的巨浪,这首歌曲唱遍大江南北、长城内外。1949年9月27日,她成为代国歌;1982年12月4日,第五届全国人民代表大会第五次会议上,通过了将其作为中华人民共和国国歌的决议。2004年3月14日,《义勇军进行曲》作为国歌写入《宪法》。

国歌用于演奏或演唱时,必须认认真真、规规矩矩,绝不能随心所欲。演奏国歌时,在场的人均应肃立致敬。除身着制服者之外,一律应当脱帽。若升国旗奏国歌同步进行,演奏国歌时应目视徐徐上升的国旗,向其行注目礼。当国歌演奏或演唱之际,不允许走动、嬉笑打闹、交头接耳,或接打移动电话。不允许鼓掌、击节、吼叫、蹦跳或者手舞足蹈、摇头晃脑。

1. 认真学习《中华人民共和国国旗法》《中华人民共和国国徽法》《中华人民共和国国歌法》,写一篇心得体会。

2. 国际体育比赛颁奖时,要为冠军得主举行升国旗、奏国歌仪式。作为我国获得奖牌的运动员,站在高高的领奖台上,应有怎样的表现?

第九讲　交际礼仪

社会是人们交往作用的产物,没有人际交往就不会形成社会。人要生存发展,就不能置身于社会交际之外。现代人工作繁忙,但工作之余各类纷繁芜杂的交际应酬也日渐增多,而每一次的交际活动都不是盲目的,无论是出于公务、结交朋友,还是其他的愿望,人们总是怀着既定的目的与人交往。在交际活动中,有许多看似简单的礼仪规范,在实际运用上却有着很多学问。遵守人际交往礼仪,能更好地向交往对象表达自己尊重、友善之意,增进彼此之间的了解与信任,进而促进事业的成功。

学习任务1　见面礼仪

人类社会的文明,就像长河之水,奔腾不息。人类社会的礼仪也像这长河中的朵朵洁白的浪花,把我们的生活点缀得绚烂多彩,美妙动人。但是,曾否有人想过这朵朵浪花来自何方? 是怎样形成的呢? 现在让我们沿着伦理学的小溪,撷两朵浪花,欣赏一番。

在刀耕火种的原始社会,人们用以防身和狩猎的主要武器就是棍棒和石头。传说当人们在路上遭遇陌生人时,如果双方都无恶意,就放下手中的东西,伸开双手让对方抚摸掌心,以示亲善。这种表示友好的习惯沿袭下来就成为今天的握手礼。关于握手起源的另一种说法是中世纪时的欧洲,打仗的骑兵都披挂盔甲,全身除了两只眼睛外都包裹在盔甲中,如果想表示友好,互相接近时就脱去右手的甲胄,伸出右手表示没有武器,消除对方的戒心,互相握一下右手,即为和平的象征。沿袭下来到今天,就演变成了握手礼。

我国商代有一个祭天仪式叫"鞠祭":祭品(猪牛羊等)不切成块,而将整体弯卷成圆的"鞠形",再摆到祭祀处奉祭,以此来表达祭祀者的恭敬与虔诚。这种习俗在一些地方一直保存到现在,不少地方逢年过节,祭拜祖宗天地时,人们总把整鸡整鸭弯成圆形,或把猪头猪尾放在一起,表示其头尾相接。在现实生活中,人们逐渐援引这种形式来表达自己对地位崇高者或长辈的崇敬。于是,弯下腰,象征性地表示愿把自己作为"鞠祭"的一个牺牲品而奉献给对方,这就是"鞠躬"的来历。

心理学研究证明:在人际交往中,特别是在初次交往中,一个人留给其交往对象的第一印象往往是至关重要的。在一般情况下,它不但直接左右着对方对他的评价与看法,而且在很大程度上影响到双方之间的此次交往。

一、称呼礼仪

在社会大舞台上,每一位社会成员都充当着一定的社会角色,而相互之间的称呼,最能反映人际关系的亲疏远近、尊卑高下。通过称呼,还反映了一个人的修养,也影响着社会风尚。还可以认为,称呼是给人的第一印象,是交谈前的"敲门砖"。如果称呼使用得当,将决定你的社交是否成功。

📖 阅读材料:小称呼,大学问

某企业新来的领导为人很亲和,从来不摆领导的架子。每次他见到比自己年龄小的下属,都叫小弟、小妹,而遇到比自己年龄大的下属,则称呼对方为老弟、老妹。刚开始大家都很不习惯这样的称呼,觉得有失规则。可是新领导一如既往地叫了几个月,大家也就接受了这些听上去像一家人的称呼。正是因为这些称呼,大家还真把彼此当成了一家人,同事之间的距离也渐渐拉近了。有一些企业为了更好地使服务人员和客人沟通,对服务人员的名字进行了精心策划,不用原来的真名,而是起一些"小芳""小丽""小娟"等让人好记易懂名字,让客人有一种亲切的感觉。

一位女作者采访过冰心,冰心热情地赠书题款,写道:某某兄指教。那位女作者居然把这段经历作为笑话,逢人便说,冰心分不清男女。殊不知,这位女士还未弄清"兄"的另一种含义。兄,一般指哥哥;但在文化人的交往中,则超出了这个意义。首先,关系密切的哥们儿之间,可以这样文雅地称呼。古代同科进士,年龄相差悬殊,也只能以"年兄""年弟"相称。此外,普通长者也可以这样亲切地称呼年轻后学。当然,年轻人千万别不识抬举,万勿这样称呼尊长。还有,男人也可以这样恭敬地尊称女士。鲁迅先生和学生许广平恋爱,在两人间的情书《两地书》中,便是以"兄"相称。兄,还派生出了"先生"的意思,比所谓"师长"的感觉,更平易近人。

一般而论,在正式场合,或是在外人面前,需要采用正规称呼。在非正式场合,或是在自己人面前,则往往可以采用各种非正规称呼。称呼方式见表9-1。

表9-1 称呼方式

场合	称呼方式
正式场合	泛尊称,例如"同志""先生""小姐""女士"
	职业或职业加以泛尊称,例如"医生""秘书小姐"等
	姓氏加以职务或职称,例如"毛经理""曹科长""孙教授"等

续　表

场合	称呼方式
非正式场合	直接以姓名相称,例如"李英""黄芬""谢小雪"等
	直接称呼名字,例如"祥明""红萍""丽娜"等
	称呼爱称或小名,例如"大宝""小丽""甜甜"等
	称呼辈分,例如"大爷""奶奶""阿姨"等
	姓氏加上辈分,例如"张大妈""李叔叔""王伯伯"等
	在姓氏之前加上"老"字或"小"字,例如"老张""小王"等

📖 阅读材料:党内一律称呼"同志"

"同志",多么亲切的称呼;"同志",有着悠久的历史。春秋时期的《国语·晋语四》说:"同德则同心,同心则同志。"《后汉书·刘陶传》曰:"所与交友,必也同志。"《礼记》云:"同窗为朋,同志为友。"孙中山也在其著名的《总理遗嘱》中呼吁:"革命尚未成功,同志仍须努力。"

1965年,中共中央专门发出通知,要求党内一律称"同志"。实际上,"同志"这个称呼不仅仅限于党内,新中国成立后就已成为全国各族人民亲切尊敬的互相称呼,也被广泛地用作陌生人之间打招呼用的称呼,比如"同志,请问去天安门坐几路车?",在群众看来,没有什么称呼比"同志"更亲近、更零距离了。然而,一段时间内,由于受不良风气影响,党内很少有人称呼"同志",取而代之的是以官职相称,而且"逢长必叫,叫大不叫小",甚至有的还直呼"老板""老大",表面看似对领导很尊重,实际上这是党内政治风气异化甚至庸俗化的直接表现,是一种慑于领导权威的屈服和迎合。2016年,党的十八届六中全会通过的《关于新形势下党内政治生活的若干准则》中再次强调:"党内一律称同志。"

称呼比较敏感,不能草率行事,为了使自己对他人的称呼不失敬意,要了解称呼方面的一些基本禁忌。在现实生活中,有不少人不分时间、地点和场合,仅凭自己的感觉和经验来称呼。许多不规范的称呼使得称呼变得非常混乱。称呼禁忌见表9-2。

表 9-2　称呼禁忌

称呼	禁忌
绰号	对于关系一般者,切勿自作主张给对方起绰号,更不能随意以道听途说来的绰号去称呼对方,尊重一个人,首先学会尊重他的姓名
庸俗性称呼	有些称呼如"死党""哥们儿""姐们儿"等,要么显得过分亲昵,要么具有黑社会风格,都是难登大雅之堂的
歧视性称呼	在现代社会里,人与人之间应当是完全平等的。因此,在称呼他人时,切勿歧视对方。不允许随意以称呼去贬低对方,更不准在称呼上带有对对方民族、宗教或者生理、性别方面的歧视

续 表

称呼	禁忌
行业性称呼	有的称呼,仅仅适用某一特定的行业。"师傅"这一词原指对工、商、戏剧行业中传授技艺的人的一种尊称,因为师傅这一词大多用于非知识界的人士,所以一般不用于称呼有职称、有学位的人。"老师"这一称呼一般用于学校中传授知识者,不过,现在这一称呼在社会上也比较流行,尤其在文艺界比较常见
地方性称呼	有些称呼,具有很强的地方色彩,只是在当地流行。比如,山东人逢人便称"老师",浙江义乌人逢人爱称"老板""老板娘"
过时称呼	称呼有一定的历史时代性,有些称呼会随时代的变化而被淘汰,也有些称呼会随时代变化应运而生。因此,称呼一定要合乎时宜。在我国古代,对官员称为"老爷""大人"。若将它们全盘照搬进现代生活里来,就会显得不伦不类
错误称呼	在称呼他人时,要避免将对方的姓名念错,对于把握不准的字,要事先请教,不要贸然称呼对方。如将"单""仇"等这些姓氏望字猜音,发生错误

📖 阅读材料:"先生"的含义

"先生"一词始见于春秋《论语·为政》:"有酒食,先生馔。"注解曰:"先生指父兄而言也。"到了战国,"先生"泛指有德行有学问的长辈。历史上第一次用"先生"称呼老师,始见于《曲礼》。唐、宋以来,多称道士、医生、占卦者、卖草药的、测字的为"先生"。清朝以来,"先生"的称呼在人们的脑海里已开始淡薄,至辛亥革命之后,"先生"的称呼才又广为流传。交际场中,彼此见面。对老成的人,都一律称呼为"老先生"。现在港澳同胞、华侨人士,妇女多称自家丈夫为"先生";对别的妇女的丈夫也叫"先生"。"先生"这一词一般是指男性,但有时却也称女性为"先生"。清朝晚期,西方女权主义思潮传入我国,女性的解放也开始起步,走向社会的女性越来越多,出现了诸如秋瑾这样的女中豪杰,后来女大学生、女学者、女教师纷纷涌现,很自然地,"先生"这种原本专门用于男性的词也用到了女性身上。但有一点很明确,那就是称女性为"先生"时,所面对的对象不是一般女性,而是那些教师、女学者或德高望重具有社会影响力和感召力的女性,如宋庆龄先生、冰心先生、张爱玲先生、许广平先生,等等。2016年5月25日凌晨,中国著名女作家、文学翻译家和外国文学研究家杨绛在北京协和医院病逝,享年105岁。网民哀悼并留言:"可能是中国最后一个用'先生'称呼的女性了,也给那个美好的时代画上了句号。"

二、问候与寒暄礼仪

从古到今,主宾双方初次见面时,都要互相推辞谦让,说一大堆客套话,也就是我们经常说的问候或寒暄。问候,就是人们相逢之际所打的招呼,所问的安好。寒暄,就是应酬之语。在多数情况下,二者应用的情景比较相似,都是作为交谈的开场白来被使用的。

📖 阅读材料:问候语的差异

过去,中国人常以"吃了吗?"问候人,现在觉得它土、过时了,使用频率低了。其实,这种问候只不过是一种招呼,至于对方是否吃过饭,并不重要。类似这种"词不达意"的问候语言,其他国家也有,如在阿拉伯游牧国家,人们见面常用的问候语是"牲口好吗",如果不了解当地风俗,猛一听到这种问候,肯定会不知所措。不过,时代在发展,各国人民交往日益广泛、紧密,问候语言互相借鉴,国际上正在形成某些通用的问候语言,如"您好!""大家好!""早晨好!""晚上好!"等。但是,这并不妨碍保持民族传统,中华民族问候语言丰富,如"久仰""幸会"等,文雅、富有表现力,完全上得了台面。值得注意的是,汉语问候语一般比较细致具体,如看到熟悉的人走过,会问"到哪去";看到夹着公文包回家的人,会问"下班了";看到提着菜篮去菜市场的人,会问"买菜去"等。可是,西方人对我们这些问候语言,难以理解和接受,认为这是明知故问,没话找话,觉得没有意义,还有打探别人隐私之嫌。另外,迎接刚下飞机的客人,我们会问候人家"一路上辛苦了",他们往往会感到不解;再就是"天冷,穿暖和点,别着凉感冒了",在西方人听来,这是母亲嘱咐小孩子的话。总之,中西问候语言诸多不同,同他们接触中,应随时留意,不要生搬硬套。

走在路上或在公共场所遇见相识的人,应该主动打招呼,问候致意。但是,如果感觉不适合打扰对方,就不必打招呼。比如,看到一贯打扮得很漂亮的女性这次不加修饰地去购物了,或在外面看到了自己公司的人在谈恋爱,在对方没有注意到自己时,悄悄离开那个地方,也是一种关怀。

互致问候的顺序有约定俗成的惯例,即男性应先问候女性,晚辈先问候长辈,下级先问候上级,年轻女性先问候比自己年龄大得多的男性。主动问候是尊重他人的表现,即使比对方年长,主动问候也不失自己的身份,只会多增加一份友情。

在距离较远或不宜多谈的场合,已相识的友人之间往往用无声的动作语言相互表示友好与尊重。致意礼的最佳距离为2.5米。致意的方式多种多样,常用的有五种。一是举手致意,在公共场合远距离遇见朋友,一般抬起右臂轻轻摆动,手掌心朝向对方。二是点头致意,不宜交谈的场合,朝对方轻轻一点头。三是微笑致意,常和其他礼仪相伴进行,它可用于同不相识的人初次会面,还可以用于在同一场合反复见面的老朋友。四是欠身致意,当在社交场合被他人介绍和别人向自己致意时,常常在目视对方的同时,身体微微向上向前倾,以表示对对方的尊敬之意。五是脱帽致意,这在欧美国家比较流行,在公共场合行此礼时,男子摘下帽子向对方点头致意即可;若相识者侧身已过,双方亦可回身补问"您好",并将帽子略掀一下即可;若相识者在同一场合多次相遇,双方不必反复脱帽,只点头致意即可。

寒暄语不一定具有实质性内容,而且可长可短,需要因人、因时、因地而异。跟初次见面的人寒暄,可以说"很高兴能认识你""见到您非常荣幸"。文雅一些的话,可以说"久仰""幸会"。跟熟人寒暄,用语则不妨显得亲切一些,具体一些。可以说"好久没见了""又见面了",也可以讲"您气色不错""您的发型真棒"。寒暄天气也是个不错的选择,"暄"字的本意,就是指太阳的温暖,寒暄最简单的话题就是天气,因为这对日常生活的影响太大了,同时又是所有人都能知道的,能够随时观察到的事情。在温馨的气氛营造成功之后,要及时引入正题,切不可过分寒暄,否则对方会认为你过分热情,可能是不怀好意而对你加以提防。

三、致意礼节

(一) 握手礼

握手礼是在一切交际场合最常使用、适用范围最广泛的见面致意礼节,它表示致意、亲近、友好、寒暄、道别、祝贺、感谢、慰问等多种含义。行握手礼时有先后次序之分,其次序主要根据握手人双方所处的社会地位、身份、性别等各种条件来确定,尊者优先。两人之间握手的一般次序是:上级在先,长辈在先,女士在先;而下级、晚辈、男士应先问候,见对方伸出手后,再伸手与他相握。若一方忽略了握手的先后次序,先伸出了手,对方应立即回握,以免发生尴尬。有客人来访时,主人要主动伸手行握手礼,离开时,则应由客人首先伸手。标准的握手方式是:握手时,两人相距约一步,上身稍前侧,伸出右手,四指并拢,拇指张开,两人的手掌与地面垂直相握,力量适中,上下轻摇,一般3秒钟左右,如遇见老朋友,握手时间可长一些,握手时注视对方,微笑致意或简单地用言语致意、寒暄。军人戴军帽与对方握手时,应先行举手礼,然后再握手。不要在握手时戴着手套,另一只手也不能放在口袋里。在社交场合,一般只有女士可以戴着薄纱手套与人握手。除长者或女士,坐着与人握手是不礼貌的,都要起身站立。

📖 阅读材料:越过太平洋的握手

1972年2月21日上午9时,尼克松总统的专机抵达上海。外交部部长乔冠华等专程前往上海迎接。上午11时30分,尼克松总统的专机到达北京。抵达北京机场时,尼克松刻意要在这举世瞩目的时刻,以纠正1954年日内瓦会议期间,美国国务卿杜勒斯下令不同周恩来率领的中国代表团握手的傲慢失礼行为,并略加修补美国过去对中国造成的伤害,特意安排在他同周恩来握手之前,随行人员暂缓下飞机。

于是,一个重大历史时刻到来了。当美国总统尼克松同他的夫人走下飞机时,在一片掌声中,尼克松快步上前,急忙伸手向周恩来迎去,主动同周恩来热情握手。摄影师抓住这一稍纵即逝的时刻,快速摄下了尼克松和周恩来将要握手的瞬间。事后,尼克松写道:"当我们的手相握时,一个时代结束了,另一个时代开始了。"

然后,总统的随行人员走下飞机,周恩来总理向美国客人介绍了中方人员。军乐队奏响中美两国国歌。周恩来陪同尼克松检阅了仪仗队。随后,两人登上中国国产的红旗牌轿车,驶往钓鱼台国宾馆。离开机场时,周恩来寓意深长地对尼克松说:"你的手伸过了世界上最辽阔的海洋来和我握手——25年没有交往了呵。"

(二) 拱手礼

拱手礼是中国古代最普通的见面礼仪,礼始于上古,有模仿带手枷奴隶的含义,意为愿作对方奴仆。后来拱手逐渐成了相见的礼节,在西周时期已经成为平辈之间交往的礼节,《论语》中有"子路拱而立"的记载。行拱手礼时,双腿站直,上身直立或微俯,两手合抱于胸前,有节奏地晃动两三下,并微笑着说出问候语。《礼记·内则》载,"凡男拜尚左手""凡女拜尚右手"。但古代拱手礼有吉凶之分,行吉礼时,男子左手在外,女子右手在外;行凶丧之礼时,男子右手在外,女子则左手在外,如图9-1所示。自唐宋以来,女子见面行万福礼。万福礼应是从拱手礼演化来的：左手半握拳,尚右手手掌覆盖拳上,置靠于胸腹正前,左脚后退半步中正微蹲,口呼万福。从唐宋到新中国成立的一千多年,只行万福之礼。现代社会讲究男女平等,也应行拱手礼为宜。按照传统礼仪,拱手礼不可施于父母、长辈,如给长辈拜年,应该行叩首礼,方显郑重与尊敬。拱手礼不仅散发着典雅气息,而且也比较符合现代卫生要求,值得提倡。在"非典"盛行时,有人曾极力倡导建议拱手礼,并得到积极响应。遗憾的是,"非典"过去之后,一切故态复萌。当然,有些场合,拱手不可代替握手,如慰问病人,安慰逝者亲属等,以握手为宜,或按我国传统执其臂、抚其背进行慰问或安慰。

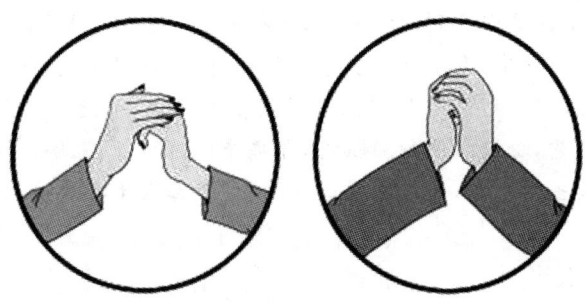

图 9-1 拱手礼

(三) 鞠躬礼

鞠躬礼在我国春秋时期就已出现,《论语·乡党》中有记载:"入公门,鞠躬如也。"但现在鞠躬礼流行于日本、韩国等国。鞠躬礼是一种人们用来表示对别人的恭敬而普遍使用的致意礼节。行鞠躬礼时,行礼者在距受礼者两米左右进行;行礼时,以腰部为轴,头、肩、上身顺势向前倾约15~90度,具体的前倾幅度还可视行礼者对受礼者的尊重程度而定;双手应在上身前倾时自然下垂放两侧,也可两手交叉相握放在体前,面带微笑,目光下垂,嘴里还可附带问候语,如"你好""早上好"等,如图 9-2 所示。施完礼后,恢复立正姿势。通常,受礼者应以与行礼者的上身前倾幅度大致相同的鞠躬还礼,但是,上级或长者还礼时,可以欠身点头或在欠身点头的同时伸出右手握手答之,不必以鞠躬还礼。

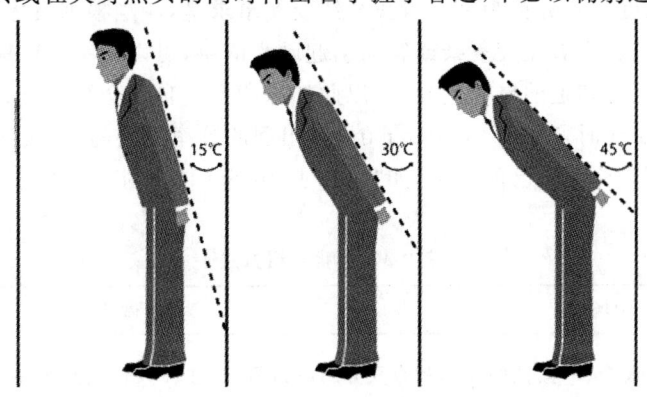

图 9-2 鞠躬礼

除了以上这些形式以外,在不同国家和地区还有很多不同的致意礼节,如拥抱礼、贴面礼、合十礼等。不管是哪种形式,作为社交活动的参与者,要注意以下两点。首先,应该明确这些礼节是出于好意,是为了表达一种友好的感情,因此,对一些从未见过的礼节不必惊慌失措,而要落落大方,从容应对。其次,要以我为主、争取主动,不能贸然仿效。尽管都是致意礼节,但每一种方式运用时的条件是完全不同的。有些礼节可能还含有一些民族文化当中不能接受的形式。以我为主、争取主动非常重要,并且一般也会获得理解和谅解。当然,这也不能成为拒绝接受致意礼节的借口。

📖 阅读材料:毛泽东的吻手礼与屈膝礼

毛主席不喜欢外交礼节上的清规戒律,但是他对西方那些外交礼节还是熟悉的。例如在西方流行,但在中国很少见到的吻手礼,他也能运用自如。1974年9月,菲律宾总统马科斯的夫人伊梅尔达访华,毛主席在长沙会见她时,不行握手礼,而是对她行了吻手礼,令这位夫人感动不已。1974年2月,赞比亚总统卡翁达访华,随行的总统夫人等女宾,为了表示对毛泽东的敬意,纷纷向他行屈膝礼,即握手同时蹲身、屈膝。令客人未想到的是,主席竟然模仿赞方女士的动作,还以同样的屈膝礼,令客人十分欢快,现场顿时活跃。

四、介绍礼仪

先秦时一个人要拜见另一个人需要一个介绍人,如商鞅就是通过宦官景监的引见才见到秦孝公并受到重用的。现代生活,人们交往范围日益广泛,似乎每天都在认识新的面孔,结交新的朋友。初次认识,总少不了介绍。人们把介绍称为交际之桥,得体的介绍往往会给对方留下良好的第一印象。

(一) 自我介绍

在社交活动中,如欲结识某些人或某个人,而又无人引见,如有可能,即可向对方自报家门,将自己介绍给对方。巧妙得体的自我介绍,可以为双方的进一步交往奠定基础,也可以展示自身良好的交际风度。

做自我介绍时要掌握时机感,以初次见面和对方有兴趣时为佳。内容要简繁适度,态度要谦恭,介绍长度以半分钟为宜。自我介绍要实事求是,应当根据具体的情况在内容上有所区别。自己的名字有比较复杂或容易引起歧义的字,可以把字具体地说一下,特别是往正面名人或大家都知道的事物上介绍,以此加深印象。自我介绍的方式见表9-3。

在与外国人交往时,"what's your name?"出现的频率相当高,但实际上,英语国家的人在谈话时,一般先介绍自己的名字,如"I am John Smith",对方自然会即刻说出自己的姓名。

表9-3 自我介绍方式

方式	适用场合	具体做法
应酬式	某些公共场合、一般性的社交场合	这种自我介绍最为简洁,往往只包括姓名一项即可,如"你好,我叫周涛"

续　表

方式	适用场合	具体做法
工作式	工作场合	包括本人姓名、供职单位与部门、职务。较低或者无职务者,则可报出目前所从事的具体工作。侧重突出与工作有关的内容,不要刻意扩展,否则会有卖弄之嫌,借公荐己
问答式	应聘、公务交往	问答式的自我介绍,应该是有问必答,问什么就答什么
交流式	社交活动	大体应包括介绍者的姓名、工作、籍贯、兴趣及与交往对象的某些熟人的关系,表达出希望与交往对象进一步交流与沟通之意
礼仪式	报告、庆典等一些正规而隆重的场合	包括姓名、单位、职务等,同时还应加入一些适当的谦辞、敬辞,以表示自己的礼待

（二）居中介绍

居中介绍,即为他人做介绍,是经第三者为彼此不相识的双方引见、介绍的一种介绍方式。善于为他人做介绍,可以使你在社交圈中享有更高的威信、公信力和影响力。

为他人做介绍时,要遵守"较尊者拥有优先知情权"的规则。一般来说,把年轻者介绍给年长者;把职务低者介绍给职务高者;如果双方年龄、职务相当,则把男士介绍给女士;把家人介绍给同事、朋友;把未婚者介绍给已婚者;把后来者介绍给先到者。

介绍时,介绍人要有礼貌地以手示意,而不要用手指指点点,介绍人和被介绍人一般都应起立,以示尊重和礼貌。待介绍人介绍完毕后,被介绍双方应微笑点头示意或握手致意,并且彼此问候对方,问候语有"你好,很高兴认识你""久仰大名""幸会幸会"等。在宴会、会议桌、谈判桌上,介绍人和被介绍人可视情况不必起立,被介绍双方可点头微笑致意;如果被介绍双方相隔较远,中间又有障碍物,可举起右手致意或点头微笑致意。

（三）集体介绍

集体介绍是指在双方和多方人员共同参与聚会或活动时,为使参与人员之间互相认识而进行的介绍。集体介绍时,要庄重、亲切,首次介绍单位时,要准确地使用全称,特别注意不要使用易生歧义的简称。集体介绍的形式很多,要根据活动的内容、参加人员的多少、活动的时间长短,以及必要性决定介绍的形式。一是由一位主持人或熟悉各方人员的人出面为大家互相介绍。如果人数多,而且活动的时间不长,就没有必要逐个介绍,介绍一下各方的所属部门或单位即可。如果人数不多,则可以逐个介绍。介绍时,应注意介绍的顺序,介绍者属某方,应先把本方人员介绍给他方人员,以表示对其他方人员的尊重;在介绍本方人员时则以尊长在前的顺序进行。二是各方出一人为本方人员逐个介绍。三是各方人员依次自我介绍,这时的自我介绍要十分简短,通常报一下姓名与职务即可。

课后练习

1. 分组设计以下情境并表演,要求使用两种以上的见面礼。
（1）大街上路遇老师。

(2) 餐厅里碰见多年未见、关系特好的同学。

(3) 交流会上遇到过去的同事。

2. 观看电视连续剧《人民的名义》，关注剧中官员之间的相互称呼，并做一总结。

3. 一个姓马的导游，他的自我介绍是这样的："初次为大家服务，我感到十分荣幸。我姓马，'老马识途'的马。今天，各位到我们这儿旅游，请放心好了，我不会有半点马虎，有我一马当先，什么事情都会马到成功……"客人们听后都乐了，初次见面的拘谨感一扫而光，关系一下变得融洽起来。请你也试着结合你自身姓氏或名字的特点，做一个富有特色的自我介绍。

4. 按下列要求分组设计会面情节，并进行情景演练。要求：每6人一组，分别扮演领导、客户、媒体等不同角色，演练初次见面时如何进行相互致意、寒暄、介绍。

学习任务2　馈赠礼仪

唐朝贞观年间，西域回纥国是大唐的藩国。一次，回纥国为了表示对大唐的友好，便派使者缅伯高带了一批珍奇异宝去拜见唐王。在这批贡物中，最珍贵的要数一只罕见的珍禽——白天鹅。缅伯高最担心的也是这只白天鹅，万一有个三长两短，可怎么向国王交代呢？所以，一路上，他亲自喂水喂食，一刻也不敢怠慢。这天，缅伯高来到沔阳河边，只见白天鹅伸长脖子，张着嘴巴，吃力地喘息着，缅伯高心中不忍，便打开笼子，把白天鹅带到水边让它喝了个痛快。谁知白天鹅喝足了水，合颈一扇翅膀，扑棱一声飞上了天！缅伯高向前一扑，只拔下几根羽毛，却没能抓住白天鹅，眼睁睁看着它飞得无影无踪，一时间，缅伯高捧着几根雪白的鹅毛，直愣愣地发呆，脑子里来来回回地想着一个问题：怎么办？进贡吗？拿什么去见唐太宗呢？回去吗？又怎敢去见回纥国王呢！思前想后，缅伯高决定继续东行，他拿出一块洁白的绸子，小心翼翼地把鹅毛包好，又在绸子上题了一首诗："天鹅贡唐朝，山重路更遥。沔阳河失宝，回纥情难抛。上奉唐天子，请罪缅伯高，物轻人意重，千里送鹅毛！"缅伯高带着珠宝和鹅毛，披星戴月，不辞劳苦，不久就到了长安。唐太宗接见了缅伯高，缅伯高忐忑地献上鹅毛。唐太宗看了那首诗，又听了缅伯高的诉说，非但没有怪罪他，反而觉得缅伯高忠诚老实，不辱使命，就重重地赏赐了他。从此，"千里送鹅毛，礼轻情意重"的故事广为流传开来。

礼品是礼仪的唯一物质载体。送礼作为一种特殊的社会现象,有着非常悠久的历史。远古时期,人们在祭祀时,除了用规范的动作、虔诚的态度向神表示崇敬和敬畏外,还将自己最有价值、最能体现对神敬意的物品(即"牺牲")奉献于神灵。也许从那时起,在礼品的含义中,就开始有了物质的成分和表现了。

一、送礼礼仪

虽说"千里送鹅毛,礼轻情意重",但在很多中国人看来,似乎送礼的意义与礼物本身的价值成正比,就是认为越是大而贵重的礼物,其真情度也越高。国内一个金融界的高级代表团到英国伦敦访问,英国接待方在豪华的 Ritz 酒店设宴招待。宴会结束后,英方赠送给每位中国客人一份包装精美的小礼品。结果不少中国客人嫌礼物太轻而随后就弃之于桌面,这样的举动使英方尴尬不已,也对中国代表团产生了不好的印象。

其实,礼品的价值怎能以其价格、大小来衡量,关键是看给礼品赋予的意义,出自真心的礼品才是最好的礼品。一位老太太在她 80 岁生日到来之际,收到她唯一女儿的生日礼物——一张数额不小的支票。然而,沉思良久,她用颤抖的手把这张支票撕成碎片。老人内心渴望的仅仅是这样的礼物:一双精美的拖鞋;或者是一件舒适的保暖内衣;一盏台灯也不错,这样她打毛衣时就不会漏针;或是一本书,一本有精美插图的旅游书……可她女儿却寄来了一张冷冰冰的支票,虽然这张支票可以买下所有这一切。

好的礼品不在于本身的豪华和昂贵,关键是它包含了赠送者的深情。那些具有特殊含义,无法用金钱衡量其价值的东西,是送礼的上上之选。在古代,"折柳相送"常为文人津津乐道,因为柳的寓意有三:一为挽"留";二因柳枝在风中飘动的样子如人惜别的情绪;三为祝愿友人如柳能随遇而安。

📖 阅读材料:一捆柴、一水杯、一把琴带来的一生忆

一位哈佛大学的医学教授,很多年前到台湾南部的一个偏僻的小城做调查的时候,治好了山里一个穷困潦倒又病得很严重的人,没有收取一分钱的诊费。那山里人回到家,砍了一捆柴,步行了整整三天来到城里,把柴放在医生脚下。山里人生活的地方极其偏僻,他不知道在现代生活里几乎已经没了柴烧的项目,他的礼物和他的辛苦成了白费。事实却不是这样,那位医生后来在向别人复述他的故事时总是动情地说:"在我的行医生涯中,从来没有收过这么贵重的礼物。"一捆柴,只是一些荒山中枯树的老枝,由于感谢的至诚,却使它成为那位医生永不磨灭的美好记忆。

大学刚毕业的小李,就要告别同学到异地工作了。在火车站的月台上,大家拉着他的手,依依惜别。火车就要启动了,这时一位好友匆匆赶到,气喘吁吁地送给他一个水杯,大声地向他喊:"喂,你看看,杯里装的是什么东西?"小李看了看回答道:"什么也没有啊。""不,你再仔细看看,那里面装满了我们的友谊。"就这样,一只普通的水杯,经过馈赠者的

巧妙运用和特定场景,却显得格外珍贵起来。

圣诞节的清晨,美国小朋友小丽达一醒来,发现她的床边没有任何礼物,泪水一下子漫了出来。然后赌气地冲出了门,甚至没有跟趴在桌子上瞌睡的母亲打声招呼。傍晚她回到家里,看见书桌上放着一份精美的礼物,那是一把小提琴。她惊喜万分,这正是我梦寐以求的礼物。其实,圣诞前几周,母亲一直忙于给她采购礼物。她托人从遥远的瑞士买了这把小提琴,头天晚上熬夜包装,直到清晨才完工,还没来得及放到小丽达床前就已经疲惫不堪,趴在桌子上睡着了。小丽达得知这一切后,感动得泪流满面,一下扑进母亲的怀里,深情地说:"我知道,这个世界上没有圣诞老人,只有关心我的妈妈。"后来,小丽达成了美国著名的小提琴演奏家。

礼品不同于自用,好的内容重要,好的形式更添彩。包装作为礼品不可缺少的外在形式,已逐渐成为礼品的重要组成部分,起到美化礼品、增加礼品价值的作用。精心的包装还能使人感到情深意长,使对方感觉到他在您心目中的重要地位,从而更能强烈地打动对方的心扉。此外,由于有外包装,受礼人不能直接看到礼品,会给他留一个悬念。包装上要署名,单单签上你的名字还不够,还应写上几句表达自己情感的话。

每一个人都有自己的习性和嗜好,成功的送礼技巧,也必须利用人的这一心理特点。一般来说,对于文化层次较高、追求精神享受的人,宜选择精美高雅的礼品,如名人字画、工艺美术精品等;对于文化层次较低、偏重追求物质享受的人,选择一些比较新颖别致、精美时髦的日用消费品作为礼品比较好。送给外宾的礼物最好能体现出民族和地方特色,在中国常见的丝绸、风筝、二胡、剪纸、图章、筷子等往往很受外国人青睐。

阅读材料:毛泽东的礼物

毛泽东是诗人,又是书法大家,常常书录自己的诗词送人。比如,和词有《七律·和柳亚子先生》《浣溪沙·和柳亚子先生》《蝶恋花·答李淑一》《七律·和郭沫若先生》《满江红·和郭沫若先生》;赠送他人的诗词有《七古·送纵宇一郎东行》《六言诗·给彭德怀同志》《临江仙·给丁玲同志》等。

新中国成立初期,亲友到北京看望毛泽东,毛泽东都很热情,亲自接待,一起拉家常、吃顿饭,但吃得比较简单,大多是四菜一汤,偶尔也加个菜。走时,毛泽东都不会让客人空手而归,按乡下"走人家"的习俗,临走时将礼物送给客人。有的送一套衣裤,有的送一块布料,有的送一双皮鞋,有的送一床蚊帐,有的送一只皮箱,有的送半斤糖果,有的送一根手杖,有的送半条香烟,有的直接给一二百元钱。

新中国成立不久,王震从新疆给毛泽东送了两只熊掌,一只大一些,另一只小一些。当机要秘书高智向毛泽东报告此事时,毛泽东想了想,说:"把大的那个给宋庆龄送去。"1957年冬,毛泽东派人给宋庆龄送去一些大白菜。宋庆龄非常高兴,复信致谢:"承赠山东大白菜已收领。这样大的白菜是我出生后头一次看到的。十分感谢!"

1949年12月21日,是斯大林70岁生日。12月1日,毛泽东亲自起草给中共山东分局的电报,明确要求:"送山东出产的大黄芽白菜、大萝卜、大葱、大梨子作寿礼。"寿礼中的农产品,还有浙江的龙井茶、安徽的祁门红茶、江西的冬笋等。另外,还带了江西景德镇的瓷器,湖南湘绣斯大林像,福建的漆器,杭州的纺织品和刺绣,贵州茅台酒,上海名烟、牙雕等。寿礼整整装了几车皮,毛泽东却舍不得给自己做一件像样的呢子大衣以抵御西伯利亚的严寒。

送礼前应了解对方的身份、爱好、民族习惯。比如给日本人送礼,忌送梳子,因为梳子的发音与死相近。如果给法国人送礼,不要送带有仙鹤图案的礼物,不要送核桃,因为他们认为仙鹤是愚蠢的标志,而核桃是不吉利的。

📖 阅读材料:送礼有禁忌

国内有家旅行社在一次接待来我国旅游的意大利代表团时,特意为来华的意大利客人在著名的丝绸之都——杭州,订购制作了一批纯丝的、绣有菊花图案的手帕,准备在迎接客人时作为礼物送给他们。没想到,客人们接到手帕后一片哗然,议论纷纷,而且还表现出十分不高兴的样子。原来,在意大利和一些西方国家有这样的习俗:亲朋好友告别时才送手帕,手帕意为"擦掉惜别的眼泪"。再有,菊花在中国是高雅的花卉,但在意大利则是丧花。

国内一家外贸公司与印度某商贸公司新近做成一笔生意,为表示合作愉快,中方决定定制一批具有地方特色的工艺品——皮质相框,送给印方。当赠送的日子快要临近时,一位曾经去过印度的职员突然发现这批皮质相框是用牛皮做的,立即叫停,因为这在奉牛为神明的印度是绝对不允许的。

有的时候,把礼物送给目标收礼人的家属,可能会使一家人都开心,自然提高了送礼的效果。当美国电影《泰坦尼克号》上演,在社会造成轰动时,有位先生去拜访他的朋友,就买了一只"泰坦尼克号"模型送给对方的小孩子,结果小孩子非常高兴,从那时起就称这位先生为"泰坦尼克"伯伯,每次去都受到他们一家人的欢迎。

无论你的礼物是3元还是3000元,都首先要撕掉价签。送一份明码标价的礼物,好像在提醒对方,我的这份礼可是花了多少钱。这样一来,礼物就传递出两个讯息,一个是"我们的情谊值多少钱",另一个是"看着吧!下次得回同样价格的礼物给我"。不过,美国人送礼时,通常会保留包装和价格标签,并附上购物小票。这样,如果对方不喜欢礼物,还可以拿着小票去兑换其他商品。

忌送容易产生误解的礼品。如不可以给准备参加比赛的人送书,不能给有生理缺陷的人送他们无法使用的物品,不能为健康人送药品,不能为异性朋友送贴身的用品等。

二、收礼礼仪

在赠送者递上礼品时,要尽可能地用双手前去迎接。不要一只手去接礼品,特别是不要单用左手去接礼品。中国传统上,习惯收下礼后不当着客人的面打开。而西方人接到礼物后,常是当着客人的面打开,在客人面前赞美礼物才是最礼貌的。欣赏对方的礼品,实际上是一种很好的感谢方式。

当有人送你礼物时,应当掂量这份礼品的分量,如果其意义已经超出应有的友谊与感谢时,就不应当收。可以通过以下几个问题决定该不该收:礼物的价值过分吗?送礼的时间合适吗?受礼后要对送礼者负什么责任吗?接受的礼品违反有关规定吗?如果其中有一个问题的答案是肯定的,就应当考虑拒收。拒收时务必讲究礼仪,可委婉地说明自己拒收的理由,不要让对方感到难堪。如对方向自己赠送手机时,可告知:"我已经有一台了,谢谢。"在回绝的方式上可以当面谢绝,也可以采用事后归还。事后归还时,一定要注意别破坏包装,如果其中包括一些易坏的食品,就别往回送了,或者给人家买点新鲜的送回去,或者以价值相当的礼物回赠给人家。但要注意的是,事后归还最好在24小时内完成,不要拖得太久。

📖 阅读材料:四知先生

东汉有个名士叫杨震。公元108年,他到东莱赴任太守时路过一个叫昌邑的地方。当地的县令王密曾经受过杨震的举荐,所以对他相当感激,一看老长官路过,就赶紧悄悄地去拜访他。他知道杨震为人正直,不喜欢张扬,所以就偷偷地带了十斤黄金,打算送给老长官。一呢,向老长官表达感恩之情;二呢,老长官官越当越大,希望老长官能对自己继续照应。结果杨震一开口,就来了一句:"故人知君,君不知故人,何也?"我是你的老朋友,老朋友是了解你的,你怎么不了解你的老朋友了,这是为什么呀?这就明摆着不高兴了。你应该了解我是很正直廉洁的,你拿着黄金来干吗?你来看我一次不就完了吗?结果王密对老长官说:"暮夜无知者。"现在是半夜,没人知道啊。接下来杨震又说了一句顶天立地的话:"天知、神知、我知、子知,何谓无知?"天知道、神知道、我知道、你知道,怎么叫没人知道啊? 这就是非常有名的"四知",这句话成为中国传统文化里非常重要的佳话。

接受了别人的礼品,应该铭记在心;在适当的时候,应向对方还礼,但要注意还礼时间要恰当。如果还礼过早,别人不是以为等价交换,就是怀疑划清界限;如果拖延太久,事情已经完全冷淡了。还礼的适宜时间,有以下几种:一是和对方赠送自己的相同的机会,比如对方在你升职的时候,你也在他升职的时候;二是在对方或家人的某个喜庆活动,结婚、生子、做寿、乔迁等;三是在此后登门拜访时。得体的还礼形式有以下几种:一是赠送同类物品;二是价格差不多的物品作为还礼;三是用某种意在向对方表示尊重的方式来代替,比如,让孩子穿上朋友送的衣服登门回拜,这就是很好的回礼。还礼不是还债,而且要讲自觉自愿。还礼次数也不要过多,完全没有必要再三再四地还礼。

1. 包装礼品可以说是一项技术活儿,请你通过网络,学习一些礼品包装的方法。

2. 以小组为单位,模拟进行一项礼品赠送活动,场景、情节、对白等由小组自行设计,要求在整个活动过程中体现出相关礼仪规范。

学习任务 3　探望礼仪

邻居老罗刚刚45岁,他患的是胃病,做了胃切除手术。开刀的第二天,先后有两个人来看望他。第一个是老罗的同事老金,人称"炮筒子",心中不藏事,有啥说啥。他一进门,放下手中的水果,马上就瞪着一双铜铃般的大眼睛,不由叫道:"哇!才三天不见,你就瘦成这模样了?"老罗听罢,脸部肌肉微微抽搐了一下,心里很不是滋味。坐下之后,老金再次对老罗的病情表示同情:"我说伙计,你可得注意点。半年前,我们家邻居老王也是患你这种病,因为他没在意,不到一个月就'走'了。"老罗的脸色更加阴沉沉的。

下午又来了一位看望老罗的朋友,这人戴着一副金丝眼镜,一进门就未语先笑,他双手热情地握着老罗的手说:"听说您患了一点小病,抽空来看看您。"老罗一听对方说的"您患了一点小病",不由得笑了。"眼镜"忙补上一句:"哟,瞧您这气色,蛮精神的!"一句话说得老罗心里热乎乎的。"眼镜"亲切地坐在老罗床头边,笑道:"您这病,我见得多,去年我二弟也患您这病,不出一个月就好了,没事!"老罗听了这个好消息,几乎兴奋得满面红光了。

探望,亦称探视、探访,有专程探望,有顺便探望,有委托他人代为探望,以表达对亲朋好友或同事的关怀。除正常情况下的探望,更重要的是对身体不适或住院亲朋好友的探望,这是一项较为特殊的交际活动。此外,对新生儿的探望,也是一项重要的交际活动。

一、探望病人礼仪

一个躺在病榻上的人,因为健康和生命受到威胁,容易产生一种自怜的心态,感情脆弱,情绪多变,比任何时候都更渴望一份温情,往往对别人的关心和照顾更为敏感。这时,作为亲朋好友的你,前去医院或家中探望,会给病人增添战胜疾病的信心和勇气。那么,探望病人时,需要注意哪些礼节呢?

探望前,要了解病人的病情现状、治疗情况、心理状态和情绪状况,这样,可以使自己与病人交谈时注意谈话内容,也可使自己购买礼物时具有针对性。同时,又便于在探病时注意自身防病。探望患传染病的病人时,不要带小孩去医院。

探望病人的时间要视病人情况而定。如果是一般疾病,获知消息后就应该前去探访,以示关心和急切;如果病人处于危险时期,或有传染性疾病,则可以过一段时间再去探访,或者向其家人表示问候,由其家属转达你的问候。

按照民间习俗,探望病人一般会带去一些礼品,以示慰问。但是,礼物的挑选要谨慎,要注意根据病人的病情选择,应以有利于病人尽快康复为原则。礼物不在轻重,应更多地注重精神效应。如一本有趣的消遣书、一束香味淡雅的鲜花、一份可口的食品,都会使病人感到生活的乐趣,增强战胜疾病的信心。送水果或食品时,要考虑到病人的病情。如探望糖尿病病人,可以带含蛋白质的食品,如奶制品、蛋类、肉松等,而不宜携带各种糖果、甜点心、水果、果汁等含糖食品。

探视病人一定要穿干净卫生的衣服,穿着要日常化,不可过于华丽,少带杂七杂八的东西。去探望病人的同行人数宜少不宜多,人多嘈杂,影响病人休息。

住院期间,病人的生活相当规律,接受治疗和休息时间都安排得很规范。因此,探望病人一定要遵守医院的规章制度,在规定的时间去探望,否则,既影响医院的正常工作秩序,又会影响病人的治疗和休息。如果吃了闭门羹,也不要与工作人员发生口角,应该耐心等待或另找时间。

前去探望时,若病人正在休息,应不予打扰,可稍候或留言相告。到家中探望病人时,由于病人的饮食和睡眠比常人更为重要,以下午前去探访为宜,不宜在早晨、中午、深夜以及病人吃饭或休息时间前往探视。

在病房门前,必须敲门,一方面是体现对病人的尊重;另一方面,有些病人还需穿衣、盖被而稍作准备。进病房时,步态要轻盈,表情要从容,切忌慌里慌张、大惊小怪,以免给病人增加心理压力。当看到病床周围的医疗器械和病人时,要沉着、自然,不要神态过于沉重,以免给病人增加精神压力。到病床前,可主动与病人像往常一样握手,这样可以消除病人的戒备心理,也是无声胜有声的安慰;同时尽快找把椅子挨着床边坐下,这样可与病人保持平视状态而避免居高临下的俯视,会使病人有一种亲切的感觉。

由于特殊的心理状态,人在患病期间都相当地敏感。探望病人的主要目的,是要充当"社会护理"角色,给予病人一些安慰,并予以必要帮助。在病人面前,不可表现出紧张的情绪,一见面便"人未语,泪先流",表情应当自然、亲切、冷静、一如既往,当然也不可以表现得兴高采烈。与病人谈话时,一般应先询问病人身体状况及治疗效果。在病人讲述病情时,要认真地听,不要心不在焉,左顾右盼。与病人交谈中,语调要适中,不要大声交谈。要注意说话的语气,不要用惊讶的口气问:"你怎么啦?""病重不重啊?"最好用非常平常的、温和的、自然的口气问:"你今天感觉好多了吧?"在谈话的内容上,应尽量选择轻松愉快的话题,多谈病人关心感兴趣的事,多说一些以往的美好时光,以转移对方的注意力,减轻精神负担。多说一些轻松、宽慰的话,或释疑开导,或规劝安慰,以利于病人恢复平静稳定的心情。不要过多询问,注意避免谈论可能刺激对方的话题或令人敏感的不吉之语。多说一些鼓励的话,增强病人战胜疾病的勇气。说话一定要同病人家属、医生的口径一致,以免引起病人的怀疑;更不可轻易地当着病人面泄露"天机",以免影响治疗效果。不要向病人介绍道听途说的偏方、秘方,不推荐未经临床实验的药物。探望重病之人时,不要谈论病情,不要对医生的水平、治疗方法及用药妄加评论。

在与病人的接触过程中,不要表现出对卫生和洁净的挑剔。但在探望患传染病的病人时,要尽量避免接触病人的用具、衣服,见面及临别时不要握手,以免引起传染。

注意探视时间不宜太长,最好能够适时地、婉转地结束探望。一般情况下,与病人在一起呆一刻钟至半小时最为恰当,时间太长会影响病人休息;另一方面,也避免影响病房里的其他病人的休息。要是病人身体欠佳,或是医护人员特别关照不宜长谈,则在那里5～10分钟即可。如病人精神较好,或颇感寂寞,那不妨在其挽留之下多待一会儿。

为照顾病人休息,谈话和逗留的时间应较短,特别是还有其他亲朋来探望时,应早些告辞。告别时,一般应谢绝病人送行,并询问病人是否有事相托,祝他(她)早日康复。

二、探望新生儿礼仪

家中添丁是一大喜事,亲朋好友当然应前去探视一番。不要在宝宝刚出生后就抢着过去探望。因为这时候的新妈妈需要安静的环境恢复体力,而且宝宝刚来到这个世界,对周围的环境还要有一段适应时间。比较适合探望的时间大概是一两周后,但这也只是针对近亲以及关系特别好的朋友来说。一般情况下,应在孩子满月以后再去探望为宜。

宝宝出生后,很多朋友都会给宝宝包一个红包作为礼物。红包里面的钱多钱少是一回事,主要是讨个好彩头,寓意平安吉祥、长命百岁,象征好运。宝宝的礼物还有寝居服饰、洗护用品、宝宝玩具、喂养用品等。不要带着鲜花看望新生儿,特别是百合花,容易引起新生儿花粉过敏。当然,我们也不能忽略伟大的妈妈,产后塑身产品、哺乳文胸、产后护肤产品都是送给新妈妈的不错选择。

前去探望时,不可贸然闯入新生儿的卧室,因为新妈妈有可能正在喂奶,此时很可能衣冠不整,不宜见客。为了避免不必要的尴尬,最好事先征求主人的意见或是直接在客厅等候。新妈妈喂奶时,要注意回避。有些妇女在新妈妈喂奶时喜欢盯着看,这是非常不礼貌的,往往使新妈妈尴尬万分。新妈妈在产后是比较虚弱的,而且孩子隔一两个小时就要喂奶,是没有精力一边照顾孩子一边招待客人的。因此,最好是待一会就离开,不要超过半小时。

可爱的宝宝,让人忍不住想要抱抱、捏捏,但是最好不要尝试别的动作,更不要冷不防在宝宝脸上亲一口。因为成人唾液里会有细菌传染给宝宝,而且新妈妈也担心这会造成宝宝流口水的坏毛病。

儿童之间的交叉感染是最容易发生的,而且小朋友对危险的认识并不充分,所以让太小的孩子来探视新生宝宝一是容易交叉感染,再者也容易发生一些意想不到的意外,所以最好不要让6岁以下的孩子接触新生儿。

1. 探望病人的时间、所带礼品、交谈话题各有什么讲究?
2. 到他人家里探望新生儿时,应注意些什么问题?

学习任务4　花卉礼仪

种菊赏菊，古已有之，且留下了不少脍炙人口的佳句。有表现悠闲生活的，如陶渊明的"采菊东南下，悠然见南山"，有反应内心愁思的，如李清照的"人比黄花瘦"，有借物自喻的，如郑板桥的"十日菊花看更瘦""破篱笆外斗秋菊"，当然，最令人难忘的要数唐末农民起义领袖黄巢的题菊花诗，云"飒飒西风满院栽，蕊寒香冷蝶难来。他年我若为青帝，报与桃花一处开"，咏物言志，充分表现了黄巢青年时期的远大抱负和革命激情。

中国的"荷"与"和"同音。所以荷花在被人欣赏的同时，还孕育了和谐精神，在荷花身上，至少体现了五个方面的和谐。首先，荷花体现了色彩的和谐。"接天莲叶无穷碧，映日荷花别样红。"荷花的"碧"和荷花的"红"，是"万绿丛中点点红"，是一种生机盎然的和谐之美，这是色彩的和谐，也是自然的和谐。其次，荷花还有一种刚柔相济的和谐。莲藕的中通外直，表现了男子的阳刚之气，而荷花、莲子清丽美艳，表现了女子的婉约柔美。第三，荷花体现了天人合一的和谐。"荷叶罗裙一色裁，芙蓉向脸两边开。乱入池中看不见，闻歌始觉有人来。"这是一幅多么和谐的画面啊。第四，荷花体现了文明的和谐。荷花是文明之花，是吉祥、美好、圆满的象征。"莲开并蒂，百年好合"是人们对燕尔新婚时的一种祝愿，一种追求。第五，荷花体现了物质和精神的和谐。面对种种诱惑，如何做到"出淤泥而不染"，是一个大课题。

花卉的文字记载，最早始于公元前11世纪商朝甲骨文中。千百年来，花深深地渗透进了中国文化之中，形成了源远流长、博大精深的花文化。同世界上所有的人一样，中国人民也视花为美的化身，美好幸福的象征。然而，中国人对花的认识和情感并不仅限于此，而是有更为深刻的认识和浓厚的情感。人们赏花，除了赏识它那静态的外部形态美之外，还善于观察欣赏它那动态的生命变化之趣。另外，中国人还认为花是有情之物，不仅娱人感官，更撩人情思，能寄以心曲。"兼葭苍苍，白露为霜。所谓伊人，在水一方。"这是《诗经》中脍炙人口的篇章。白茫茫的芦苇花是作者眼前的景象，也是盼望与心上人相会的地方，美丽的景象与美好的感情水乳交融。

一、国花与市花

许多国家都拥有自己的国花。所谓国花,指的是以某种鲜花作为国家的标志和象征。在涉外交往中,国花往往能够发挥十分重要的作用。世界上的许多城市也拥有自己的市花,市花是城市形象的重要标志,是一座城市独有的人文景观、文化底蕴和精神风貌的体现,可以说是现代城市一张亮丽的名片。部分国花与市花见表9-4。

表9-4 国花与市花

	国家	国花	国家	国花	国家	国花
国花	韩国	木槿花	埃及	睡莲	俄罗斯	向日葵
	日本	樱花、菊花	法国	鸢尾花	荷兰	郁金香
	墨西哥	仙人掌	德国	矢车菊	泰国	金链花
市花	城市	市花	城市	市花	城市	市花
	北京	月季、菊花	上海	白玉兰	香港	紫荆花
	澳门	荷花	杭州	桂花	洛阳	牡丹
	南京	梅花	广州	木棉	济南	荷花

二、花言花语

每种花都有特定的含义,送花就是要借用这些无形的语言,传递你的心意。例如,玫瑰象征着爱情,被人们普遍视为爱情之花。除非是向自己钟情的异性示爱,否则爱情之花不能随意乱送。送桃花给南方的生意人,能令其喜笑颜开,因为桃花暗含红红火火之意;迎接英雄劳模宜送红棉花;夫妻好合送百合花;恋爱时应送红玫瑰和红蔷薇;秋海棠为"断肠红""相思红",故秋海棠表示苦恋、苦苦追求;求婚送一束玫瑰,同意回赠玉兰,拒绝求爱送康乃馨。

📖阅读材料:爱情之花玫瑰的来历

1789年,一艘英国帆船悄悄地从广州起锚,扬帆西去,抵达伦敦。从船上卸下来的神秘货物,竟然只有两株娇美的中国重瓣月季——粉红月月红与大红月月红。这两株中国奇花马上被移栽到皇家植物园里去,其后20多年间,英法两国又陆续从广州引进了数十个品种的中国月季和山茶。经过欧洲人无数次的杂交试验,1867年,终于在法国首次成功地培育出一个光彩夺目的玫瑰花新品种。一百多年来,这种高贵、优雅的"花中皇后",成了全人类表达爱情的首选。可以说,当今世上迷醉全球的欧洲玫瑰,其身上流着的,有一半是中国的血统!

花卉语并非只是因花卉品种不同而含义不同,花卉的色彩、枝数的不同,也表达出不同的含义。比如玫瑰,被人们普遍视为爱情之花,但不同颜色的玫瑰又有着不同的含义。红玫瑰代表深爱着你;粉色玫瑰表示动情在心、爱的宣言;白玫瑰则表示天真、纯洁、尊敬的含义。而玫瑰的朵数不同,意义也不同。一般都是取谐音,如1朵表示你是我的唯一,对你情有独钟;2朵表示二人世界,你侬我侬;5朵表示无怨无悔;6朵表示顺心如意(六六大顺);7朵表示天天想你;9朵表示爱情长久;10朵表示十全十美,完美的你;11朵表示一心一意;57朵表示吾爱吾妻;99朵表示天长地久。更多花的含义见表9-5。

表9-5　花言花语

花名	含义	花名	含义
牡丹	雍容华贵	茉莉花	清洁纯净、朴素自然
康乃馨	母亲我爱您、热情、真情	石斛兰	刚强祥和,父亲之花
百合	百年好合、团结友好	玫瑰	爱情
并蒂莲	夫妻恩爱	梅花	坚贞不屈、意志坚强
风信子	喜悦、爱意、浓情蜜意	月季	爱情、温馨、幸福
满天星	真心喜欢	荷花	高尚品德、廉洁、洁身自好
牵牛花	情爱、爱的羁绊	橄榄	和平
桂花	清香、高洁、崇高	万年青	友谊长存、长寿
芍药	情有所钟、依依难舍	常春藤	永久的记忆
紫罗兰	永恒的美	丁香	心有千千结

三、送花礼仪

鲜花的形式多种多样,依照鲜花或者组合形式的不同,可以分为束花、篮花、盆花、插花、饰花、花环等。一般不以干花、纸花送人,要赠送鲜花,但不能送已凋零、衰败的鲜花。送花要依据不同的场合、不同的对象而送,才会收到理想的效果。

中国的春节是民间传统的盛大节庆,俗谚"过年要想发,客厅摆盆花";此时也是扩展人际关系的良机,企业员工、客户、同事、上司、亲朋好友等,都可把花当作馈赠的礼物,以花传达情意,增加彼此间的感情。选赠以贺新年、庆吉祥、添富贵的盆栽植物为佳,如四季橘、牡丹、桂花、杜鹃花、秋海棠、红梅、水仙、报春花、状元红、发财树、仙客来及各种兰花类、观叶植物组合盆栽等,再装饰一些鲜艳别致的缎带、贺卡等,增添欢乐吉祥气氛。西方的圣诞节,通常以一品红作为圣诞花,花色有红、粉、白色,状似星星,好像下凡的天使,含有祝福之意。玫瑰是情人节最受欢迎的鲜花,除此之外,尚有许多象征"爱"的鲜花可作为赠花,同样能给对方传达爱意,如郁金香、洋桔梗、满天星、茉莉花、玛格丽特、爱丽丝、勿忘我、海芋等。

贵宾来访或者亲友返乡探亲、学成归国,一下飞机就献上表示热烈欢迎的鲜花,必能给宾客惊喜,留下难忘的印象。迎接贵宾的鲜花以红花色系与紫花色系最受欢迎,选择的花语以代表友谊、喜悦、欢迎、等待、惦念的花材为主。

结婚时,捧花可以将新娘衬托得更加独特迷人,让婚礼呈现浪漫的气氛,也能给宾客留下美丽的回忆。结婚是人生大事,通常婚礼花束都比一般花束讲究精致,甚至要配合新娘的年龄、性别、肤色、发色、礼服款式、化妆色彩等不同的条件而设计。结婚纪念日的那天,夫妻若能以鲜花花束互赠,定能勾起昔日的甜蜜回忆,加深夫妻感情。

儿女降生是人生一大喜事,赠花、贺礼具有祝贺平安、幸运、喜悦的含义,花材的种类除了依照花语的含义外,也可以生日花、十二星座、十二生肖幸运花相赠。

买房是人一生中值得庆贺的事情。客人常用盆栽植物作为贺礼,具有祝贺主人飞黄腾达、金玉满堂之意。

探望病人时,如送鲜花,最好先打听一下,该病人及病房是否允许送鲜花。送给病人的鲜花,不宜选择清一色的白花和黄花,也不要送盆花,而以象征青春永驻的紫罗兰,象征安慰的深红色的天竺葵、睡莲等为宜。香味很浓的花对病人不利,易引起咳嗽;颜色太浓艳的花,会刺激病人的神经,激发烦躁情绪。

由于不同的国家、不同的民族往往会赋予鲜花不同的含义,送花要根据民族、地域、风情、习俗、目的的不同而有所区别,注意从鲜花的颜色、数目和品种三个方面加以考虑。中国人喜欢菊花,而在西方,黄菊代表死亡,只能在丧葬活动中使用。中国人赞赏荷花"出淤泥而不染"的性格,但在日本,荷花却表示死亡。在广东、海南、港澳地区,金橘、桃花表示"吉""红火"的意思,而梅花、茉莉和牡丹花却表示"霉运""没利""失业"的意思。在我国广东、香港等地,由于方言的关系,送花时尽量避免送以下花:剑兰(见难)、茉莉(没利)。在国际交际场合,忌用菊花、杜鹃花、石竹花以及黄色的花献给客人已成惯例。另外,不同的习俗,对于花的色彩也有不同的理解。比如在我国的一些传统节日或喜庆日子里,送的花篮或花束色彩要鲜艳、热烈,忌送整束白色系列的花。

四、插花艺术

我国在插花的应用方面,可以追溯到久远的古代。据考古发现,距今 7000 年前的陶器上就已经有植物万年青的图案,足以说明古人已用插花来美化自己的生活了。当然在古代,插花也并非中国独有。在古希腊,由于战争频繁,涌现出了一批批战斗英雄,人们用鲜花迎接凯旋的壮士,把最能表达崇敬之情的鲜花送给他们;每年到了儿童节这一天,孩子们都会头戴花冠庆祝自己的节日。这些可谓西方礼仪使用鲜花的开始。

插花不仅美化了我们周围的环境,同时也潜移默化地影响着人们的感情,陶冶了人们的情操。学会插花手艺,可以时常与鲜花做伴,增添居家生活情调,净化人心,陶冶心灵情操;还可以以鲜花为议题增加与人交流的机会,如自己动手插一盆花,是探亲访友,迎送宾客高雅、珍贵的礼品,起到传递信息、增进友情和修身养性的作用。

📖阅读材料:宾馆的插花布置

插花是宾馆服务中的主要美饰工作之一,它能给予人轻松、活泼、舒畅的情怀。

宾馆大厅。重点在大堂休息处、总服务台以及重要的过道处等。这些地方是接待迎送宾客的地方,插花一般都十分讲究,花材选择鲜丽、华贵、格调和谐的。插花时要对周围的环境通盘考虑,以匹配不同的建筑风格。

客房。客房是宾馆临时居住的地方。插花布置应尽量创造温馨和谐的气氛,可以让客人养神怡情,清静地进入梦乡。色彩的选择应以橙黄、粉红、淡紫色等为主,大红、纯白为副。

必须指出的是,有些带有蚜虫之类的或不卫生的花材,绝不能用来插花并进入客房。

宴会厅。宴会厅(包括餐厅)是供人用膳的场所。宴会厅的插花主要布置在餐桌上。由于用餐的人都对坐朝向餐桌中心,所以餐桌中心放置的插花应四面对称均衡,以半圆球形、高度不超过视平线为宜。有的大型宴会采用冷餐会方式,餐桌大多是长条或各种形式的组合,插花就应以花艺装饰的手法插成各种欧美式为主的艺术造型来,表现出热烈气氛与优美环境。

会场。会场是供人们开会的场所,包括各种类型的会议室。大型会场的插花主要布置在主席台上或讲台上,主席台上的插花一般以盆式插花为主,由于视线远,空间大,从效果上讲,用花可以艳丽些,花材可丰富些。

俱乐部。俱乐部(包括舞厅、酒吧、KTV包房等)是文化、娱乐、社交活动场所。这些地方的插花大多摆设在博古架、角柜或挂吊墙处,花材以简洁、色彩淡雅为主。举行文艺活动等,则可选用色彩艳丽的花材,以渲染热烈欢快的气氛和场面。

卫生间。卫生间应整洁、安静,插花不必繁复。若在窗台上或抽水马桶的水箱上放置一瓶简洁的小花,创造一个清爽洁净的环境。

1. 学习插花艺术,用自然与艺术之美装点自己的生活,愉悦身心,陶冶性情。
2. 请你收集资料,谈谈不同国家对花卉的喜好与禁忌。

学习任务5　交谊舞会礼仪

成立于1904年的英国皇家舞蹈教师协会制定了有关舞蹈理论、技巧、音乐、服装的统一标准,并公布为"国际标准交谊舞舞厅舞",为世界各国所遵循。国标舞中的拉丁舞包括桑巴、伦巴、斗牛、恰恰、牛仔。拉丁舞的音乐热情、奔放,特具节奏感,以淋漓尽致的脚法律动引导,自由流畅,展现了女性的优美线条,动人入情,气氛迷人,生动活泼,充分表达了青春欢乐的气息;男士则展现刚强、气宇轩昂、威武雄壮的个性美。1924年由英国发起的,欧美舞蹈界人士在广泛研究宫廷舞、交谊舞及拉美国家的各式土风舞的基础上,进行规范和美化加工,于1925年正式颁布了华尔兹、探戈、狐步、快步四种舞的步伐,总称摩登舞。1950年英国黑池舞蹈节后,摩登舞中还增加了维也纳华尔兹。摩登舞的音乐时而激情昂扬,时而缠绵性感;动作细腻严谨,穿着十分讲究,体现了欧洲国家男士的绅士风度和女人们的妩媚。男士身着燕尾服,白领结;女士则以飘逸、艳丽的长裙表现她们的华贵、美丽、高雅。

请进礼堂

目前世界上流行的国际标准交谊舞(Ballroom Dancing)最早起源于欧洲,由古老的民间舞蹈发展演变而成,盛行于当时欧洲贵族在宫廷里举行的舞会中。法国大革命后,成为欧洲各国一种普通的社交活动,故有"世界语言"之称。第二次世界大战后,美国人又将该舞蹈散播到全球各地,并形成一股跳舞热潮,至今不衰,所以又称它为"国际舞"。

无论国际或是国内的舞会,都是一个讲究礼仪的社交活动。舞会,无疑也是展示个人魅力的重要场所;当然,这得建立在参与者良好的舞会礼仪修养之上。

参加舞会前,应洗一次澡,做好个人卫生,特别要注意口腔卫生。男士应该梳理好头发,剃去胡须;女士则应当在做好发型的同时,认真化妆,可以化得浓烈一些。着装要干净、整齐、美观、大方。男士可以穿西装;女士宜穿便于舞动的裙装或旗袍,搭配色彩协调的高跟鞋,鞋跟以3~7厘米为最佳。有条件的女士,可以穿格调高雅的礼服,但是不能让自己穿得过于暴露,为了保险起见,还应该在下身穿上底裤,防止走光。一般情况下,不宜穿牛仔裤、T恤、军服、工作服,不允许戴帽子、墨镜,或者穿拖鞋、凉鞋、旅游鞋。

无论是参加朋友的私人舞会,还是正式的大型舞会,遵守时间是首要的礼仪,要准时到达。按惯例,舞会上的第一支舞曲和结束曲,一般讲究由结伴而来的一对男女共舞。从第二支曲子,需要交换舞伴,以扩大自己的交际面。哪怕你再喜欢一个舞伴,在正规的社交场合,也不能整场只和一个女生共舞。

参加交谊舞会,不能只图跳舞尽兴,而忘却了本应进行的交际活动。在舞会上结交新朋友,通常有三种方法:一是主动把自己介绍给对方;二是请主人或其他与双方熟悉的人士代为介绍;三是通过邀请舞伴的方式直接或间接地认识对方。在舞会上结识新朋友之后,一般不宜长时间深谈。可在此后的适当时间,主动联络对方,以便进一步推进双方关系。需要注意的是,不要在舞会上为了结交新朋友,而对旧交不屑一顾。碰上老朋友、老关系,除了要争取邀请对方或其同伴共舞一曲之外,还要尽量抽时间,找对方叙叙旧。舞会上自选舞伴之时,理想的选择对象见表9-6。

表9-6 自选舞伴的理想选择

舞伴的理想选择	理由
身高相当之人	如果双方身高差距过大,未免会令人尴尬难堪
舞技相近之人	在舞场,"舞艺"相近者相得益彰,有助于更好地发挥技艺
少人邀请之人	邀请较少有人邀请之人,既是对其表示重视,也不易遭到回绝
未带舞伴之人	邀请未带舞伴的人共舞,成功机会往往较大
希望结识之人	想结识某人的话,不妨找机会邀对方或其同伴共舞一曲,以舞为"桥",接近对方

在舞会上，男士邀请女士跳舞时，应稳步走到女士面前，立正并向她欠身致礼，可以说："能否冒昧请您跳支舞？"待对方同意后，陪伴进舞池。如对方不同意，不能勉强。如果其亲属在旁，男士还应先向其亲属致意。邀请跳舞时，可能会产生误会，比如一位男士在邀请一位女士跳舞时，旁边的一位女士误认为是在请她，从座位上起身。这时，应将错就错，同这位女士跳上一曲。对于男士的邀请，女士一般都应该友好地点一下头，欣然接受邀请。如果已经答应了他人的邀请，则应对再邀者说明："对不起，已经有位先生邀请了我，等下一曲，好吗？"当下一支舞曲开始后，那位邀请者若再次邀请，如果确无特殊情况，不可再次拒绝。女士如果实在不愿意同某人共舞，可婉言辞谢。常见的托词有"我累了，想休息一会儿""我不熟悉这首舞曲"等。千万不要使用"我有伴了""请别来烦我"等生硬的语言。已经拒绝了他人之邀，如一支舞曲未了，就不应再接受其他男士的邀请，否则，会被看作是对前一位邀请者的无礼。一般来说，跳舞都是男士主动邀请女士，但并不排除女士邀请男士的形式。当女士主动邀请男士跳舞时，男士即使不会跳舞，也不可以拒绝女士。对不熟的舞步，不要贸然地去跳，除非邀舞的人不在乎你踩他的脚。

正常情况下，两位女士可以同舞，两位男士则不能同舞。前者意味着她们在现场没有舞伴，后者则意味着他们不愿意向在场的女士邀请跳舞，这是对女士的不尊重。所以，只有两位女士在舞池内起舞时，两位男士才能以同舞的方式追随到她们身边，与她们共舞，然后分别组成新的两对舞伴。

跳舞要注意舞姿，男士用右手扶女士腰部时，正确的手势是手掌心向下，用右手拇指背面将女士后侧腰轻轻挽住，而不是用右手整个手掌心紧贴女方后腰部。女士的左手手指部分只需轻轻落在男士的右肩头即可，而不应该满把地贴在男士的右肩或是勾住对方的脖颈。男士上身往前倾，与对方头、胸靠得很近，或是紧盯着对方的脸，是不礼貌的。跳舞时，不要闭上眼睛。

女士伴舞，可面带微笑，但也不可紧盯对方的脸，更不可有乱送秋波等挑逗性举动。不论自己与一起跳舞的舞伴是何种关系，两个人在一起合作跳舞时，除必要的以手相互持握外，身体的其他部位都要保持大约一拳左右的间隔。男士不能借机对女士又拉、又抱，女士则不宜主动贴向男士。双方都不应当在跳舞时贴面、贴胸、贴腹，有意黏在一起。即使是恋人，在舞会上也要检点，用双手套住对方的脖子和圈住对方的腰胯，紧紧贴着跳舞是有伤大雅的。女士不要把口红沾染在男伴的衣襟上或领带上。

跳舞过程中男女双方可进行适当交谈，交谈内容以轻松话题为宜，如"我很喜欢这支乐曲""你的舞姿很优美"等，显得彬彬有礼，还可以谈谈舞厅装饰的艺术效果、舞曲的旋律、歌手的演唱等。至于工作、经济效益、复杂的人际关系等沉重话题，应尽量避免，以免影响舞蹈的情趣和舞会的效果。交谈应简短，并选择舞曲较为轻柔时进行，声音不可过高。舞曲激昂处要避免交谈，否则可能会出现不自觉地加大音量或者因为听不清楚而将耳朵贴到对方的嘴边等一些不文雅的举止。

在跳舞时，应注意不要踩踏舞伴或碰撞舞伴，若不慎踩踏、碰撞了舞伴，均应当主动向其道歉。要注意与其他的跳舞之人保持适当的距离，以防相互影响。万一不慎碰撞或踩踏了别人，应当自觉地向对方道歉。若系他人不慎，并向自己道歉，则需大度地向对方表示"没关系"。

舞会中的休息时间,应尽量去洗手间整理一下衣服,因为动作较大很有可能把衣服弄脏或者出现褶皱。为了保持清新的口气,舞会中途也有必要去咀嚼个口香糖。当一曲舞毕,男方应向女方致谢,并把女方送回原来休息之处,向其周围亲属点头致意后再离去。

朋友的私人舞会,最好坚持到舞会结束后再离去,这是对朋友的支持。至于其他的舞会,只要不是只跳一支曲子显得应酬色彩过浓就可以了。舞会结束后,男士应将结伴而来的女伴送回家。

1. 在舞会上,男士应如何邀舞?
2. 在舞会上,男士如何充分展现自己的绅士风度?

学习任务6 人际交往的距离礼仪

常小姐是一家大型集团公司的总经理助理,总经理刚入不惑之年,成熟稳重,风度翩翩。常小姐的好友曾开玩笑说常小姐和总经理是郎才女貌。不过常小姐看待事情却非常理智。她说如果仅靠与总经理过于亲密而抬高身价,不但会被人瞧不起,更是对自己工作能力的蔑视。处于工作需要,常小姐要关心总经理的身体,比如及时提醒他吃饭等,但是常小姐对这种处于善良本能的关心把握得非常得体。在与总经理的日常交往中,太过私人的话题常小姐尽量避及,诸如对总经理的家庭琐事从来不打听,一些非公司组织的集体活动也尽量不与总经理一同参加。既要和上司适时沟通,在工作中默契地配合,又要保持适当的距离,以免引起不必要的误会。这就是常小姐做助理的诀窍。

小秦大学毕业后,进入一家企业做行政工作。在迎新会上,小秦认出自己的顶头上司王主管居然是同校毕业的学长时,激动万分。学长显然也非常欢迎学弟的到来,还专门请小秦吃了饭,推杯换盏之际,他俩互称师兄弟。第二天,在办公室里,小秦看到王主管,走上前去,当着多名同事的面,亲切地喊了声"师兄"。令小秦想不到的是,王主管听了,脸色一下就变了。而且从那以后,王主管对他一直都刻意保持距离。职场有职场的规矩,无论上司是否是你很亲密的朋友、亲人或者是认识的老乡,在公司都应以交往对象的职位相称。职位是对方身份的象征,称呼对方职位,是对对方的尊重。小秦当着同事的面,称上司为师兄,这是对上司的不尊重,会让上司认为,这个人分不清楚场合,做事情不动脑筋。而同事会认为,你是在和上司攀亲。

"草色遥看近却无"才"最是一年春好处",韩愈的小诗告诉人们:距离产生美。因为有距离,才会有"迢迢牵牛星,皎皎河汉女"七七相会的快乐;因为有距离,才会有"遥知兄弟登高处,遍插茱萸少一人"那浓浓的乡情。"但愿人长久,千里共婵娟"吟出的是苏轼对亲人团聚的期盼;"临行密密缝,意恐迟迟归"道出的是母亲对儿子离开的不舍。距离是"君住长江头,妾住长江尾"的相思相忆;距离是"莫愁前路无知己,天下谁人不识君"的相安互慰。

一、人际交往的空间距离

每个人都有一个自己把握的自我空间,它就像一个无形的气泡一样,为自己占据一定的领域。而当这个自我空间被人触犯时,就不再产生美,只会让人感到不舒服、不安全,甚至恼怒起来。

📖 阅读材料:当有人靠近你时

一位心理学家做过这样一个实验。在一个刚刚开门的大阅览室里,当里面只有一位读者时,心理学家就进去拿椅子坐在他或她的旁边。试验进行了80个人次。结果证明,在一个只有两位读者的空旷的阅览室里,没有一个被试者能够忍受一个陌生人紧挨自己坐下。在心理学家坐在他们身边后,被试验者不知道这是在做实验,很多人很快就默默地远离到别处坐下,有人则干脆明确表示:"你想干什么?"

有另外一个实验,在一间大厅里,有一排椅子,假定两个陌生人先后进入大厅,如果第一个人坐在南侧,另一人紧挨第一个人坐下的话,第一个人会本能地移开,与第二个人保持一定的距离。即使在拥挤的公共汽车上,当素不相识的人的身体紧紧贴在一起的时候,人们也绝不允许他人贴近自己的脸,特别是嘴唇和眼睛。这些情况都表明,无论在何种情况下,人体周围都有一个属于自己的空间,人际交往只有在被允许的空间限度内才会显得自然与安全。

保护自己的人际空间,尊重和爱护他人的人际空间,从而维护自己和他人的尊严、人格,是现代交际礼仪的重要内容之一。由于空间需要的客观存在,人们在人际交往活动中就应当给以足够的认识,有礼貌地保护属于他人的空间范围,以保证交往活动在平等、轻松的气氛中进行。在社会交往中,根据活动的对象和目的,选择和保持合适的距离是极为重要的,人际交往的空间距离见表9-7。

表9-7 人际交往的空间距离

距离		适用范围
亲密距离	0~0.5米	这个距离只有在亲人、爱人、好友之间适用,对于认识不久或者刚刚认识的人,千万不要轻易越过这个距离

续 表

距离		适用范围
社交距离	0.5～1.5 米	正常生活和工作交往中的人都可以进入这个范围,一般熟人可以接近 0.5 米,而陌生人应该处于 1.2 米的位置比较保险
礼仪距离	1.5～3 米	采用这一距离主要在于体现交往的正式性和庄重性,一般适用于正式的外交会谈、商务交谈中
公共距离	3 米之外	这一距离不适合人际沟通,是公开演说时演说者与听众之间的距离

📖 阅读材料:影响社交距离的因素

民族。民族传统文化不同,人们交往的空间意识会有差异。例如:同样是欧洲,丹麦、挪威等国人们要求人际接触的距离应该稍大一些,而其他许多欧洲国家的人则要求这种距离稍小一些。

性别。性别不同,对交往的空间需要也不同。男性之间的空间距离需求比女性之间的空间距离要大一点。当女性与陌生男性相遇时,要求空间距离必须大一些。女性最讨厌陌生人特别是陌生男人坐在自己的身边,常把他们视为有意识地"侵犯者"。

地位。社会地位较高的人总是有意识地与普通百姓保持较大的社交距离,以保证自己获得足够的权威感,也让对方感受到不可轻易接近和神秘感。因此,与领导、上级初识,我们不妨主动离他们稍微远一点,不要"冒犯"他们的威严与神秘。相反地,如果我们与下属、雇员等打交道时,应该主动离他们近一点;如果让他们体会到受尊重的感觉,那他们也一定会倍加尊重我们。

性格。性格也对交往空间有影响。性格外向、开朗的人容易突破空间界限,对对方的主动"侵入"也不会太反感;性格内向、孤僻的人则总是严守交往界限,绝不主动缩小空间。当然,有时性格内向的人也往往会产生希望别人能主动靠近他们的愿望,特别是希望他们所喜欢的人能主动靠近他们。

年龄。年纪较大的人与年纪较小的人相处,双方都会有缩小空间距离的愿望和要求。同龄人之间则有一种要求扩大交往距离的潜在冲动。当我们与老师、家长、领导、长辈相处时,特别是我们希望得到他们的指教、帮助时,为了表达我们的诚恳与迫切,我们最好站在他们的旁边,而且距离应当近一些。而当我们与同龄人,特别是初次相交的同龄人之间洽谈生意、交流信息时,我们应距他们远一些,否则可能引起对方的反感与不快。

情绪。人的情绪也许是影响交往空间距离的最大且最易变化的因素。在人的情绪处于极度兴奋或极度压抑等状态时,可能会完全忽略上面所讲的各种因素,采取一种不合常规的空间距离与人交往。

二、人际交往的心理距离

德国哲学家亚瑟·叔本华曾经论及过"刺猬效应"。假想密林中住着一群刺猬,原本想在寒冷中紧拥御寒,但身上锐利的刺总扎痛对方。几经波折,它们变聪明了,就拉开一段距离,让刺尖轻轻碰触,既可取暖又不必忍受没必要的痛楚。有人把这种现象,延伸为人也应像刺猬,保持一定尺度的疏远。

　　现实生活中,人与人之间总是保持着一定的空间距离。那么,为什么要保持心理距离呢?从心理学的角度可以分为三个原因。首先,是心理适应的原因。古人云:"入芝兰之室,久而不闻其香,入鲍鱼之肆,久而不闻其臭。"朋友之间形影不离,日日见面,友好相处,如果不能及时调整心理距离,那么就会感觉不到对方的优点和长处,而对其他人的优点或闪光点则会明显地感觉到。其次,是心理的隐秘性原因。一般人都不太喜欢做"透明人",特别是不喜欢被他人看清自己的缺点与不足。如果朋友之间不恰当地把心理距离拉得太近,没有给对方适当的自由度,就会对对方感到不满意,从而就会出现排斥或逃避的心理反应。再次,是与个人关系发展模型有关系。处于初相识阶段时,一般来说,心理距离效应是微弱的、短暂的、表面的,主要是外表形象、热情文明的举止对心理距离效应产生重要影响。处于亲密阶段时,就会产生良好的心理距离效应,即"自己人效应"。人们会把自己的交际伙伴看作是第二自我的个体,彼此之间在情感、认识和行为上存在着一种亲密的关系,双方具有相同或相似的感情、观点和行动。到相熟阶段,也就是心理适应期,则会对对方的优点视而不见,看到的尽是缺点和不足,自然就会产生心理排斥或疏离。

　　亚瑟·叔本华曾说过这样一段话:"社交的起因在于人们生活的单调和空虚,社交的需要驱使他们聚到一起,但各自具有许多令人厌憎的品行又驱使他们分开。终于他们找到彼此能容忍的适当距离,那就是礼貌。"我们每个人在和他人相处时,都应该冷静地感知自己和他人的心理边界,在各自设定的边界外,有分寸、有把握地说话做事,这才是交友的明智之举。

　　1. 有人说:"距离不仅存在于人与人之间,也是文化与文化之间的一种分野。"请你谈谈对这句话的理解。

　　2. 澳大利亚学者露辛达·霍德夫斯在《礼貌的力量》一书中提到:"幸福的关键在于坦白、诚实的交流,这基本上是一派胡言。"请你谈谈对这句话的理解。

第十讲 职场礼仪

所谓职场礼仪,是指人们在职业场合中应当遵循的一系列礼仪规范。在职场活动中,礼仪不仅是个人素质、素养的外在体现,更是企业形象的具体化展现;它既是人际交往的润滑剂,更是企业形象的名片;它已经成为提高个人素质与企业形象的必要条件,成为现代社会职场竞争的重要砝码。了解、掌握并恰当地应用职场礼仪,有助于维护和完善你作为一位职场人士的职业形象,会使你在工作中左右逢源,使你的事业蒸蒸日上,从而成长为一名成功的职场达人。

学习任务1 求职面试礼仪

一项针对上海浦东新区30家外企的专题问卷调查结果表明,90%的企业会把第一印象作为用人标准。虽然考官的印象标准不一样。但总体来说印象标准是一致的:开朗、精神饱满、信心十足、坦诚、机敏、干练的人会给人留下良好的第一印象。

一位女孩应聘总经理秘书,她穿了一身特别得体的套装,化着淡妆,微笑也适度,握手也那么合适。从一见面,对她就有一个感觉,具备专业的总经理秘书形象,这个亮点太亮了,就慢慢变成了一个光环,把她背后那些事实都给掩盖了。比如说,她应聘总经理秘书,但是她英语不太好,打字也不太快。这一系列的事实都掩盖在这个光晕的后面了,这就叫"晕轮效应"。

一位青年去参加招聘面试,当他赶到时已经有20位求职者排在他的前面,于是他写了一张纸条,折好,托秘书小姐交给老板,老板看后大笑,原来纸条上写着:"先生:我排在队伍的21位,在您看到我之前,请不要做任何决定。"最后这位青年如愿以偿,实际上他是运用了心理学上的"鲶鱼效应"。

求职面试的过程,是一个展示自我的过程,要求求职者在极短的时间内,最全面的呈

现自己的优点。能否顺利地通过面试，除了精心准备好求职材料外，很大程度上要看求职者是否掌握了求职面试的一些技巧与方法，是否遵守了相关礼仪。

一、面试前礼仪

充分准备。首先要准备好自荐材料，这是毕业生与用人单位进行联系最简便、最直接的方式，是敲门砖。在参加面试时，一定会涉及自我介绍等一些问题，进行事先准备是非常必要的。为了避免因为紧张的情绪影响自己的发挥，可以找人扮演面试考官的角色，模拟演练一下面试中可能会出现的情境或问题。事实证明，准备得越充分，紧张的程度就越小。另外，要调整好自己的心态，保持一颗平常心，不要过于看重结果。过于看重结果，会加重你面试时的紧张情绪，影响现场发挥。

📖 阅读材料：如何做好简历

作为完整的自荐材料，应包括求职信、简历、证明材料复印件（毕业生推荐表、学历证书、荣誉证书、社会实践经历证明材料、发表的文章、科技发明成果证等），所有这些资料都要统一使用白色 A4 纸，避免把不同纸型、不同纸质、不同颜色的纸张混杂在一起，每份简历及附在后面的资料都要整齐地订在一起。

简历做得符合行业规范，不要太出格，别让招聘方怀疑你是否会合群。每份简历都要贴上照片，无论招聘单位是否这样要求，都要主动这样做，体现求职者的诚意，增加面试或复试的机会。经常会有大学生抱着侥幸的心理去虚构实践经历、冒充学生干部、涂改成绩，甚至有学生假造证书等，但往往一经发现就会被一票否决。面试不仅是对能力的考验，更是对人品的检验，诚信是绝大多数用人单位看重的。简历中出现错别字最容易使它显得不够专业，这包括拼写错误、标点符号错误、空格不当等。邮箱地址最好由你的姓名的变体加上任意几个数字组成，不要出现类似于"surferman86"或者"jacksmom12"这样的邮箱。简历要有实质性的东西，能反映你的技能和经历；与此同时，简历也要兼顾视觉美观。

打理形象。应试当天的穿着打扮对录取与否有着重要的影响。虽说留下完美的第一印象未必会被录取，但若给人留下坏印象，极可能名落孙山。根据自己的经济条件，买一件有品质的衣服，但更重要的是穿上要感觉得体舒适。在面试出发前，一定要留足时间对自己的仪容仪表再做一次检查。

📖 阅读材料：尴尬的面试者

毕业后，小王到一家电子商务公司应聘。面试时，主考官先是笑眯眯地问他对电子商务的看法等一系列专业问题，对于这些问题，小王早就做过准备的，所以回答得很好。主考官对小王的回答显然也很满意。不过，此后他话锋一转，抛出了一个新问题："你平时对个人生活在意吗？"这个问题有些出乎小王的意料。接着他又问："你早晚刷牙吗？"小王真有点糊涂了：这些问题和应聘有什么关联吗？主考官看小王一脸的迷惑样，又接着问："你对饮食营养很感兴趣吗？"饮食营养？怎么应聘会扯到这个问题上了？主考官见小王一脸窘态，回答得语无伦次，马上恢复了脸上的笑容，说："哦，答不上来没有关系，我只是对你牙齿上沾了一片青菜叶感到有些好奇。"

提前到达。面试地点比较远，地理位置也比较复杂的，不妨先跑一趟，熟悉交通线路、地形，甚至事先搞清楚洗手间的位置。确定出发时间时，一定要保证能提前半小时到达面试公司。早到后，一般不宜提前15分钟以上出现在面谈的具体地点。如果没有正当理由而迟到，那么面试将很难有一个乐观的结果，这里的正当理由绝不是类似于堵车、生病了之类的琐事借口，对于一个连自己的时间都管理不好的人，很难指望他会在工作岗位上尽心尽责。其实，在守时这一说小不小、说大不大的行为上，可以反映出一个人各方面的品质，如守时的人比较讲信用，工作有条理，能遵章守纪，对工作严肃认真，讲究工作效率等。而一个不守时的人，就可能是一个对什么事都不认真、马虎了事的人。相对来说，外企比我国企业更加重视守时这一问题。

📖 阅读材料：被直接回绝的迟到者

某公司 HR 约一位求职者下午 2:30 到公司面试，并与他强调"从其家中坐车到达公司需要 1 个小时以上的时间，请勿迟到"。下午 2:00，求职者打来了电话："我想问下到贵公司怎么坐车？"HR 便问他现在在何地。答曰："在家。"于是 HR 直接告诉面试者："你不用来了！"

考前静候。若到达面试地点时间尚早，可散散步，避免由于等候时间过长而心情焦躁。到离面试开始前15分钟左右，到指定的休息或准备场所等候，可以询问一下工作人员是否需要签到，面试时间是否有变化等问题，稍作休息。可以去趟卫生间，再次整理一下仪容仪表，男士应注意一下领带的松紧等细节，女士可以稍微补一下妆。关掉手机或将手机调成静音，以免在应试期间乱鸣。

📖 阅读材料：人品素质比专业成就更重要

一天，二十多位求职者坐满了某公司会议室。这时候，一位捧着很多材料的工作人员，进会议室艰难地拿了其他东西，出门的时候一不小心把材料掉到了地上。然后他极不方便地想弯下腰捡地下的东西。在他周围的这些求职者谁也没动，好像没看到一样。这时候，离这位工作人员最远的一位求职者过来帮他捡起了东西并开了门。约半小时后，公司通知除了刚才那位帮忙捡拾东西的求职者外，其余人都可以回去了。

一家外企，急需一名业务主管，面试前，人力资源部经理带领应聘者随便在公司内走上一圈，然后要求大家发表个人对公司的看法。不少应聘者大谈特谈规模、前景、抱负等。而最后获得录用的人朴实无华，仅仅因为他在参观洗手间时将一只正在滴水的龙头牢牢关好了。

二、面试中礼仪

进入考场。进入应试场合时，如门关着，应先敲门，得到允许后再进去。开关门动作要轻，以从容、自然为好。关门时需面对房门，不能背对房门。见面时，要向招聘者主动打招呼，问好致意，称呼应亲切得体。在考官没有请你坐下时，切勿急于落座。考官请你坐下时，应道声"谢谢"。坐下后保持良好的体态，切忌跷二郎腿并不停抖动，两臂不要交叉在胸前，眼睛不要左顾右盼。

自我介绍。一段短短的自我介绍，犹如商品广告，要针对对方的需要，将自己最美好的一面展现出来。对准备好的自我介绍内容,切忌用背诵的方式读出来,要像聊天一样随意地"说"出来。

从容应答。在面试很短的时间内,把问题想得既周到又全面是不现实的。只要能够真实地把自己的想法说出来,把自己的一些优点呈现出来,在考官面前树立起鲜明的个人形象就是胜利。盲目地追求完美,容易使自己出现紧张焦躁的状态。回答考官问题时,应语言精练、吐字清晰,声音适度,语速适中。当不能回答某一问题时,应如实告诉考官,切勿含糊其词、胡吹乱侃。对方向你介绍情况时,要认真聆听,必要时可做些记录。

📖阅读材料:面试紧张了,该怎么办

面试时,紧张是正常的。适度的紧张,有利于刺激兴奋;过度的紧张,才会导致发挥失常。面试紧张了,该怎么办?

肌肉反馈法。通过肌肉放松,反馈放松信号到大脑,然后大脑控制的紧张情绪也能得到缓解。具体的做法是两只手攥紧,手臂也要用力,你甚至可以全身用力,绷紧每个肌肉。

放慢语速。在紧张的时刻,刻意放慢说话的语速,尽可能说得清晰明了。这能让大脑慢慢冷静下来,防止肾上腺素分泌过度。

顿悟法。当自己对某个问题感到困惑,或无言以对时,就会产生焦虑紧张的情绪,尤其是在面试过程中容易出现。这时候,可以停下来,给自己一个缓冲的时间,也许不到15秒,你的问题就会得到更好的解决,这个过程就叫作顿悟。

如果真的很紧张,并且已经影响到面试,与其面红耳赤、语无伦次,还不如真诚直接地告诉HR,整理清楚自己的思路,再回答HR的问题。

面露微笑。微笑是一种令人感觉愉快的面部表情,它可以缩短人与人之间的心理距离,为深入沟通与交往创造温馨和谐的氛围。面试时,不时面带微笑,不仅会增进你与面试官的沟通,还会百分之百地提高你的外部形象。当然,也不宜笑得太僵硬,一切都要顺其自然。

三、面试后礼仪

礼貌告别。面试结束后,不要骤然起身,匆忙离去。应该在听到面试考官"本次面试就到这里,谢谢!"之类的结束语后,才可轻轻起身,目视考官,面带微笑,礼貌告别。步出房门时,要保持一如既往的优雅姿态,切不可一路小跑离开。在休息室或等候区内,不要急于与面试者谈论面试的过程和可能的结果。离开公司时,应当礼貌地向提供过服务帮助的前台接待员表示谢意。

📖阅读材料:一根大头针成就一位"银行大王"

法国"银行大王"恰科,年轻时先后52次找一家银行谋职。当他最后一次被拒绝后失魂落魄地从银行走出时,看见银行大门前的地上有一根大头针,便弯腰把它捡了起来。出乎意料,银行在第二天给他发来了录用通知——原来,恰科弯腰捡大头针的行为,恰好被董事长看见了。

等待结果。在一般情况下,考官每天面试结束后,都要进行讨论和投票,然后送人力资源部门汇总,最后确定录用人选,可能要等上3~5天。求职者在这段时间内一定要耐心等候消息,没必要过早打听面试结果。

总结经验。比面试结果更有价值的其实是这个过程。应聘中不可能个个都是成功者,这一次失败了,还有下一次。关键是必须总结出经验教训,找出失败的原因,并针对这些不足重新做好准备。

课后练习

1. 结合自己的职业兴趣,撰写一份富有特色的简历,并为自己设计一个符合面试礼仪的形象。

2. 每个人都要向孔雀学习,两分钟就让整个世界记住自己的美。请你做一个应聘时的精彩的两分钟自我介绍,要求包括下列几个方面的内容:姓名、毕业学校;在校期间的表现(学习成绩、任职情况、社会实践活动、获奖情况),并按照"评分表"计算得分。

评分表

内容(50分)	(1) 详略得当,有针对性
	(2) 言之有物,评价客观
	(3) 层次清晰,合乎逻辑
	(4) 文理通顺,富有文采
	(5) 简单明了,清楚明白
仪表(10分)	(6) 服饰整洁、得体,女子化适度淡妆,男子适当修饰
	(7) 精神饱满,落落大方,面带微笑
态势(10分)	(8) 站有站相,坐有坐相,走有走相,步履稳健,从容自如
	(9) 面部表情、手势与有声语言协调
礼节(10分)	(10) 开头(见面)礼节
	(11) 告别(离去)礼节
语言(15分)	(12) 脱离讲稿
	(13) 使用普通话或英语,口齿清楚,声音洪亮
	(14) 有一定节奏,语言流畅,发音准确
时间(5分)	(15) 介绍过程2分钟,过长或过短要适当扣分

学习任务2　职场行政礼仪

卢艳是北方某市一家杂志社的编辑,年近三十岁,是一位非常优秀且屡屡受到好评的编辑,被认为是杂志社中有着乐观前景的员工之一。一天,上海一家杂志社的老总给卢艳打来电话,建议她"换个工作环境",待遇是她现在的三倍。面对这样的好事,卢艳当然无法拒绝。但是她请他们等她三个月,因为她跟原单位的合同还没到期。其实,卢艳跟单位的合同,只有一个月就到期了。怎么要人家等三个月?原来,卢艳是想给单位足够的时间去寻找接替她的人。

一个月之后,单位果然还没有招聘到合适的接替者。实际上,通情达理的领导尽管舍不得她离开,但是他们并不阻拦,甚至动员她早点离开。坦率地说,卢艳也想早点离开,可是她是个说话算数的人,她不能把自己的承诺当作一个玩笑。又是一个月过去了,终于挑选到一个不错的小伙子。但卢艳仍然没有急于离开,因为小伙子是个新手,卢艳觉得她有责任向他传授自己的工作经验。若干时日过去了,卢艳把她的工作经验毫无保留地传授给了他,直到他能够独当一面,卢艳这才依依不舍地去了上海。

卢艳在上海待了不到四个月,没想到突然之间干不下去了。于是她便试着询问原单位老总是否还能够接受自己的回归。面对这样的要求,原单位毫不犹豫地接受了她的请求。后来卢艳才知道:正是她当初诚实负责的态度,成了她"绝路逢生"的"救命稻草"。后来,卢艳被晋升为杂志社的副总编辑,她靠自己的聪明才智和胜人一筹的工作能力,在自己的事业中如鱼得水,格外活跃。

所谓行政礼仪,是指各个单位内部行政管理中所应遵循的最为基本的礼仪规范。在运用行政礼仪时,对下述要求应予重视:其一,就适用对象而言,它仅仅适用于本单位内部;其二,就适用地点而言,它仅仅适用于写字间这种特定的办公地点;其三,就适用时间而言,它仅仅适用于正常的上班时间。超出上述特定的范围,行政礼仪通常就会失效。掌握并恰当地使用职场行政礼仪,不仅能创造和谐融洽的工作环境,也有利于提高工作效率,还有利于树立良好的企业形象。

一、行政管理礼仪

上班不迟到,不早退,是职业人员遵守工作制度的表现,是自尊自重的反应,更能赢得同事的认可与尊重。通常,迟到的人会找很多理由来说明,例如堵车、闹铃没响、孩子生病、身体不舒服等。归根结底,最终极的原因只是没有提早出门。迟到是一种习惯,一种借口,并不是一种可以谅解的原因。所以,员工必须养成良好的作息习惯,宁可提前,也不赶晚。如果工作任务有连续性,下班前要做好工作任务交接。

请假应该提早规划,使工作不至于因为你请假的缘故不能延续。休假是个人应享的权利,但个人的休假一定会影响到公司整体工作的进行。所以要提前准备,告知主管。对于怀孕女员工来说,在尽早告诉领导你怀孕消息的同时,把你的打算一并告诉他,比如你预期什么时候回来上班,你是否除了国家规定的产假外还需要请假,一旦小孩出生,你是否希望能够弹性上下班,或者改上半天班,等等。在开始休产假的时候,要确定你手边的事情已经告一段落,你掌管的事情也都整理得井然有序,同时也向其他同事交代清楚。当你在家休产假时,千万不要一下子便没了任何消息,要主动与公司保持联系,随时掌握工作的最新情况,也可以指定员工时时向你简报公司近况,让自己保持在最佳状态。

当你决定辞职时,应当立即通知你的上司,最好的做法是首先递交给他一封礼貌委婉的辞呈,诚实地说明辞职的原因。不要提了辞职就立刻走人,要按照当初入职时合同中所规定的离职提前通知期办理离职手续。即便合同中没有提到这一期限,也还是要留出两周以上的提前通知时间,以便公司能安排接替的人选。在提前通知期内,如果你仍然能百分之百地付出,直到离开公司的最后一天,你会得到上司的尊重。确定离职后,要把所有手头工作交接妥当,以免到了新公司后还要被原公司的残余业务拖累。在工作过渡期间,要积极伸出援手,为你的继任者提供必要的帮助,告诉他们工作的诀窍,让其能够轻松地接手。

📖 阅读材料:好聚好散

个人职业经历的每一个阶段都离不开在工作单位的锻炼培养,个人所取得的成就,与单位的培养密不可分。所以,无论如何,要感谢公司领导对你的栽培,同事对你的帮助。离职之际,不妨以电子邮件的方式给上司和同事发一封温馨的告别信。

在离开公司之时,应向与你一起工作过的同事道别,并提出与他们继续保持联系的希望,切记不要滔滔不绝地表达即将离职你是何等高兴。即使与上司之间存在一些矛盾,也不要表现出你对上司的个人怨恨,因为这可能被视为一种心胸狭窄的人身攻击。背景调查已经成为职场上的一项重要环节。你计划跳槽去的那家公司也许会找到你以前的上司或是同事,通过他们了解你的工作表现和人际关系。

即使公司对你有所亏欠,也绝不把自己的客户关系全带走。任何带走的资料,要确认是否有知识产权问题。离开公司后,不要传播原来公司的秘密。这么做严重触犯了商业社会的行业规矩,西方社会极其厌恶这样的泄密者。不要积极挖原公司的人进新公司。

离开公司后,不要说不利于原公司的话。不要在新的上司面前一个劲抱怨前任上司。再次遇到老同事时,不要吹嘘你的新工作,或者一个劲地鼓动他们也辞职。

离开公司后,不要把以前的领导、同事忘得一干二净。逢年过节,不妨经常打个电话、发个短信问候一下原公司的老同事、老领导,这应该是一件非常愉快的事情。很多辞职的员工在调离后,甚至成为原来的上司和公司很好的朋友与客户。世界很小,没准哪一天你们又在同一家公司工作了呢。而且在新公司遇到什么疑问,也完全可以向原来的同事请教。要是原公司有什么需要你的时候,也同样尽力去做,如此一来,你的胸襟宽阔也就不言而喻了。

孕期保护是保证女职工身体健康、优生优育的重要一环。因此,给予怀孕期间女职工特殊保护不仅对于劳动者本人意义重大,对于用人单位甚至全社会都有着积极的意义。怀孕女员工一定要特别注意保护自己的合法权益,必要的时候还可以寻求法律帮助。

📖 阅读材料:禁孕合同是无效的

已婚女士小高在一年前与一家酒楼签订了一份为期两年的劳动合同。合同规定"凡在本酒店工作的女性员工,在合同期内不得怀孕,否则酒店有权解除劳动合同"。当时的小高急于找到一份工作,加上酒楼待遇也还不错,就没加考虑签下了这份合同。后来,因为种种原因,小高怀孕了。这件事被酒楼知道后,以违反劳动合同为由,与小高解除了劳动合同,使其生活陷入了无着落的困境。小高要求与酒楼维持劳动关系。

本案例中,虽然小高与酒楼签订的劳动合同中有"合同期内不许怀孕"的条款,但因其违反了有关法律的规定,因此是无效的。公民的生育权是法律赋予公民按照国家有关规定生育子女的权利。公民可以在法律许可的范围内随意处置自己的这项权利。公民可以选择生育子女,也可以选择放弃生育子女,生育权不因为与他人的协商行为而受到限制。公民即使一时放弃了这种权利,以后又想生育子女,同样可以继续行使生育权。而类似的"禁孕协议"限制了女性求职者的生育权力,实际上是变相限制了女性求职者的生存权利,而生存权是公民最基本的权利之一,因此"禁孕协议"并没有法律效力,也不会受到法律的保护。该酒楼不仅不能解除与小高所签订的劳动合同,而且她还享有孕期、产期、哺乳期内的有关劳动保障和福利待遇。

二、办公室日常礼仪

在办公室中,要保持你的工位整洁、美观大方,避免陈列过多的私人物品,千万不要把办公室装饰得像起居室一样。办公室的地面要常清扫,办公室的桌椅及其他办公设施,都需要保持干净、整洁、井井有条。个人办公桌及文件柜至少一个月清理一次,无价值或价值不大的东西应一律丢弃。不可随地乱扔废纸等垃圾,要注意丢在垃圾桶里面。办公室的垃圾要及时去倒,时间长了就会有异味。窗户要经常打开换气,保持空气清新。

办公桌的状态可以看到当事人的状态,会整理自己桌面的人,工作起来肯定也是干净爽快。同时,保持办公桌的清洁也是一种礼貌。千万不要在办公桌上摆放过多、过于夸张的饰品,不要摆放化妆品、零食。桌面上只摆放目前正在进行的工作资料,而下班后要将工作资料收放在抽屉或文件柜中。办公桌物品定置规范见表10-1。

表 10-1　办公桌物品定置规范

定置标准	具体要求
办公桌 定置标准	定置要分门别类,分出哪些物品常用,哪些不常用,哪些天天用
	物品摆放部位要体现顺手、方便、整洁、美观,有利于提高工作效率
	办公桌设置摆放要有标准定置图,与工作无关的物品不要放在办公桌内
	桌面定置参考要求:中上侧摆放台历或水杯(烟缸)、电话等;右侧摆放文件筐(盒)、等待处理的管理资料;中下侧摆放需马上处理的业务资料;左侧摆放有关业务资料
工作椅 定置标准	人离开办公室(在办公楼内),工作椅原位放置
	人离开办公室短时外出,工作椅半推进
	人离开办公室,超过四小时或休息,工作椅完全推进
文件资料 定置标准	文件资料的摆放要合理、整齐、美观
	各类资料、物品要编号,摆放应符合定置图中的要求,做到号、物、位、图相符

进入办公室时,应主动向在场同事问早,下班时相互道别,途中偶遇时也要主动打招呼。"您好""早安""再会"之类的问候话不离口,可以帮助你融洽同事关系。在办公室与同事进行适当的交流是可以的,但上班时间的闲聊必须掌握一定的分寸,切不可在办公室里制造流言蜚语或传播小道消息。另外,花太多的时间与同事聊天,会给人留下一种无所事事的印象,同时还会影响同事按时做好工作。耳语是被视为不信任在场人士所采取的防范措施,在办公室与同伴耳语是很不礼貌的事。

女士不要在办公室里化妆、涂指甲,男士不能在办公室抽烟。不要在办公室里脱鞋,或者将脚伸到桌上。翻杂志、上网聊天,甚至听音乐、煲电话粥等会影响工作形象,也多少会影响他人的工作。办公室里有客来访,应站立起身,至少应该点头微笑致意一下。

在相对紧张、忙碌的办公环境里,吃早饭、嚼东西都是忌讳。实在不能避免的情况下,拖延的时间不要太长。有强烈味道的食品尽量不要带到办公室。就餐后迅速通风,以保持工作区域的空气流通。嘴里含有食物时,不要贸然讲话。他人嘴含食物时,最好等他咽完再对他讲话。

要注意公私分明,抬头信纸、复印纸和其他办公用品是办公用的,不要贪图小便宜,挪为家用。不妨在自己的拎包里带些自己经常需要用到的小物件,不到万不得已,不要动公家的东西。

公司的电脑名义上给你使用,但说到底还是公司的,所以私人事情最好不要在公司电脑上来操作。不准在电脑里安装与工作无关的软件,不要在上班时间打游戏。使用公司电脑要爱护,注意定期清理擦拭,保持整洁。不要随意使用同事的电脑,这样不礼貌,而且容易产生工作嫌隙。除非你从事的是特别机密的工作,否则不要轻易在公司的电脑上设置开机密码,这样不利于工作交流,也让人觉得你防人之心太重。下班后记得把电脑关上。

📖阅读材料:电脑桌面揭示一个人的性格

美国调查人员发现,电脑桌面混乱者更可能对数学感兴趣、对数字敏感。对这类人而言,工作是生活的重要组成部分,一些时候愿意为工作牺牲个人时间。与此对应,电脑桌面混乱者在现实生活中使用的衣橱更可能乱七八糟。电脑桌面整齐的人士可能掌握更多的电脑知识,如知道如何使用移动硬盘、如何备份数据等。这些人可能更看重个人和社交生活,认为工作只是为了赚钱付账单。

传真首页上包括的主要内容应该有:传送者和接受者双方的单位名称、人员姓名、日期、总页数等。另外,传真的每页纸上应该有页码标注,这样方便阅读,而且如果某一页内容不清楚的话,也方便准确地补发。传真的信件内容一定要规范,如必要的称呼、问候语、签字、敬语、致谢词等均不可缺少。特别是信尾的签字尤其要注意,因为签字代表了这封信是发信者本人知道并且同意才发出的,若签字被忽略,那么任何人都可以轻易冒名发信件了。最规范的传真用纸,一般是 A4 大小、白色纸。最好不要用其他颜色的纸,否则既不规范又会浪费传真机扫描的时间,而且发过去的传真纸可能是黑色或深色的,会影响传真的效果。

和自己的领导一同乘用电梯,应先按电梯呼梯按钮,请领导先行进入。电梯里也有上座和下座之分。所谓上座,就是最舒适、视野最好、最尊贵的位置。越靠里面的位置,越尊贵。上座是电梯操作板之后最靠后的位置,下座就是最靠近操作板的位置了,因为这个人要按楼层的按钮,相当于司机。

三、参加会议礼仪

参加会议应准时或提前进入会场,万一迟到,要轻轻寻找座位坐下。会议进行中,尽量不要随意讲话、走动。认真倾听,做好记录。手机应该关闭或调整到振动状态。特殊情况需提前退会,应向有关人员说明情况,离开会场时要轻手轻脚,不影响他人。听取他人发言,应专心听讲并做好会议记录。每当发言精彩或结束时,要鼓掌致意。切忌在会议中与人交头接耳、哈欠连天、昏昏欲睡。

📖 阅读材料:参会应从前排坐起

现在很多企事业单位开全员大会,表现出来的情形是"三多",即玩手机的多,中途上厕所的多,坐后排的多。我们来谈谈最后一个多。很多单位开大会常常见到的情形是:先到的人不是从会议室的前排坐起,而是选择从最后面或是最方便离开的位置开始坐起。坐下后,环顾左右,好像察看地形,随时准备在会议途中离开的样子。如果会议室的位置是已经指定的或者是领导安排位置,他迫于无奈坐到前排,也是一副受尽了委屈的模样。

课后练习

1. 观看电影或电视连续剧《杜拉拉升职记》,写一篇有关职场礼仪的观后感。

2. 你是一名职场新人,第一天上班就在公司电梯这一狭小且封闭的空间内遇见了领导,在这不到一分钟时间内,你该有怎样的表现呢?

学习任务3　职场人际交往礼仪

美国《幸福》杂志对美国500位年薪50万美元以上的企业高级管理人员和300位政界人士进行的一项调查显示：93.7%的人认为人际关系畅通是事业成功的最关键因素。戴尔·卡耐基的《成功之路》及吉米·道南与约翰·麦克斯韦尔合著的《成功的策略》都导出同一条公式：个人成功＝15%的专业技能＋85%的人际关系和处世技巧。

初入职场的雯雯很快就凭借自己漂亮的外表和出色的能力获得了上司和所有男同事的青睐。无论走到哪里，无论干什么，都会有男同事自愿鞍前马后为其效劳，犹如众星捧月一般。可是，这种情况到了女同事那里可就行不通了。雯雯在女同事当中似乎并不受欢迎。出于女人的嫉妒，雯雯的表现显然让她们的虚荣心受到了很大的打击。于是她们不愿意跟雯雯说话，甚至在一些事情上故意为难雯雯。不管聚餐、唱歌、看电影，还是逛街从来都不邀请雯雯。这让初入公司的雯雯觉得很尴尬。

徐明大学毕业之后进入电力公司工作。由于他刻苦努力，勤奋好学，很快便在工作中独当一面。领导对他的工作能力也很赞赏，加上徐明年轻又有文化，前途似乎不可限量。可是，徐明有一个缺点，就是恃才狂妄，对人很没有礼貌，不高兴的时候还喜欢骂骂咧咧。有一次，一个同事请教他一个工作中的问题，徐明讲了一遍，同事没有搞明白，徐明一下子急了，脱口而出："你他妈真笨。"同事的脸唰地变了，扭头走了。再有人请教问题，徐明仍然改不了这毛病，时不时会有脏话飘出。渐渐的，同事们都对他敬而远之，再也没有人找他讨论问题了。领导有了任务也不交给他去做了，徐明逐渐成了单位里不受欢迎的人。

高度发达的信息社会，人们的智商普遍提高，而情商却在下降，受西方强大科技与经济带来的文化影响，职场上的白领一族强调的也是我行我素、个性张扬，不大注重个人品行修养。中华礼仪文化的实质在于敬人律己，掌握了这个精髓，可以让我们在复杂的职场中如鱼得水、游刃有余。创造和谐融洽的人际关系，会让我们赢得许多意想不到的发展机会。

所谓职场人际交往，是指在工作场合进行的人际交往活动。在现代职场，仅仅依靠埋头苦干、孤立独行是很难有大的发展机会的。掌握有效的职场交往技巧，对取得他人的认可、赢得他人的支持和配合、促进自我事业的发展至关重要。

一、与同事相处的技巧与礼仪

不少职场人士只注意到日常生活礼仪,如不随地乱扔垃圾,不随地吐痰等,却忽略了与切身利益相关的职场人际交往技巧。成功的职业生涯并不意味着你要才华横溢,更重要的是在工作中你要有一定的职场人际交往技巧,用一种恰当合理的方式与人沟通和交流,这样你才能在职场中赢得别人的尊重,才能在职场中获胜。了解、掌握并恰当地应用职场人际交往技巧,有助于完善和维护职场人的职业形象,会使你在工作中如鱼得水,事业蒸蒸日上,成为一个成功职业人。

有道"同事三分亲",同事就是共同做事的人,工作接触最密切的人。换一种说法就是抬头不见低头见的人。所以,同事在一起开开心心,其乐融融,像家一样的气氛,是非常愉悦的一件事。处理好同事关系,在礼仪方面应注意以下几点。

办公室同事天天见面,相互之间很熟,但不能因此省略了一些基本礼节。适当的问候语不是听起来不自然或是很做作的语言,而是投入自己的关心与亲切的互动。进入他人办公室之前应该先敲门,得到允许后才进入。在办公室里与人相处要友善,说话态度要和气,要让人觉得有亲切感,不能用命令的口吻与别人说话。说话时,更不能用手指着对方,这样会让人觉得没有礼貌,让人有受到侮辱的感觉。不要翻动同事桌上的文件资料,还有电脑、传真机上与自己无关的任何资料。有任何资料需要移交给他人,一定要贴上小便签,写清时间、内容、签名,并且不忘谢谢。

📖 **阅读材料:拉近距离的一些暗示**

穿与对方相似的衣服——暗示彼此相似;多叫对方名字——暗示重视对方;见面时主动打招呼——暗示自信与友好;进入对方的"身体领地"——暗示关系亲密;跟对方谈谈私事——暗示关系亲密;身体前倾,附和对方——暗示认真倾听;暴露自己的小缺点——暗示自己可亲近;求对方帮个忙——暗示对方的优越;多说"我们"——暗示彼此是一体;幽上一默——暗示自己随和可亲;与对方并排坐——暗示关系友好;坐到上司附近——暗示自己与上司关系近;满足对方口腹之欲——暗示关系亲近。

由于受各种主、客观因素的影响,同事之间必然有亲疏之分。志趣、性格相投的同事自然会接触、交谈得多一些,而志趣、性格不那么相近的同事可能交谈会少一些。有时几个人正聊得开心,忽然看见一个平时交往较少的同事走近,应热情招呼他加入谈话。这时你们若突然停止不谈,可能会使同事生疑。办公室有三人或三人以上时,不要使用方言与其中的一个人聊天,哪怕只是说一句话,都有可能会让在场的听不懂方言的人产生误会,误认为所说的内容和他有关系,而且是负面的内容。如果你的口才很好,也不需要凡事都和同事争个面红耳赤,你死我活,自己的辩才应运用到与客户谈判时。

关于隐私,有三点需要注意。一是不背后议论同事的隐私。生活中有一些人喜欢在人背后说三道四,总以为当事人不知道,其实心理学家调查研究后发现,事实上只有1%的人能够严守秘密。每个人都有别人不愿意知道的秘密,这与个人名誉密切相关,背后议论同事的隐私很可能会损坏同事的名誉,引起双方关系的紧张甚至是恶化。二是不涉足同事的隐私。有时,同事不留意把心中的秘密说漏了嘴,对此,也不要去追问,探个究竟。

碰到陌生人找同事谈话,如有可能,最好避开。即使无法离开,也不要伸着耳朵去偷听。看到同事在写东西或阅读书信,也要躲避。需要从其身旁走过时,不要离得太近,更不能去窥视。代转给同事的信件,只要放在其桌子上或信箱里即可。不要过分留意写信人的地址,更不能偷看信中的东西。不要随便翻动同事的东西,如果要在同事的私人办公区找东西,最好让其代找,因急事确实需要在同事处找某样东西,而同事又恰巧不在,不得已自行拿取后,事后一定要向其说明情况,并表示歉意。另外,在跟同事交流过程中,切忌揭人伤疤,更不能拿来当作开玩笑的谈资。三是不向同事随便诉说你的隐私。不可否认,向同事透露点隐私,能增加亲近感。有心理研究表明,当一个人接受另一个人的隐私后,很容易对对方产生好感。但不是所有同事都可以去倾诉,如果彼此交浅言深,我们敞开心扉地说出心中的秘密,可能会适得其反,被小人利用。有时,对方在没有心理准备的情况下听到我们突然告诉他一个很有冲击性的秘密,可能因一时没办法接受而远离我们。另外,并非什么隐私都可以乱讲。"逢人只说三分话,未可全抛一片心。"即便对方是死党,什么话该说,什么话不该说,我们也需要拿捏好分寸。

不同于以往的传统社会,现代的中国社会,人们也开始崇尚个性凸现、个性张扬,但你在同事面前最好不要张狂自负,不要处处炫耀自己的能耐,也不要去炫耀自己的财力,否则不仅引起同事的反感,还会招致嫉妒。尤其是初涉工作岗位的年轻人,更要注意谦虚谨慎,要致力于在工作中显露自己的才干,用实力去赢得别人由衷的认同。

取得成绩、奖励或受到领导肯定时,在同事面前保持适当低调,尽量降低大家可能有的妒忌心理、抵触情绪。包括平时的着装打扮,也不应过分张扬、另类。否则,极易造成别人的反感,这也是很多矛盾的根源。

有一些人与同事的关系不好,是因为过于计较自己的利益,总去争求种种好处,时间长了难免会引起同事们的反感。如果对那些细小的、不大影响自己前程的好处多一些谦让,比如单位里分发有限的东西时少分一些,一些荣誉称号多让给即将退休的老同事等,与其他人共同分享一笔奖金或是一项殊荣,等等,这种豁达的处世态度无疑会赢得人们的好感,也会增加你的人格魅力,会带来更多的回报,俗语所说的"吃小亏占大便宜",从一定程度上就说明了这个道理。

"水至清则无鱼,人至察则无徒"这句话出自《汉书·东方朔传》。它在字典中的解释是:水太清,鱼就存不住身,对人要求太苛刻,就没有人能当他的伙伴。比喻过分计较人的小缺点,就不能团结人。除非是涉及原则性的问题,对一些无关紧要的事,不能抓住不放,而要大事化小、小事化了。不要将简单的问题复杂化,鸡毛蒜皮的小事也非得弄个水落石出,论出个是非,自己身心疲惫不说,连同事也得罪了。要记住,真相有时不重要。放弃不重要的真相,并不是让人做墙头草,而是坚持该坚持的,放弃不该坚持的。真相重要与否,不在于你的感受,而在于这件事是否会对结果产生本质的影响,是否会改变一个人、一件事,是否关乎道德与底线。

同事之间一方面是事业上的合作者,但同时也是竞争者。在利益面前,稍有不慎,就会让原本关系很好的双方都很尴尬。另外,我们每个人都是不可能选择同事的。同事之间,存在观念、文化、知识、性格等方面的差异是必然的,这无疑会影响到彼此的处世态度和交际方式。如果同事之间交往过近过密,有时相互间的个性差异会发生碰撞,反而可能会损害彼此间的关系。所以,同事相处,既要密切配合,又要保持适当的距离。

男女关系永远都是敏感的,在办公室里尽可能对所有异性同事公平对待,至少也不要差别太大。如果和某位异性同事走得太近,其他的异性同事就会自动疏远你。而同性同事也有可能因妒忌而对你有意见。领导甚至会认为你"吃窝边草"而影响工作效率。总而言之,异性同事之间不要太过亲密,以避免不必要的烦恼。

📖 阅读材料:和男同事出差之后……

徐锐读完 MBA 后,受聘于北京某市场调查与咨询公司。工作很累,很有挑战性。幸亏有像朋友和兄长般的傅静庭,他总会在工作间隙讲一些幽默轻松的话题,让她的疲惫和低落情绪一扫而空。几年过去了,徐锐和傅静庭的业绩都卓然不群,颇受上司的青睐,他们也各自建立了家庭。随后,他俩被公司派往美国进行为期10周的经理培训。这段紧张的日子里,徐锐、傅静庭一起开会、一起吃饭、一起通宵赶报表,相处十分亲密。离开美国的前一天,他们总算有了片刻的空闲,徐锐建议到纽约最繁华的购物中心采购,得到了傅静庭的响应。几条街逛下来,想想宁可睡觉看电视也不愿去逛街的自家先生,徐锐心中涌起了很复杂的情绪,她对身边这个男人有了一种崇拜和依恋,她想:如果当初嫁给他,一定会很幸福吧。

同事之间可能有相互借钱、借物或馈赠礼品等物质上的往来,但切忌马虎,每一项都应记得清楚明白,即使是小的款项,也应记在备忘录上,以提醒自己及时归还,以免遗忘,引起误会。向同事借钱、借物,应主动给对方打张借条,以增进同事对自己的信任。有时,出借者也可主动要求借入者打借条,这并不过分,借入者应予以理解,如果所借钱物不能及时归还,应每隔一段时间向对方说明一下情况。

古人有语"曲高和寡",本来是说曲调高深,能跟着唱的人很少。在职场人际交往中,如果你高高在上,俯视众生,那么大家都会远远地看着你,而不会真正与你谈心。只有深入了人心,大家觉得你可亲了,你才可能获得交际的成功。

同事之间倘若发生矛盾,要忍一忍、让一让,相互克制,尽量避免发生正面冲突。因为同事之间争吵后仍要在一起共事,甚至要相互竞争,这种特别的交际关系,使得同事间的交际情感裂缝比较难以弥合,情感创伤也较难以平复。

人都有遇到挫折的时候,当同事心情不好时,说话做事就要注意一点,毕竟大家朝夕相处,能忍则忍,不必过于计较同事在非常情况下的态度。而双方关系不错,还应该主动表达关心,该安慰则安慰,能出主意则出主意,分担喜怒哀乐。我们也必须注意自己的态度,不把生活中的情绪带到工作中来。一旦自己因情绪失控说了不好的话,第一时间向对方致歉并解释原因。

在跟同事交往的过程中,谈话的内容通常会涉及天文、地理、历史、政治、经济、哲学等方面的话题。不要好为人师,总想显得知道得比对方多,比对方技高一筹。你若是在谈话中表现得"万事通""耍大能"的话,最后一定会"打自己的嘴巴,砸自己的脚"。交谈是一种增进相互之间了解、促进相互间沟通的手段,而不是让你表现渊博学识、广泛见识的舞台。老子曾经这样说过:"言者不知,知者不言。"就是说如果一个人在与人交谈的时候什么都说,实际上却是什么都不懂。

如果你是一名孕妇,还是要注意工作态度。在谈公事时,就不要提你怀孕的种种情况与感受。不要在办公室里到处跟人诉苦,说你又是哪里不舒服,又是哪里痛——从脚踝浮肿到胃部胀气,从背痛到静脉曲张等所有的病痛,这些只需要你自己知道就好了,其他如体重增加了多少、超声波检查的结果等也是一样的,无须在办公室里谈论。这样办公室里的气氛便不会受到干扰,而你也能维持你的专业形象。

在激烈的职场竞争中,掌握某些非专业技能,不仅会让你如虎添翼,更会让你成为一个受欢迎的人。这些个性化技能包括文笔好、字写得好、电脑技术高超、会小修小补、知识百事通等。

二、同领导交往的规则与礼仪

作为下级,应当尊重领导,恪守本分,服从命令,支持领导的工作。值得注意的是,这种礼仪主要表现在感情上的高度尊重和组织上的服从,而不是表面的谦恭和服从。在外人面前,对领导更要注意以礼相待。

(一)学会尊重

在企业内部看来,不维护领导的威信是没有团队意识、合作精神的表现,在商务伙伴看来,不会维护企业利益、连领导都不懂得尊重的人,肯定不会懂得尊重商务伙伴。如果和领导意见发生分歧,切忌当众提出,给领导难堪,应选在私下里或以书面形式婉转地表示自己的意见、看法。遇到不关心下级、以权压人,甚至给人"穿小鞋"的领导,也不要消极怠工或压不住火而到处发泄,要冷静对待,使自己的言行更加有理、有节。工作时遇到问题,首先要向你的直接领导汇报,除非遇到特殊情况,否则不要轻易越级汇报工作。对你的直接领导来说,越级汇报是对他的一种不尊重。不要把领导的隐私作为同事间茶余饭后的谈资四处扩散,这是对领导人格的起码尊重。当然,对领导的尊重并不等于唯命是从、唯唯诺诺,一味附和领导的看法。一个聪明的领导者,真正看中的是那种既懂得尊重自己,忠于职守,又有独立见解,自尊自重,不卑不亢的下属。

(二)把握分寸

在职场,上下级的关系首先是严肃的工作关系。即便你跟你的领导私交不错,在工作中也不要和其过于随便、亲近。例如称呼上,要称呼姓氏加职务;举止上要对领导表示出敬意,比如不能在工作场合和领导勾肩搭背等;不能因为你与领导关系甚好,就可以有事没事地随意进入领导办公室闲聊。对于领导布置的工作任务,不要计较干多干少,干得越多,学到的也会越多。但是,对领导的私人要求则可酌情拒绝,不必担心拒绝领导会带来麻烦。

(三)不要吹捧

对待领导不要阿谀奉承,吹吹捧捧,高帽子满天飞。一个正直正派的领导是很不喜欢,甚至很反感这些低俗的东西。孔子在《易·系辞传》中有这样两句话:"上交不谄,下交不渎。"我们要做到巍巍正气在身,不要染上势利小人之习,实事求是,踏踏实实,根据当时的具体情况,把话说得合情合理一些,把事办得妥当一些。

📖 **阅读材料：吹捧吹掉了工作**

王先生，30岁出头，聪明伶俐，文学修养奇好。入职快三个月了，一直没有机会与老板对话。说着，机会来了。大蓝帆集团李董事长主持公司内部一次会议，其中一项议题是要听取关于企业战略发展的下一步计划。集团王副总裁和战略发展部郭总经理商议，让新来的副总经理王先生做汇报。

轮到王先生发言时，他进行了如下超乎寻常、"别开生面"的5分钟开场白。"尊敬的李董事长、尊敬的王副总裁、尊敬的刘副总裁、尊敬的张副总裁"——把到场的所有集团高管都"尊敬"了一遍，"尊敬的郭总经理（企划部总经理）、高总经理、刘总经理、李总经理、姜总经理、杨总经理"——把到场的所有部门正职总经理也"尊敬"了一遍，"以及各位志士同仁，今天我很荣幸向各位领导和同事们汇报企业战略发展的计划问题"。

"我们李董事长的雄才大略、高瞻远瞩，以超凡脱俗的智慧，构建起了我们企业战略发展的核心和精髓，从而才有了我们今天举世瞩目的独特的大蓝帆战略发展蓝图。我们应该为此感到骄傲和自豪，也使我们对未来企业发展战略充满了信心和希望。

我们的王副总裁可谓是铁肩挑四担，战略发展是其非同寻常的重担。王副总裁虽然日理万机，但还是非常关注战略发展工作，经常莅临战略发展部，亲自指导我们战略发展部工作，从而使我们的战略发展工作有了长足的发展。尤其最近三个月来，为了企业战略发展工作，可谓是披肝沥胆，呕心沥血……"

会后，李董事长立即指示主管战略部的王副总裁和主管人事的张副总裁：让王先生马上走人！

（四）善于汇报

关键处多向领导请示，征求他的意见和看法，是下级做好工作的重要保证。进领导办公室，一定要轻轻敲门，经允许后才能进门。即使门开着，走到门口的时候，也要用适当的方式，比如敲敲开着的门，或向领导打个招呼，提示一下有人进来了，这也给领导一个及时调整体态、心理的准备。在递送资料、文件时，要正面朝向领导，双手恭敬地递送，以便对方观看。汇报时，站在领导办公桌前方1~1.5米处，不远不近。身体姿态要庄重、优雅。站着汇报时，应该身体直立，不可手舞足蹈或在领导面前走来走去说话；如果领导请你入座汇报，才可以坐着汇报工作，还要表示感谢。汇报工作时，说话吐字要清晰，条理要清楚。不可东一句西一句，想到哪就说到哪，没有系统性。在多数情况下，领导有很多事情还需要处理，所以，汇报工作的时间控制在半个小时到一个小时最合适。汇报结束时最好做个小结，重复一下要点。汇报的事情不可投其所好，报喜不报忧，更不能歪曲或隐瞒事实真相，提供的情况一定要有理有据、准确、属实。在工作中，也许有投其所好、报喜不报忧的现象存在，但请记住：在这个竞争激烈、快速发展的时代，并不是所有的领导都喜欢这种方式。对于领导提出的问题，如果一时回答不上来，不可胡编乱造，应该用笔马上记下来，待事后再补充汇报。汇报结束离开领导办公室时，要整理好自己汇报时用的材料和交流时喝茶水的用具，调整好座椅，说一声谢谢再离开。

📖 **阅读材料：文人如臭豆腐**

明朝洪武九年（1376年），因天降灾异，朱元璋诏求直言。一天，朱元璋已经很劳累了,见到刑部主事茹太素一份上书足有一寸多厚,便让中书省郎中王敏读给他听。足足读了一个多时辰(三个多小时),还不知道他有何建议,让人数一数,已有一万六千三百多字,便不由火从中烧。急命人把茹太素找来,打了一顿板子。第二天深夜,他躺在床上,又想起茹太素的奏章,便命人重新读给他听。到了一万六千五百字以后,才露出要说的五件事。这五件事中,有四件颇有见地,总共用了五百多字。朱元璋叹一口气:"这些酸秀才,真像块臭豆腐,又香又臭。"第二天早朝,他在朝臣面前承认了"厌听繁文而驳问忠臣,是朕之过",但对这些繁文也实在是烦透了。明令:"官民有言事的,只允许说事实,不许繁文。"即不许说套话、空话、废话。

(五) 勇于担责

作为一名员工,一定要严格要求自己,积极主动地尽好自己的职责。如果遇事推诿,不敢承担责任,在不知不觉中你就真的变得微不足道了。承担责任,不仅仅是完成自己的本职工作,而且还应当学会在问题面前、困难面前、错误面前抛弃所有的借口。

📖 阅读材料:这事我负责

1941年,美国陆军参谋长马歇尔,大刀阔斧地对军队进行整顿。这天,马歇尔来到路易斯安那州的军事驻地视察工作,顺便挑选一些具有军事才能的年轻军官。马歇尔看到这里正在进行军事演练,显然演练搞砸了,现场一片混乱,甚至都分不清演练中的敌我了。

"怎么会搞成这样!"马歇尔怒不可遏,"到底是谁搞砸了演练,必须查出来。"马歇尔的话立刻震慑住了所有人,现场一片寂静,无人应答。马歇尔环视一周,接着说:"到底是谁,自己站出来。"指挥官们窃窃私语,并开始相互推诿起来。这时,一个指挥官大胆地走出来,不卑不亢地说:"这事我负责。"马歇尔正准备发怒,这个指挥官又接着说:"不过在您惩罚之前,我想请您给我一次机会,让我把这件事负责到底。"马歇尔沉吟片刻,点了点头。只见这个指挥官迅速拿起作战图,与其他人商议起来,经过一番准备之后,最终完美地完成了演练。

看到这些,马歇尔惊异地瞪大了双眼,被这个指挥官超强的军事指挥才能和敢于担当的精神所折服。后来马歇尔才知道,这名指挥官本就是上校,他只是这次演练的负责人之一,于是,马歇尔当即决定升任他为准将,并将他调到自己的作战处任副处长。而这个指挥官就是后来在二战中为美国立下赫赫战功的将军艾森豪威尔。

三、对待下属的智慧与礼仪

印度前总理甘地说:"领导"一词曾一度意味着权力在握,可以发号施令;而在今天,它指的却是团结协作,与人和睦相处。研究者发现,人们尽情大笑(或者大哭)一场之后,大脑会分泌出内啡肽,每根神经都会产生麻酥酥的自然快感,这种感觉跟酒精作用下产生的愉悦感觉几乎完全一样。所以,明智的管理者们总是力图让团队营造出开心的工作氛围。管理心理学研究表明:一个人生活在温馨友爱的集体环境里,由于相互之间尊重、理解和容忍,使人产生愉悦、兴奋和上进的心情,工作热情和效率就会大大提高;相反,一个人生活在冷漠、争斗和尔虞我诈的气氛中,情绪就会低落、郁闷,工作热情就会大打折扣。一家公司内部人际关系紧张的原因多由公平问题引发的,比如薪酬待遇不公、荣誉评比不公、发展机会不公等。公平其实是一种主观上的感觉,所以,公司改善人际关系的首要之道是领导要办事公正,尽量为下属创造一种主观上的公平感。领导除了为员工创造一个公平的环境外,还需做到以下几点。

(一) 培养自身的人格魅力

美国成功心理学家拿破仑·希尔博士说:"真正的领导能力来自让人钦佩的人格。德国社会学家马克斯·韦伯认为,人的心理中有着一个非"纯利益"的价值取向,往往自愿地被他们所敬仰的人引领。一个有魅力的领导者,往往是知识渊博、思维敏捷、目光远大的人。"桃李不言,下自成蹊",领导者如果品行高洁、才学逸群,必定能使自己吸引和影响周围的人。孔子曰:"政者,正也。"身正是赢得领导权威、走向成功之路的必然要求。领导者要加强自我修养,修身正己,要求下属做到的规定自己要先做到,做下属的行为表率。

阅读材料:以身作则

我国著名教育家张伯苓,1919年之后相继创办南开大学、南开女中、南开小学。他十分注意对学生进行文明礼貌教育,并且身体力行,为人师表。一次,他发现有个学生手指被烟熏黄了,便严肃地劝告那个学生:"烟对身体有害,要戒掉它。"没想到那个学生有点不服气,俏皮地说:"那您吸烟就对身体没有害处吗?"张伯苓对于学生的责难,歉意地笑了笑,立即唤工友将自己所有的吕宋烟全部取来,当众销毁,还折断了自己用了多年的心爱的烟袋杆,诚恳地说:"从此以后,我与诸同学共同戒烟。"果然,打那以后,他再也不吸烟了。

随着人们对美的认识不断深化,对一个人的魅力标准已由原来的单纯外表美转化为气质、品味、内涵、形象等方面的综合评定。领导者应根据自己的工作环境、生活氛围、个人特点,不断加强自我修养,注重情趣培养、气质熏陶,使自己的内在气质和外在仪表都飞扬迷人的风采。人们尊重一个健康的、幸福的、充满了爱心、富有品位和情调的强大的成功者。人们可以从你的生活品位中判断你是一个大块吃肉、大碗喝酒的红高粱地里冲出来的野汉子,还是一个刚刚完成资本原始积累,从圈地运动中走出来的浑身掉着土渣儿的土大款;是一个追求高尚生活质量的精神贵族,还是一个附庸风雅、假装成精神贵族的暴发户。值得欣慰的是,品位和生活的情调是可以培养的。它与金钱完全不同,获得品位的过程不需要一个人在精神和道德方面的堕落,而恰恰相反,通过对品位的培养还可以提升自己的精神境界。

中国古代著名政治家、军事家姜尚所著的《六韬》中说:"圣人将动,必有愚色。"意思是圣人行动的时候,一定会表现得愚蠢一些。心理学实验也表明:一个看上去无可挑剔的人,如果故意表现得笨手笨脚,反而会让人对他产生好感。就是说,有缺点的人总会使人们感觉更亲近一些。作为一名领导,不要害怕暴露自己的缺点。

阅读材料:提升形象的一些暗示

穿着体面的服饰——暗示自己有身份;在一流的地点出现——暗示自己的身价;利用奖状、证书等小道具——暗示自己的成就;措辞笃定——暗示自己自信;提到认识的名人——暗示自己是个人物;表现自己很忙——暗示自己是重要人物;坐在背光处或角落——暗示自己的领导地位;昂首挺胸,正视别人——暗示自己自信;慢点说话——暗示自己庄重;签名写大点——暗示自己自信;摆设一些艺术品——暗示自己格调不俗;做出详尽的描述——暗示自己信息可靠;让权威替自己说话——暗示自己信息可靠;说些别人不知道的东西——暗示自己博学;透露有限的信息——暗示自己的话重要;主动说出缺点——暗示自己诚实。

(二) 懂得如何做人

哈佛商学院管理实践教授比尔·乔治在采访了125位来自世界各地的成功领导者后,向我们揭示了这样一个事实:道德上的完善不仅可以帮助一个人成为合格的领导者,同时也是一种最有效的领导方式。好的企业领导者都习惯于能真诚地欣赏他人的优点,对人诚实、正直、公正、宽容和富有亲和力,"己所不欲,勿施于人",能设身处地地为别人着想。

不管身处什么职位,从本质上讲,人与人之间都是平等的,在处理上下级之间的关系时,这是最基本的观念。下属具有独立的人格,领导不能因为在工作中与其具有领导与服从的关系,而肆意损害下属的人格。

美国哲学大师威廉·詹姆士说过,"人类本质中最殷切的需求就是渴望被肯定"。领导不可能在各方面都表现得出类拔萃,而下属在某些方面也必然会有某些过人之处。作为领导,对下属的长处应及时地给以肯定和赞扬。如接待客人时,将本单位的业务骨干介绍给客人;在一些集体活动中,有意地突出一下某位有才能的下属的地位;节日期间到为单位做出重大贡献的下属家里走访慰问等。这样做,可以进一步激发下属的工作积极性,更好地发挥他们的才干。

有人说:"人心是世界上最难以把握的,但也是最值得争取的柔软所在。"下属住院或受伤,领导有责任组织本部门同事前去探望慰问。你不能只送花和大家签名的卡片,还要有具体行动,例如定期去探望他并转告办公室消息,请他安心休养,同时慰问其家属。领导与下属一起吃饭时,由谁付账?不同公司有不同的文化,依循大家的习惯来付账通常都没问题,不过在一些无法判断的状况下,作为领导,最好的选择是慷慨解囊。领导可以对员工的生活和家庭表现出一定的兴趣,但要把握好度,对下属的隐私和忌讳不应干涉。

和下属开会、听取汇报或接受下属邀请时,要准时赴约。有的领导往往把自己放在高人一等的位置,觉得让下属等无所谓,其实这恰恰是你作为领导是否懂得尊重下属的一个细节体现。如果一时到不了,应该致电给下属,推迟时间或另作安排。遇特殊或紧急情况需要离开,应安排人员接待,并做出推迟或改期的具体安排。当下属在办公室里汇报工作时,领导的坐姿要保持端正,要有目光上的交流,切不可只听不看,要耐心、认真地倾听对方说话。

(三) 提升自己的语言表达能力

领导学中有一个"老母鸡原理",即一位优秀的领导,不但要"下蛋"(有实干精神,工作好),而且要"咯咯叫"(善于发表讲话,口才好)。当今社会,口才是一个人的基本素质,人们往往根据一个人的说话水平来判别其修养与能力。一个拥有好口才的领导者,不仅能保证其与下属的交流顺畅,也会为其工作表现加分。领导的讲话要追求语言的个性化,少说正确的废话。有些领导讲完话以后,大家仍然意犹未尽,讲话内容很长时间都成为大家议论的话题,有些经典的话语还成为大家的流行语、口头禅。

📖阅读材料:"八股"讲话

某年中央电视台春节联欢晚会上,小品《汇报咏叹调》描述了这么一个情节:一位办公室主任因个人爱好溜会(解决饲料质量的会议),去听男高音讲座。第二天,公司经理要听取会议精神的汇报,情急之下,这位主任竟根据经验,胡乱瞎编一通,总结出要"提高认识""强化意识"等五条会议精神。然而这位主任在汇报过程中的异常表现,使经理察觉了其溜会的事,所以他马上打电话向另一位与会者核实会议的情况,事实竟与办公室主任汇报的那五条丝毫不差。更为可笑的是,随后召开的有关卫生工作的会议,领导的讲话居然与这五条一模一样。这个小品令人捧腹,令人深思,虽然有点夸张,但不能不说是对时下一些领导干部讲话风格的讽刺。

(四)善于听取意见和建议

谈话分正式和非正式两种形式,前者多在工作时间进行,后者多在休闲时间进行。在正式谈话时,要重视开场白的作用。不妨与下属先扯上几句家常,以便使感情接近,消除拘束感。作为领导,除了正式谈话外,也不应放弃非正式谈话的机会。因为在休闲时间无主题的谈话,多半是在无戒备的心理状态下进行的,哪怕只是只言片语,有时也会得到意外的信息。

谈话所要交流的是反映真实情况的信息。但是,有的下属出于某种动机,谈话时故弄玄虚,见风使舵;或者有所顾忌,言不由衷,这都会使谈话失去意义。为此,领导一定要克服专横的作风,代之以坦率、诚恳、求实的态度,不要把自己的好恶明显地表现在脸上。要尽可能让对方在谈话过程中了解到自己感兴趣的是真实情况而不是奉承话,消除对方的顾虑或迎合心理。

谈话是双边活动,一方对另一方的讲述应给予积极、适当的反馈,如此才能使谈话愈加融洽、深入。因此,领导在听下属讲话时应注意自己的态度,充分利用表情、姿态、插话和感叹词等来表达自己对下属讲话内容的兴趣和对这次谈话的热情。要知道,领导的微微一笑,表示赞同的一次点头,充满热情的一个"好"字,都是对下属谈话的最有力的鼓励。

在谈话中,领导不要轻易做出否定的表示,而应当以鼓励和肯定为主。即便是要指出下属的失误或不足,也要注意方式方法,避免打击下属的积极性,恶化上下级关系。例如,上司觉得下属草拟的方案尚有不足,可以提醒下属,"这个环节能不能再考虑一下"或"……是不是更妥当一些",从而启发和引导下属,而不是将自己的判断强加给下属,直接否定下属的看法,以显示自己的权威和高明之处。

对给工作提出意见和见解的下属不能存有偏见,尽量让他们广开言路,鼓励他们积极汇报工作实情,这样你会得到你原本得不到的信息。

(五)掌握批评与惩罚下属的艺术

当下属出错时,领导难免要进行批评。但如何批评下属,绝非易事。欧美一些企业家倡导"三明治"式批评策略,即指对某个人先表扬、再批评、接着再表扬的一种批评方式。这种方式也比较符合人的心理适应规律。当批评者在诚恳而客观地赞扬之后再进行批评时,人们会因为赞扬首因效应的作用,而觉得批评不那么刺耳。

批评要尽量对事不对人,也就是多从事情找原因,少从个人找原因。有些上司总是把下属的失误归结为个人的原因,那只会挫伤下属的自尊心。很多时候,下属工作的失误并不完全是本人的因素所造成的,如果一味地把矛头指向个人,势必会让下属产生委屈感和不满情绪,批评的目的也就无从谈起了。

批评更应该是私下进行,给下属留一些情面。人人都是有自尊心的,下属如果犯了错,领导一样要尊重他,应该尽量避免公开批评下属的方式,最好在工作之余找来下属促膝谈心。当然,对于一些严重的问题,就要另当别论了。

📖 阅读材料:唐太宗妙用奇招罚人

弟子问法师:"师父您有时候打人、骂人,有时候对人又彬彬有礼,有什么玄机吗?"法师说:"对待上品人直指人心,可打可骂,以真实面目待他;对待中品人最多隐喻他,讲分寸,他受不起打骂;对待下品人要面带微笑,双手合十,他很脆弱,装不下太多的训斥和指责,他只配用世俗的礼节!"

贞观元年,长孙顺德(长孙皇后叔父)在负责"监奴"时,发现几名奴仆偷盗宫中财宝,本该依法将这几个偷盗者处斩,但是他收受了这些案犯的贿赂——数十匹绸缎,便瞒天过海,私了此事。事发后,唐太宗召见长孙顺德,质问道:"论身份,你是外戚;论功劳,你是开国元勋。地位高,爵禄厚,可以说富贵到家了吧,你怎么不守气节不顾名誉,搞出贪污受贿的丑闻呢?"说罢,命人搬来一批绸缎,一摞一摞地搭在他的背上,说:"这是朕给你的奖赏,统统背回家吧!"长孙顺德一张老脸早已挂不住了,顿时羞得满面通红,深悔自己不该因贪小利而失大节。太宗正是以"赐绢"来刺激长孙顺德的愧悔之心。

当时,有个大理寺少卿不懂,向太宗提问:"顺德贪赃枉法,罪不可恕,怎么又赐给他丝绢呢?"太宗回答说:"人生性灵,得绢甚于刑戮;如不知愧,一禽兽耳,杀之何益!"意思是说,"奖"长孙顺德一些绢绸,让他当众出丑知耻,这种教育远胜于刑罚。人有灵性,应该明荣辱、知廉耻。如果他不觉惭愧,不知悔改,丧失了知耻心,那不就是禽兽了吗?杀了他也没有用。

在批评中,要让下属感受到重视,让他养成严格管理自我的习惯,并逐渐形成使命感。在批评他的时候,用类似于"你不应该用一般员工的标准来要求自己,应注意在各方面不断完善自己"来激励那些有培养潜质的下属,肯定会效果不错。

批评固然离不开高声调的语言和严肃的态度,不过在有些时候、有些场合,这些都不是最好的批评。在某些情况下,如果用一些幽默诙谐的语言,下属反而能接受善意的批评并受到深刻的教育。

面对有错误的下属,对他们多一分尊重和宽容,少一点批评与苛求;多一分支持和帮助,少一点埋怨与指责;多一分理解和信任,少一点挑剔与猜忌;多一分坦诚和关心,少一点掩饰与冷漠。

1. 有人认为"领导魅力＝99％的个人影响力＋1％的权力",请你谈谈对这句话的理解。

2. 在《西游记》中,孙悟空曾被唐僧错怪而气回了花果山。之后,佛祖对孙悟空说了这样一段话:"你这泼猴,一路以来不辞艰辛地保护师父西天取经。这次何故弃师独回花果山,不信不义。去吧,我相信你定能发扬光大,一定能保护师父取得真经。"请你分析一下这段话的内涵,评述佛祖批评孙悟空的艺术。

3. 在职场中,假如有人对你两面三刀,你会:(1) 表面上与对方笑脸相迎,实际上对对方心存戒备;(2) 对对方以诚相待,相信自己能够感动对方;(3) 开门见山,一语道破,不给对方留面子;(4) 与对方保持距离,态度不冷不热。上面是一个社交小测试,请如实选择你的答案。

第十一讲　商务礼仪

俗话说,"有礼走遍天下",要想在商务交往中获得成功,礼仪必不可少。讲求和注重礼仪,不仅体现在它的文化价值与社会价值上,而且越来越多地体现在它的经济价值上。"和气生财"这条千年古训,就言简意赅地道出了礼仪与经济效益的关系。新加坡前总理李光耀也曾说过:"礼仪能导致良好的人际关系,而良好的人际关系又是提高生产力的要求。"在商务活动中,能否恰如其分地运用礼仪,不仅体现着商务人士的个人修养,也反映着该企业的企业文化水平和管理境界。事实上,那些叱咤商界、令人仰慕的成功的企业家,均精通礼仪之道。从某种意义上说,礼仪铸就了他们辉煌的一生。

学习任务1　商务通联礼仪

课前热身

　　王先生和刘小姐在同一个办公室办公,接电话的是刘小姐。"哦,您找王先生啊,他那个事情不归我管。"如果这样讲就会使人很反感。如果是这样回答:"哦,你找王先生啊,他现在刚好不在,但是,我们两个是同一个部门的,他的东西我多少知道点儿,你说说看,我帮不帮得上忙。"结果对方一讲还真的不知道,"哎呀,这件事情我真的不晓得,对不起,王先生马上回来,我会告诉他,你留下电话,我会叫他打给你。"这样的回答可以给她80分。

　　没多久王先生回来了,刘小姐跟他说:"老王,你刚才不在,一个客户打电话过来,电话留在你桌上,赶快回给人家。"我们可以给她85分。结果老王一直东忙西忙忘了回电话,刘小姐会说:"老王啊,快点,已经过了15分钟了,你还没有打给人家。"我们给她打90分。结果老王就是没打,刘小姐自己拨了电话:"喂,蔡总吗?你等一下,王先生回来了,他和你说话。"95分。结果老王居然说:"你告诉他我不在。""老王快点,对方在等,不要说你不在。"100分。

请进礼堂

　　在现代职场,信息就是资源、财富,所以职场人士都不约而同地对信息重视有加。鸿雁传书、飞马送信，这些浪漫又辛苦的故事都已成过眼云烟。目前，多种多样的现代化通信工具层出不穷。它们的出现，为商务人士获取信息、传递信息、利用信息，提供了越来越多的选择。其中，电话、电子邮件是最为重要的通信工具。对于这些通信工具，运用得体，它会带来成功；运用不得体，它又会成为人们交往中的绊脚石。

一、使用固定电话礼仪

人们在使用电话时的种种表现，会使通话对象如见其人，能够给对方留下完整、深刻的印象。日本一名学者就曾说过这么一段话："不管是在公司还是在家庭里，凭这个人在电话里的讲话方式，基本上可以判断出其教养的水准。"如果说文如其人，那么，不妨也可以说话如其人。因此，使用电话时，务必自觉维护好自己的电话形象。

阅读材料：长跑教练选队员

一著名的长跑教练到某地色新苗子，有个男孩引起了他的兴趣，他叫男孩下午给他打电话。下午，教练一直守在电话旁。电话铃响了，教练并没有马上去接，铃声响了五下后就不响了。不久，电话铃声又响了，响了六声后又安静了⋯⋯第五次，电话铃只响了一声，教练就把电话拿起来，一听，果然是那个男孩。教练问："前面几次电话是不是你打的？"男孩说"是"。于是，教练决定不招这个男孩。他说："电话铃一般响十五声后才会自动挂断，可是那个男孩拨了五次电话，前四次都是半途而废，很没有耐心。"原来，教练是故意不接电话的，他想考验一下男孩的耐性，因为这对一个长跑运动员来说尤其重要。

准备通话内容。给别人打电话时，如果想到什么就说什么，往往会丢三落四，忘却了主要事项还毫无察觉，等挂断电话才恍然大悟。因此，在拨打电话之前，要先把你所要表达的内容准备好，最好是先列出几条纲要，写在你身边的便签纸上，以免对方接电话后自己由于紧张或者是兴奋，而忘了要说的内容。

慎选通话时间。无特殊情况，拨打电话要避开对方用餐或休息的时间，比如三餐吃饭的时间，早晨8点以前，下午12点到14点之间，晚上10点半以后。若非紧急事务须立刻通报，拨打公务电话最好避开对方精力可能松懈的时间，如周五下午、周一上午、上班后的前半个小时、下班前的最后几分钟。不要在休息日打电话谈公务，以免影响他人休息。给海外人士打电话前，要特别注意弄清地区时差以及各国工作时间的差异。如果在一个不太适宜的时间把电话打过去了，要记得礼貌地征询对方是否方便接听。世界部分城市与北京时差见表11-1。

表11-1 世界部分城市与北京时差

城市	时差	城市	时差	城市	时差
首尔	+1	迪拜	−4	纽约	−13
东京	+1	伦敦	−8	华盛顿	−13
新加坡	−0	莫斯科	−5	里约热内卢	−11
曼谷	−1	悉尼	+2	开罗	−6

及时接听电话。现代职场，职员的使命之一就是一听到电话铃声，就做好接听电话的

准备。来电宜在第二声铃响之后立即接听。有学者认为,电话铃声响了五次都没有去接的公司,肯定不会有大作为,因为这至少说明这个公司毫无时间的价值观念。因此,如果电话铃响了五声才拿起话筒,应该先向对方道歉,比如说:"对不起,让您久等了。"

礼貌问候"第一声"。电话接通之后,接电话者应该先主动向对方问好,并立刻报出本公司或部门的名称,如:"您好,××公司。"打电话时则首先要说:"我是××公司的×××……"双方都应将第一句话的声调、措辞调整到最佳状态。因为电话中的"第一声"印象十分重要,如果第一声优美动听,会使对方感到身心愉悦,从而放松地讲话。在商务沟通中,不允许接电话时以"喂、喂"作为"见面礼",特别是不允许一张嘴就毫不客气地去查对方的"户口",一个劲儿地问人家"你是谁",或者劈头就问"喂,找谁,干吗"。这是很不礼貌的,应该注意改正。一旦拨错号码,应向接电话者表示歉意,说:"对不起,我打错了,打扰您了。"

发挥声音的魅力。如果是面对面交流,可以充分利用肢体语言来表达,而电话只能通过声音来表达,所以要特别注意声调、语速,以及表达的准确度。有人认为,电波只是传播声音,打电话时完全可以不注意表情,这种看法真是大错特错,因为人的面部表情会影响声音的变化,你的喜悦或烦躁仍会通过声音流露出来,当你带着微笑接听电话,对方听到你的声音时,就能感觉到你在微笑。因此,在通电话中,也要抱着对方看着你的心态去应对,要用清晰而愉快的声音接电话,这能显示出说话人的职业风度和可亲的性格,从而给对方留下美好的印象。日本的一些公司专门为电话接线生配备镜子,用来检查自己是否始终处于喜悦和微笑的状态,效果非常好。

保持正确的姿势。即使是懒散的姿势对方也能够听得出来。如果你打电话的时候,弯着腰躺在椅子上,你的声音就是懒散的,无精打采的,若坐姿端正,所发出的声音也会亲切悦耳,充满活力。接听电话过程中应该始终保持正确的姿势。一般情况下,当人的身体稍微下沉,丹田受到压迫时容易导致丹田的声音无法发出;大部分人讲话所使用的是胸腔,这样容易口干舌燥,如果运用丹田的声音,不但可以使声音具有磁性,而且不会伤害喉咙。因此,保持端坐的姿势,尤其不要趴在桌面边缘,这样可以使声音自然、流畅和动听。

专心聆听,诚意应答。接听任何电话,均应聚精会神,否则难以确保自己听得清、记得准。在通话途中,不要对着话筒打哈欠,或是吃东西,任何小的声响都可以通过电话线传到客户的耳中。千万不要同时与其他人闲聊,不要让对方感到自己无足轻重。在听电话时,应视情况不时说些"嗯""是的""对""知道了"之类的话语,让对方感到你在认真地听。遇到没有听清听懂的话,应致歉后再请求对方重复。

切勿使用禁忌词汇。当需要确认对方姓名时,要尽量用褒义词语,比如"您姓冷,是冷淡的冷吗",让对方听了感到不快,如果改成"是冷热的冷吗",感觉就不一样了。接电话时,要避免以"不在""不知道""这事不归我管"来回答。例如一个电话打来:"请问,吴美丽小姐在吗?""不在。"听到这样的回答,相信你一定会有很不舒服的感觉,一句话拒人于千里之外。当你打电话给某公司,得到的回答是"不知道",你是否会觉得这家公司的员工素质还没有到位呢?这样的回答,会让拨打电话的人很反感。

养成复述的习惯。文字不同,一看便知,但读音相同或极其相近的词语,通电话时却常常容易搞错,为了防止听错电话内容,一定要当场复述。听到与数字有关的内容后,也要马上复述,予以确认。当说到日期时,不妨加上星期几,以保证准确无误。电话接听完毕之前,不要忘记复述一遍来电的要点,防止记录错误或者偏差而带来的误会,使整个工作的效率更高。例如,应该对会面时间、地点、联系电话、区域号码等各方面的信息进行核查校对,尽可能地避免错误。

做好电话记录。如果对方要找的人不在,要尽量做好电话记录工作。记录内容包括什么人、什么时间打的电话、大概什么事(如果对方不愿意透露不必强问)、对方有什么要求(是看到字条马上回电,还是晚上再打电话)等。通常很多人在转接电话时不予记录或者记录得非常简单,只有一个姓和一个电话号码,这样如果对方要找的人工作繁忙,就可能得不到及时回复。

控制通话时间。在工作时间,除了必要的寒暄与客套之外,要少说与工作无关的话题,杜绝电话长时间占线的现象存在。在打电话时,发话人应当自觉地、有意识地将每次通话的长度限定在3分钟之内,尽量不要超过这一限定。实际上,3分钟可讲1000个字,相当于两页半稿纸上的内容,按理是完全能行的。如果电话一次用了5分钟甚至10分钟,那么一定是措辞不当,未抓住纲领、突出重点。

礼待打错电话者。有一些公司职员接到打错了的电话时,常常冷冰冰地说:"打错了。"最好能这样告诉对方:"这是××公司,你找哪里?"如果自己知道对方所找公司的电话号码,不妨告诉他,也许对方正是本公司潜在的顾客。即使不是,你的热情友好也可使对方对公司抱有初步好感,说不定就会成为本公司的客户,甚至成为公司的忠诚支持者。

友善地结束通话。电话交谈即将结束时,应谦恭地问一下对方:"请问您还有什么事情吗?"结束电话交谈时,通常由打电话的一方提出,然后彼此客气地道别。挂电话时,打电话的人应等对方先挂断,等待2~3秒钟后,自己再轻轻地放下话筒,切忌挂机动作用力过大。有人说:"挂起职业化、程式化的微笑并不难。讲电话的时候,'您好''谢谢'挂在嘴边也不难,但是如果迫不及待地重重挂断电话,你所有的礼貌和努力都一笔勾销。"

恰当地使用电话。发展良好商务关系的最佳途径是与客户面对面地商谈,而电话主要用来安排会见。当然一旦双方见过面,再用电话往来就方便多了。即使客户已将家中的电话号码告诉你,如果是公务事情,也尽量不要往家中打电话。在美国你可以通过电话向一个素不相识的人推销商品,而在欧洲、拉美和亚洲国家,电话促销或在电话中长时间地谈生意就难以让人接受。

后续礼貌。挂断顾客的电话后,有许多业务人员会立即从嘴里跳出几个对顾客不雅的词汇,以放松自己的压力,这是一个不礼貌的坏习惯。

二、使用电子邮件礼仪

传统书信的礼仪规则完全适用于现代网络世界的电子邮件。我们从电子邮件的字里行间,同样可以看出一个人的礼仪水准。

在撰写电子邮件的内容时,应遵照普通信件或公文所用的格式和规则。邮件正文要简洁,不可长篇大论,以便收件人阅读。用语要礼貌,以示对收件人的尊重。如果你在发信时还另外加了附件,一定要在信件内容里加以说明,以免对方不注意时没看到。

一封商务信函,从拟写、编改、打印,到最后邮寄出去会花很长时间,而一封电子邮件却可能在任何心情下即刻发送出去。因此,一定要谨慎对待表达了过多情感或表现出了强烈态度和感受的邮件,这类邮件容易引起误解。千万不要在生气时发送邮件,而应该做个深呼吸或先把它放在一边,直到有时间冷静下来,问问自己,你会在公众场所中公开面对面地对他人讲这些话吗?如果答案是否定的,请重读重写,或重新思考到底要不要发出这么一份讯息。千万不可以因为没看到对方的脸,就毫不客气地讲一些没有经大脑思考的话语。

📖 阅读材料:史上最牛女秘书的"邮件门"事件

2006年的一天晚上,某外企大中华区总裁L先生(新加坡籍)回办公室取东西,到门口才发现自己没带钥匙。此时他的私人秘书R小姐(中国籍)已经下班。L先生试图联系后者未果。数小时后,L先生还是难抑怒火,于是在凌晨1时13分通过内部电子邮件系统给R小姐发了一封措辞严厉且语气生硬的谴责信。这封邮件是用英文写的,中文意思是:我曾告诉过你,想东西、做事情不要想当然!结果今天晚上你就把我锁在门外,我要取的东西都还在办公室里。问题在于你自以为是地认为我随身带了钥匙。从现在起,无论是午餐时段还是晚上下班后,你要跟你服务的每一名经理都确认无事后才能离开办公室,明白了吗?(据翻译者称,此信的英文措辞更严厉)

两天后,R小姐在邮件中用中文(在外企的文化里,出于礼貌,中方职员在回复上司的英文邮件时,一般也应选择英文)回复说:首先,我做这件事是完全正确的,我锁门是从安全角度上考虑的,北京这里不是没有丢过东西,一旦丢了东西,我无法承担这个责任;其次,你有钥匙,你自己忘了带,还要说别人不对,造成这件事的主要原因都是你自己,不要把自己的错误转移到别人的身上;第三,你无权干涉和控制我的私人时间,我一天就8小时工作时间,请你记住中午和晚上下班的时间都是我的私人时间;第四,从到EMC的第一天到现在为止,我工作尽职尽责,也加过很多次班,我没有任何怨言,但是如果你们要求我加班是为了工作以外的事情,我无法做到;第五,虽然咱们是上下级的关系,也请你注重一下你说话的语气,这是做人最基本的礼貌问题;第六,我要在这强调一下,我并没有猜想或者假定什么,因为我没有这个时间也没有这个必要。

本来,这封咄咄逼人的回信已经够令人吃惊了,但是R小姐选择了更加过火的做法。她回信的对象选择了该外企中国公司的所有人。这封邮件几天内传了好几千人,全国的外企圈子都知道了。尽管无论是邮件附加的个人点评还是BBS上的讨论,力挺R小姐的声音都超过了八成,转发者很过瘾,仿佛在骂自己的老板。不过,外企人力资源部的管理层却并不买账,R小姐失去了工作。此后不久,L先生也离职了。

在电子邮件的"主题"或"标题"一栏,一定要写清楚信件的主题或标题,多几个字没关系,以免什么都没写,对方会认为是恶意邮件,在没打开之前就删除了。

因为电子邮件跨地区甚至出国都是在点击之间,所以在传送电子讯息之前,务必确认收信对象是否正确,以免造成不必要的困扰。此外,切忌无意间泄露了商业机密、国家机密而造成无可挽回的损失。

应当定期打开收件箱查看邮件,以免遗漏或耽误重要邮件的阅读和回复。一般应在收到邮件后的当天予以回复。如果涉及较难处理的问题,要先告诉对方你已收到邮件,来信处理后会及时给以正式回复。回复电子信件时,请适当附带上原文,这样别人知道你是为什么而回复的,这里要注意,不要把原文全部附带,而只需要附带上回复的那段。

注意不要把私人邮件公开发布,对来信者而言,邮件内容是针对收信者所撰写的私人信函,不见得适合他人阅读。若要把他人的来函转送给第三者,要先征询来信者的同意!

最后需要特别提醒的是,电子邮件是职业信件的一种,而职业信件的内容要严肃。小心写在 E-mail 里的每一个字,每一句话。因为现在法律规定 E-mail 也可以作为法律证据,是合法的。

三、网络客服服务礼仪

当前,很多商贸企业的客服都是通过阿里旺旺、QQ、E-mail 等聊天通信工具在线上和客户实时交流及传送资料。一个公司的形象好坏和客服怎么样利用好社会化网络营销有直接的关系。

由于双方交流是通过键盘实现的,对方在听不到你的声音,也看不到你的身体语言时,容易对你所说的话产生误解。为此,聪明的网友们发明了情感符号来帮助表达自己的意思。要学会运用各种情感表达符号。客服的一个笑脸(旺旺表情符号)或者一个亲切的问候都能让客户真实地感觉到他不是在跟冷冰冰的电脑和网络打交道,而是在跟一个善解人意的人沟通。

视频接待时要注重仪表,做到妆容整洁、面带微笑、举止有度、礼貌大方、注意力集中;接待时要首先问好,仔细聆听讲话,对没有听清的问题要礼貌回问,不要随意打断别人讲话,适当做笔记。

回答买家的提问要及时,如果不及时,买家有被卖家忽视的感觉,影响交易的达成。正忙于其他事而无暇顾及网络即时通信工具,建议设置状态如"忙碌""外出就餐""接听电话"等,避免对方因没人搭理而发生误会。

课后练习

1. 请你根据以下场景进行情景设计,并进行表演。

(1) 接到客户抱怨电话,并且你已经向这位客户耐心地做出了解释,但这个客户依旧得理不饶人,数落个不停。

(2) 总经理正在主持会议,但对方表示情况紧急,一定要与总经理通话。

(3) 要转接的同事正好上厕所。

(4) 一天深夜,正在熟睡的你突然被电话铃声惊醒了,一看是客户电话。

2. 电话营销是一种特殊的职业,没有面对面的交流,都是靠说话来打动对方,想要给对方留下好的印象就要具备最基本的电话礼仪,请你说说电话销售人员应该注意哪些礼仪细节?

学习任务 2　拜访与接待客户礼仪

罗斯柴尔德家族是地球上极具传奇色彩的犹太家族,该家族的创始人梅耶·阿姆谢尔·罗斯柴尔德(即老罗斯柴尔德)最早是个拾荒者,靠捡旧钱币、旧勋章卖钱,做古董生意为生,但他具有超人的商业头脑,且非常注意礼节。在老罗斯柴尔德看来,高贵的举止和得体的服饰是进入上流社会的通行证。每次去顾客(法兰克福的显赫贵族和富商)家送货前,他总是先去公共澡堂洗个澡,把胡须修剪得整整齐齐,再到租衣铺租上一套礼服,戴上借来的假发,全身光鲜地去拜访客户。精通礼仪之道与人情世故的老罗斯柴尔德很快在法兰克福的古董界打出了名号,得到了上流社会的认可,并因此与黑森林王国的王储威廉搭上了线。威廉王子被老罗斯柴尔德的精明执着、温文尔雅所打动,最终赐予他无比荣耀的"王室供应商"的头衔。而老罗斯柴尔德也因此更加注重自身的仪表仪容,立即花钱添置了鲜亮的行头。老罗斯柴尔德的命运由此而改变,罗斯柴尔德家族从此一发不可收拾,缔造了当今世界唯一一个富过八代而不倒的家族企业——罗斯柴尔德财团。

李嘉诚这个名字早已成为事业成功的代名词,在行为礼仪方面,他能让任何人产生好感。在宴请客人时,李嘉诚总是面面俱到、礼数周全,对每一位客人都没有丝毫怠慢,让每一位客人都感到温馨和快乐,尽显优雅的绅士风度。一位内地企业家前去香港拜访李嘉诚,李嘉诚与其子一起接见了他。会谈结束之后,李嘉诚起身从办公室陪他出来,送他到电梯口。更让人惊叹的是,李嘉诚不是送到即走,而是一直等到电梯上来,客人进去了门,再举手告别,等到门合上。身为亚洲首富的李嘉诚肯定是日理万机,可他依旧注重礼节,亲自送人,没有丝毫怠慢。对此,这位内地企业家感叹道:"李嘉诚这么大年纪了,对我们晚辈如此尊重,他不成功都难。"

拜访礼仪是决定商务拜访成功与否的决定性因素之一,是个人素养的集中体现,是所在单位形象的有效宣传。接待则是表达主人情谊、体现礼貌素养的重要方面。在接待中的礼仪表现,同样关系到员工自身与所在单位的形象。

一、拜访与接待中的名片递送

据说,名片在中国已经有2000多年的历史,而他们在不同时代的称谓,听起来也颇为有趣。名片在秦汉时称"谒",汉末称"刺",六朝称"名",唐代称"拜帖",宋代称"牒件",明代称"名帖",清代称"名刺"或"名片"。名片像一个人的履历表,是每个人最重要的书面介绍材料。出席商务活动,一定要记住带名片,并且数量充足,确保够用。递送名片的同时,也是在告诉对方自己是谁、在何公司任职及如何联络。

商务名片的作用就是要表现自己和自己的行业,从而来推销自己和自己的公司,给对方留下深刻的印象,以增加将来的商机。因此,设计一张精美名片是首要任务。姓名、公司、联络方式是商务名片设计的三要素。

阅读材料:商务名片的制作

现代社会,各类社会团体较多,商务人士加入社团又可增加无数商机,所以常见名片上印有多种头衔,连早已卸任的资料也列举出来,如××理事、××委员、××顾问等。实际上,这是不妥当的。国际商务交往有个惯例,名片中间一般只提供一到两个头衔。那些确实身兼数职,有地位有身份的商务人士,往往一个人同时准备多种名片,对于不同的交往对象,提供具有针对性的不同名片。

现代企业的品牌形象十分重要,应在名片上印上自己公司的标识,以增加对方对公司的印象。还可以在名片上印上企业口号,通常企业口号应与企业形象、公司名称或广告词相呼应,借助口号的联想力或不断重复,加深客户印象,提高企业知名度。为达到业务上或产品上的宣传或促销目的,印上公司业务项目或产品,可增加名片持有者的印象,以创造商机。一般而言,公司的地址为名片中的必备内容,有时还加印分公司的地址,以显示公司的庞大。再加上现在电子资讯的发达,很多公司将公司的网站也印于名片上,这也属于公司地址的一种。有些公司的门市或店面不好找,可在名片背面印上地图。

在商务名片中,除公司电话是必备内容之外,公司的传真号码、公司或个人的电子邮箱以及个人移动电话均可作为联系方式印到名片上。一般不必提供私宅电话,这也是自我保护意识的体现。

放置名片的位置要固定,放在易于掏出的地方,以免需要名片时东找西寻,显得毫无准备。不要把自己的名片和他人的名片或其他杂物混在一起,以免用到名片时手忙脚乱或掏错名片。

阅读材料:名片勿掏错

不久之前,我去上一个社交礼仪课程,其中有交换名片的环节,我邀请携带名片的学员与我一起做角色表演。当我从一位小姐手中接过名片之后,一看,发觉其设计与一般名片有别,我找不着她的名字,原来那是某商场的购物优惠证。由于她的证件皮包内卡类物品过多,以至于一时大意拿错了。

名片是个人身份的象征,应当尊重珍惜,要保持干净整洁,切不可出现折皱、破烂、肮脏、污损、涂改的情况。破旧名片应尽早丢弃,与其发送一张破损或脏污的名片,不如不送。

当你恭敬地递出你的名片时,必须小心确认名片上是否印有你的姓名,特别是在集体交换名片时,否则可能会弄错。

递交名片要郑重,应起身站立,要用双手(有些国家用右手,但切不可用左手),让名片正面朝上,并以让对方能顺着读出内容的方向,举至胸前,上体前倾15度左右,目光注视对方,面带微笑,用双手拇指和食指执名片两角递给对方,同时顺带说句客气话。

当他人表示要递名片给自己或交换名片时,应立即停止手中所做的一切事情,起身站立或欠身,面含微笑,目视对方,用双手的拇指和食指接住名片下方两角,并视情况说句客气话。

名片接到手后,应认真阅读。在阅读名片时,最好依此程序:看名片——看对方——再看名片,把名片与人对应起来,表达对对方的重视和尊重。读名片时,一定要注意语气轻重适当,抑扬顿挫。需要重读的主要是对方的职务、学衔、职称等。

阅读名片后,切勿将其随意乱丢乱放,不可拿在手中摆弄,应十分珍惜地放在名片夹内,不能装进裤后袋里。如果交换名片后需要坐下来交谈,将名片放在桌上最显眼的位置,十分钟左右再自然地收好是符合礼仪的,但切忌用别的物品压住名片,不要把名片忘在桌上。不要当着对方的面,在对方的名片上做谈话笔记。

接受了他人的名片后,一般应当即刻回给对方一张自己的名片。但应先收好对方名片后再发送,不要一来一往同时进行。

当对方递给你名片之后,如果自己没有名片或没带名片,应当首先表示歉意,再如实说明原因,如"很抱歉,我没有名片""对不起,今天我带的名片用完了"等。

在办公室,名片可放于名片架或办公桌内。随身携带的名片应置于名片夹内,名片夹放于西装内侧的左边口袋或自己随身携带的手提包里,切不可随便放在钱包、裤兜之内。

阅读材料:如何管理名片

在整理和收藏名片时,可以在名片反面记下认识对方的时间、场合、事由、其他在场人员等,这会让你很容易记起对方,为以后进一步沟通打下良好的基础。第二天或过个两三天,主动打个电话或发个电邮,向对方表示结识的高兴,或者适当地赞美对方的某个方面,或者回忆你们愉快的聚会细节,让对方加深对你的印象和了解。要养成经常翻看名片的习惯,工作的间隙,翻一下你的名片档案,给对方打一个问候的电话,发一个祝福的短信等,让对方感觉到你的存在和对他的关心与尊重。要对名片进行分类管理。可以按地域分类,如按省份、城市,也可以按行业分类,还可以按人脉资源的性质分类,如同学、客户、专家等。还要定期对名片进行及时清理。依照关联性、重要性、长期互动与使用概率、数据的完整性因素,将它们分成三类,第一类是一定要长期保留的,第二类是不太确定,可以暂时保留的,第三类是确定不要的。

二、拜访客户礼仪

预约是必需的交往礼仪,没有预约如同在别人有序的队列中横冲直撞。通常,日常的商务拜访要提前一周左右预约。在拜访之前,应对拜访对象与所在单位有所了解,做好相应的功课。应对自己的形象充分重视,整理妥当后再前往拜访。整洁干净的仪表不仅表达了对客户的敬意和自重,同时也表明自己对拜访的重视程度。

约定拜访时间是拜访的第一步,在与客户约定时间时,要以客户的时间为准,要在客户方便的时候进行拜访。尽量不要安排在对方业务繁忙的时间或生理倦怠期,如一般单位周一通常会比较忙,而周五一些人已经在为即将到来的周末做准备。拜访者应该按照约定时间如期而至,如果确有特殊原因致使拜访不能成行,应及早向客户致歉并说明原因,取得谅解,避免打乱客户的安排。

📖 阅读材料:"上座"和"下座"的区分

拜访者进入会客室或办公室,一般不要坐到上座。那么何为上座?离入口远的地方为上座,离入口近的是下座。右边是上座,左边为下座。如果既有靠墙的沙发,又有不靠墙的沙发放在会客室里,那么以靠墙的为上座。另外,坐三人沙发时,不要坐在两端,应坐在中间,会显得落落大方、谈话的感染力会增强。

拜访时,不管你遇到的是热情还是冷漠的人,都需要有迅速拉近彼此距离的语言技巧。适当的寒暄往往是讨论正题的前奏,它是人际交往的一种润滑剂。作家林语堂先生曾对拜访有过这样精彩的描述:"拜访交谈分为四段:一是谈天气,评气候;二是叙往事,追旧谊;三是谈时事,发感慨;四是所奉托小事。"如果你找到了与潜在客户的共同点,往往使谈话更加顺利、愉快。寻找共同点,首先要善于观察对方的服饰、谈吐、行为举止等方面,从中捕获信息。赞美也是拜访中接近客户的一种方式(技巧),赞美最好从细微之处入手,可赞美客户的办公室布置,客户最得意的事,客户的兴趣爱好,客户喜爱的人或物……

适时请辞。除非有要事相商,拜访时间不宜过长,一般在15分钟至半小时即可,以免耽误对方的其他事情。如果客户执意挽留,比如请客人留下用餐,那么餐后不宜马上离开,应在饭后留一会再走。见客户有倦意或流露出"厌客"之意,应知趣,果断告辞。

三、前台服务接待礼仪

就当前的商贸企业来说,前台接待是一个重要的服务岗位。通过接待服务工作,不仅反映出接待服务人员的综合素质,还可以体现出企业的整体形象。所以说接待服务工作本身就是一个窗口,外来人员可以通过这个窗口,直接感受企业的工作作风。

前台接待礼仪是指企业前台接待人员在自己工作岗位上从事接待服务活动时所应遵守的职业道德和行为规范。前台是一个企业的脸面和名片,对塑造企业形象非常重要。通过前台接待工作,不仅反映出前台接待人员的综合素质,还可以体现出企业的整体形象。因此,前台服务人员的礼仪表现,从某种意义上来讲,直接体现着一个企业和员工的精神面貌和道德水准。

当客人靠近的时候,接待人员绝对不能面无表情地说:"找谁?有什么事?"这样会令客人觉得很不自在。接待人员一定要面带笑容,行15度鞠躬礼,送上生动得体的问候语,如"您好,请问有什么需要我服务的吗",这样会一下子拉近你与客人之间的距离。如果外面在下雪,客人带着满身的积雪走进你所在的公司,接待人员要立刻递给他一张纸巾,这种无声的话语会令客人倍感温馨。同样,下雨的时候,"您没带伞,有没有着凉?"也是充满温馨的关怀话语。要学会根据环境变换不同的关怀话语,拉近你与客人之间的距离,让客人产生宾至如归的感觉。

有客人未预约来访时,不要直接回答要找的人在或不在。而要告诉对方:"让我看看他是否在。"同时婉转地询问对方来意:"请问您找他有什么事?"如果对方没有通报姓名则必须问明,尽量从客人的回答中,充分判断能否让他与同事见面。如果客人要找的人是公司的领导，就更应该谨慎处理。客人到来时，我方负责人由于种种原因不能马上接见，要向客人说明等待理由与等待时间，若客人愿意等待，应该向客人提供饮料、杂志，如果可能，应该时常为客人换饮料。

接待人员在回答客人的咨询时，眼睛一定要看着客人。对于刚出校门或者是社会经验不足的女性接待人员来说，如果看着客人的眼睛令你不自在，你可以看着客人的额头、脸或者嘴角。看客人的眼神一定要柔和，要充满亲切的感觉，让客人感应到你的友好。在与客人交谈的时候最好将视线停留在对方腰到头部的地方，保持一定的范围，这样才不会让客人跟你相处的时候感到浑身不自在。

引导访客时，接待人员一般应走在客人的左前方，将道路或走廊的中央线让给客人行走，领先客人两三步。身体稍转向客人一方，与客人视线约成45度。在做指引时，接待人员的手要从腰边顺上来，视线随之过去，很明确地告诉访客正确的方位；当开始走动时，手就要放下来，否则会碰到其他过路的人。切忌用一根手指指路，在某些文化中，这是不礼貌的行为。接待人员的步调要适应客人的速度，时刻注意后面情况。

在引导过程中，如遇拐弯处，须稍停一下，转过头说"请向这边来"。要注意对访客进行危机提醒，如果拐弯处有斜坡，就要提前对访客说"请您注意，拐弯处有个斜坡"。引导途中，接待人员切勿一味沉溺于与客人高谈阔论，更不许与客人玩笑打闹，以免客人走神，当众摔跤出丑。当引导客人上楼时，应该让客人走在前面，接待人员走在后面。若是下楼时，应该由接待人员走在前面，客人走在后面。而且，让客人走在楼梯栏杆的一侧，接待人员应该靠近墙壁走。

陪同客人来到电梯门前，先按电梯呼梯按钮。桥厢门打开时，若客人不止一人，且电梯没有专人控制，接待人员要先进入电梯，按住电梯"开"钮，确认客人全部进入后再松开"开"钮，严防出现"客人胳膊跟门搏斗"的情况。如若电梯专人控制，接待人员应后入。倘若客人只有一人，是客人先进电梯，还是引导者先进电梯，不同书本上有不同表述。按照礼仪专家金正昆的说法，还是引导者先进。在电梯内，接待人员切忌两眼直盯客人，可视与客人熟识程度与客人寒暄、交谈，以示友好。到达时，接待人员用一只手挡着电梯门一边或按着电梯开门的按钮，让客人先走出电梯。客人走出电梯后，接待员立刻步出电梯，并热诚地引导行进的方向。

接待人员引导客人至会客厅，应先敲门、再开门。任何情况下，开门与关门的动作都应优雅得体，一般应采用斜侧身姿态，以45度斜侧角度面对客人，不可背对客人。如果门是向外开的，打开门后，把住门把手，站在门旁，对客人说"请进"；如果门往内开，自己先进入房间，把住门把手，对客人说"请进"。无论房门为推开式还是拉开式，都必须将其完全敞开。

进入会客室后，客人如有外套、帽子、雨伞等物，接待人员可取过，挂、放于衣帽架或明显处。向客人说明："××先生，您的外套挂在这里。"应将来客至上座入座，以示尊重和欢迎之意。一般来说，室内离门口最远的座位是上座。如果上司暂时还没到，客人和接待人员聊天，接待人员应注意不说本公司的是非及保密事项，要聊一些轻松、无关紧要的话题。

在给客人送茶时，首先要检查茶具有无破损，有无污垢，并要洗干净、擦亮。注入茶水后，留意茶的浓度与温度。端送茶水，最好使用托盘，既雅观又卫生；托盘内放一块抹布更好,茶水溢出时可用作擦拭;用手端茶,有杯柄的茶杯,可一手执杯柄,一手托在杯底,或单手执杯柄;端茶时,若茶杯没有杯柄,要注意的是不要握住茶杯,尽量减少手指和杯沿部分的接触,更要注意的是,不可把拇指伸入杯内的茶水中。女性接待人员奉茶时,要特别注意仪态,以免"走光"。请茶时,轻声说"请用茶"。

四、接待访客礼仪

如果是接待有约而来的拜访,应提前告知单位前台,具体什么时间会来什么样的客户,让前台提前预知,以便做好引导工作。

听到来访客人的敲门提示,应及时回应"请进"。客人进门后要及时站立,起身微笑问询。对上级、长者来访,要起身上前迎候。如果自己有事暂不能接待来访者,要安排其他相关人员接待客人,不能让来访者坐冷板凳。

客人坐定后,要给客人倒茶水。端茶时,要从客人的右边过去,将茶放在客人的斜右侧,茶柄要朝向客人的右边。如果上茶时客人正在用手比画着说话,要先说声"对不起",以提醒客人不要碰洒了茶水,然后再上茶。

来访者都是有事而来,因此要认真倾听来访者的叙述,尽量让来访者把话说完。对于单位的重要客人,要视情况请上级抽出时间来与客人沟通交流一下,让客人感觉受到重视。正在接待来访者时,有电话打来或有新的来访者,应尽量让他人接待,以避免中断正在进行的接待。

对来访者的意见和观点不要轻率表态,应思考后再答复,对一时不能回答的问题,要向来访者说明拟处理的方法和程序,让来访者放心。对能够马上答复的或立即可办理的事应当场答复,不要让来访者等待或再次来访。对来访者的无理要求或错误意见应有礼貌地拒绝,不要刺激来访者,使其尴尬。

要结束接待,可以婉言提出借口,如"对不起,我要参加一个会,今天先谈到这儿,好吗?"等,也可用起身的体态语言告诉对方本次接待就此结束。当客人起身告辞时,应与客人握手告别,同时选择最合适的言辞送别。如需送客人到门口,要目送客人,待客人移出视线后,方可回身。

客人离开,桌上的茶水等要清理干净。如客人有遗留物品,应及时通知客人回来取走;如客人已走,应交由办公室相关人员妥善保管,以备客人回来索取。

课后练习

1. 分组设计写字楼拜访、咖啡厅拜访、私宅拜访等三个场合的拜访活动并进行表演,至少要具备以下环节:拜访者自我介绍,进入正题前的言语沟通,产品介绍。并按照评分表进行打分。

评分表

项目	操作步骤	达到效果	评分标准
门口迎客	(1) 服务员站立在门口迎候客人 (2) 客人到达时敬语迎客,引领客人,并拉椅让座	站姿正确,引领正确,拉椅让座操作规范	站姿:8分 引领客人:8分 拉椅让座:8分 使用敬语:4分
签字仪式开始	服务员手托放有装好酒的香槟杯的托盘,站立两旁,在距签字桌侧约2米处	站姿正确,托盘正确,目光注意客人的签字活动	站姿:8分 托盘:8分 目光:8分
双方签字完毕	(1) 服务员看到客人握手交换文本,迅速将座椅撤除 (2) 立即将酒杯送到双方签字人员面前,并讲"请" (3) 等客人干杯后,立刻用托盘收回酒杯	撤椅迅速,用敬语"请",收回酒杯迅速	撤椅:8分 使用敬语:4分 收酒杯:8分
送客	(1) 签字仪式结束后,为客人开门 (2) 引领客人到电梯口按电梯,用敬语送别客人,说"谢谢光临"	开门正确,引领正确,送客人上电梯操作正确,要用敬语送客	开门:8分 引领:8分 按电梯:8分 敬语:4分

2. 按下列要求分组做接待访客的练习。要求具备以下环节:由公司前台接待人员接待;前台接待人员与上司核实客户信息;前台接待人员引领、引见访客;宾主双方介绍、握手、互换名片;前台接待人员奉上咖啡或饮料、茶等;宾主双方洽谈;送客。

3. 日本东京一家贸易公司有一位秘书小姐专门负责为客商购买车票。客商中有一位德国人,经常请她购买来往于东京和大阪之间的火车票。不久,这位经理发现:每次去大阪时,座位总在右窗口,返回东京时又总是在左窗边。请你猜想一下,这位秘书小姐为什么给德国客商订这样的票?

学习任务3 商务谈判与签约礼仪

四个日本人和四个澳大利亚人在一起谈判,澳大利亚人观察到其他三个日本人在说

重要问题时总是要先看坐在中间那个人的眼色,如果他点头,他们就会讲下去;每次这个人身边的人都会帮他把饮料打开并把饮料倒在杯子里,但其他三个人之间相互并不这样做;每次坐下时都有人帮他拉椅子;每次走时都是他先走。尽管澳大利亚人曾以为对方和他们一样,相互之间是平等的,但观察到这些现象后,他们得出一个结论:这个人可能是对方的负责人,是真正有决策权的人。于是他们模仿其他日本人的言行举止,主要的问题对着他说,对他多一些恭敬,这样就创造了良好的谈判氛围。

无论是春秋战国时期的名人儒士游说于各国之间、汉末诸葛亮舌战群儒助孙刘联盟,还是我国为实现祖国统一、为加入世贸组织的十几年谈判,翻开历史,纵观古今中外,事实告诉我们,谈判的历史源远流长,广泛存在于人们生活的各个层面。谈判讲究的是理智、利益、技巧和策略,但这并不意味着它绝对排斥人的思想、情感从中所起的作用。在谈判中以礼待人,不仅体现着自身的教养与素质,而且还会对谈判对手的思想、情感产生一定程度的影响。

一、商务谈判礼仪

商务谈判是不同的经济实体各方为了自身的经济利益和满足对方的需要,通过沟通、协商、妥协、合作、策略等各种方式,把可能的商机确定下来的活动过程。商务谈判是一个复杂过程,有很多要素组成,每一个要素都有可能影响谈判。随着商业竞争的日趋激烈,如何在谈判中突出"礼",是谈判成功与否的关键。

谈判地点如选择在己方进行,作为东道主,必须注重礼貌待客;邀请、迎送、接待、洽谈等各个环节的组织工作必须符合礼仪要求。谈判地点如选择在洽谈对手所在地,参加谈判者务必了解当地的风俗人情,做到入乡随俗。

阅读材料:谈判地点选择有玄机

日本的钢铁和煤炭资源短缺,而澳大利亚盛产铁和煤,按理说,日本人的谈判地位低,澳大利亚一方在谈判桌上占据主动。可是,日本人却把澳大利亚的谈判者请到日本谈生意。到了日本,日本人非常谨慎,讲究礼仪,让澳大利亚的谈判者很满意,因而日本方面和澳大利亚方面在谈判中的相对地位就发生了显著的变化。澳大利亚人过惯了富裕的舒畅生活,他们的谈判代表到了日本不过几天,就急于回去,所以在谈判桌上常常表现出急躁的情绪。但是日本谈判代表却不慌不忙地讨价还价,掌握了谈判中的主动权,结果日本方面仅仅花费了少量款待费作"诱饵"就钓到了"大鱼",取得了大量一般情况下难以取得的材料。

为使双方的谈判能够顺利进行,布置好谈判环境非常重要。用于谈判活动的场所应力显宁静、洁净、典雅、庄重、大方。谈判室不应临街、临马路,不应在施工场地附近,周围没有电话铃声、脚步声、人声等噪音的干扰。室内的陈设应实用美观,布置宽大整洁的桌子、简单舒适的座椅(沙发),墙上可挂几幅风格协调的书画,室内适当装饰些工艺品、花卉、标志物;此外,还要留有较大的空间,以利于人的活动。

📖 阅读材料:谈判室的布置

谈判的地点确定之后,往往有必要对其室内进行一些必要的布置。

注意光线。应以自然光源为主,人造光源为辅,切勿使光线过强或过弱。使用人造光源时,最好使用顶灯、壁灯,尽量不要使用台灯或地灯,特别是不要直接照射客人。

注意色彩。谈判室的现场,通常应当布置得庄重、大方。特别是主要装潢、陈设的色彩,最好不要超过三种。否则就会让人眼花缭乱,无所适从。在选择谈判室现场的主色调时,不要选用过于沉闷的白色、灰色、黑色,不要选用过于热烈的红色、黄色、橙色,也不要选用易于给人以轻浮之感的粉色、金色或银色。乳白、淡蓝、草绿诸色,方为上佳之选。

注意温度。室温以24℃左右为最佳。因为它是人体体温的"黄金分割点",令人最为舒适。室温低于18℃,往往令人寒冷难耐。室温高于30℃,则又可能会令人燥热不堪。

注意湿度。一般认为相对湿度为50%左右最舒适宜人。相对湿度过高,往往会令人感到憋闷压抑,呼吸不畅。相对湿度过低,则又会让人觉得干燥不堪,易生静电。

注意安静。地上可铺放地毯,以减少走动之声;窗户上可安放双层玻璃,以便隔音;茶几上可摆放垫子,以防安置茶杯时出声;门轴上可添润滑油,以免关门开门时噪音不绝于耳。

注意卫生。在谈判室之内,一定要保持空气清新、地面爽洁、墙壁无尘、窗明几净、用具干净。

无论是双边谈判还是多边谈判,桌子和椅子的大小应该与环境和谈判级别相适应:会议厅越大,或谈判级别越高,桌子和椅子通常也应相应较大、较宽绰;反之,就会对谈判者心理带来压抑感或不适。与长方形谈判桌不同,圆形谈判桌通常给人以轻松自在感。所以在一些轻松友好的会见场所,一般采用圆桌。一些小规模的洽谈,可不放洽谈桌,在室内摆放几把沙发或圈椅,按以右为尊的原则,客右主左,就座即谈。也可以交叉而坐,以增添合作、轻松、友好的气氛。

一般洽谈会以椭圆桌或长桌为宜,双方人员各自在桌子的一边就座。谈判座次如图11-1所示。倘若将谈判桌横放,那么面对洽谈室正门的一侧为上座,应请客方就座。如谈判桌是竖放的,进门时的右侧为上座,由客方就座;进门时的左侧为下座,由主方就座。双方主谈人员应各自坐在己方一侧的正中间。副手或翻译坐在主谈人员右边的第一个座位,其他参谈人员以职位高低为序,依次右一个、左一个,分别坐在主谈人员的两侧。

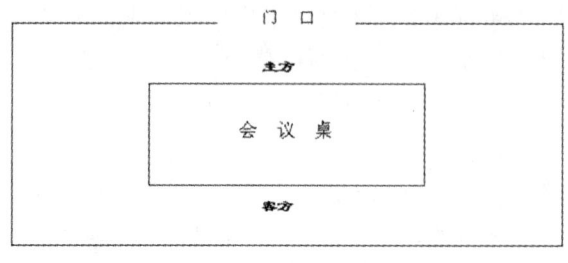

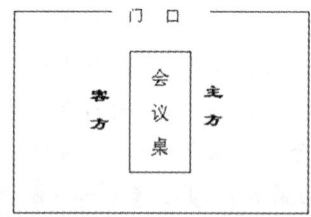

图 11-1 谈判座次

知己知彼,百战不殆。为了取得洽谈的主动权,必须进行信息准备。要做好市场调研,要了解对方的业务情况,对对方参与洽谈人员的基本情况、每个人的谈判风格、对己方的态度等要了如指掌,以便制订相应的策略。

📖 阅读材料:掌握谈判对手背景资料

1954 年召开的柏林四国外长会议,美国国务院曾专门研究过苏联外交部部长维·米·莫洛托夫开会的习惯。1954 年国务卿詹姆斯·伯恩斯在出席莫斯科会议之前,甚至研究了列宁的著作,特别是他关于谈判签约的论文。肯尼迪总统要到维也纳和赫鲁晓夫会谈之前,研究了对方所有的演说词和发表过的谈话,甚至连早餐习惯和音乐爱好也不放过。所有这一切都为后来的谈判打下了坚实的基础。

谈判之初,谈判双方接触的第一印象十分重要。初次与人交往,有的人便能给人留下深刻的印象甚至终生难忘,有的人却似过眼烟云不能给人留下半点记忆,这就是第一印象不同的结果。心理学实验表明,人际交往中,双方接触的前 3 分钟是形成直觉至关重要的时间区域,这 3 分钟的感觉如何,会一直影响到以后交往相当长的一段时间甚至交往的全过程。这就是所谓的首因效应,也叫 3 分钟效应。如何把握好这关键的 3 分钟,给人留下良好的第一印象呢?谈判者的仪容仪表非常重要。参加谈判的人员应认真修饰个人仪容,女士化妆应当淡雅清新、自然大方,绝不可以浓妆艳抹。参加正式谈判时的着装,一定要简约、庄重,切不可摩登前卫、标新立异;一般而言,选择深色套装、套裙,白色衬衫,并配以黑色皮鞋,才是最正规的。得体的服饰反映出一个人良好的品德修养和精神风貌,由此产生光环效应,从而使人产生信任感和亲切感。

谈判之初可选择双方共同感兴趣的话题稍作寒暄,以沟通感情,创造温和气氛。谈判中应当尽量使用委婉语言,这样易于被对方接受。在意见不同时可以这样说,"您说的有一定道理,但实际情况稍微有些出入",然后再不露痕迹地提出自己的观点。这样做既不会有损对方的面子,又可以让对方心平气和地认真倾听自己的意见。当对方陷入困境或有难办之处时,应向对方表示友好,可以暂时放下谈判问题闲聊一下,或开诚布公问明对方的困难,设身处地为对方着想,通过友好宽慰的语句营造和谐的谈判气氛。发问时,要注意语速平和,否则对方会认为你不耐烦或是像在审问人;提出敏感性问题时,应说明一下发问的理由。杜绝使用威胁性、讽刺性的发问语气,也不能采用审问式或盘问式的发问方式。谈判中,要善于倾听,这既是谦恭有礼、有修养的表现,又是掌握对方情况、摸清其底细的制胜之术。多倾听,还要求谈判者在对方陈述本方不感兴趣的问题时,不能不理不睬或装作没听见,而应该适当做出言语或行为的表示,以表明自己的态度。在紧张的谈判中,没有什么比长久的沉默更令人难以忍受。但有时需要沉默,恰到好处的沉默可以取得意想不到的良好效果。

谈判中,谈判者通过姿势、手势、眼神、表情等非发音器官来表达的无声语言,往往在谈判过程中发挥重要的作用。谈判中,谈判者的手势要自然,不宜乱打手势,以免造成轻浮之感。切忌双臂在胸前交叉,会显得傲慢无礼。谈判中,保持适度的目光交流,既是对言谈者的欣赏和鼓励,也是表示自己在充满兴趣地倾听,这无疑会加深对方对你的好感。有一次法国某企业老板与我方交流,我方一领导在交谈时一直只注视中方的翻译,法国老板认为没有受到应有的尊重,最后决定以后不到中国投资了。一个礼仪上的缺失竟导致了一个潜在的国际投资流产。谈判中,还要细心观察对方举止表情,并适当给予回应,这样既表现出尊重与礼貌,又可了解对方意图。

在谈判桌上,每一位成功的谈判者均应做到心平气和,处变不惊,不急不躁,冷静处事。既不成心惹谈判对手生气,也不自己找气来生。在谈判过程中,需要十分注意情感的流露。有时候,感情的流露是难以抑制的。如果处理不当,矛盾激化,就会使谈判陷入困境,双方之间很难再合作下去。在适当的时候,真诚地赞美对手可以扭转对手的低落情绪,甚至是愤怒情绪,对进一步开展合作很有帮助。

在涉外谈判中,要对对方文化背景和礼仪习俗等有所了解,以便更好地沟通。由于不同文化间客观存在着交流技巧差异,如沉默时段、插话次数和凝视时间差异。特别是当这种差异较为明显时,信息不对称就自然产生了。在涉外谈判中,要对谈判中的误解、需要的时间等有充分的准备,反复确认每一个细节。由于双方对对方文化不一定很了解,很多在本文化谈判中约定俗成的方面需要向对方解释、做说服工作。

📖 阅读材料:文化差异带来的误解

中方某公司和日本公司商务谈判。谈判中,中方谈判人员高兴地发现,每当他们提出一个意见时,日方都微笑点头。他们以为这次谈判特别顺利,日本人很讲究效率。直到他要求签合同时才震惊地发现,日本人并没有同意他们的任何条款,他们的点头仅仅是一种礼貌,表示"听到了",并不表示同意任何观点。

在一次商务谈判中,中、美双方马上就要签合同了,细心的一位中方工作人员发现合同上的报价与谈判时不同,中方义愤填膺地去找不讲信用的美方,美方觉得不可思议:"这不就是大家在谈判时达成的价格协议吗?只不过当时说的是'吨',为了便于精确计算,我们用了'公斤'而已。"经过长时间争辩,大家才弄清楚原因所在:中方提出每吨的报价时,翻译直接用了"ton"这个单位。中方当然用的是公制重量单位,1 吨=1000 公斤;而美制中分"长吨"和"短吨",1 长吨=1.016 公吨=1016 公斤,1 短吨=0.9072 吨=907.2 公斤,美方也理所当然地按有利于自己的长吨来理解。于是,谈判不得不重新回到价格阶段。

谈判往往是一种利益之争,因此谈判各方无不希望在谈判中最大限度地维护或者争取自身的利益。然而从本质上来讲,真正成功的谈判,应当以妥协即有关各方的相互让步为其结局。这也就是说,谈判不应当以"你死我活"为目标,而是应当使有关各方互利互惠,互有所得,实现双赢。在谈判中,只注意争利而不懂得适当地让利于人,只顾己方目标的实现而指望对方一无所得,既没有风度,也不会真正赢得谈判的。

在谈判过程中,不论身处顺境还是逆境,都不可意气用事、举止粗鲁、表情冷漠、语言放肆。在任何情况下,谈判者都应该待人谦和,彬彬有礼,对谈判对手友善相待。即使与对方存在严重的利益之争,也切莫对对方进行人身攻击、恶语相加、讽刺挖苦。

二、签字仪式礼仪

谈判往往是秘密进行,达成协议后通常举行签字仪式。签字仪式,一般是指订立合同、协议的各方在合同、协议正式签署时所举行的仪式。举行签字仪式,不仅是对谈判成果的一种公开化、固定化,而且也是有关各方对自己履行合同、协议所做出的一种正式承诺。

📖 阅读材料:"以左为上"or"以右为上"

通过长期洽谈之后,南方某市的一家公司终于同美国的一家跨国公司谈妥了一笔大生意。双方在达成合约之后,决定正式为此举行一次签字仪式。因为当时双方的洽谈在我国举行,故此签字仪式便由中方负责。在仪式正式举行的那一天,让中方出乎意料的是,美方差一点要在正式签字之前临场变卦。原来,中方的工作人员在签字桌上摆放中美两国国旗时,误以中国的传统做法"以左为上"代替了目前所通行的国际惯例"以右为上",将中方国旗摆到了签字桌的右侧,而将美方国旗摆到了签字桌的左侧。结果让美方人员恼火不已,他们甚至因此而拒绝进入签字厅。这场风波经过调解虽然平息了,但它却给了人们一个教训。

(一) 签字厅的布置

除了专用签字厅,也可以将会议厅、会客室按照签字厅的规范进行布置。正规的签字桌应该为长桌,上面铺有深绿色的台布。签字桌应面向房门,横放于室内。如果是双边合作,桌子后面应摆放两把椅子;如果签署的是多边合同,可以为每位签字人摆一把椅子,也可以只摆放一把椅子,供签字人轮流就座。签字厅内除了上述必要的签字用桌椅外,一般不摆放其他的陈设。签字桌上应事先放好待签的合同文本、签字笔、墨水、吸水纸等文具。在隆重的政府间或有政府代表参与的签字仪式,可悬挂双方国旗。一般情况下,企业间的签字仪式不悬挂国旗。

(二) 签约礼仪

签约仪式的主方应提供待签合同文本,稳妥起见,还可向各方提供一份副本。在准备时可以会同各方指定人员一起进行文本的校对、印刷和装订等准备工作。正式合同文本应尽量精美,内页以高档的白纸印刷,规格一般为大八开,可以采用软木、真皮等作为文本封面。签字人视合同的性质由各方确定,一般由谈判代表出任签字人。

各方签字人的身份应大体相当。参加签字仪式的随行人员，一般由各方参加会谈的人员组成，人数也应大体相等。

签字仪式是非常正规而严肃的，因此，各方签约人员也应该格外重视自己的服饰礼仪。签字人、助签人以及各方随行人员都应该穿着正式商务套装。签字仪式上的礼宾人员可以穿自己的工作制服，女士可以穿西服套裙或者旗袍类的礼仪性服装。

签署双边合同时，主方签字人应坐在签字桌的左侧，客方签字人坐在签字桌的右侧。双方各自的助签人应站在己方签字人的外侧，以便在签字过程中随时对签字人提供帮助。双方其他随行人员可以按顺序在自己一方签字人的对面就座，或按照职务高低列成一排站在签字人的身后。排列时主方自右向左、客方自左向右，如果一排位置有限，可以继续排列站在第二排、第三排。签字仪式排位如图11-2所示。

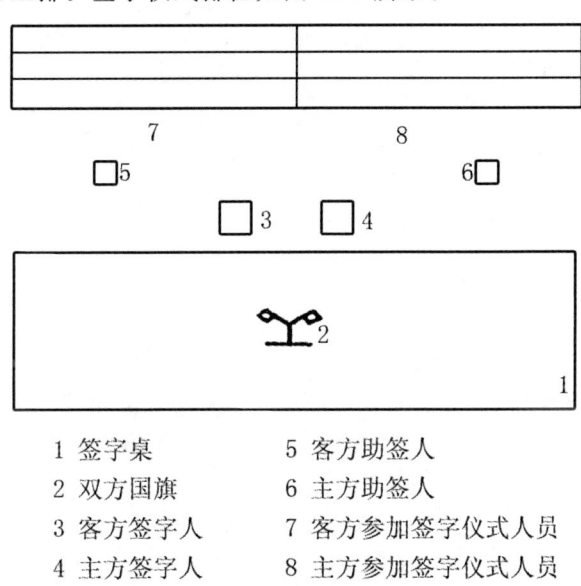

1 签字桌　　　　5 客方助签人
2 双方国旗　　　6 主方助签人
3 客方签字人　　7 客方参加签字仪式人员
4 主方签字人　　8 主方参加签字仪式人员

图 11-2　签字仪式排位

签署多边合作协议时，签字桌后面仅设一把座椅的情况居多。各方签字人可以依照事先约定的顺序，依次前去签约。各方的助签人应遵照"以右为尊"的惯例，站立于签字人的左侧。其他各方的随行人员应按照一定的顺序站立或就座。

签字仪式按照预定的时间开始后，各方签字人员按顺序进入签字厅，按照座次礼仪在既定的位置上就座。签字时由助签人协助翻开文本，指明签字处。各方应首先在己方的文本上签字，再交由他方签署，交换的工作应由助签人来完成。在己方文本上签字时，应当使自己名列首位，这样在次序排列上可以使有关各方都有机会居于首位，以示各方平等。在礼仪上，这种做法被称为"轮换制"。如果签署的是多边合同，一般由主方代表先签字，然后依一定次序由各方代表签字。

签字完成后，助签人换回各自的文本，各方签字人相互握手，随行人员应起立鼓掌表示祝贺。有时签字会交换各自刚刚使用的签字笔作为纪念。此后，礼宾人员应端上香槟酒，大家共同举杯，相互祝愿，签字仪式在喜庆的氛围中圆满结束。

由于各国国情的差别，决定了签字仪式也不尽相同，没有一套固定的做法。我方人员在外国参加签字仪式,应尊重该国举行签字仪式的传统习惯。有的国家可能会准备两张签字桌,有的国家可能要求参加签字仪式的人员坐在签字人对面,对此不必在意。

1. 学生自主学习签字仪式服务程序,进行从站立门口迎客,到签字仪式结束送别客人的整个过程的模拟演示。

2. 请你通过收集资料,说说各国谈判者都有哪些典型特征?

第十二讲 公关礼仪

中国是文明古国,公共关系的思想与活动可以追溯到有文字记载的远古时代。孔子说:"有朋自远方来,不亦乐乎!"孟子说:"天时不如地利,地利不如人和。"这些都同现代公关活动的基本原则和追求目标相一致。所谓公共关系礼仪,就是社会组织的公共关系人员或其他人员在公共关系活动中,为了树立和维护组织的美好形象,开展公共关系活动时必须遵循的尊重公众,讲究礼貌、礼节,注重仪表、仪态、仪式等的程序或规范。在公共关系交往中,公关礼仪显示出独特的魅力。

学习任务 1　公关聚会活动的组织礼仪

中国古代最著名的饭局,莫过于两千多年前的那场鸿门宴,但觥筹交错背后暗藏的玄机、杀机却未必是中国饭局传统的常态。同样是司马迁,他在《史记·孟尝君列传》里的另外一段,却写出了中国饭局的原汁原味。孟尝君广招宾客,对于那些投奔自己而来的侠士,无论贵贱都与自己吃一样的馔品。但明白人一眼就能看出,这里所谓请客吃饭,从一开始吃的就不是饭桌上的东西。而战国四君子,门下笼络了食客三千,每日都会有大大小小的饭局开张——中国最早的圈子文化,就这样诞生在夜夜笙歌的饭局之中。

当前,宴请活动就其目的性质而言,大约分为三种。一种是礼仪性质的,如为迎接重要的来宾或政界要员的公务性来访;为庆祝重大的节日或举行一项重要的仪式等举行的宴会,都属于礼仪上的需要,这种宴会要有一定的礼宾规格和程序。另一种是交谊性的,主要是为了沟通感情、表示友好、发展友谊,如接风、送行、告别、聚会等。再一种是工作性质的,主人或参加宴会的人为解决某项工作而举行的宴请,以便在餐桌上商谈工作。这三种情况又常交相为用、兼而有之。

所谓聚会,通常是指一定数量的人们为了某个特定的目的而聚拢在一起,进行娱乐或

交流等活动。它是人们联系的纽带,是促进友谊与交流的重要形式。中国古代文士阶层就有以文会友的优秀传统,"或十日一会,或月一寻盟"的雅集现象是中国文化艺术史上的独特景观,比如兰亭雅集。

一、聚会组织者礼仪

聚会组织者需注意以下几点。一是要全面细心,注意细节。如询问参加者意愿、联络时间地点、计算人数、最后的通知与预定,甚至交通和住宿等,都必须一一考虑到,不能有任何遗漏,否则就会造成不便。二是重在实质,开心为主。聚会的核心实质无非是联络感情、增进交流,重在大家开心尽兴,而不是一定要追求设施的豪华,费用的高昂。三是形式多样,讲求平衡。聚会的内容应当根据参加者的年龄、喜好等情况的不同而做不同的安排,尽量符合参加者的口味。活动形式应当多种多样,健康向上,生动活泼。某些较正式的聚会场合可以设置主持人以组织协调整个活动过程,还能起到活跃气氛的作用。

📖 阅读材料:一顿饭"吃掉"一笔大生意

我国北方某大型企业与一家美国大公司商谈合作问题,这家企业花了大量功夫做前期准备工作。在一切准备就绪之后,该企业邀请美国公司派代表来考察。前来考察的美方代表在这家企业领导的陪同下,对企业的生产车间、技术中心等场所,以及中方技术人员的能力都表示了相当程度的认可。中方企业非常高兴,设宴招待美方代表。宴会选在一家十分豪华的大酒楼,有20多位企业中层领导及政府官员前来作陪。美方代表以为中方还有其他客人及活动,当知道只为招待他一人之后,感到不可理解。美方代表在回国之后,发来一份传真,拒绝与这家中国企业合作。中方认为企业的各种条件都能满足美方的要求,对代表的招待也热情周到,不明白为何会遭到美方的拒绝,于是发信函询问。美方回复说:"你们吃一顿饭都如此浪费,要把大笔的资金投入进去,我们如何能放心呢?"

二、常见聚会形式的组织礼仪

(一) 宴会

在商务公关活动中,宴请是商务场合中表示欢迎、庆贺、饯行、答谢,以增进友谊和融洽气氛的重要手段。宴请的形式多样,有宴会、冷餐会、酒会、工作进餐等。宴会是正餐,有午宴和晚宴之分,以晚宴最为隆重和正规。冷餐会是一种较为灵活,不备正餐的宴请形式。冷餐会的特点是不排席次,席间可自由活动,宾客自由取食进餐。酒会,亦称鸡尾酒会。这种宴请形式的最大特点是活动范围大,不设座椅,主客都可随意走动,适宜双方自由地交谈,气氛显得比较活泼,而且宾客可以在整个活动中的任何时候到达或退席,不受拘束。工作进餐是一种以谈论工作为目的的宴请形式,边吃边谈问题。一般是在日程安排不开的时候,才采用这种方式。工作进餐按用餐时间可分为工作早餐、工作午餐和工作晚餐。

📖 阅读材料:毛主席反对冗长的宴请活动

毛泽东一生的外交活动波澜壮阔,但只有两次出国访问。1949年12月22日,他参加克里姆林宫举行的庆祝斯大林70寿辰的宴会,从晚上8时开始,一直开到了第二天凌晨1点多才散。回到驻地,便对汪东兴说:"我不知道苏联的宴会为什么要搞这么长?吃也没什么好吃的,看也没什么好看的,鼓了一晚上掌,手都鼓痛了。我们回去不学这个。吃饭就好好吃饭,看戏就好好看戏。"

正因为宴请是公关活动的一种手段,因此宴请活动的整个组织安排应该始终贯穿公关活动的宗旨,又合乎礼仪的规范。宴请的规格应视宴请的目的和参加人员的身份来确定,规格过低显得失礼,规格过高亦无必要。宴请的方式则主要以公关活动的性质和内容来确定,以礼节性为主题的公关活动采用宴会形式比较合适,而庆祝性、纪念性主题的公关活动采用冷餐会、酒会的形式更有气氛,以谈论某项特定工作为主题的公关活动则采用工作进餐的形式最为恰当。当然,这没绝对的限制与界定,应该因人因事而异。

📖 阅读材料:古代宴饮礼

传统的古代宴饮礼仪,要折束相邀,到期迎客于门外;客至,互致问候,引入客厅小坐,敬以茶点;导客入席,以左为上,是为首席。席中座次,以左为首座,相对者为二座,首座之下为三座,二座之下为四座。客人坐定,由主人敬酒让菜,客人以礼相谢。宴毕,导客入客厅小坐,上茶,下地至辞别。席间斟酒上菜,也有一定的规程。在古代正式的廷宴中,座次的排定及宴饮仪礼是非常认真的,有时显得相当严肃,有的朝代皇帝还曾下诏整肃,不容许随便行事。汉代初年的一次礼制改革,主要便是围绕宴礼进行的。我们现在的盛大国宴,则是在请柬上注明应邀者的姓名和席位号码,简单明了。与宴者只要按照席号入位,一般是不会发生差错的。

宴请的范围确定较为复杂,一般以"少""适"为原则,没有原则的泛泛而请,只会失去宴请的意义。特别是不考虑涉及公关活动多边之间的关系而盲目邀集于同一次宴请的做法,很可能会使宴请的本身成为公关活动最终失败的导火线。若有必要,除工作进餐形式外,还可邀请宾客的配偶出席宴请,不过应该首先明确配偶的出席仅仅是出于礼仪的需要还是对这次公关活动可能发生影响,弄清这一点至关重要。宴请的范围大致确定后,出席人数保持偶数的意识同样重要。因为就某一桌而言,这样做可以使每一个人都至少有一个谈话对象,而这又正是从礼仪的角度出发所必须考虑周到的。宴请日期和时间的确定应该照顾到出席宴请活动的主要公众和大部分公众的习俗。一般不要选择对方有重大节日、假日,有重要活动的日子,更要注意避免对方有禁忌的日子。

正式宴请的请柬通常需在一周至两周前发出,以便被邀请者及早安排。当然,公关活动的特点决定了有时没有那么充裕的时间,但也必须以尽早为原则。有时为了周到起见,在宴请活动的前夕,不妨再用电话联系,对被邀请者是否收到请柬和是否能够出席宴请予以确认。

在宴会上,若所设餐桌不止一台,则有必要正式排列桌次。排列桌次的具体讲究有三。第一,以右为上。当餐桌分为左右时,应以居右之桌为止。此时的左右,是在室内根据面门为上的规则所确定的。第二,以远为上。当餐桌距离餐厅正门有远近之分时,以距门远者为上。第三,居中为上。当多张餐桌并排排列时,一般以居于中央者为上。在大多数情况下,以上三条桌次排列的常规往往是交叉使用或同时使用的。

在中餐宴会上,席次安排的具体规则有四。第一,面门为主。即主人之位,应当面对餐厅正门。有两位主人时,双方则可对面而坐,一人面门,一人背门;其中面门者在地位上高于背门者。第二,主宾居右。它的含义是,主宾一般应在主人右侧之位就座。第三,好事成双。根据传统习俗,凡吉庆宴会,每张餐桌上就座之人应为双数。第四,各桌同向。通常,宴会上的每张餐桌上的排位均大体相似。

"英雄排座次",可以说是整个中国食礼中最重要的一项。《红楼梦》里有一段描述贾府中秋赏月的宴饮活动的内容:"凡桌椅皆是圆的,特取团圆之意。上面居中,贾母坐下。左边是贾赦、贾珍、贾琏、贾蓉,右边是贾政、宝玉、贾环、贾兰,团圆围住。"宴会在圆桌上进行,座次是尊卑有序、长幼有序。贾母是"老祖宗",在上面居中坐下。贾赦是长子,所以在左;贾政是次子,所以居右。从古到今,因为桌具的演进,所以座位的排法也相应变化。但总的来讲,座次尚左尊东、面朝大门为尊。家宴首席为辈分最高的长者,末席为最低者;家庭宴请,首席为地位最尊的客人,主人则居末席。首席未落座,都不能落座,首席未动手,都不能动手。

中式宴会多使用圆桌,每张餐桌上的具体位次都有主次尊卑之分。如果是多桌中餐,宴会的主人应该坐在主桌上;每张桌上都有一位主桌主人的代表,作为各桌的主人,负责照应客人,其位置一般应以主桌主人同向就座,而其两侧的座位是留给本桌上宾的。除非受到邀请,赴宴者也不宜去坐。安排就餐人数一般应限制在10人之内,并且以双数为好。

在国际交往场合和商务交际场合,中餐习惯于按职务和身份的高低排列席位。如果夫人或女士出席,通常是将女士排在一起,即主宾坐在男主人右上方,其夫人坐在女主人右上方。餐桌座次目前有两种排列方式:一是单主人式的排列方式,这是当今中国的主流餐桌座次排列方式。其排列方法:主宾在主人的右边就座,形成一个谈话中心。二是双主人式的排列方式,这是不少国家所推崇的餐桌座次排列方式。其排列方法:如果主人夫妇就座同一桌,以男主人为第一主人,女主人为第二主人,主宾和主宾夫人分别坐在男女主人右侧,桌上形成两个谈话中心,如图12-1所示。

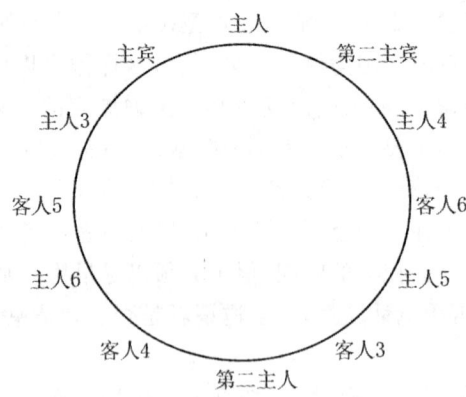

图 12-1 双主人式餐桌座次安排

在餐桌上,座次安排方面有两个潜规则。第一个潜规则,主一的级别高于或平于客一的级别,传统的排法是无须变化的。但如果客一的级别高于主一的级别,就要分两种情况区别对待。第一种情况,客一比主一级别高,同时又是主一的顶头上司、上级领导,或者是生活中的长者、父母、老师等,那么,主一和客一需要互换位置。第二种情况,还是客一比主一级别高,比如一个公司的部门经理,宴请的是另外一个大公司的总裁级人物,按照个人声望和成功度,那位客人应该高于主一,但两人之间没有隶属关系,主一可以大大方方地坐在主一的位置,客一坐在主一的右边。第二个潜规则,在餐桌礼仪中还有一种位置关系,就是主一和他对面位置的关系。一般这种餐桌座次叫一头沉,一头沉当然就有一头轻了。主一的位置沉,对面的位置就轻。但在商务宴请中我们发现,主一对面的座位往往是一个特定的位置。比如,一个单位的一把手请客,坐在对面的人的职位一般是办公室主任、秘书处的领导,或者是后勤方面的部门领导,负责点菜买单的工作。

西餐宴会一般使用长条桌,英国式的座位顺序是主人坐在桌子两端,原则上是男女交叉而坐,如图 12-2 所示;法国式的座位顺序是主人相对坐在桌子中央,以女主人的座位为准,主宾应当坐在女主人的右上方,主宾夫人坐在男主人的右上方。

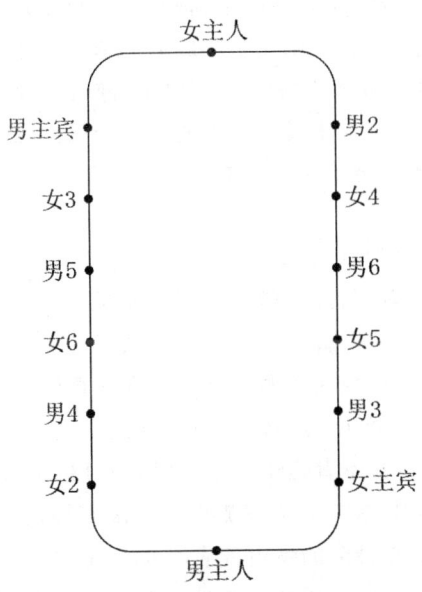

图 12-2　英国式餐桌座次安排

根据中国人的饮食习惯,与其说是请吃饭,还不如说成请吃菜。中餐安排菜单时有"四忌三优"之说。"四忌"是指在安排菜单时,必须考虑来宾,特别是主宾的饮食禁忌,主要有四类。一是宗教方面的饮食禁忌。例如,国内的佛教徒少吃荤腥食品,它不仅指的是肉食,而且包括葱、蒜、韭菜、芥末等气味刺鼻的食物。二是健康方面的原因。高血压、高胆固醇患者,要少喝鸡汤等。三是地域性饮食偏好方面的原因。宴请外宾时,尽量少点生硬需啃食的菜肴,西方人在用餐中不太会将咬到嘴里的食物再吐出来。四是职业方面的原因。比如,驾驶员工作期间不得喝酒。"三优"是指优先考虑的菜肴有三类。一是有中餐特色的菜肴。像春卷、饺子、宫保鸡丁等,称不上佳肴美味,但因为具有鲜明的中国特色,受到很多外国人的推崇。二是有本地特色的菜肴。比如西安的羊肉泡馍、杭州的西湖醋鱼,在这些地方宴请外地客人时,上特色菜恐怕要比生猛海鲜更受好评。三是餐馆的特色菜。很多餐馆都有自己的特色菜,上一份本餐馆的特色菜,能说明主人的细心和对被请者的尊重。

📖阅读材料:古诗菜谱

有一个餐厅推出古诗菜谱:两个黄鹂鸣翠柳(韭菜上俩鸡蛋黄),一行白鹭上青天(一片菜叶上铺一行切成片的蛋白)。窗含西岭千秋雪(四根韭菜围一框,里面洒点碎蛋白),门泊东吴万里船(清汤上浮两蛋壳)。

(二) 舞会

如今,宴会、酒会和舞会也被称为社交三会,舞会是其中最具有娱乐性的一项社交活动,同时也是自我展示和促进社交关系的重要方式。

📖阅读材料:舞会在中国的发展

舞会自二十世纪二十年代传入中国以后,经历了曲折发展的历史。二十世纪三四十年代在东南沿海和长江沿岸城市掀起第一个高潮后,因地痞流氓,赌徒恶棍等利用舞会进行不正当活动和用舞池滋事,使舞会蒙上了肮脏的色彩。新中国成立后,舞会又曾一度在大陆各地流行,特别是大学校园里比较盛行。但是,随之而来的政治运动又把舞会视为"黄色""下流"之地。于是,舞会在中国几乎绝迹。二十世纪七十年代末开始,中国的一些年轻人又开始学习跳舞。舞会再次从无到有,从"地下"到公开,很快在全国广大城镇流行起来。

举办任何一场舞会,都要为其找到一个恰当的名义,如庆祝生日、纪念结婚、晋职升学、欢度佳节、款待贵宾等。换而言之,碰上这些情况时,便是举办舞会的最佳时机。在一般情况下,周末和节假日也非常适合举办舞会。

根据惯例,舞会应当安排在晚间举办。每场舞会的具体时间长度,一般以两个小时左右为宜。普遍认为,晚上7点至9点或者8点至10点是最适合举办舞会的时间。没有特殊的原因,一场正规的交谊舞会不宜长于四个小时,而且也不应当延续到子夜时分。

比较正式的舞会首先应考虑的是邀请哪些人员来参加,并给每位被邀请者发一个请柬。请柬上最好简要说明举办舞会的事由或者目的。请柬上注明舞会持续的时间,客人可在此期间任何时候到场与退席。舞会一般是男女相伴起舞,因此,邀请的男女客人的人数应大致相等。对已婚者,一般应请夫妻双方。如举办会议专场舞会时,代表中一般以男性居多,舞会主持者应事先从本单位或兄弟单位邀请一些女士前来伴舞。

舞池的大小应当适度,最好与跳舞的总人数大致般配,人均1平方米最佳。舞场过小,客人有拥挤感,不便于翩翩起舞,而舞场过大时,整个舞场空空荡荡,又显得气氛不够热烈。另外,舞场的布置要突出欢快、热烈的气氛,灯光的亮度及颜色应调整好。要准备好音响和音乐,如果条件好的还可以请乐队来演奏。舞场四周应摆放好足够的桌椅,以供来宾在跳舞间隙就座。如果是比较重要的酬宾舞会,应免费供应饮料,还可以放一些糖果之类的小食品。

舞会主办者既要选择一些民族乐曲或世界名曲作为伴奏曲,也要选择一些受大众欢迎的流行乐曲作为伴奏曲,以提高共鸣。舞曲要丰富多彩,各种舞步的舞曲要穿插播放,音量要适中,不宜过大或过小。曲目的安排应当有快有慢,在节奏上一张一弛,众宾客各取所需。可将不同国家、不同风格、不同节奏的曲目穿插在一起,使舞曲时而婉转抒情,时而热烈奔放,好似波涛起伏一般,令人为之陶醉。一般的舞会均以《一路平安》等作为最后一支舞曲。此曲一经演奏,等于是在宣布舞会到此结束。

如果是某社会组织举办的舞会专场,常常由该组织的公关人员担任舞会主持人,舞会主持人一般以一对男女或一位女士为宜,可选择外形较好、口齿伶俐、富有应变能力的人员担任这项工作。主持人的主要任务,是要注意控制、调整场地的情绪,使舞会始终保持欢快、热烈的气氛。

舞会从开始到结束,都要十分重视并做好安全保卫工作。闲散人员不准入内,严防社会小痞子混入闹事,衣冠不整者谢绝入场。舞场的气氛要尽量热烈,但舞风必须端正。当发现个别舞客举止不轨时,应由保安人员劝阻或劝其退场。另外,还要有专人保管舞客的衣服、财物,严防发生财物丢失等不愉快的事件。

1. 请你设计一份宴请菜单,应考虑到以下要求:根据宴请性质和人数制定菜单;要体现风味特色,菜品多样化;讲究菜点组合,体现整体效果;因时配菜,突出季节特点;要了解宾客忌讳,注意风俗习惯。

2. 班级组织一场周末舞会,重点演练舞会组织礼仪与舞场礼仪。

学习任务 2　常见公关活动的组织礼仪

1912 年,美国一个小镇有家百货公司即将开张,老板按照当地的风俗在门前横系了一条布带,等待开张。没想到,老板 10 岁的小女儿在牵着狗跑出店外玩时,无意中碰断了这条布带。此时,人们误以为开张了,就争先恐后地拥进去购买货物,结果开市大吉。当这家老板的第二个分公司开张时,老板又想起了这一情景,于是便如法炮制,果然又是财源广进。这两次开业在当地引起了巨大的轰动,人们认为小女孩碰断布带的做法是个好兆头,因此便纷纷争相仿效。开始是请年轻的姑娘撕断布带,后来又用剪刀剪,近代又用彩带取代了原来色彩单调的布带。现在,不仅是商店,一些大的建筑物的落成,大工厂开工或各种展览会开幕,甚至庄严隆重的庆典活动都要举行剪彩仪式。剪彩者已不是年轻的小姑娘,而是一些社会名流、红伶影星甚至是国家领导人。

中国古代的一些经济活动中,人们已经开始自觉或不自觉地运用各种传播手段和沟通技巧来宣传自己,树立自己良好的声誉和形象。当今社会,与外界的交往活动更应该讲究公共关系礼仪。它是组织风貌、员工精神状态、公关人员工作水平和专业技能的最集中体现,也是各种人际沟通和社会交往的方法,处理大量联系事宜与对外事务必须遵从的行为准则。

一、庆典活动的组织礼仪

在商业活动中,往往要举行各种仪式,如开业典礼、周年庆典、荣誉庆典等。针对某项业务活动,举行一个气氛热烈而隆重的仪式,是现代社会的重要社交方式,也是组织方对内营造和谐氛围、增加凝聚力,对外协调关系、扩大宣传、塑造形象的有效手段。组织筹备一次庆典,先要对它做出一个总体的计划。毋庸多言,庆典既然是庆祝活动的一种形式,那么它就应当以庆祝为中心,组织好每一项具体活动,营造热烈、欢快而隆重的气氛。

(一) 确定庆典的出席人员名单

庆典的出席者不应当滥竽充数,或是让对方勉为其难。确定庆典出席者名单时,始终应当以庆典的宗旨为指导思想,一般来说,庆典的出席者通常应包括如下人士:上级领导、社会名流、媒体记者、合作伙伴、社区相关单位人员、单位员工等。以上人员的具体名单一旦确定,就应尽量发出邀请或通知。鉴于庆典的出席人员甚多,牵涉面极广,故不到万不得已,均不许将庆典取消、改期或延期。

阅读材料:礼宾次序及要求

在庆典活动中,东道主可能会接待来自不同身份、不同团体、不同地区的来访人士。这时,要依照约定俗成的方式,以一定的顺序进行位次排列。常规的排序方式有以下四种。(1)职务排列:在这种情况下,礼宾次序排列只凭职务高低,不考虑男女、长幼之别。(2)字母排列:在我国,礼宾次序可按来宾姓名的拼音或笔画顺序来排列;在国际上,则一般以英文字母的顺序进行排列。(3)时间排列:上述两种排列方式难以运用的时候,可依据来宾参加活动的时间早晚进行排列。(4)不作排列:实际上,不作排列是一种特殊形式的排序,有时还要特别注明"排名不分先后"。在多边接待中,此种排列方式主要适用于没有必要进行排序或实在难以进行任何方式的排序。在具体实践中,礼宾次序排列常常不能只用一种方式,而是几种方式交叉运用。另外,礼宾次序亦可灵活变通。如来宾的身份、职位相仿,则可以其声望、资历、年龄为礼宾排序。企业性质相同,也可以按惯用的地域、方位顺序排列。对于关系特殊的来宾,可以破格提高礼遇,以示友好。

(二) 安排好来宾的接待工作

与一般商务交往中来宾的接待相比,对出席庆祝仪式的来宾的接待,更应突出礼仪性的特点。不但应当热心细致地照顾好全体来宾,而且还应当通过主方的接待工作,使来宾感受到主人真挚的尊重与敬意。庆典的接待小组,原则上应由年轻、精干、形象较好、口头表达能力和应变能力较强的男女青年组成。接待小组成员的具体工作有来宾的迎送、引导、陪同、接待等。

📖 阅读材料:接机一般程序

(1) 准备好迎客牌等接机用品,接机人员如果不认识来宾,还应备有来宾的照片。迎客牌制作不要太简陋,应尽量避免白纸黑字,上面用正楷字写相关信息,字迹应该清楚、足够大。迎客牌上书写迎接对象的名字要使用尊称。

(2) 根据来宾提供的航班,预先电询航空公司该航班是否准时或延迟。

(3) 提前到达机场,随时咨询机场问讯处,了解该航班的到达情况。

(4) 至少提前15分钟在机场出口处恭候客人。

(5) 航班落地后,需向正在出闸口的旅客了解其乘坐之航班次,如确认所接航班已到,则马上高举迎客牌,密切注意每一位出闸的客人。同时给司机打电话,让其到你们商定好的出口等候。

(6) 举迎客牌的同时,可根据情况大声报企业名称,以提醒来宾的注意。

(7) 接待特别贵宾时,还需要事先准备海报或横幅,见面时赠予鲜花。献花时间应把握在来宾与参与迎接的主要领导相互介绍、握手之后。

(8) 迎接人员与来宾不宜在机场出口处停留寒暄,因为这会堵塞后面的旅客,可边寒暄边引导来宾到司机泊车处。

(9) 如在旅客全部出闸后都未能接到来宾,必须在原地等候,继续向有关方面查询,了解航班是否确已到达,是否仍有客人没有出闸等,注意出口处的旅客,主动寻找来宾。

(10) 航班到达后超过30分钟,如经多方寻找仍接不到来宾,即按有关漏接客人的工作程序跟查。

在接待工作中,最为常用的双排五人座轿车。在有专职司机驾驶轿车的情况下,车上座次的尊卑自高而低依次应为:副驾驶后座,司机后座,后排中座,前排副驾驶座。如果所乘轿车的车主亲自驾驶轿车,车上其他的四个座位的座次,由尊而卑依次应为:副驾驶座,副驾驶后座,司机后座,后排中座。轿车座次如图12-3所示。为宾客开启车门时,一手将车门打开70度,另一手手指并拢伸直,置于车门框上沿,两脚稍分开战立,上体微有前倾,两眼余光注视车的上沿,轻声提醒客人小心。替客人关上车门时,要先看清客人是否已经坐好,切忌过急关门。

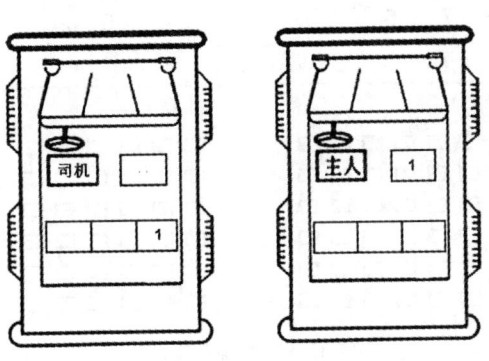

图 12-3　轿车座次

📖 阅读材料：轿车座次安排规则

一般来说，座次礼仪规则可概括为"四个为尊，三个为上"。"四个为尊"是客人为尊、长者为尊、领导为尊、女士为尊，此四类人应为上座；"三个为上"是方便为上、安全为上、尊重为上，以这三个原则安排座次，其中尊重为上原则最重要。

（三）布置好庆祝仪式的现场

举行庆祝仪式的现场，是庆典活动的中心地点。商务人员在布置庆典现场时，需要通盘思考的主要问题有以下几点。一是地点的选择。本单位的礼堂、会议厅，本单位内部或门前的广场，以及外借的大厅等，均可相机予以选择。不过在室外举行庆典时，切勿因地点选择不慎，从而制造噪声、妨碍交通或治安。二是环境的美化。在反对铺张浪费的同时，应当量力而行，着力美化庆典举行现场的环境。三是场地的大小。从理论上说，现场的大小应与出席者人数的多少成正比。人多地方小，拥挤不堪，会使人心烦意乱；人少地方大，则会让来宾对本单位产生"门前冷落车马稀"的感觉。四是音响的准备。对于播放的乐曲，应先期进行审查，不能出现背离庆典主题的乐曲，如那些不够庄重的诙谐曲和使人伤心落泪的爱情歌曲。

如果是非涉外的庆典活动，排列主席台座次的惯例是：前排高于后排，中央高于两侧，左座高于右座。当领导同志人数为奇数时，1号领导居中，2号领导排在1号领导左边，3号领导排右边，其他依次排列；当领导同志人数为偶数时，中线空出来，右边是一号位，左边是二号位，让二号人物始终保持在一号人物的左手边。中线的右边是一号人物，这不是以右为尊，而是以左为尊的一种特殊的表现形式。主席台座次如图12-4所示。

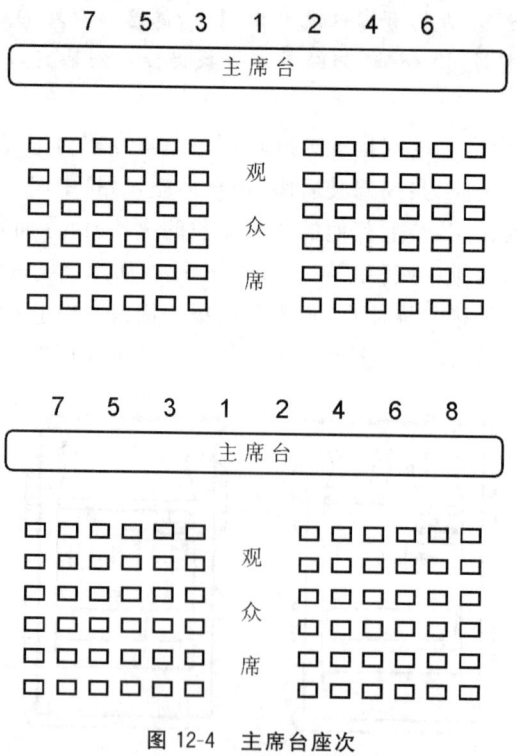

图12-4　主席台座次

（四）拟定好庆典的具体程序

拟定庆典的程序时，有两条原则必须坚持。第一，时间宜短不宜长。大体上讲，它应以一个小时为极限。这既为了确保其效果良好，也是为了尊重全体出席者，尤其是为了尊重来宾。第二，程序宜少不宜多。程序过多，不仅会加长时间，而且还会分散出席者的注意力，并给人以庆典内容过于凌乱之感。

（五）规范庆典参加者的礼仪行为

所有出席本单位庆典的人员，都要注意自身的仪容和仪表，向所有来宾展示本单位员工的精神风貌。有统一式样制服的单位，应要求以制服作为本单位人士的庆典着装。无制服的单位，应规定届时出席庆典的本单位人员必须穿着礼仪性服装。本单位庆典的出席者，上到本单位的最高负责人，下到普通员工，都不得姗姗来迟、无故缺席或中途退场。如果庆典的起止时间已有规定，则应当准时开始，准时结束。以此向社会证明本单位言而有信。在举行庆典的整个过程中，要表情庄重、全神贯注、精神饱满。若庆典之中安排了升国旗、奏国歌、唱"厂歌"的程序，一定要依礼行事：起立、脱帽、立正，面向国旗或主席台行注目礼，并且认认真真、表情庄严肃穆地和大家一起唱国歌、唱"厂歌"。

二、新闻发布会的组织礼仪

新闻发布会，简称发布会，有时亦称记者招待会。它是一种主动传播各类有关信息，谋求新闻界对某一社会组织或某一活动、事件进行客观而公正报道的有效的沟通方式。对商界而言，举办新闻发布会是自己联络、协调与新闻媒介之间相互关系的一种最重要的手段。

筹备新闻发布会，最重要的是要做好主题的确定、时空的选择、人员的安排、材料的准备等工作。在新闻发布会上，主办单位的交往对象自然以新闻界人士为主。在事先考虑邀请新闻界人士时，必须有所选择、有所侧重。新闻记者大都见多识广，加之又是有备而来，在新闻发布会上可能会提出一些尖锐而棘手的问题。遇到这种情况时，发言人能答则答，不能答则应当巧妙地避实就虚，或是直接说无可奉告。无论如何，都不能恶语相加，甚至粗鲁地打断对方的提问。

在新闻发布会上，代表主办单位出场的主持人、发言人，是被媒体视为主办单位的化身和代言人的。有鉴于此，主持人、发言人对于自己的外表，尤其是仪容、服饰、举止，一定要事先进行认真修饰。按照惯例，男士一般深色西装套装、白色衬衫，女士则宜穿单色套裙。在面对媒体时，主持人、发言人都要注意到举止自然而大方，要面含微笑，目光炯炯，表情松弛，坐姿端正。新闻发布会自然就要有新闻发布，媒体就是特意为此而来的。所以在不违法、不泄密的前提下，新闻发言人要善于满足媒体获取新闻信息的要求。

1. 请学生进行机场迎接重要客人的整个过程的模拟演示,一部分学生扮演来宾,一部分学生扮演迎接人员。

2. 某公司将在8月27日举行公司成立十周年庆典,同时要举行公司荣誉室的揭牌仪式,请你列出庆祝大会(包括揭牌仪式)的具体程序。

第十三讲　服务礼仪

当下正处于一个以服务缔造竞争优势的时代,作为服务载体的服务人员,服务水平的高低不仅体现了个人的素质,还是企业形象的代言人。服务礼仪是服务人员给予顾客的一种心理感受,也是服务企业文化的现实表现,更是员工个人品位、信心、仪态、形象、修养的具体反映。注重服务礼仪,按服务礼仪要求服务,是服务人员的最基本要求。

学习任务1　服务文化与礼仪

古装剧里,店小二这一角色很常见,其和颜悦色、恭敬周到的服务态度经常给人留下深刻的影响。总结店小二的服务,应该有这样几个特点。一是嘴甜腿勤,主动热情。"客官,里面请""客官,您吃点啥""客官,请慢用""客官,您走好"……从客人进门到离开,总是和颜悦色,随叫随到,善始善终。二是待客以礼,一视同仁。来的都是客,不管是达官贵人还是贩夫走卒,客人要的酒菜或有不同,自己的服务绝无两样。三是谦恭包容,有理有节。尽心尽力让客人满意,做得好是分内之事,理所应当,做得不好主动认错,努力改进。当好店小二,核心是做好服务,让客人满意。近年来,政府部门也在强调店小二服务,提出"最多跑一次"的服务理念。

服务是从现代经济社会中发展而来的,在古代奴隶社会和封建社会中没有纯粹的服务,服侍是古代人与人关系的主要表现形式。受封建时期礼文化的影响,把服务看成服侍的思想还残留在一些人的潜意识之中。因此,现实中不尊重服务的现象时有发生,这说明人们还没有完全认识到列宁同志早在1920年就提出的"我为人人,人人为我"的服务思想。其实,在现代社会生活中,人人都是服务工作者,人人又都在接受他人的服务。当今世界已经进入了服务时代,只有优质的服务才能赢得顾客的尊重和认可,而优质的服务主要通过注重礼仪来直接体现。

一、服务文化概述

服务是提高竞争力、提升知名度、彰显文明的最为快捷的方式之一。我们正处在一个打造服务文化的时代,人们在接受服务和提供服务中体验全球科学、经济、文化一体化的生活。从广义上讲,服务文化是人们(服务机构)为人类社会展示和创造先进文明的劳动行为科学。从狭义上讲,服务文化是人类爱心善意的情感融入经济交往规范的行为科学。商品产品、文明礼仪、公民素质、服务规范、情感投入、文学艺术、专业知识、自然环境、科技创新、历史法制、企业文化内涵和企业思想意识等文明的创造,共同构成了服务机构乃至一个国家的服务文化要件。其中,商品产品是服务文化构成的第一物质要件,即物质文明;而文明礼仪是服务文化构成的第一精神要件,即精神文明。精神文明对物质文明具有积极的推进作用,可以最大限度地发挥人的智慧,从而更好地创造物质文明和精神文明。

服务的基础是科学,而今,科学发展的观念已经深入人心。科学的服务成为人们在经济来往中交流、沟通的一种生活和工作方式。服务企业不但要建立科学的服务标准,更要建立科学的服务流程。在服务过程中,服务人员应在标准化、规范化、制度化和不影响企业根本利益的基础上,为方便客人和满足客人的需要而提供灵活的服务。如中餐服务的标准程序是先上凉菜,再上热菜和汤,最后上水果,实际上会有不少客人希望在等菜的时间内先吃点水果,这样的要求无疑应给予满足。

服务文化不但要讲科学,还要讲创新。创新,这个在《春秋》中就出现过的词汇,在服务经济时代愈发显示出勃勃生机。世界上没有不变的服务思想,只有创新的服务文化。服务理念要创新,服务管理要创新,服务方法要创新,正如《礼记·大学》所载:"汤之《盘铭》所曰:'苟日新,日日新,又日新。'"

📖 阅读材料:追求极致服务

顾客在收到网购的鞋子之后,通常都会在快递员在场的情况下试穿一下,不合脚的话即可直接发起退换流程。某公司的快递员发现,很多顾客在家门内就近并没有可以坐着试鞋的地方,所以试穿的时候大多需要单脚跳着,就建议在配送鞋子的时候随身带一个小凳子来方便顾客试鞋。这个建议得到公司认同并进行了小范围试点,但试行之后快递员又发现,很多女顾客夏天试鞋的时候是穿着裙子的,坐在小板凳上试鞋容易走光。这对顾客又会是一个负面的感受。尽管该快递公司经过最后综合考量还是决定放弃提供小板凳这一服务,但这正是几千名快递员对服务的每一个细节都进行了反复推敲的体现。

服务是一门艺术,从某种意义上讲,服务工作者也就是艺术工作者。在服务领域,中国人所追求的精益求精的文化传统达到了极高的境界。《随园食单》在须知单中提出了既全且严的二十个操作要求,在戒单中提出了十四个注意事项。《茶经》将对茶的追求细化到种茶、制茶、茶具、茶法等多个层面,共三卷十篇,精细无匹。中国服务业要继承这种传统,为客人提供精致化的服务,向全世界展示中国服务的风采。

📖 阅读材料:庖丁解牛

《庄子·养生主》中有这样一段话:"庖丁为文惠君解牛,手之所触,肩之所倚,足之所履,膝之所踦,砉然向然,奏刀騞然,莫不中音。"这哪里是解牛,分明就是一场艺术表演,宰牛剖肉还能和着音律的节奏,真是神了。或许是庖丁开了个好头,厨师的绝活表演还真就成了艺术表演的一种。

2014年11月10日晚,北京APEC峰会欢迎晚宴在水立方举行。上北京烤鸭时,厨师展现了片鸭技艺。只见厨师手中的刀快速舞动,现场响起一片赞叹声。而后,厨师将餐盘端起,以45度角向在场宾客展示。只见16片鸭肉片组成了一朵中国名花牡丹,再配以丝瓜苗做成的枝叶,雍容华贵,栩栩如生。在河南省举办的全猪宴活动上,一位厨师为食客们表演了一道叫作功夫耳丝的菜品。普通的猪耳朵,经过厨师的妙手,切得如同发丝一般粗细,再拌上葱丝,已然分不出哪些是猪耳朵、哪些是葱丝。雪白的一道菜,夹上一筷子,葱花的微辣和猪肉的香气混合在一起,只觉得口齿生津,食欲大增。河南小伙小冯是位面点师傅,他能把手中的那团面玩到炉火纯青的地步。凭借高超的技术,他曾被阿联酋某家顶级酒店雇用。在那里,某位国外政要入住时,听说小冯能把面条拉到从针眼儿穿过20根那么细,怎么都不敢相信,找到小冯要他现场表演。结果,小冯做到了。

服务文化不仅仅是基于产品上的服务行为规范,还需要情感的投入。有了情感的服务,才能让人们把爱心、善良、正义注入人们的经济交往规范中去,使服务具备鲜活的生命。在对客服务中,热情不能少,真情更可贵,反对华而不实、做作。意大利学者利玛窦·墨特里尼认为:情感是最高明的诈骗集团,每一秒都在让我们做出不可思议的行为。左右购物决策的往往不是合理的判断,而是情感。经济出于人性,认识情绪才能成为聪明的商家和消费者。比如杭州某酒店,为了深入挖掘地方民间特色美食,通过电话、微博、电子邮箱、手机微信等方式,征集了80余道民间菜肴。大厨们在吸取民间意见及传统理念的基础上,融入酒店的餐饮特色,烹制成10多道精选民间菜肴。此后不久,一个海外华侨旅游团入住该酒店。酒店方面了解到这些华侨的原籍大都是杭州,在用餐时就向他们重点推荐了这些民间菜肴。当服务员送上这些美食时,年逾花甲的老人们像孩子一样欢呼起来,菜肴瞬间一扫而空。

📖 阅读材料:乡土美食,让客人找回儿时记忆

当代诗人、美食家二毛在《民国吃家》里写道:"一个人的童年饮食习惯往往决定了其一生口味的基调,一个人成年后的所谓美食,往往也只是在'找回童年的味蕾记忆'而已。"在美国旅居30多年的王阿姨,虽然经常到唐人街吃中餐,但还是觉得不过瘾。为了找回熟悉的味道,她会为买一袋绿豆面跑遍纽约,也会为酿一缸合格的泡菜在家中守候一天调试温度。有时,她干脆飞回福建泉州,去吃地道的泉州传统美食——土笋冻,以解乡愁。改革开放之初,香港船王包玉刚回故乡宁波省亲,当地政府在宁波的一家高档酒楼为包先生接风洗尘。酒楼准备了各种精美的菜肴,但包先生却点名要尝臭冬瓜,弄得酒楼接待人员措手不及。当时,人们都认为臭冬瓜难登大雅之堂,别说高档酒楼,就是一般餐馆也不备这道菜。据说,酒店方面费尽周折,终于在宁波乡下的一位老妪家中寻得了臭冬瓜。包先生吃了以后很是激动,感慨道:"我在香港想臭冬瓜40多年了,今天终于如愿以偿……"

臭冬瓜、土笋冻这些食物放在当年其实很普通,但经过岁月的沉淀,这些食物的味道已化为乡愁的一部分。乡土菜品朴实无华、清闲恬淡,是中国菜的源头。吸取民间乡土风味之精华,充分利用乡土原材料来制作新菜品,是菜品创新的好方法。扬州的蛋炒饭、四川的回锅肉、广东的炒田螺、山西的猫耳朵、河南的烙饼、湖南的蒸钵炉子等菜品,都是源

自民间,落户酒店,成为人人喜爱的美食。总之,民间蕴藏着无穷的宝藏,乡土民间菜有许多好素材,这是现代烹饪采掘不尽的源泉。只要努力吸取,敢于利用,并迎合当地客人,进行适当的改良,创新菜就会应运而生。

服务的特点之一是直接性,即由服务人员面对面地为客人提供服务。因此,服务本身就是服务企业的商品。既然是商品,就必然存在质量问题。服务质量由服务态度、服务知识和服务技能三方面构成。在这三方面中,尤其以服务态度最为重要,服务态度的标准就是热情、主动、耐心、周到、谦恭,其核心就是对宾客的尊重与友好,也就是注重礼节礼貌。客人希望自己是受企业和服务人员欢迎的人,希望见到服务人员热情的笑脸,希望自己被尊重;希望服务员能尊重自己的人格,尊重自己的意愿。服务企业员工应该有这样的观念:凡是在我们企业消费的,无论富贫、职位高低,无论年龄、种族、宗教信仰、政治背景有何差异,都是我们的客人,都应该受到公平、平等地对待,都应该能得到优质的服务。

服务企业一般都为客人提供双重服务,即功能服务和心理服务。功能服务满足消费者的实际需要,而心理服务就是除了满足消费者的实际需要以外,还要能使消费者得到一种"经历"。从某种意义上讲,客人就是花钱"买经历"的消费者。服务工作从本质上来说是一种与人打交道的工作,是通过人际沟通和服务来实现的。客人在服务企业的经历,其中一个重要的组成部分,就是他们在这里所经历的人际交往,特别是他们与服务人员之间的交往。这种交往,常常对客人能否产生轻松愉快的心情,能否带走美好的回忆,起着决定性的作用。

📖 阅读材料:服务带来的美好

有人说:"没有快乐的员工,就没有快乐的客人;没有快乐的客人,就没有快乐的员工。"此言不虚。有个小男孩来到冰激凌店,问一个大冰激凌多少钱,服务员和气地告诉他是65美分,男孩又问小冰激凌是多少钱,回答是55美分。于是小男孩花55美分买了个小冰激凌,并给了服务员10美分的小费。服务员很奇怪男孩为什么不买大的,男孩回答说,如果他买了大的就没钱付小费了。服务员很感动,说无论有无小费他都乐意为男孩服务,并真诚地表示感谢。男孩却说,正是服务员的良好服务让他觉得一定要付小费,最后男孩和服务员的感受都非常好。

在社会大舞台上,每个人都像演戏一样,在不断变换着自己所扮演的角色。例如,在工作场合扮演提供服务者角色的人,在休闲度假时也会扮演客人的角色。在社会生活中,人与人之间的关系是平等的,这里指的是人格上的平等,人们彼此应该相互尊重。但是,这并不意味着他们所扮演的角色也应当是平等的。社会分工允许和要求角色之间有合理的不平等。比如在旅游行业中有一句顺口溜:"客人坐着你站着,客人吃着你看着,客人玩着你干着。"这是服务者与客人这两种角色之间合理的、必要的不平等,是社会分工的要求。当然,角色之间的不平等并不意味着作为角色扮演者的人是不平等的。

二、志愿者服务文化与礼仪

服务是每一个人应尽的义务,也是社会公德的基本表现。印度著名诗人泰戈尔曾说:"花朵已芬芳熏香了空气,但它最终的任务,是把自己献上给你。"那些无私帮助他人、服务社会的人们,正如泰戈尔所说,他们的生命就像花朵一样,奉献自己,熏香别人。这样的一群人,我们称之为志愿者。他们为他人、为社会奉献的行为,我们称之为志愿服务。志愿服务就是个体为了增进邻人、社区、社会的福祉而进行的非营利性、不支酬、非职业化的行为。

(一) 中国源远流长的志愿文化

虽然"志愿者"和"志愿者组织"等外来词在我国出现的时间并不是很长,但志愿精神早就扎根于悠久的中国传统文化之中。孔子以"仁爱"作为君子的首要道德情操;孟子在《孟子·梁惠王上》中提出"老吾老以及人之老,幼吾幼以及人之幼";墨子主张"使天下兼相爱";韩愈提出了"博爱"。我国的宗教文化也对慈善思想有着重要的影响,如佛教的"大慈大悲"与道教的"积善成仙"思想。中国传统文化是中华民族发展的内在动力之一,它蕴含的助人、爱人精神是我们今天开展志愿服务活动的重要动力。我国的志愿者正是在继承这一优秀传统文化的基础上,投身于志愿事业的。

📖 阅读材料:中华传统美德之助人为乐

助残济困,乐善好施,路见不平,拔刀相助,是历来为人所称道的高尚行为,也是中华民族优良传统美德之一。其基本出发点在于,作为一个人,尤其是处境相对好一些的人,一旦发现别人因一时之困深陷窘境不能自拔的时候,应该毫不犹豫地伸手相助,扶危济困。这是为人处世的最起码的要求,也是一个社会能够得以正常维系和运转的重要条件。我们把具有这种高尚情操的人称作有道德的人。有道德的人宁可忍一时之困,也要济他人于困境之中,宁可牺牲自己也要维护神圣的道义原则。伟大的共产主义战士——张思德、雷锋等,是这种有道德的人中的楷模和典范。他们以"毫不利己,专门利人"、"把有限的生命投入到无限的为人民服务之中去"的思想和行为,谱写了一曲光照千秋的道德篇章。

1939年2月20日,毛泽东同志在给张闻天同志的信中,最早提出"为人民服务"的概念。1963年3月5日,毛泽东发出"向雷锋同志学习"的号召,在全国掀起了"学雷锋"活动的热潮。如今,半个多世纪过去了,学雷锋活动仍在持续进行。在价值多元化的今天,越来越多的人认同并实践着雷锋的精神,但他们有了一个新的名字——志愿者。每年的3月5日,不仅仅是学雷锋日,也是中国青年志愿者服务日。2008年,北京奥运会志愿者的微笑和5·12四川汶川特大地震中志愿者的卓越表现,既感动了中国,也感动了世界。联合国志愿组织中国项目官员曾说:"2008年将是中国志愿服务元年。"

(二) 大型运动会志愿者服务礼仪

根据国际惯例,凡遇大型运动会,都可以引入一部分志愿者来承担部分服务性或宣传性工作,这也是举办方解决人手问题的一个良好渠道。志愿者的礼仪水准绝不仅仅代表志愿者本人,更代表了东道国的总体水准。

📖 阅读材料:"女神"是怎样炼成的?

在北京奥运会上,经过层层选拔的奥运会颁奖礼仪志愿者成为奥运会赛场上一道亮丽风景线,但你可知道姑娘们背后的付出吗?

李苗苗:"每次回家后,我都会给自己加码训练,为了练就自己的仪态,我比较喜欢'站墙'——靠墙站半个小时，可以使肩膀、小腿肚、脚后跟还有臀部形成一条直线，这样可以让身体看起来比较挺拔。"

郝婧钰："老师要求我们每个人在练习笑容时，嘴里都要咬着一根筷子找感觉。这样一笑就得几十分钟，笑得连脸部肌肉都麻了。"长时间练下来，很多姑娘的牙被筷子硌得酸疼不说，嘴角还时常被磨伤。家长们看到伤口时都不免心疼，姑娘们则笑着用一句"没什么"来宽慰父母。

宋某某："7月份练习站姿的时候，汗水流进了我的眼睛，但我不能动，不能擦汗。汗水和泪水混在一起流过我的脸颊，但我们还得保持微笑。"

张爽："我们3分钟之内最多只能眨3次眼。到时候，世界各地的记者都在拍照，如果我眨眼了就照瞎了，会影响我们国家的形象！为了达到这一标准，我们一练就是3个小时。练习结束，眼睛酸酸的，两手直发抖，吃饭的时候感觉嘴都不会嚼东西了。我们休息时也有严格的规定，两手始终要放在腹前相互轻握，就连上厕所也是这样，绝不能让记者拍到颓废的样子！"

徐雪伦："许多人都知道礼仪志愿者是咬筷子来训练，这个没错。但更多的时候，我们也会两两一组，坐在小板凳上互相向对方笑。对面的搭档就会告诉你，你什么时候的微笑是最美的，并提醒你要抓住和体会这一瞬间。"

生命的多少用时间计算，生命的价值用贡献计算。不计报酬、乐于奉献、为他人服务、为奥运会做贡献，这是对志愿者的基本要求，也是志愿精神的具体体现。运动会的志愿者并不是某些人所想象的能利用工作之便观看比赛，能与体育明星近距离接触。实际上，运动会志愿者是没有特权的，很多志愿者别说看比赛，就连电视转播都看不到。

衣着仪表对一个人而言就如同商品的包装，显示着自己的职业和品位。志愿者的个人形象不仅代表个人，还代表着运动会。一个衣着得体、举止优雅、办事干练，待人亲切有礼又言谈文雅的志愿者，能让人产生信任感，提升运动会的品位。志愿者务必要保持一个良好的精神面貌和得体热情的神态，积极、热情、投入应该时时写在志愿者的脸上。即使这种热情没有得到应有的回应，也不要闹情绪，要做到"热情而不求回应"。"有朋自远方来，不亦乐乎"，志愿者的热情、友好能充分展示积极向上的精神风貌，并给各国来宾留下美好的印象。

志愿者要遵守工作时间，按时到岗上岗；对志愿者有很多纪律要求，如持有效证件上岗，遵守工作规范，遵守场馆安全规定等。遵时守纪是对每一个志愿者最基本的要求，每一个志愿岗位的顺利运转都离不开志愿者的自觉自律。岗位没有主次之分，每一个岗位都对运动会的有序运转影响重大，因此坚守岗位、恪尽职守，是身为志愿者应尽的义务。作为一个临时性岗位的工作者，志愿者应虚心接受正式工作人员的领导和调配，并视正式工作人员为自己的上级。

志愿者要甘心做一些繁杂琐碎的事务性工作，不计较个人得失，要有勇气面对并接受可能产生的委屈和误解，始终忠实于自己的工作岗位。本位主义、小集团利益，甚至自私自利的行为都应该摒弃。有些志愿者对自己承担的工作不满意，或者热衷于对不同岗位的志愿者进行横向比较，或者对某些待遇斤斤计较，这是应该摒弃的。志愿者本身就意味着奉献，更意味着个人价值观的实现。如果过于在乎个人得失，或者在攀比中心理失衡，会严重诋毁志愿者的形象,进而给整个团队带来负面影响。志愿者值岗期间一定要表现出团队合作的礼仪,并且意识到任何一个独立的岗位都是总体构成的一部分,只有顾全大局,讲究团队合作,才是完成整体工作的方式。

世界是多样性的,不同的国家或地区有不同的宗教信仰和风俗习惯。志愿者要了解外国宾客不同的宗教信仰、文化背景和风俗习惯,在服务中尊重他们、理解他们,求同存异,做到友好、礼貌和谨慎,站在他们的角度考虑,按照他们的需求服务,使来自世界各国的运动员比赛顺利,感觉舒适。在国际交往中,人们普遍讲究尊重个人隐私。运动会志愿者在与国外友人交往中,应避免涉及个人隐私问题。

运动会期间,残疾人运动员、残疾人观众是一个特殊群体。由于他们有独特的心理特征和思维习惯,所以一名合格的运动会志愿者应当了解残疾人的生理和心理特点,掌握助残的技能技巧,以使他们得到体贴的服务。如果是肢体残疾人自己能做的事情,一定要让他们自己做。如果因为他们身体不方便就为他们做好一切,反而伤害了他们的独立性与自尊等。即使是帮助他们,也一定要征得他们的同意后再进行具体的帮助。如推轮椅前,一定征得同意,不要随便触碰。不要扶架双拐的残疾人,因为架双拐行走或上下楼梯时,别人一扶就会失去平衡,反而有帮倒忙的尴尬。上楼时,应走在残疾人前面,因为如果走在后面,可能会给前面走得慢的残疾人造成一种无形的压力。服务肢残人士时,不要过多注意肢残人士的残障部位。与坐轮椅的人士长时间交谈时,要记得蹲下来;如果一直站着,易给对方造成心理压力。

三、服务工作者的基本礼仪要求

下面以空乘服务为例,谈谈服务工作者的基本礼仪要求。航空产业既是大国崛起和综合国力的标志,也是社会经济发展的重要支撑。作为繁荣全球和地区经济的发动机,航空业扮演着重要角色。改革开放以来,我国航空业发展迅速,特别是近几年的发展更令人瞩目,亟须大量优秀的空乘人员。作为空乘人员,虽然在空中工作,可是工作的性质跟地面上的没什么不同之处。服务业有服务业的规矩,空乘人员的规矩更多,不仅有服务礼仪约束,还有航空服务礼仪约束。作为一名空乘人员要具备以下素质。

要热爱自己的本职工作。航空服务工作是非常辛苦的,当自己理想中的美好空乘生活被现实工作的辛苦打破后,要能一如既往地主动、热情、周到、有礼貌,要认真负责、勤勤恳恳、任劳任怨做好工作,面对任何环境的诱惑,都能坚守岗位。

要有较强的服务理念和服务意识。在激烈的市场竞争中,服务质量的高低决定了企业是否能够生存,市场竞争的核心实际上是服务的竞争。民航企业最关心的是乘客和货主,要想在市场竞争中赢得旅客,就必须提高服务意识和服务理念。

📖阅读材料:情感营销的魅力

一个人乘坐北方航空公司的飞机去长沙出差。飞机降落之后,他提着随身带的一捆资料,走到了机舱门口。空中小姐在向他微笑道别的同时,递给了他两块小方巾,说:"先生,请用小方巾裹着绳子,不要勒坏了您的手。"人非草木,孰能无情!这位先生备受感动,从此出差或带家人出门,总是首选北航。一句话、两块小方巾,换来了顾客一生的光顾。

要有角色意识。在社会生活中,一个人几乎在同时承担着多种性质不同的社会角色,因此,发生角色模糊、角色矛盾的情况往往在所难免。发生这种状况时,要及时调整,强化其应有的角色和行为规范,防范与避免角色冲突所产生的消极影响。要扮演好社会分工所赋予的角色,还必须调整好自己所扮演的角色心态,不可模糊,更不能混淆角色及其行为规范。否则,轻则没有礼貌,不符合职业道德,会受到舆论的谴责;严重的角色混淆,还可能触犯法律。

要有吃苦耐劳的精神。空乘在人们的眼中是在空中飞来飞去的令人羡慕的职业,但在实际工作中却承担了人们所想不到的辛苦,飞远程航线时差的不同,飞国内航线各种旅客的不同,工作中特殊情况随时都会发生,若空乘人员没有吃苦耐劳的精神,就承受不了工作的压力,做不好服务工作。

要刻苦学习业务知识。一名航空人,需要掌握许多的知识,比如,在飞往美国的航班上,空乘首先要掌握中国和美国的国家概况、人文地理、政治、经济等基本内容,还要了解航线飞越的国家、城市、河流、山脉以及名胜古迹等,更要掌握飞机的设备、紧急情况的处置、飞行中的服务工作程序以及服务技巧,等等。

要保持良好的情绪。"出门看天色,进门看脸色"是乘客心理的生动写照。空乘即使什么事还没有为宾客做,什么话还没有说,只要他的情绪状态很好,他就已经为乘客提供"心理服务"了。相反,如果他的情绪状态很不好,他就已经得罪了宾客。乘客离开了日常生活环境,摆脱了日常生活压力,会有一种"被解放"的轻松感觉。然而,面对机舱内的陌生环境,许多乘客都心中无数,不知道将会遇到什么样的人,不知道将会发生什么事,这会使他们感到相当地紧张。这时,空乘的情绪情感就显得至关重要了。

阅读材料:情绪会传染

人和人打交道时拥有好情绪非常重要,心理学家研究表明,在第一印象形成过程中,主体的情绪状态具有十分重要的作用。你有没有想过你的情绪像传染病一样可以传染?事实上,情绪确实会通过你的姿态、表情、语言传达给对方一些信息,在不知不觉中感染到对方——这就是心理学上说的情绪效应。在你与陌生人打交道的过程中,你的情绪不正常,就可能引起对方的情绪不正常,而当对方情绪糟糕时,他就会毫无根据地觉得你是一个无理讨厌的家伙,无法对你产生良好的第一印象。

上面的说法已得到了心理学家的验证:美国洛杉矶大学医学院的心理学家加利·斯梅尔做了一个实验,他将一个乐观开朗的人和一个整天愁眉苦脸、抑郁难解的人放在一起,不到半个小时,这个乐观的人也变得郁郁寡欢起来。加利·斯梅尔随后又做了一系列实验,证明只要20分钟,一个人就可以受到他人低落情绪的传染。一个人的敏感性和同情心越强,越容易感染上坏情绪,这种传染过程是在不知不觉中完成的。

学会沟通。语言本身代表每一个人的属性,一个人的成长环境会影响每个人的说话习惯,作为一名空乘要学会沟通的艺术。不同的服务语言往往会得出不同的服务结果。如对老年旅客的沟通技巧、对特殊旅客的沟通技巧、对发脾气旅客的沟通技巧、对重要乘客的沟通技巧、对第一次乘飞机的旅客的沟通技巧、对航班不正常时服务的沟通技巧等都要掌握。空乘要善于察言观色,能迅速判断乘客的情况、心理和服务需要,尽量站在乘客的立场上说话办事,力求听懂乘客的话外之音或欲言又止之处。不看对象、场合而千篇一律地应答或服务也是不合适的。空乘面对的是来自不同国家,不同地区,不同文化层次,不同职业、年龄、地位,不同风俗,不同宗教信仰的乘客,所以有其不同的特殊性,必须注意区别对待。

保持良好的服务姿势。良好的服务姿势不仅能表现出你优雅的气质,还能给客人以舒适感和信赖感。其要点是挺直脊背,双肩放松,收腹挺胸,收紧下颚。要正面对着客人,切不可将后背朝向客人。这样,才能迅速、准确地把握客人的反应,客人也能看清你的表情。

善于使用礼貌用语和无声的语言。空乘要掌握多种语言表达方式,避免平淡、乏味、机械。因工作需要或条件限制而需要拒绝乘客时,如果直接使用否定词句会显得十分生硬,让乘客的心情不愉快。因此,即使在需要对乘客说不的时候,也要尽量用委婉的表达方式。如把"请不要吸烟"改成"对不起,这里是不能吸烟的"。因为空乘工作的特点和时间的限制,空乘服务用语简练、清晰、通俗、亲切。如"欢迎您乘坐本次航班""早上好,您的座位在飞机中部"等。空乘在为乘客服务时,应尽量在说话时配以适当的表情和动作,并保持一致。

1. 有服务行业教父之称、中国金钥匙组织的创始人孙东先生说过这样一句话:"我以我自己能终生做一名专业的服务人员而骄傲,因为我每天都在帮助别人,客人在我这里得到的是惊喜,而我们也在客人的惊喜中找到了富有的人生。我们未必会有大笔的金钱,但我们一定不会贫穷,因为我们富有智慧、富有经验、富有信息、富有助人的精神、富有同情心和幽默感、富有为人解决困难的知识和技能、富有忠诚和信誉,当然我们还有一个富有爱的家庭,所以这些,构成了我们今天的生活。"请你谈谈对这句话的理解。

2. 有一次,某志愿者协会组织会员前往某地为残障人员服务。某会员当时的服务对象是一名双下肢截瘫的中年男子,他站着与对方交谈,希望了解对方生活上的困难,尽管自己的态度十分真诚,但这名男子却始终显得有些自卑,不愿交谈。请问这名男子不肯吐露心扉的原因可能是什么?该志愿者应该怎么做才对?

学习任务 2 导游服务礼仪

2008年5·12汶川地震发生前,浙江省义乌市某旅行社导游小蒋正带着11名义乌

游客从成都前往九寨沟游览。地震发生时,一块庞大的石头正好砸中旅游车,当场造成2名游客死亡,1名游客被压,小蒋的腰部也被击中。受伤后的小蒋忍着剧痛,迅速组织其他队员和附近村民进行救援,成功救出被石头压着的游客。之后,她带领游客步行8个多小时找到了救援部队。19日凌晨3时许,小蒋带领游客安全回到了杭州。但这时,小蒋再也坚持不住,一下飞机,就被紧急送进了浙医一院急诊室。检查显示,小蒋胸椎伤势相当严重,有可能压迫脊髓导致瘫痪。连经验丰富的医生看了拍片结果都难以置信,这么多天来,身负重伤的小蒋居然一直是在奔波和行走中。

随着我国经济的持续稳定增长,人们的收入也随之增长,人们用于旅游休闲的费用也会增长,旅游行业的就业会持续增长。旅游行业还和世界经济相关联,各地经济的发展也会在一定程度上促进中国旅游业的发展,国外游客来中国的人数会适当增加,因此就目前形势看,导游职业的就业机会整体趋势良好。那么,如何成为一名高素质导游呢?庄子曰:"判天地之美,析万物之理。"这就是哲学,就是科学,就是艺术。如果置之于旅游业,就是导游的最高标准。

一、导游形象礼仪

导游员是景区的"第二道风景线",因为人的感染力是不言而喻的。为了给游客留下良好的第一印象,在上团前,导游员要做好形象准备工作。

作为导游员,女士发型应该是活泼开朗、朝气蓬勃、干净利落、持重端庄。切不可把头发染成红色或多色,并佩戴色泽鲜艳的发饰。男士鬓发不能盖过耳部,头发不能触及后衣领,也不允许烫发和染发。女导游员化妆要少而精,要强调和突出本身所具有的自然美部分,一般以浅妆、淡妆为佳,不能浓妆艳抹,还要避免使用气味浓烈的化妆品。导游员因为要经常说话,所以要特别注意牙齿的清洁。

导游员衣着要整洁、得体,衣着打扮不能太光艳,以免抢了客人的风头,引起他人的不快;也不能太随便,导致游客的不满。在自然景观中,无论是粗犷的塞北风光,还是柔美的江南景色,导游员的着装应以休闲装、运动装为主,表现出着装者的轻松自在及与大自然的和谐一致。在人文景观中,如仰韶遗址、长城等这些积淀着丰富历史内涵和人文精神的景观,导游员应多选择套装(正装),若色彩偏暗,应搭配鲜艳的领带和衬衣。青年人组成的旅游团队,导游员应选择活泼简明的款式,颜色也以暖色为宜。老年人组成的团队,导游员应选择朴素、淡雅的款式,颜色应柔和不抢眼。带客人在山顶上观看日出,宜穿运动服;与客人一起参加篝火晚会,则宜穿休闲装。

阅读材料:同性相斥?

某旅行社的小孙是一个漂亮阳光的女导游,长得亭亭玉立,楚楚动人。一次,她接了一个从 A 市来的 16 人团,团员年龄大约在 30 岁左右,有好几对是夫妻。小孙早就听说 A 市的女人很会打扮;于是在接团前,她也精心打扮了一番。当小孙以良好的形象出现在游客面前时,团里的女士却对她淡淡的。在游览过程中,小孙讲解生动形象,为人亲切,服务周到,可不知为什么,那些年轻的女性游客,总不愿与她在一起。下团后,小孙向社里的老导游老方诉苦:"这个团怎么那么难带啊,难道真是同性相斥吗?"

神态风度在第一次亮相中起着十分重要的作用。一个精神饱满、乐观自信、端庄诚恳、风度潇洒的导游必定会给游客先入为主的好感,有利于以后和游客的相处。导游员要善于提供微笑服务,一个不会微笑的导游,不论你的讲解内容如何丝丝入扣,有理有节,你与客人心与心的距离是相去甚远的,谁也不希望出门遇到一个只会板着脸背讲解词的导游。心理学家认为,人在见到对方向自己微笑的时候,心理间的距离将会拉近 10 倍。微笑可能使两个陌生人成为朋友,可能使郁闷的心情得到放松,更可以使游客对你产生信任感,从而将你所带领的团队牢牢拧成一股绳。俗话说,"伸手不打笑脸人",旅游活动中遇到不高兴的事情总会让客人非常恼火,但看到导游员礼貌、真挚的微笑,火气就会小一些。

二、导游服务礼仪

爱祖国、爱家乡、爱岗位、爱游客是导游员最重要的职业情感。爱因斯坦说,"热爱是最好的老师",只有热爱它,才会做到全情投入。既然选择了导游员这个工作,就一定要热爱它;同时,这个职业的特殊性也要求从业人员时时刻刻都要饱含对祖国、对人民、对家乡的热爱和深情。试想,如果导游员自己都不热爱这片土地,怎么可能为游客提供感情深厚的讲解呢?游客又怎么可能通过导游员来认识、了解并爱上这里的山山水水呢?有人说,一位好导游,不在于他能够挣多少钱,不在于他能够为旅行社带来多大收入,而在于这名导游是否真正做到了宣传介绍自己的家乡。游客的食、住、行、游、购、娱都由导游员负责,他们的安全和满意与导游员的工作密切相关,所以导游员的责任心尤为重要。它不仅体现在一个团队行程中的每一个细微之处,还包含着对国家、对社会的责任感。

导游行业是一个青春行业,只要你还在导游工作岗位上,无论有多大年纪,你都必须以青春的热情对待你的工作,对待你的团队和客人。要知道,青春也是可以传染的!导游分为全陪和地陪,全陪可以全国各地跑,地陪总跑一条线,相对辛苦单调一点。常年走在同样的线路上,做着同样的服务工作,看到同样的风景,重复着大同小异的讲解……但相比较工厂等单位来说,工作环境还是要丰富多彩得多!试想一般人谁能看遍西湖四季的美景,谁能一年几十次去上海购物了?谁又能经常不花钱去玩苏州乐园?其实,如果导游员把每次带团都当成是自己第一次上团,工作起来自然更有冲劲、更有激情。

有道是知己知彼,百战不殆。导游员接到出团任务后,应认真研读出团计划书,了解游客的地域、年龄与职业构成。由于受地域文化的影响,各地域游客往往会形成各自不同的喜好及消费习惯。导游员要善于根据不同地域的游客要求提供差异化服务。不同年龄的游客对讲解内容与服务的要求也存在一定的差异,如遇到老年团与亲子团则需要给予特别的关注。不同职业的游客其关注点、兴趣点往往会存在很大的差异,如商人往往会对当地的经济状况、消费状况、商业中心等感兴趣;农民则喜欢一些轻松的话题,喜欢听没听过的趣事。此外,导游员还要熟悉旅游地的风景旅游及文化资源、风土人情、法律法规等情况。

导游员见到游客时,应笑脸相迎,点头致意,主动打招呼,如"您好""早上好"。若是刚刚抵达的游客,还应说一两句慰问和欢迎的话,如"旅途辛苦了""欢迎来本地旅游"。问候时,目光正视对方,微笑点头,双手自然下垂,语气柔和,动作稳重,节奏不要太快,以表示对宾客的致意。

导游员应具备较好的活动组织能力和娱乐表演能力,能在旅途中用各种娱乐形式营造轻松愉快的氛围。这就要求导游员不但能讲解,还要会表演,多才多艺。导游员应发掘自身潜力,通过自己的勤学苦练,在某一技巧上达到较高水平,如唱歌、唱戏、说笑话等;在开展游戏时能自己带头,并有一定储备,如唱歌要有3首以上较为拿手的,避免游客热情相邀时的尴尬。学会并熟练、自然地使用5种以上实用的旅游游戏,如唱歌、唱地方戏、吃螃蟹、成语接龙、讲笑话、说绕口令、脑筋急转弯、猜谜语、旅行操等。能针对本团游客特点,开展丰富多彩、生动有趣、易于参与、耗时省力的游戏。鼓励不断创新,发明新的游戏形式。

📖 阅读材料:旅途游戏——吃螃蟹

就是让游客轮流说出自己喜欢吃的螃蟹的某个部位或器官。这个游戏很有趣,参与性极高,而且游客思想非常集中,要记住前面人说过的内容。导游要讲清楚游戏规则:不能重复,前面人说过的后面人不能再说,否则表演节目;不能整体说某个大部位,要拆分到最小单位,如不能笼统地说螃蟹腿,要说出左边或右边第几条腿的第几截,这样可以让更多的人参与,打发时间;要说螃蟹有的器官,有时会因为有没有某器官而讨论争执很久。这种游戏也可以结合地方特产换成其他动物,如吃鸡(苏州叫花鸡)、吃鸭(南京盐水鸭)等,待客人在餐桌上吃到这道菜时还会对游戏的内容津津乐道。

带团过程中,导游员应尊重游客的宗教信仰、风俗习惯,特别注意他们的宗教习惯和禁忌。对游客应一视同仁,不厚此薄彼,但对于旅游团中的长者、女士、幼童及残疾游客等特殊人员应给予更多的关照,做到体贴有加而非同情、怜悯。对重要客人的接待服务应把握好分寸,做到不卑不亢。对随团的其他工作人员(如领队或全陪)也应给予应有的尊重,遇事多沟通,多主动听取意见,以礼待人。

导游员应善于在旅行途中主动与游客进行礼貌、亲和地沟通,了解游客的兴趣爱好及需求,并提供相应的人性化服务,营造温馨惬意的旅途生活。游客可能会忘却某一次旅游经历中看过的景物、住过的宾馆,但他永远忘不了导游员真挚的关切。有时为游客所做的一件小事、一个细微礼貌动作,所说的一句暖人的话都会给异乡的游客留下深刻的印象,甚至收到意想不到的效果。如跳竹竿舞时,一位女游客的鞋跟掉了,如果导游员能想法帮助,游客心里定会产生感激之情。再譬如,老人上山时,导游员拉一把,不平路扶一把,导游员不经意间做出的细微的动作,却能温暖游客的心。细微、不经意间做的事才是本心、真情的流露,而人世间最令人难忘的正是这种情。在导游与游客之间这种短暂的交往之中,游客常常并不需要前思后想,而是在一瞬间便对服务的好坏做出自己的判断。这样的瞬间在服务工作中成为真实的瞬间,这些真实的瞬间通常不是旅游功能性服务产生的结果,而是心理服务过程给游客带来的感受和体验。

游客的性格各异,要求五花八门。对于合理的要求,导游员应尽量予以满足;而对于一些不合理要求,导游员也不能过于直截了当地拒绝,微笑不语可谓是不错的选择。满怀歉意地微笑不语,本身就向客人表达了一种"我真的想帮你,但是我无能为力"的信号。微笑不语有时含有不置可否的意味。

购物本身就是旅游六要素之一,属于旅游活动的重要组成部分。有些时候即使导游一句有关促销的话都没说,游客也同样具有强烈的购买欲望。满载而归,也是游客的一种常见心理。所以导游员促销词的内容主体,不应该是用夸大其词的泛泛之谈来向游客推销,或者编造一些不切实际的故事来蒙蔽游客,而应该针对游客的需求,对其消费进行理性、正确的引导。要设身处地为游客着想,思考不同年龄、不同职业、不同地区、不同收入、不同爱好的游客都有什么需要,再逐一满足他们的需要。

审美修养是导游员非常重要的修养。如果我们不具有审美眼光,就没法向游客展示美,传播美。每到各景点,都会有客人要拍照,导游员若是能给游客建议一个最好的拍摄角度,游客会非常开心。

导游员应具有较好的旅行生活服务能力,承担旅行团(者)的安全保卫和生活照料责任。对旅行途中旅游安全隐患有一定的预见性,并能做好合理的提醒和预防工作。遇到突发情况,能沉着应对并灵活处理。由于游客来自天南地北,五湖四海。他们具有不同的气质性格、风俗习惯,因此旅游时往往有不同的需求,甚至提出一些难以解决的问题,这时导游员一定要平静、耐心地对游客进行解释和说服,争取得到游客的谅解。如遇到游客出言不逊甚至恶意谩骂中伤时,导游员并不能唇枪舌剑、针锋相对,而是应该耐心劝说疏导,动之以情,晓之以理。个别实在不能解决的问题可以暂时搁置在一边,同时可以向上级及有关部门反映,绝对不能使矛盾激化。

导游员应善于向游客学习。游客来自各个不同岗位,许多客人是某一方面的专家、行家,年长的客人有很丰富的阅历,他们能向导游员提供许多书本上学不到的知识。

导游工作只是整体旅游接待工作的一个组成部分。如果没有其他相关人员,尤其是随团的汽车司机及旅游景点、购物商场、酒店等一系列为游客提供直接和间接服务的工作者的大力支持与通力合作,导游服务接待工作就无法圆满完成。为此,尊重每位旅游服务工作者,体谅他们的工作处境与困难,积极配合他们的工作,是做好导游服务工作的前提保障,也是导游员良好礼仪素养的又一体现。

每一次行程结束后,导游员还应把不足的地方进行总结并改正,在闲暇时多多地查阅资料充实自己,以便为下一批客人提供更好的服务。

三、导游语言礼仪

众所周知,口才是一个导游员必备的基本功之一,一个导游员口才的好坏直接影响到旅游者在景区游玩的质量。身为一个导游员,仅仅能说、敢说是远远不够的,导游员的才华应当体现在会说、善于说、能说别人所不能说。导游员是一个特殊的职业,能说而不乱说是一个导游员应当掌握的度,而会说并说得有理、有味、有情、有调,又是导游员应当争取达到的境界。要做到这一点,导游员必须读万卷书,行万里路。行万里路容易做到,但切不可因为忙而忽略读万卷书,否则导游讲解就不可能融会贯通,也不可能讲得情真意深、跌宕起伏。

　　自然,导游员的欢迎词应当包括向客人问候、自我介绍和介绍驾驶员,代表旅行社向客人表示欢迎,介绍自己的服务宗旨,尽可能满足他们的要求,祝客人旅途愉快等。如果欢迎词仅仅是这些内容,而且各地导游员都千篇一律这么说,就会变成例行公事,是达不到预期目的的。要时刻牢记,真诚是导游员致欢迎词的精髓;了解客人,有针对性讲话是欢迎词的出发点。导游员在介绍主要景点时,要留有余地,切记"宣传八分饱",否则期望越大,失望也越大。

　　📖 阅读材料:导游大赛选手自我介绍精选

　　"'邢家有女初长成,琦语轻言透婀娜。'我的名字就取自此诗中的三个字:邢琦娜。我是一名导游员,深爱着泉城叮咚的泉水、婀娜的柳姿和淡淡的荷香。这个夏天我拥有了一方绚丽的舞台,为梦想插上翅膀,您还在等什么,随我开始今天的泉城之旅吧。"

　　"尊敬的各位评委、各位观众,大家好!您别看我憨厚老实,我可是有名的'黑导'!您看,我皮肤黑,带团起早贪黑,我还像黑脸包公一样维护游客的利益。可见,我是黑得有文化,黑得有个性,黑得有境界!现场的朋友们,我就是您要找的最好的导游员,孙慧煜。谢谢!"

　　"用美丽代言旅游,让生活爱上广东。尊敬的各位评委老师,大家好!我是63号选手,我叫梁秀莹。我热爱祖先给我们留下的辉煌,我希望通过我的介绍,让更多的人了解博大精深的岭南文化。有人说,导游就像魔术师,能变换出绚彩的世界,现在,魔术开始了……"

　　沿途导游词应涵盖有问候、寒暄、气象、新闻、路线、行程、关怀等内容,尤其在游客一天旅游开始之际,这些内容一点不能丢。另外,还应有以下特点:(1)车是流动的,经过景物转瞬即逝,语速要快、准、短、精;(2)导游与游客相对而视,运用方位词要准。由于车厢前后的音量大小有别,导游员可以适度地从车厢前部走到车厢中部,让后边的客人能够看清楚你讲解过程中的表情,这对加强与客人的交流是有好处的。

　　导游语言是一种具有丰富表现力、生动活泼、清爽雅洁的口头语。换句话说,导游语言应当平易近人,如促膝谈心,故友叙怀,亲切自然,随意天成。切忌居高临下,如教师讲课;切忌死板呆滞,如背台词;切忌故弄玄虚,夸夸其谈,如江湖卖艺。贴近生活不是简单化、庸俗化,而是生活化、深情化,从平凡中孕育隽永的意味,从朴实中流溢出人性的真诚。

　　导游员应能创作具有一定文化性和艺术性的导游词,编写导游词一般应有假设对象。导游词不是以一代百、千篇一律的。它必须是从实际出发,因人、因时而异,要有的放矢,即根据不同的游客以及当时的情绪和周围的环境进行导游讲解之用。有专家认为,一个好导游,对同一个景点,起码要有五种以上的不同讲法,才能适应不同客人的不同需要。

　　导游讲解一定要以准确无误的事实为基础,而不能人云亦云,亦步亦趋。一切向客人讲的东西都要经过自己的头脑过滤、思考,然后精心取舍。应尽量减少失误,尤其是一些硬伤。不然,很快就会失去客人的信任,从怀疑局部失实到怀疑全部失实。在讲解自然景观时,很多地方的导游员喜欢讲一些连自己都不相信的民间故事和传说。自然,故事和传说没有真实衡量的标准,但艺术的真实呢?导游员在讲述民间故事和传说时一定要慎重取舍，注意格调和突显主题。

　　导游讲解的核心不是全面，而是深入，是异于别人的独特的感受，这样才能打动人。许多导游员很愿意使用别人现成的导游词，但导游词是那一位导游员的独特感受。每个人的个性、知识结构、语言表述方式不同，客人的现场需要各异，完全照搬的结果，往往使导游词显得僵死和刻板。哪怕是很成功的导游词，也需要导游员自己先消化，然后根据客人现场的情况，用自己的语言表述出来。

　　导游讲解不可庸俗化。随着各阶层游客的不断涌入，也出现了一些文化素养较低的客人，他们追求低级趣味，追求庸俗笑料，追求听觉上的刺激和满足。一些导游员迎合这类客人的心理，搜集一些海内外花边消息、黄色幽默及低级故事，改头换面加工合成，冠之以当时当地某先生某太太之名，一次次贩卖出去，倒也有一定的市场，一定的掌声，但结果只能让人感到庸俗。

　　导游员在讲解景点时，要注意化异为同。心理学中有所谓的差异原理，不是太熟悉又不是太不熟悉的变异，能唤起知觉的新鲜刺激而感到愉快。那种与旧经验又联系又差异的新经验，最易产生审美愉快。

　　在知识的运用上，导游讲解除了要注意知识的广度和深度之外，还要注意融会贯通，即把外国的和中国的、古代的和现代的、游客熟悉的和陌生的各个方面熔于一炉，用自己通俗的语言讲出来，尤其要注意把游客已经看到的但还没有意识到或没有感觉到的东西讲出来，就会使导游员的讲解深入一步。

　　导游员在与游客交谈时，应当注意该讲什么，不该讲什么。游客在与导游员熟悉之前，往往抱有较强的戒备心理，交谈时极少涉及个人的内容，而对于天气和饮食的变化则非常敏感，因此谈论这两个话题比较合适。一个地方的文化最直观的表现，往往是在当地特有的语言——方言上。在外地人听来，方言总是充满了神秘性和趣味性，因此聊一些与本地方言有关的话题也是大多数游客不会拒绝的，甚至还可以专门教游客一些有趣的方言。和外国游客初次相识，下列话题应列入不该讲的范畴："你多大年纪了？你的职业是什么？你有孩子吗？你的工资有多少？你往哪儿去？"等等。

　　面对外国游客讲解中，有许多话题政策性很强，如民族政策、宗教政策、计划生育政策等，在大的方针政策之下，尚有处理各类具体问题的具体做法，在不同的地区和不同的时期，做法也不尽相同。要解释好这类问题，必须注重平时的政策学习，随意将那些流言传闻道与游客的做法是极不负责的，至少它没能让游客了解到一个真实的中国，弄得不好，甚至会成为西方舆论歪曲攻击中国的口实，因为，导游代表了中国，别有用心的人会把导游的话当作来自当地的第一手材料加以利用。在这个严肃的问题上，必须有一个清醒的认识。一个导游员必须有一颗赤诚的爱国之心，有强烈的民族自豪感和国家主人翁意识。

　　导游员在致欢送词时，不妨更亲切一点，有时还可以考虑酌情使用一点幽默语言。幽默，是语言的调料、智慧的火花、高雅的情致，是良好心理素质和出色语言艺术的重要特征，具有沟通情感的神奇而美妙的魅力。

1. 欢迎词是导游与游客沟通的一座桥梁。在致欢迎词时,一个轻松活泼的开场白,不仅能使导游与游客之间的距离缩短,而且还能够激发游客的兴趣,进而给客人留下良好的第一印象。欢送词是旅游行程的小结,应该给游客留下深刻的、持久的,甚至终生难忘的印象。所以,导游在上团之前应该认真准备,要根据游客的年龄、职业和爱好等准备出几份不同内容的欢迎词和欢送词。如果你是导游,请你为下列人群分别设计一份欢迎词和欢送词:(1)亲子旅游团(目的地是某市野生动物园);(2)教师团(目的地是浙江乌镇);(3)农村老年团(目的地是江苏南京—苏州—无锡);(4)企业员工团(目的地是江西龙虎山)。

2. 一个年轻的女孩为一个外国旅游观光团导游,一路上,导游小姐的温文尔雅、知书识礼、热情谦逊的性格和风采得到了观光团成员的一致赞赏。旅游接近尾声的时候,观光团中一位中年先生竟萌发了求爱之心,他找了一个机会悄悄地表示要送给导游小姐一块金表,并含情脉脉地说:"我今年四十多岁了,为了经商,二十年来我的足迹踏遍了二十多个国家和地区,可是我从来没有遇到过像小姐您这样令我崇拜与倾倒的女子,如果我能有这么一个理想的终身伴侣,我宁愿失去已拥有的家产。如果您愿意先到国外去念书,我可以马上为您办经济担保的手续,不知小姐意下如何?"导游小姐是想拒绝这位游客的爱意的,但毕竟客人是上帝,她该如何说才能既拒绝游客又不使游客丢面子?

学习任务3　酒店服务礼仪

2006年斯坦科维奇杯篮球赛,姚明是本次比赛的焦点人物,为了让这位星中之星能够有个舒适的比赛环境,国家队所下榻的古南酒店的工作人员对姚明入住的房间和每日饮食都进行了特殊的准备。姚明确实非同一般,酒店方面破例为他提供特殊化服务。据酒店工作人员介绍,姚明住的房间有85平方米,属于较为豪华的套房,这样的房间平时标价是3000元人民币/晚,房间床长有2.4米。此外,酒店还为姚明专门配备了贴身管家,只要姚明离开房间,就会有工作人员前去打扫,24小时贴身服务。姚明到底喜欢吃什么?球迷很关心,其实酒店的餐饮部方面更为关心。餐饮部在网上搜了半天,只得到一个信息,那就是姚明不吃鱼翅。还好,最后姚明的铁杆球迷在网上给了餐饮部一份答案:不吃鱼翅、不喜欢吃油炸食品和冰淇淋、不太吃辣,喜欢吃土豆炖肉、大虾、烤鸭、青菜,喜欢妈妈做的虫草炖鸭,晚餐最重要的是汤。

作为酒店贵宾的V.I.P,是酒店非常重要的客人,其身份、地位、知名度等较高,对酒店有较大的影响力。酒店往往在接待礼仪和服务规格标准上区别于普通的客人,以显示对他们特殊的礼遇。酒店V.I.P的范围包括:对酒店的发展有极大帮助者;可能给酒店带来大量业务者;国家首脑,著名的政治家、外交家、国际友人、学者、演艺界明星等;酒店上级主管部门的高级职员或负责人;本系统的高级职员;同行业的总经理等;酒店董事会高级成员;媒体大力宣传的社会热点人物、英雄模范等。酒店做好对V.I.P的接待服务工作,有助于显示酒店的接待能力和服务水准,提高酒店的经济效益,提升酒店的形象,扩大酒店的知名度。

酒店业是我国最早与国际接轨的行业之一,曾经是我国服务行业的标杆。当前,酒店业市场竞争已趋白热化,欲在市场中生存和发展,必须显示出强大的竞争优势;而能否提供真正优质的产品,已成为决定酒店命运至关重要的因素。酒店产品包括有形产品与无形产品,有形产品主要指酒店装饰、服务环境、各种菜品等,无形产品则主要指服务。纵然酒店能够向宾客展现赏心悦目的豪华大堂、温馨宁静的客房、令人垂涎三尺的餐厅美味,以及引人入胜的休闲娱乐设施,然而,这些都需要经过服务员的精心工作、热情服务和熟练的服务技巧去体现与完成,否则等于虚设。因此,酒店能否提供一流的服务,关键取决于酒店服务人员的素质及其服务技能,即无形服务水平。

一、酒店前厅服务礼仪

礼宾服务是酒店前厅服务的窗口,礼宾服务人员就是酒店的形象代表,礼宾服务人员的礼貌和工作效率,在一定程度上能代表酒店的服务水平,对客人第一印象和最后印象的形成起着重要作用。因此,礼宾人员要注重礼节、服务周到,同时还应做到准确无误,真正做好酒店的形象大使。

阅读材料:服务未到位

当某公司董事长林老先生和办公室主任李小姐搭乘的白色高级轿车在酒店门口停稳,头戴小圆帽的门童就急跑来。门童以优雅姿态和职业性动作,先为前排的李小姐打开车门,做好护顶姿势,并目视她,礼貌亲切地问候,动作麻利而规范、一气呵成。关好车门后,门童迅速走向后门,以同样的礼仪迎接林老先生下车。

就本案例中所描述的情景,很多人会认为该酒店的门童服务还是非常到位的,但仔细推敲,门童的服务还是有问题的。通常情况下,一行人出行时为了表达主人对客人的尊重,会让客人坐在汽车后座。所以,门童的开门顺序应该是先开后门,再开前门。虽然轿车前面坐着一位女士,但车后同时坐着的是一位长者,所以门童做法欠妥,可能会使长者感到不高兴。

目前,国内外许多著名的酒店规定:在为客人办理入住登记时,至少要称呼客人名字三次。前台员工要熟记酒店V.I.P的名字,尽可能多地了解他们的资料,争取在他们来店自报家门之前,就称呼他们的名字,当再次见到他们时能直呼其名。如连续10多年被评为世界第一的泰国曼谷东方大饭店,其引以为荣的主要服务特色之一就是能够对每一位预定客人和住店客人做到以姓氏相称,增加亲切感和客人对酒店的认同感及归属感。

前台接待服务人员要坚持站立服务,客人朝前台走来时,应马上自然地微笑,礼貌接待每一位客人;掌握客房周转情况,了解客房预订情况,合理安排房间,保证排房无差错;如果房间数量允许,尽量根据客人喜好分配房间;婉言拒绝不符合规定者的开房要求,如无身份证等;特别留意常客,记住其喜好等;准确迅速地办理好客人的入住登记手续,避免让客人等候太久。

二、酒店客房服务礼仪

客房服务不但是酒店的拳头产品之一,也是最能体现酒店服务质量的重要环节。当客人返回房间时,发现自己随意弃置在床上或沙发上的衣服,或已整齐地叠好放进了衣柜,或已熨烫一新挂在衣架上;留在房间的皮鞋已被擦得锃亮,看过的书已被夹上书签放在书桌的一边。客人看到这一切不但会觉得惊喜,更有一种归家的感觉。确实,当服务员走近客人,细心观察,站在客人角度,去看待、分析、处理问题时,服务一定会收到实效。

📖 阅读材料:客房服务中的"魔鬼"细节

绝大多数客人晚上休息时,喜欢将客房的遮光窗帘拉合好,这样才会睡得香甜,因而客房服务程序中规定对住客房间开夜床。然而有的客人却因一天的工作劳累,常常一觉到天明,为了不影响第二天的繁忙工作,希望将遮光窗帘中间留出一条缝,这就需要细心的服务员发现、分析、判断,在夜床服务时给客人提供满意的服务。

服务员早上清扫房间时发现,客人将开夜床时已折叠好的床罩盖在床上的毛毯上,再看空调是23℃。这时服务员立即主动加一张毛毯给客人,并交代中班服务,夜床服务时将温度调到26℃左右。

服务员清扫房间时,发现一张靠背椅靠在床边,通过观察发现床上垫着一块小塑料布,卫生间还晾着小孩衣裤,服务员这才明白,母亲怕婴儿睡觉时掉到地上,服务员随即为客人准备好婴儿床放入房间。

服务员清扫房间时,发现床单、毛毯、床垫等各处都有不同程度的秽污。服务员马上意识到,是客人外出游因饮食不慎引起肠胃失调,应将所有脏的物品更换一新,还应通过楼层主管及时与导游联系,并通知医生及时治疗,让客人得以康复。

服务员发现客房中放有西瓜,想必是旅客想品尝一下当地的西瓜,绝对不会千里迢迢带个西瓜回家留个纪念。所以服务员主动为客人准备好了托盘、水果刀和牙签。

由于客房具有高度私密性,一些人往往会利用这一点在客房内从事违法乱纪活动,如吸毒、赌博等,为了防止这类事件的发生,酒店尽量做好相应的预防和处理工作。要加强服务人员的安全意识,提高服务人员识别、判断和处理问题的能力。在《宾客须知》中,要明确规定住客在客房内的哪些行为是被禁止的,以起到警示作用。楼层服务人员既要对住客给予关心和帮助,又要进行监督和控制,发现问题及时报告。

📖 阅读材料:警惕假冒房客的盗窃行为

宾馆客房服务员经过基本素质和基本技能的培训后,对于一般的犯罪一般都有较为警惕的敏感度。但如果犯罪人采用蒙蔽手段以及实施一些心理上的障眼法等伎俩,客房服务员就往往容易中招。

某宾馆客房服务员小张正在 809 房间打扫卫生,房门开着,这时一位男子走了进来,此人身材魁梧,衣着讲究,一副生意人的派头,一进来就冲小张喊道:"怎么我的房间卫生还没搞好?一会儿我的客人要来,快点打扫!"说着随手打开冰箱,拿出一瓶饮料坦然自若地喝了起来。在这位"客人"的催促下,小张急急忙忙搞完卫生就离开了房间。下午,住在 809 房间的客人前来报案,说在客房内丢失了 5000 元人民币和一件高级名牌 T 恤衫。通过宾馆内部的监控录像发现有一男子曾多次在宾馆大堂和客房闲逛,最后在 8 楼客房找到了偷盗作案的目标,经服务员小张辨认,此人正是她碰到的那位"客人"。

上面的案例告诉我们,小疏忽也会酿成大错,作为服务员,任何时候都不能放松警惕,要多记忆、多思考、多观察、多置疑,在遇到类似情况时,一定要先委婉地核对客人的身份,验证房卡或请其出示有效证件,切忌过于主观,盲目判断。作为服务员,一定要训练自己迅速熟记每一位住客外貌特征和房号的本领,这是做好本职工作的基本要求。另外,还要尽可能记住客人的姓名甚至偏好,这是个性化优质服务的要求。其次要提高识别判断能力。服务工作既要用心也要用脑,遇事要有起码的判断能力。

当客人入住酒店的时候,来到陌生的地方,难免会对周围的环境和居住地产生陌生感。所以,在得到客人的入住信息后,服务员要尽快地获取客人的信息,包括客人来自哪个地方、当地的生活习惯和风俗、当地的时间差。这样,在为客人服务时才能以最高的效率满足客人需求,拉近与客人间的距离,为他们营造出一个真正的"家外之家"。

三、酒店餐饮服务礼仪

如今的"吃",早已超越了原来的团餐、大众餐饮,也不再是简单的"吃",已经把体验经济玩到了极致。吃的形式、吃的内容、吃的过程都发生了重大改变。人们在外地旅游或进行商务活动的同时,也在享受和体验异地饮食文化的特色。在餐饮服务的过程中,服务工作者要时时、处处体现出热情大方,并通过语言、表情、动作将当地的饮食文化及传统传达、呈现给客人。

📖 阅读材料:不要卖牛排,要卖嗞嗞声

美国营销大师爱玛·赫伊拉曾说:"不要卖牛排,要卖嗞嗞声。"餐厅完全可以将某道菜肴的烹制过程面向食客开放,或是将菜肴的最后一个烹制环节放在餐厅进行,让客人看到形、观到色、闻到香,获得全方位的感官体验。成都某酒店餐厅,服务员会先端上来一个玻璃缸,里面盛有一半液体。接下来厨师会上场,为在场的众多食客做一道沸腾羊肉。原来玻璃缸里盛的是热油。只见厨师将羊肉片和香菜一起放进玻璃缸,刚刚平静的热油,立刻沸腾起来,一串串气泡直冒,噼里啪啦的声音响起来,香气四下乱窜。客人们顿时胃口大开。

客人进入餐厅时,服务人员要热情、主动地将客人带到座位。客人不愿意把时间花在等待服务上,这是情理之中的事情。在某些情况下,客人对服务质量在时效方面的需求甚至重于物质和精神方面的需求。在某些服务过程中,可以通过一些办法缓解客人等待着急的心情,如上菜之前上茶、打开电视等。尊重顾客的宗教、民族习惯,要主动询问是否有忌口或其他的用餐习惯。当顾客对菜肴不甚了解时,应及时给予详细的解释,并适当地给出合理的点餐建议。顾客点餐时,不反复推荐客人不点的菜肴。在介绍具体的菜肴时,服务员如果不仅仅限于食材、烹饪方法,还能插入诗句、典故,夹叙夹议,将会大有情趣。不要当着客人的面做挖鼻孔、掏耳朵、脱鞋、整理衣裤等动作。

📖 阅读材料:急中生智

某餐厅出菜太慢,客人不耐烦地问服务员:"我的菜还没有做好吗?"服务员说:"您点的是什么菜?""炸蜗牛。我等了半小时了。"服务员幽默地说:"噢,这是因为蜗牛是行动迟缓的动物。"客人一听,哈哈大笑起来。

一位食客慕名随众前往以鸭金席而闻名的酒楼。女服务员小晶上菜道道有名堂:这是鸭掌鱼刺,这是酱油鸭膀,这是香酥鸭腿。服务员的伶牙俐齿,使鸭金席生辉不少。又一道菜上来,食客犀利的眼光一辨,是鸡。他下箸夹起一块,不无讥讽地问:"这是什么?"小晶一时语噎:"这是……是什么?"食客紧追不放,小晶急中生智,笑容可掬地回答:"这是鸭的朋友。"

客人的虚荣心实际上是自尊心的一种表现。虚荣心尽管不好,但对服务员来说也应给予保护。在餐饮服务工作中,常见到一些有虚荣心的客人,本来经济不富有,但遇到有好的菜品时,却冠冕堂皇地说自己不喜欢吃,以此来掩饰内心的欲望。其实,服务员能够明确地看出客人的财力不足所致。在此情况下,服务员若以"吃不起"把客人不愿说的话说出来,或变相说"这个菜便宜点",等于揭穿了客人的老底,客人会不满意的。因此,对服务员来说,能看穿,但不要说穿。如果服务员再巧妙地用"这个菜更适合您的胃口"之类的话为客人解脱,你的服务给客人留下一个好印象。在服务中,如果见到一位服饰漂亮或衣着奇特的客人,服务员千万不要当面议论,最好是表示羡慕或把他(她)引到引人注目的地方就座,以满足其心理愿望。

客人离去时,提醒顾客不要遗忘所带物品,并表示感谢,欢迎再次光临。结账时,宜低声向结账者报出所收、找零的钱数。为客人完成某种服务之后,再主动为之提供与之相关但并未规定要完成的服务,会使客人感到惊喜或感动。

📖 阅读材料:延伸服务

30多年前,张先生随中国代表团赴西欧卢森堡访问。一次,在一家中国人开的孔夫子酒店用餐,该酒店的服务员是中国人。吃过饭以后,他们想去看电影,于是找来餐馆的服务员,请他指示去电影院的路径,这位服务员说:"我已经到了下班时间,等我换下工作服带你们去电影院。"于是他换好衣服,又开着自己的车把他们送到电影院。由于他们不会讲卢森堡语或德语,那位服务员自己掏钱为他们买了电影票,并执意不收他们的电影票钱。时隔30多年,当时看过电影的人已将电影的情节淡忘了,但对那位提供了超常服务的餐馆服务员却念念不忘,记忆十分美好。

四、酒店康乐服务礼仪

酒店康乐服务人员要熟悉和掌握具体康乐项目的相关知识与竞技娱乐规则、比赛方式,甚至其本身也要掌握娴熟的运动技艺,能为客人提供专项服务、专项咨询、保护服务以及陪练陪打服务。

📖 阅读材料:输赢要有分寸

这一天,饭店台球厅是服务员小李当班。一位初学的客人要求提供陪打服务和指导服务,小李很有礼貌地和这位先生打了招呼,就开始打球了。小李在台球厅一向以技艺精湛著称。今天小李遇到的客人不是很会打球,一会儿小李就稳操胜券了。"左上角那个黑6的位置不错。"小李善意提醒客人。"我试试。"客人带着满脸紧张的神色说。"Yeah,进了。"客人兴奋得像个孩子。一来一往间,小李和客人的水平好像不分伯仲,两个人之间的谈话越来越多,仿佛是两个久未谋面的老朋友。

林先生是马来西亚人,受聘于一家外资企业,常住饭店。繁忙工作之余,他总喜欢来到饭店台球室与服务员打上两三个小时,他和服务员们都很熟。在这里,除了能像老朋友似的聊天之外,他总感觉自己的台球技艺不断长进,每回都与对手不相上下。某日,接待他的是一个刚来不久的年轻实习生,小伙子热情接待林先生并答应陪打服务。但是,短短的一个多小时,小伙子干净利落地以大比分赢了林先生两局,让林先生觉得自己与他根本不在一个级别上。他沮丧地提早买了单,悻悻地离开了台球室。好一阵子,林先生没再来打台球,后来听说他经常出入另一家保龄球馆。

饭店台球厅的服务人员应熟悉台球厅工作内容和服务程序,掌握台球比赛的规则和记分方法,有一定的示范指导能力。顾客需要陪打服务时,陪打员应认真对待,并能根据顾客的水平与心理,掌握好输赢尺度,让客人玩得尽兴。

客人不会使用健身器材时,应主动热情地讲解各种运动器具的性能、作用和使用方法,推荐适合客人的运动器械,并为客人进行必要的示范、操练。对以减肥为锻炼目的的客人提示他们先称好体重,以便经过一段时间的锻炼后进行比较,从而增进对锻炼的兴趣和信心,对年老体弱的客人,要提醒他们注意休息。要注意劝阻客人使用超过力所能及的运动器械做超负荷运动。

桑拿服务员对初次洗桑拿的客人,要耐心介绍桑拿浴须知,留心蒸房内的异样情况等。一旦出现紧急情况,要及时组织抢救,要掌握一些诸如人工呼吸、止血、筋骨拉伤等医护常识,争取第一时间抢救客人。

在服务当中,既要坚持原则,又要保持一定的灵活性。康乐部的日常服务当中,经常会遇到一些较为特殊的服务案例。如在歌厅、舞厅遇到兴致较高、又醉酒的客人的过分要求;在运动当中,遇见不按规则进行不当运动的客人;在棋牌室遇见赌博闹事的客人等。

📖 阅读材料:有皮肤病的客人

一天晚上,某饭店桑拿室的服务员小王为一女宾提供更衣服务时,突然发现该女宾的腰间有一圈色泽鲜红的小疹子。小王怀疑该女宾有传染性皮肤病,因此担心其他客人有意见。虽然桑拿室有规定谢绝接待患有皮肤病和传染病的客人,但小王觉得不便直接阻止客人进入。经过思考,小王婉转地询问该女宾"最近皮肤是否有什么不舒服"。在与该女宾聊天的过程中,顺便告诉该女宾自己家里以前曾有人得过这种病,桑拿浴可能会加重病情,对身体不好,在治疗期间不适合到公共场所洗桑拿浴等。然后小王给客人端上一杯冷饮,请客人考虑一下是否还要进入桑拿室。经过小王礼貌周到的服务与劝说,该女宾打消了进入桑拿室的念头,临走时还向小王表示了感谢。

服务人员小王在为宾客提供服务过程中,能够成功化解和宾客可能发生的矛盾,并坚持了自己的工作原则,其中有几点做法是值得推崇的:一是细心观察,发现问题;二是坚持岗位原则,没有盲目以客为尊;三是注重积累生活常识;四是服务到位,善于沟通。

如遇见客人利用酒店康乐项目进行非法活动时,应上前进行劝阻,不应听之任之,并根据《宾客须知》中有关条款,及时制止这种非法活动,引导客人进行正常的消费活动。若无法劝止应立即通知场地值班经理,甚至可以中止客人的消费行为。客人提出要租用场地进行非法活动时,服务人员应婉言谢绝,不应为了追求利益而做违法的事情。

五、酒店会议服务礼仪

当有会议接待服务时,服务员要了解、掌握当日的会议和接待情况,按服务规范和要求做好每次会议的接待服务工作,确保各项工作高效优质无差错。

会议开始前30分钟,服务员要各就其位准备迎接会议宾客。如果与会者是住在本酒店的客人,只需在会议室入口处设迎宾员;如果与会者不在此住宿,还应在本酒店大厅门口处设迎宾员欢迎宾客,并为客人引路。宾客到来时,服务员要精神饱满、热情礼貌地站在会议厅(室)的入口处迎接客人,配合会务组人员的工作,请宾客签到、发放资料、引领宾客就座。然后送上香巾、茶水。为客人上茶,茶杯把要朝向客人右手一侧;服务员为客人倒水,应注意不要倒得过满,一般七八分满为宜;会议进行中间,要适时续水。会议茶水服务程序见表13-1。

表13-1 会议茶水服务

服务程序	操作步骤
泡茶	拿出茶杯——打开杯盖——放入适量的茶叶——将开水倒入茶杯内——盖上茶盖——将茶杯放在托盘内
上茶	左手托盘——行走到第一位待上茶客人就座的位置——依次给客人上茶
上热毛巾	拿取装有已经消过毒的热毛巾及钳子的小藤篮——行走到第一位待上茶客人就座的位置——依次给客人上热毛巾
会中续水	侧身站立在待续茶水客人的右侧——打开杯盖——将茶杯端起——将开水倒入茶杯内——盖上杯盖——将茶杯放回原位

在会议进行中,服务员要注意观察会议室内的动静,宾主有事招呼,要随时回应。会议结束时,服务员要及时提醒客人带好自己的东西。宾客全部离开会场后,服务员要检查会场有无客人遗忘的物品。如发现宾客的遗留物品要及时与会务组联系,尽快转交失主。

第十三讲 服务礼仪

清理会场要不留死角,特别留意有无未熄灭的烟头,避免留下事故隐患。清扫卫生,桌椅归位,撤下会议所用之物,分类码放整齐。关闭电源、关好窗,再巡视一遍,确认无误后撤出锁门。

六、酒店后台部门服务礼仪

酒店不直接对客服务的部门有财务部、工程部等,我们统称为后台部门。酒店后台部门与客人接触时间相对较少,他们最主要的任务是为前台员工服务。许多酒店存在这样一些现象:客房物品报修,客房服务员哀求半天后工程部员工才来维修;客房领用耗品要等仓库保管员空闲时进行;现金报销仅限每周一次等。有类似事例存在的酒店,在管理上无疑忽略了后台部门的服务功能。此外,在必要情况下,后台部门员工也要承担起直接对客服务的任务。酒店员工必须有意识地培养自己的团结协作精神,具体体现为:认识到共同目标的实现需要每一位员工的努力和相互的支持;互利互让,发扬奉献精神;勇于承担责任,养成严于律己、宽以待人的高尚品质;学习相关技能,在企业需要时可以迅速补位。

📖阅读资料:一个拨错的电话

某宾馆,一位客人打电话给大堂副理,要求送一瓶开水到房间,大堂副理答应马上送去,同时提醒客人如果还有什么需求,可以拨打大堂电话或直接拨打楼层电话。客人闻听此言,立即大声嚷道:"别提了!我刚才已经打了楼层的电话,可是电话里一个男的却叫我打大堂电话。"在向客人道歉后,大堂副理立即着手调查此事。客房部楼层并无男服务员,刚才也没有人代楼层服务员接听电话,可能是客人拨错电话号码,将电话打到宾馆的后台部门。此事的起因虽然是客人拨错了号码,但接听电话的那位员工处理问题的方法却欠妥。宾馆所提倡的优质服务是一个整体概念,需要每一位员工的努力和付出。另外,宾馆的分工不同是针对员工而言的,而对客人来说,每位员工都代表着宾馆的整体形象,因此,后台员工也必须树立良好的对客服务意识,这样才能使宾馆的整体服务保持较高的水准。

1. 假如你是酒店游泳池的服务员,在下列情境下,你该怎么说或怎么做?

情境	分值
在开场前,你的服务状态应该是怎样的?	10分
小张来到了游泳池,但离开场时间还有15分钟,你怎么说?	10分
小李带着8岁的儿子一起来到游泳池,你怎么说?	10分
小王来了,但游泳池已经满员,你怎么说?	10分
小钱来了,但是离游泳池清场时间只有半小时了,你怎么说?	10分
发现一位皮肤病患者前来游泳,你该怎么办?	10分

续　表

情境	分值
发现有可疑人员时,你该怎么办?	10分
客人游泳中,你配合救生员做些什么工作?	10分
小赵在游泳池洗了10分钟就出来了,你怎么说?	10分
小吕游完泳了,但是找不到更衣室的钥匙了,你怎么说?	10分

2. 假如你是餐厅服务员,客人在饭菜里发现了苍蝇,你会怎么办？请对下列服务员的做法加以评述。

(1) 餐馆里一位食客在喝西红柿汤,突然他发现碗里有一只苍蝇。他忙叫来服务生责问怎么回事。服务员说:"你这个人怎么这么小气,蝇子这么小,它能喝多少汤呢？"

(2) 一位顾客在某餐厅吃午饭,他点了一份牛排。快要吃完的时候,他突然发现牛排里有一只苍蝇。他十分气愤地叫来服务员质问是怎么回事,服务员不慌不忙并彬彬有礼地说:"先生,你抽中了本餐厅再来一份的大奖。"

(3) 食客微微一笑:"我点菜时,好像没有点过苍蝇！"侍者很镇静:"是的,虽然变成了荤菜,但您不必另外加钱。"

(4) 一个绅士去喝咖啡,刚喝两口,就发现杯子里有只苍蝇。"喂,侍者。"绅士叫道,"咖啡里有苍蝇。""苍蝇？那绝对不可能！"侍者说,"老实对您说,在给您端上来之前,我把所有的苍蝇全拣出来了！"

3. 经典韩剧《情定大饭店》是一部反映饭店人情感、生活以及服务的电视连续剧。剧中完美地展现了饭店人的敬业精神和专业精神。董事长、总经理、主厨先生、徐经理、刘组长、客房服务员等一个个鲜活的人物就像是生活在我们的周围：大家一起齐心协力工作,互相关心,有争吵,有误会,也有欢乐,一切一切的琐碎发生得那么真实,真实得就像从另外一个角度看我们的日常工作一样。《情定大饭店》对酒店管理、旅游管理专业学生大有神益,剧中蕴含着许多优秀的服务理念,留给大家许多思考的空间。请你观看此剧(或《偏偏爱上你》《五星大饭店》《酒店风云》),挑选一个给你留下深刻印象的服务情节,并写下感悟。

附录1　向周恩来学礼仪

——高山仰止，景行行止

周恩来贵为一个大国的总理，却总是谦虚恭敬、彬彬有礼，处处以礼待人。每到一处视察工作，他总是和服务员、厨师、警卫员一一握手，亲切道谢；当他迈着刚劲的步伐向你走来，同你紧紧握手的时候，总会使你感到一股亲切友好的暖流涌入心间；当服务员给他端茶时，他常常是站起来用双手接过去，并微笑点头致谢；当他举杯时，总是目视对方，表现出对人的尊重；每次在深夜回家的途中，他总是再三嘱咐司机要礼貌行车，让外宾先走。

注重个人形象

周恩来曾就读于南开中学，该校各教学楼门口都有一面镜子，上面写着："面必净，发必理，衣必整，纽必结；头容正，肩容平，胸容宽，背容直；气象：勿傲，勿暴，勿怠；颜色：宜和，宜静，宜庄。"这就是著名的"容止格言"，周恩来把它作为自己的座右铭，一生都在严格履行这40字箴言。周恩来曾经多次对身边的工作人员说道："衣着整齐是一种礼貌，表示对人家的尊重。"即使周围没有外人，他依然衣着整洁，连纽扣也不放松。在半个多世纪的革命生涯中，在举手投足间，周恩来都向世人展现出一个彬彬有礼、温文尔雅、和蔼可亲的东方美男子形象。一位欧洲女作家这样评论周总理："他的眼睛是他身上最惊人的特点，总是闪着光并迅速移动，人人都发现它是不可抗拒的。周在演讲时，步履矫健，昂首挺胸，神色自然，全身洋溢着自信与激情。他时而平静，时而激动，时而温和，时而愤怒，而这一切都是那样得体和恰如其分。"

让贵宾有宾至如归之感

1949年8月，应毛泽东、周恩来之邀，宋庆龄从上海启程到北平，参加全国人民政治协商会议。在去前门火车站迎接宋庆龄之前，周恩来亲自到安排宋庆龄居住的地方检查接待工作。期间，周恩来向陪同检查的人发问："你们给孙夫人准备了什么样的餐具？"周恩来知道，宋庆龄在美国生活过很长一段时间，生活上有些外国人的习惯。在国外，西餐的刀叉等餐具是很考究的。他说："这些餐具孙夫人请客时是要拿出来用的，不能马虎。"饭店的工作人员把餐具拿来摆到周恩来面前，打开请他查看。周恩来说："不行，不行。还有好的没有？你们打听一下北平哪儿还有更好的，把最好的餐具拿来。"当时，正是金秋，屋内摆放着一盆菊花。周恩来端详着这盆菊花，说："拿把剪刀给我。"工作人员把剪刀递给他，周恩来亲自把花认真修剪了一番。之后，周恩来才放心地前往火车站迎接宋庆龄。

1972年2月21日，美国总统尼克松访华。在欢迎尼克松总统的宴会上，在周总理的精心安排下,中国乐队演奏了美国民歌和尼克松家乡的歌曲《美丽的亚美利加》《牧场上的家》,让尼克松夫妇感到非常亲切。因为这是他最喜欢、并指定在就任总统典礼上演奏的乐曲。

1972年9月25日上午11时30分,为恢复中日邦交正常化而来的日本田中首相到达北京。欢迎仪式一结束,一行人就驱车前往钓鱼台国宾馆,一件件让他十分惊喜的事正等待着他……进了房间,田中脱下上衣说的第一句话就是:"啊,好凉快啊。"秘书一看房间的温度,是田中最喜欢的17.8℃。接着,田中等人又发现房间的角落里放着田中最喜欢的台湾香蕉、富有柿子和木村屋的豆沙面包。第二天早晨,田中角荣起床后用早餐。当他端起味噌汤,喝了一口,居然大叫起来:"怎么会是我家的味噌汤呢?"原来,周总理在田中角荣访华之前,对田中的饮食习惯做了专门的了解,并特地从田中家专用的味噌酿造店里买来了这一种味噌。当晚,周总理在人民大会堂宴会厅举行国宴欢迎日本田中首相和大平外相一行。席间,军乐队轮流演奏了中日两国歌曲。日本的歌曲有《樱花,樱花》,田中家乡的《佐渡小调》,大平家乡香川县的《金毗罗船》等,使客人们感到十分亲切,掌声笑声不断。

送客送到底

1962年的一天,周总理到西郊机场为西哈努克亲王和夫人送行。亲王的飞机刚刚起飞,我国参加欢送的高级干部便自行散开,据说要急着赶到新农坛看足球赛。但是,周总理这时却依然笔直地站在原地未动,并要工作人员立即把那些登车的同志请回来。这次周总理发了脾气,狠狠地批评:"你们怎么搞的,没有一点礼貌!各国外交使节还在那里,飞机还没有飞远,客人还没有走,你们倒先走了。大国这样对小国客人,不是搞大国主义吗?"当天,周总理就把外交部礼宾司和国务院机关事务管理局的负责同志找去,要他们立即在《礼宾工作条例》上加上一条,即今后到机场为贵宾送行,须等到飞机起飞,绕场一周,双翼摆动三次表示谢意后,送行者方可离开。

1965年夏,非洲某国元首圆满结束对华访问后,从上海回国。按惯例,机场安排了3000多群众欢送。正当周总理和上海市领导陪同贵宾步入机场、在欢送队伍前绕场一周时,突然乌云盖日,雷声隆隆,狂风大作。欢送仪式尚未结束,雨点已落了下来。客人登机后,瓢泼大雨倾盆而下,淋透了机场的每一个人。雷雨交加,总统专机不能马上滑向跑道。隐隐可见机舱内客人在挥手示意,请周总理进候机楼。但周总理纹丝不动地站在机前,执着地尽主人送客的礼仪。整个欢送队伍看着总理,也坚定地站在自己的位置上,一个也不走,在风雨中仍保持着欢送的热烈气氛。

1973年,时任日本田中内阁通产大臣的中曾根先生访问中国,受到了周总理的连续三次接见,会谈时间长达8小时。当最后一次会谈结束时,周总理执意送客到人民大会堂东门外的台阶下面,并亲自为中曾根披上了外套。

讲究称呼艺术

周恩来和邓颖超伉俪情深。在熟悉的老同志面前,周恩来常称邓为"小超";在比他年轻的熟人跟前,有时也遵从他们对邓颖超亲昵的称呼,称之为"邓大姐"。在外宾面前呢?

1956年9月间,南斯拉夫驻华大使求见周恩来,代表政府正式邀请周恩来总理和夫人访南。周感谢邀请,说他本人很愿意去。"至于我妻子访南的事情,我还要同她商量。"又说,"我不久将出访印度,印度大使夫人花了很多时间劝我妻子去印度,但没有劝成。"周恩来在这次交谈中,为什么称印度驻华大使的妻子为"夫人"而称邓颖超为"我的妻子"呢?因为洋人分不清"爱人"(Lover)与"情人"(sweet heart)有何区别,且"爱人"未必为夫妻,"夫人"(madam)则是对第三者的专称,只有"妻子"(wife)的含义最清楚,不会引起误解。

1962年,一个细雨蒙蒙的下午,周恩来撑着油纸雨伞,来到著名京剧演员盖叫天的家,盖叫天进门一看是周总理,乐呵呵地说:"欢迎总理! 宰相进民宅,自古哪有啊! 从前宰相出门,鸣锣开道、鞭炮震天,你这个宰相怎么一个人来,也不事先通知我一声?"周恩来笑着说:"我不是什么宰相,是人民的服务员嘛!"盖叫天称周恩来"宰相"和周恩来称盖叫天"五爷",都是一种古称,是一种善意的调侃。周恩来熟悉京剧界的规矩,按梨园的习惯来称呼盖叫天,使人感到格外亲切,别样情趣。

当同一对象的身份变化之后,周恩来十分注意更换恰当的称呼,做到称呼的与时俱进。比如中华人民共和国成立之前,周恩来尊称宋庆龄为"孙夫人""宋庆龄先生";当她成为国家领导人之后,周恩来称她为"宋副主席""宋副委员长",在向她通报党内重要情况时,则亲切地称她为"庆龄同志"。程砚秋是一位具有民族气节的著名表演艺术家,是京剧四大名旦之一。1949年夏天,周恩来在繁忙的国事中,挤出时间,亲自到北京四报子胡同程家拜访,尊称他为"砚秋先生"。后来,在周恩来的帮助下,程砚秋进步很快。1957年,周恩来和贺龙介绍程砚秋加入了中国共产党。这时周恩来亲切地称他为"砚秋同志"。

1961年5月,周恩来到河北武安县伯延村搞调查研究,他深入到普通农家,真正了解到群众的疾苦。一次,他召开座谈会,村民张二廷发言时心直口快,实话实说,周恩来听了非常高兴。会后,周恩来到张二廷家,一进院子,就大声喊:"二廷,二廷,在哪屋住呀?"张二廷迎出来说:"哟,这不是总理么! 叫我的名儿,多么亲呐!"周恩来笑呵呵地说:"哎,以后别叫我总理,叫我老周就行啦!"两人手拉手进屋往炕头上一坐就拉起家常来。周恩来直呼"二廷"之名,表现了他对普通农民朋友发自内心的无比亲密之情。

严于律己

周恩来一生中有过三次醉酒:第一次是在与邓颖超大喜的日子,周恩来情绪极好,结果喝醉了;第二次是在1954年初出席日内瓦世界和平会议之前的莫斯科,周恩来喝酒太多,加之过度劳累,以至于当场呕吐,事后他向中央做了检讨;第三次是在迎接中国人民志愿军凯旋时,周恩来与出席宴会的所有志愿军代表几乎都碰了杯,最后被抬进了休息室。正是由于深知酒的厉害,周恩来后来牢记毛泽东"不耽误革命工作"的指示,专门为共和国外交外事人员做出"喝酒不准超过本人酒量的三分之一"的规定,并通报国内外各部门切实执行。他还说:"我们不管哪一级领导,喝酒都要自律,而且做下级的也要注意保护自己的领导,让他们少喝酒,更不能喝醉酒。"

1964年初秋,蜜橘收获的季节,礼宾司接到总理办公室的电话,要礼宾司以总理名义给柬埔寨王后送一些蜜橘。礼宾司工作人员在办理这件事的过程中感到以国务院总理头衔赠送不大亲切,便建议以周恩来个人名义签字赠送。很快得到总理办公室答复,总理同意礼宾司的意见,并交代这次赠礼费用由他个人负担,不能向公家报销。听了这话,礼宾司工作人员为之愕然,不知所措,当时礼宾司认为不管是以国务院总理名义,还是以周恩来个人名义,都应由公家报销,因此没有考虑费用问题。蜜橘本身不贵,但运费可观!总理的警卫秘书说,总理的银行存折上目前只有400元,尽量省着些用吧!礼宾司工作人员又是一惊,礼宾司出的主意给总理添了麻烦了。礼宾司工作人员心里十分不平静,大家商量,既要按总理的指示不花公家钱,又要千方百计节省总理仅有的400元。人多主意多,终于想出了个好办法:托人带。这样便省掉了昂贵的运费。事情办得相当顺利,王后接到礼物后非常感激。

待客热情周到

对负责接待工作的同志,周恩来多次强调过,服务应该先宾后主,先女后男,前一句是中华民族的传统美德,要保持发扬;后一句是现代文明,是对封建思想重男轻女的实际批判。有一次他在宴请外宾时,服务员递毛巾先递给他,任他使眼色也不起作用。周恩来终于忍不住了,非常生气地说了一声"岂有此理"。原来服务员把对外和对内混淆了,以为总理官大,所以优先。

周恩来宴请外宾,总是主动亲自为他身边的客人夹菜。这也是中国人殷勤好客的传统习惯,表示对客人的欢迎与尊重。日本人对此最能理解。曾任外务大臣的小坂善大郎1966年访问北京,宴请时他坐在周恩来身边。他说:"周总理始终笑容可掬,亲自将餐盘中的菜夹到我的菜碟里,使我诚惶诚恐。我曾多次参加总统或首相的招待会,但受到如此热情的款待却是空前的。"

尼克松访华期间,在北京,中方为美方每个房间都提供了北京果脯、巧克力等糖果,服务员第二天打扫房间时发现糖果盒空了,于是再放两碟,又没了。后来一个服务员整理房间时,偶然看到一位随行人员没盖上的行李箱中下面一层全部是糖果。后经了解,他们因为工作太紧张了,很多人根本没时间去街上买纪念品,回去总要对亲友有个交代,所以就把宾馆提供的糖果作为礼物带回家。周总理知道后,决定在他们离开上海时,每人送10斤糖果。

平等待人

第二届全国人民代表大会开会期间,一次,周恩来同志去北京饭店参加小组会议,当他乘车到达饭店门口时,一辆小车已停在了他前面的入口处,周总理耐心地坐在车里等候。饭店的一位保卫人员见是总理的车到了,立即把前面的那辆车赶跑了。周总理对此十分生气,下车后立即找到这位工作人员,对他进行了严肃地批评:"请你把他请回来。他是代表,我也是代表。为什么要人家让路呢?"那位工作人员听了总理的话,心里十分难过,忙去向那位代表做了解释并致以歉意。周恩来则等在饭店门口,见该代表下了车以后,主动地迎上前去同他握手,并请他先进门,然后自己才走进去。

有一次,周总理到一个照相馆拍工作照。摄影师正在给几个解放军战士拍照。战士们认出了他,赶紧说:"总理工作忙,您先照吧,我们等一等。"周总理却摆摆手,笑着说:"不,大家都一样忙,轮到谁就谁照吧。"在他的坚持下,大家仍按原来的顺序曾经有两个非洲国家的部长级代表团同时来我国访问,由于接待单位不同,一个部长住在国宾馆,另一个住在旅馆里,被周总理发现,总理严肃批评这是"搞上下铺"的做法。

周恩来宴请外宾时有一种独特的做法:亲自向同席每一位外宾碰杯敬酒,而且向不同席的外宾包括随从或服务人员敬酒,无一遗漏,以示对他们平等相待。

宽以待人

有一次,理发师为周恩来总理刮脸时,周总理咳嗽了一声,刀子不小心把他的脸刮破了。理发师十分紧张,不知所措。周总理和蔼地说:"不用着急,这不能怪你,我咳嗽前没有向你打招呼,你怎么知道我要动呢?"

熟悉尼克松访华这一历史事件的人都会发现,尼克松总统及夫人身边总是跟随着一位漂亮的中国女翻译,她就是章含之。在周总理与尼克松的一次会谈中,章含之在翻译中犯过一个错误,把中美之间距离的单位"公里"翻成了"米"。当时,周总理听了出来,他没有责备章含之,而是和蔼地说:"好像太近了吧。"

1955年5月,印尼总理沙斯特罗阿米佐约来访,机场上举行正式欢迎仪式。我方仪仗队队长跑步至贵宾面前,立正挥刀请他检阅仪仗队,但在高呼"请沙斯……"时,因心情紧张竟记不起他的全名,急得满脸通红,不知所措。站在贵宾身边的周恩来举手示意引导贵宾检阅仪仗队,给仪仗队队长下台阶。事后周恩来并没有责怪那位诚惶诚恐的仪仗队队长,却严厉批评礼宾司同志搞"烦琐哲学"整人,指出为什么要让人家背那么长而又难记的外国人名,为什么不改为只说一声"总理阁下,请您检阅"?那位仪仗队队长并未因此被撤换,他此后再也没有出现过类似的失误。

1956年,有一位东欧兄弟国家新任大使递交国书,因毛泽东临时有要事,由朱德副主席出面接受国书,照例由周恩来陪同。此兄到怀仁堂后,才发觉匆忙中竟将国书遗留家中,急得满头大汗。周恩来得悉后,立即与朱德商量,并面告礼宾司同志说:"兄弟国家不必计较形式,可请大使同志事后将国书补送过来就是了。"大使听说可以通融,喜出望外。没有实质的仪式得以进行,大使得以不受影响地履行公务,这在外交史上是罕见的。如果刻板地遵守递交国书的要求,东道国完全可以改期进行,而为了惩戒失职的大使,递交时间可以长期,甚至无限期地推迟,这位大使势必被召回国并因此断送外交生涯。这位大使不仅对周恩来的宽宏大量感恩戴德,而且终其一生,一直对中国怀有深厚的友情。

20世纪60年代,中苏论战开始以后,双方在各自举行的国宴上发表的正式讲话中常有批评对方的言论。在我国国宴上,曾多次发生苏联和一些东欧国家使节离席以示抗议的情景。当时,我国习惯做法是把讲话安排在上热菜以前。总理注意到,每当有离席事件发生,这些使节几乎都是饿着肚子走的。于是,他指示礼宾司,以后讲话放在上第三道热菜之后,"让他们吃饱了再走"。

以诚待客

1963年底,英国英中了解协会会长格林先生到北京,希望见到周恩来总理。当周总理接到格林的请求时,离他率团出访非洲仅有一天时间,尽管有大量繁重的出访准备工作要做,周恩来还是接受了他的请求,请他在旅馆等候通知。下午2点、4点、6点,晚上10

点,格林先后接到了四次周恩来身边工作人员打过来的致歉电话,让他再等候。午夜时分,格林又一次接到电话通知:"周恩来总理刚刚结束会议,他很高兴见到你。"两人见面后,在无拘无束、十分友好的气氛中进行了长谈,等到结束会谈时,已是凌晨 2:30 了。第二天,当格林醒来时,报纸已经送到。他惊奇地发现,报纸在头版上登载,周恩来总理于早晨 6 点乘机前往非洲访问。

周总理的右手臂在战争年代受过伤,因此不太灵活,在一次出国访问中,他不幸再次摔伤了右手。但他不顾随行医生的强烈反对,强忍着剧痛,仍然与外国朋友一一握手后才去休息。

1963 年 12 月,周恩来总理出访非洲十国。在访问加纳前夕,发生了暗杀总统恩克鲁玛未遂的事件,加纳国内局势动荡不安。有人建议周总理改变访问计划,遭到了拒绝。周总理说:"人家越是有困难我们越应该去。"他还请恩克鲁玛打破礼宾常规,不要到机场迎送,也不必参加一些在总统府外举行的活动。恩克鲁玛总统为此感动得流下了眼泪。

周恩来酒量极大,堪称千杯不醉。但晚年的周恩来身体状况越来越差。按照医生的嘱咐,不能再喝酒了。与客人碰杯时,他便只举杯,不喝,但却会如实向客人说明情况,赢得理解与体谅。

心怀他人

1966 年 6 月,周总理到巴基斯坦访问时,巴方领导人给总理送了一批杧果。使馆同志包装成了三箱。回国途中,总理到新疆视察我国导弹基地。离开前,总理嘱咐留下一箱杧果给长年在沙漠工作的同志们品尝。回到北京,其余的两箱分别送给了毛泽东主席和其他中央领导同志。

"文革"时期,著名影星秦怡被关起来后,家里的孩子没有人管。一天,总理从她家门前过,偶然看到秦怡的孩子,一问才知道这回事,他马上指示手下办事人员与相关部门联系,给孩子安排个地方。秦怡出来后,感动不已,她没有想到一个国家的总理居然关心这样的小事。

一次,周总理在人民大会堂东大厅接见美国乒乓球代表团,随团采访的美联社记者罗德里克曾在 40 年前访问过延安,当时见过周总理。事隔 40 年,周总理还记得他吗?他想了个花招,以弯膝半蹲的姿势,有意引起周总理的注意。周总理走上前去,马上认出了他,并首先同他握手,说:"这不是罗德里克先生吗?我们好久没见面了。"罗德里克十分感动,紧紧握住周总理的手直摇。

1971 年 9 月,基辛格为尼克松访华一事前来中国谈判。当周恩来和基辛格完成了历史性的握手后,基辛格便将自己的随员介绍给周恩来。"约翰·霍尔德里奇。"基辛格指着大高个。周恩来握着霍尔德里奇的手,说:"我知道,你会讲北京话,还会讲广东话,广东话连我都讲不好。你在香港学的吧?"基辛格介绍斯迈泽:"理查德·斯迈泽。"周恩来握着斯迈泽的手,说:"我读过你在《外交季刊》上发表的关于日本的论文,希望你也写一篇关于中国的。"洛德没等周恩来开口就自报姓名:"温斯顿·洛德。"周恩来握着洛德的手摇晃:"小伙子,好年轻,我们该是半个亲戚。我知道你的妻子是中国人,在写小说,我希望读到她的书,欢迎她回来访问。"

张伯苓是近百年来中国教育事业的一位伟大开创者,他致力于兴学育人,为国家培育了不少人才。在晚年,他曾走过一段短暂的曲折道路,但重庆解放前他毅然留下来迎接解放。1951年,张伯苓病逝,有着师生之谊的周恩来立即赶到天津吊唁,并向张师母慰问,再到客厅和校友们谈话,并对张校长生平做了客观又准确的讲话,他说:"看一个人应当依据他的历史背景和条件,万不可用现在的标准去评论过去的人,张校长的一生是进步的、爱国的,他办教育是有成绩的,有功于人民的。"张校长的追悼会在天津南开中学举行,周恩来送了花圈,白色缎带上写着"伯苓师千古""学生周恩来敬挽",看到这样的字句,就能感到这师生之情的深厚。老校长逝世后,师母王夫人于1953年冬突患中风,长期卧床。据张校长的孙女张媛和讲,周恩来、邓颖超对病中的师母也很关心,在三年困难时期总把自己的购物证送给师母,并在经济上予以资助。

幽默化解尴尬

周总理设宴招待外宾。上来一道汤菜,冬笋片是按照我国民族图案刻的,但在汤里一翻身恰巧变成了法西斯的标志。外宾见此,不禁大惊失色。周总理对此也感到突然,但他随即泰然自若地解释道:"这不是法西斯的标志!这是我们中国传统中的一种图案,念'万',象征'福寿绵长'的意思,是对客人的良好祝愿!"接着他又风趣地说:"就算是法西斯标志也没有关系嘛!我们大家一起来消灭法西斯,把它吃掉!"话音未落,宾主哈哈大笑,气氛更加热烈,这道汤也被客人们喝得精光。

美国尼克松总统访华代表团抵达上海时,下榻于锦江饭店。尼克松夫妇被安排在15层,基辛格在14层,国务卿罗杰斯和其他官员住在13层。总理去看望罗杰斯及其助手们,当电梯在"13"处亮起红灯时,突然想到西方人最忌讳13。果然,他走进罗杰斯的套间时,发现这些美国官员正在为"13"而生气,与周恩来寒暄时也笑得不自然,房间里闹鬼一般。总理聊了聊美国乒乓球队来访的事后,话锋一转说:"有个很抱歉的事我们疏忽了,没有想到西方风俗对'13'的忌讳。不过,你们来到东方,我们中国有个寓言,一个人怕鬼的时候,越想越可怕。等他心里不怕鬼了,到处上门找鬼,鬼也就不见了……西方的'13'就像中国的鬼。"美国人都笑了,不安和气恼也顿时全消。

勤俭节约

某次国宴因为使用了外国香槟,受到周恩来批评。国家机关事务管理局于1951年7月初上报一份接待工作改进办法的报告,周恩来当天做出批示,强调:"一切招待必须是国货,必须节约朴素,切忌铺张华丽,有失革命精神和艰苦奋斗的作风。"

周总理的服装十分俭朴,但穿得格外得体,他的衣着主要有两类:天凉是中山装,天热是短袖白府绸衬衣。这衣服虽然普通、俭朴,可是穿在气度不凡、风度翩翩的周总理身上却显得极具魅力。他参加日内瓦会议时,穿的是旧大衣翻改的大衣;视察大庆接待外宾时,穿的是一件换了领子和袖口的白府绸衬衫。这些衣服虽然旧了,但都洗得干干净净、补得工工整整,外出时,熨烫一遍,穿出来依然笔挺如新,再加上他潇洒大度的仪容举止,丝毫无损大国总理的风度。

不卑不亢

1972年2月21日中午,尼克松乘坐的专机抵达北京,周总理等到机场迎接。在尼克松步出机舱,走下舷梯近一半时,周总理鼓起掌来,尼克松也报之以掌声。这里大家注意这样一个细节,周总理不是等尼克松一走出舱门就鼓掌,也不是根本不鼓掌,而是等尼克松下梯一半时才鼓掌。周总理一般在和其他国家的领导人碰杯时,总是用自己酒杯的上沿去碰对方杯子的中间部分,以示对来访客人的尊重。但在欢迎尼克松的宴会上,周总理向他敬酒时,却特意将他的酒杯杯沿和尼克松的酒杯杯沿持平后再碰杯。西方媒体在报道中对我们接待工作的评价是"合于礼而不热"。

附录2 礼仪尽在细节中
——细节决定成败

有研究机构曾对日常生活中人们的礼仪状况进行过研究,他们发现,一个人是否懂礼仪,主要体现在一些微小的细节上,每一个微小的细节都可以反映出个人的品性和修养。

- ☐ 与他人目光相碰时,请报以一个浅浅的微笑。
- ☐ 不要穿着睡衣,更不要赤膊上街。
- ☐ 长发女生避免在人群中甩头发,可能会直接甩到后面人的脸上。
- ☐ 女生低头看书的时候,可把某一边的鬓发顺到耳后,据说特别有女人味!
- ☐ 步行时,不论是步幅、步速还是双臂摆动的幅度,均需保持相对稳定的节奏。
- ☐ 女士在行走中,注意自己的高跟鞋不要发出太大的响声。
- ☐ 坐下时,坐椅子的 2/3,忌跷"二郎腿",特别是女生。
- ☐ 女生穿裙子坐下时,要用手顺一下裙子,以避免走光尴尬。
- ☐ 捡东西或者穿鞋时要蹲下去,不要弯腰撅屁股。
- ☐ 打哈欠时,把手放在嘴前。
- ☐ 擤鼻涕时,最好转过身去用手绢擦掉,注意别像大象一样发出声响。
- ☐ 憋着"毒气"不放,会损害健康,刚巧身边有人,那就择机假装咳嗽蒙混过去吧。
- ☐ 不要随地吐痰,这不是对自由的戕害,而是避免细菌传播的务实管理。
- ☐ 洗完手后,不要四处甩水,特别是边上还有其他人的时候。
- ☐ 如果要把口香糖吐出,请先用纸包好,再扔进垃圾桶。
- ☐ 别人释放"有毒气体"之时,不能显示出厌恶的表情与动作,最好装作若无其事。
- ☐ 与小朋友交谈时,应该蹲下,尽量与其平视。
- ☐ 女生穿裙子上楼梯的时候,男生尽量走在女生的前面。
- ☐ 扔垃圾时,要分类投放。
- ☐ 赴宴要准时,因故不能参加要及时告知。
- ☐ 男生应主动为女生拉开餐椅。
- ☐ 吃饭的时候尽量不要发出声音。
- ☐ 用吸管喝东西时,避免发出"呼哧呼哧"的声音。
- ☐ 正式场合用餐时,不要起身去夹远处的菜,应当从靠近你的碟子取食物。
- ☐ 女生站起来俯身夹菜时,若领口较低,应用一只手捂住自己的胸口。
- ☐ 转餐桌上的转盘时,首先要看一下有没有人正在夹菜或者准备夹菜。
- ☐ 与长辈或上级碰酒时,你的杯沿要低于对方的杯沿。

- ☐ 和朋友聚餐时,多多沟通,不要埋头玩手机。
- ☐ 在食堂吃饭,把狼藉的餐盘送到回收台时,跟服务人员说声谢谢或者辛苦了。
- ☐ 吃完饭,需先行退席时说:"我吃完了,你们慢吃。"
- ☐ 吃不完时,请打包带走,不铺张、不浪费。
- ☐ 吃完大蒜、韭菜等带异味食品后,请记得刷牙。
- ☐ 食物和水最好不要边走边吃(喝)。
- ☐ 在居住场所,不要乱扔、乱倒、乱贴、乱画、乱挂。
- ☐ 拜访他人,请事先约定。
- ☐ 串门时,记得先敲门,征得主人同意再进。
- ☐ 做客时,不要随便坐主人家的床。
- ☐ 在朋友家吃完饭后,要主动帮忙洗碗清理桌子。
- ☐ 不要送即将过期的礼品给他人。
- ☐ 在银行、车站、医院等公共场所,办理手续按先后顺序排队,在一米线外等候。
- ☐ 公共场所互相交谈时,不大声喧哗。
- ☐ 遵守公共场所禁烟规定,不违禁吸烟。
- ☐ 排队上车,不要拥挤抢上。
- ☐ 坐公交时,尽量坐靠里面的位置,方便后来的人入座。
- ☐ 在公交车上,主动为老弱病残孕和抱小孩者让座。
- ☐ 不要在公共车辆上吃东西。
- ☐ 看一场歌剧意味着对表演者与文化的尊敬,所以要相应地选择你的服装。
- ☐ 看电影离场时,将矿泉水瓶、食品袋等垃圾带离并投入垃圾桶。
- ☐ 在博物馆内参观时,不大声喧哗,不嬉笑打闹。
- ☐ 公共场合拉椅子的时候要把椅子抬浮起来,而不是直接拖出来。
- ☐ 进电梯时,如果人多,尽量向里站,面朝电梯门,成U型。
- ☐ 电梯超载的时候主动下,哪怕你不是最后一个上的。
- ☐ 请不要将宠物带入超市。
- ☐ 超市购物,尽量少用一次性购物袋。
- ☐ 超市购买蔬菜时,不要过分挑拣。
- ☐ 超市里的散装食品,不要乱尝。
- ☐ 不要将身子压在购物车上向前滑动。
- ☐ 超市服务员为你提供指路、结账等服务后,别忘了向他们道声谢。
- ☐ 营业员出差错时,要善意提醒。
- ☐ 准时、不迟到,最起码比领导先到。
- ☐ 在办公室内,不可穿着露肩装、超短裙(离膝盖的长度短于10厘米)。
- ☐ 丝袜可穿肉色或黑色,且不应低于裙子的下缘,忌渔网、暗花之类过于性感的丝袜。
- ☐ 有事需要请示领导的时候,能当面汇报的一定要当面汇报,尽量不打电话。
- ☐ 因为私事向上级请假的时候,要尽量提前,情况特殊也要打个电话。

- ☐ 开会的时候,请自觉关手机,或者调成静音。
- ☐ 从办公室或者会议室出来的时候,不要使劲摔门,要用手轻轻把门掩上。
- ☐ 勿跟同事议论上司或其他同事的是非,你的无心之言或许成为别人打击你的证据。
- ☐ 随时拨打手机会给对方接听带来困扰,拨打前应短信沟通。
- ☐ 接到陌生电话的时候,除了说个"喂"字,尽量在后面加句"你好"。
- ☐ 熟人的未接来电,不管时隔多久,请记得回复。
- ☐ 电话铃声响起,请在3声内拿起听筒。
- ☐ 待听到对方说"再见"后,再轻轻放下电话。
- ☐ 与人聊天时,对方一直回应"嗯"的时候,主动提出"下次再聊"。
- ☐ 接过对方名片时,不要直接放进衣兜,先仔细端详一番。
- ☐ 对于斑马线上礼让自己的司机,招手表示谢意。
- ☐ 遇到问路,应热心指路,给外地的客人提供方便。
- ☐ 行人过马路要走斑马线,不闯红灯,不翻越交通护栏。
- ☐ 开车到水洼处绕行或者减速,避免把水溅到旁边的车或者行人身上。
- ☐ 当车上乘坐的是老、孕、病乘客时,减速行进。
- ☐ 遇到前方带有明显新手标志的车辆时,应宽容、理解,注意礼让。
- ☐ 不向车外抛撒垃圾杂物。
- ☐ 对于他人的不文明、不安全驾驶行为,不要以泄愤为方式"惩罚"对方。
- ☐ 对服务人员有礼貌,比如打车到达目的地结完账后,对司机说"谢谢"。
- ☐ 送女生单独上出租车后,记下车牌号。
- ☐ 不要将个人情绪带入与他人的交往中。
- ☐ 遇到让自己非常气愤的情况时,要学会忍,可先深呼吸3次。
- ☐ 要以别人喜欢的方式去称呼别人。
- ☐ 男生和女生在一起时,应随时准备助一臂之力:帮助提物、撑伞、开门等。
- ☐ 女生不要一遇到稍微需要搬、推、提、装等事情,就觉得应该是男生的事。
- ☐ 危难时刻,先帮助老人、妇女和儿童离开险境。
- ☐ 当他人处境危险时,积极救助,不袖手旁观。
- ☐ 与外宾交谈要注意分寸,内外有别,不要随意乱讲。

不积跬步无以至千里,不积小流无以成江海。文明细节虽小却是"天大的小事",唯有从点滴小事做起,我们才能让文明在全社会蔚然成风,文明才能真正成为一种感染力、凝聚力、推动力,进而升华为一种城市的名片、一种国家的形象、一种民族的精神。

参考文献

[1] 何春晖,彭波.现代社交礼仪.杭州:浙江大学出版社,1995.
[2] 金正昆.涉外礼仪教程(第2版).北京:中国人民大学出版社,2005.
[3] 蒋璟萍.礼仪的伦理学视角.北京:中国社会出版社,2007.
[4] 张晓梅.晓梅说礼仪.北京:中国青年出版社,2008.
[5] 张建宏.社交礼仪与沟通技巧.北京:国防工业出版社,2011.
[6] 彭林.儒家礼乐文明讲演录.桂林:广西师范大学出版社,2008.
[7] 韩红月.每天学点礼仪学.北京:新世界出版社,2009.
[8] 咖啡猫女.职场高跟鞋:女人好口才,职场好未来.北京:中国纺织出版社,2010.
[9] 杨丽敏.现代职业礼仪.北京:高等教育出版社,2007.
[10] 刘秀丽.职业礼仪.北京:中国铁道出版社,2011.
[11] 何秉尧.魅力礼仪.北京:人民出版社,2008.
[12] 中央文明办.迎奥运、讲文明、树新风礼仪知识简明读本.北京:学习出版社,2007.
[13] 联合国贸易网络上海中心.如何与外国人打交道:海外商务文化礼仪习俗指南.上海:上海世界图书出版公司,2009.
[14] 孙占忠.赢在明天的100个服务文化寓言.北京:知识产权出版社,2013.
[15] 黄文静,向梦知.服务礼仪.北京:中国财富出版社,2014.